이것이 오라클이다

Oracle 설치부터 PL/SQL 정복까지!

지은이 우재남 5288893@hanafos.com

서강대학교에서 정보시스템 전공으로 석사 과정을 마친 후 다양한 IT 관련 분야에서 실무를 수행했고, 대학에서 데이터베이스, 운영체제, 프로그래밍 등의 과목을 강의했다. 현재는 디티솔루션의 공간데이터베이스 연구소장으로 재직 중에 있으며, 공간 정보와 IT 융합 학문인 유시티 IT분야에서 공학박사 학위도 취득했다. 또한, 한양사이버대학교 컴퓨터공학과와 삼성, LG, 현대, CJ, KT, SK, 내안성공회의쓰 등의 기업에서 인공지능 및 IT 전문 분야를 강의하고 있다. 다양한 IT 실무 경험과 지식을 최대한 쉽고 빠르게 독자와 수강생에게 전달하는 것을 집필과 강의의 모토로 삼고 있다.
『이것이 리눅스다(3판)』(2023), 『이것이 Windows Server다(개정판)』(2023), 『혼자 공부하는 SQL』(2021) 외에도 한빛미디어와 한빛아카데미에서 50권 이상의 책을 집필/번역했다.

이것이 오라클이다: Oracle 설치부터 PL/SQL 정복까지!

초판 1쇄 발행 2018년 3월 2일
초판 6쇄 발행 2024년 8월 5일

지은이 우재남 / **펴낸이** 전태호
펴낸곳 한빛미디어(주) / **주소** 서울시 서대문구 연희로 2길 62 한빛미디어(주) IT출판1부
전화 02-325-5544 / **팩스** 02-336-7124
등록 1999년 6월 24일 제25100-2017-000058호 / **ISBN** 979-11-6224-048-9 93000

총괄 배윤미 / **책임편집** 이미향 / **기획** 박민아 / **편집** 방세근 / **진행** 석정아
디자인 박정화 / **전산편집** 김현미
영업 김형진, 장경환, 조유미 / **마케팅** 박상용, 한종진, 이행은, 김선아, 고광일, 성화정, 김한솔 / **제작** 박성우, 김정우

이 책에 대한 의견이나 오탈자 및 잘못된 내용은 출판사 홈페이지나 아래 이메일로 알려주십시오.
파본은 구매처에서 교환하실 수 있습니다. 책값은 뒤표지에 표시되어 있습니다.
한빛미디어 홈페이지 www.hanbit.co.kr / 이메일 ask@hanbit.co.kr
카페 https://cafe.naver.com/thisisMysql
자료실 https://dw.hanbit.co.kr/Oracle/11gXE

지금 하지 않으면 할 수 없는 일이 있습니다.
책으로 펴내고 싶은 아이디어나 원고를 메일(**writer@hanbit.co.kr**)로 보내주세요.
한빛미디어(주)는 여러분의 소중한 경험과 지식을 기다리고 있습니다.

이것이 오라클이다

Oracle 설치부터 PL/SQL 정복까지!

Oracle 12c / Oracle 11g XE | Q&A를 위한 네이버 카페 운영

우재남 지음

한빛미디어 Hanbit Media, Inc.

필자가 데이터베이스를 처음 접하게 된 이야기를 먼저 해 보면, 꽤 오래 전 학생일 때 규모
가 큰 시스템 개발회사의 일을 개인적으로 맡아서 한 적이 있는데 그 인연을 계기로 그 회사
에 입사했다. 운이 좋은 건지, 나쁜 건지 알 수 없으나 그곳에 가자마자 좀 규모가 있는 프로
젝트의 PM(프로젝트 관리자)이라는 중요한 업무를 맡게 되었다. 그런데 문제는 수업에서
이론적으로만 배웠던 데이터베이스 환경에서 개발해야 한다는 점이었다. 솔직히 그때는 너
무 막막했다. 프로젝트를 바로 진행해야 하는 상황에서 하루 이틀 공부한다고 실제 데이터베
이스를 운영할 수 있을 것 같지는 않았다. 그렇다고 PM인 필자가 일을 맡긴 고객에게 "저는
데이터베이스는 잘 모르는데요"하고 말할 입장도 아니었다. 그때 필자에게 너무나 고마운 회
사 선배가 있었다. 필자는 그 선배로부터 채 한나절이 되지 않는 짧은 시간에 해당 데이터베
이스 툴의 설치부터 기본적인 운영과 관리 그리고 간단한 백업까지 모두 배웠다. 그 당시에
는 그 선배가 우리나라에서 데이터베이스를 가장 잘하는 사람으로 느꼈을 정도로 쉽고 빠르
게 가르쳐 줬다. 물론, 그 짧은 시간에 세부적인 내용까지는 배우지 못했지만, 실무에서 데이
터베이스를 운영해 본 적이 없는 필자에게 실제로 데이터베이스를 다룰 수 있는 기본적인 방
법과 자신감을 심어주기에 충분했다. 그 덕분에 처음 맡은 프로젝트를 무사히 성공적으로 종
료할 수 있었다.

이 책은 앞에서 말한 필자의 '회사 선배'와 같은 역할을 할 수 있도록 집필하였다. 그때의 필
자와 같이 데이터베이스에 대한 지식이 거의 전무한 독자가 최대한 빠른 시간 안에 Oracle
을 설치하고 데이터베이스를 기본적으로 운영할 수 있도록 도와주는 것이 이 책이 존재하는
이유다.

그래서 기존의 Oracle 운영자나 다른 데이터베이스 사용자보다는 처음으로 데이터베이스를
접하는 사용자나 데이터베이스를 배우기를 원하는 웹 프로그래머를 대상으로 집필하였다.
이를 위해서 이론적인 이야기는 되도록 배제하고, 실무와 가깝게 구성하되 이해를 돕기 위해
최대한 단순화시킨 실무형 〈실습〉을 통해서 자연스럽게 Oracle을 이해하고 운영할 수 있도

록 구성하려고 노력하였다. Oracle을 처음 접하는 독자라면 이 책을 끝내는 시점에서 스스로 한 단계 업그레이드된 자신을 발견할 수 있을 것이다. 어쩌면 'Oracle이 이렇게 쉬운 것이었던가!'라고 생각하게 될지도 모르겠다. 만약 그렇게 된다면 필자는 더없이 기쁠 것이다.

필자는 실무에서 Oracle/SQL Server/MySQL 등을 운영한 경험으로 대학에서 데이터베이스와 관련된 과목을 강의하고 있다. 그런데 3학년 이상의 학생을 보더라도 데이터베이스와 관련된 과목을 2과목 정도는 수강한 이후임에도 불구하고, 기대하는 만큼의 데이터베이스와 관련된 실력을 별로 갖추지 못한 것 같다. 필자가 추론하기에 그 이유는 학생들이 단지 '학습'으로 데이터베이스를 공부했기 때문이다.

이 책은 이론적인 학습방법을 탈피해서, Oracle을 단시간 내에 운영할 수 있도록 구성했고 Oracle에 대해 독자의 흥미와 관심을 유발시키려 했다. 특히, 책의 앞부분인 3장 'Oracle 전체 운영 실습'을 통해서 짧은 시간에 전반적인 운영의 경험을 할 수 있도록 구성하였다. 이 과정을 통해서 초보자라 하더라도 Oracle의 기본적인 운영에 대한 전반적인 개념과 자신감을 얻게 될 것이다. (이 부분이 앞에서 이야기한 '회사 선배'와 같은 역할을 하게 될 것이다.) 그 이후부터는 3장에서 훑어 보았던 내용을 하나하나 상세히 실습함으로써 더욱 자신감을 얻게 될 것이다. 특히 책의 후반부에는 PHP 프로그래밍을 Oracle과 연동할 수 있는 내용으로 구성하였다. 비록 PHP의 깊은 내용까지 다루지는 못했으나, Oracle을 웹에서 활용하기 위한 기본적인 내용은 충분히 기술해 놓았다. 이 책의 마지막까지 공부한 후에는 충분히 훌륭한 Oracle 개발자로서 기본적인 자질을 갖추게 될 것이다.

이 책은 집필하는 시점의 최신 버전인 Oracle Enterprise 12c Release 2 및 Oracle Express Edition 11g Release 2 버전을 사용하지만, Oracle의 새로운 기능을 소개하는 데 중점을 두지는 않았다. Oracle 및 데이터베이스를 학습하기 위한 책이며, 그 내용 중에 Oracle의 새로운 기능을 자연스럽게 포함시켜 놓았다. 만약 Oracle의 새로운 기능만을 원한다면 Oracle 웹 사이트나 다른 사이트에서 그 정보를 충분히 얻을 수 있을 것이다. 또한 이 책은 데이터베이스 입문자를 위해 구성하였으며 Oracle의 관리적 측면이나 고급 응용 부분은 최소한으로 다루었다. 향후 데이터베이스 관리자 및 고급 데이터베이스 개발자로서 Oracle을 더 심도있게 학습하고자 한다면 인터넷이나 다른 고급 서적으로 계속 학습하면 된다.

끝으로 필자가 집필에 집중할 수 있도록 다방면으로 지원해 주신 한빛미디어 임직원 여러분께 감사 드립니다. 특히, 신경을 많이 써주시는 전태호 이사님과 송성근 팀장님, 그리고 책의 완성도를 높여준 박민아 대리님께 감사의 말씀을 드립니다.

제가 좋은 강의를 할 수 있도록 아낌없는 조언과 지원을 해 주시는 교수님들께도 언제나 감사의 마음을 잊지 않고 있습니다. 또한, 저의 강의를 언제나 열정적이고 진지하게 들어주는 학생들에게도 감사와 사랑의 마음을 전합니다.

2018년 어느 날 이른 새벽 연구실에서...
우재남

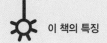

■ 책의 모든 내용을 저자 직강의 무료 동영상 강좌로 제공한다

데이터베이스 입문자를 위해서 최대한 쉽게 쓰여졌지만, 그럼에도 불구하고 어렵게 느껴진다면 책과 함께 제공하는 저자의 동영상 강의를 듣기 바란다. 20여년의 실무 및 강의 경력을 가진 저자가 책의 모든 내용을 강의하므로 오프라인 강의를 듣는 것과 동일한 효과를 갖게 될 것이다. 동영상 강좌를 보는 방법은 책의 표지를 참조하자.

■ 데이터베이스에 입문하는 독자의 수준에 맞춰 기본적인 내용으로 구성하였다

데이터베이스 입문자가 필수적으로 알아야 할 내용으로 구성하였다. 이 책은 입문자도 아무런 막힘없이 혼자서 충분히 학습할 수 있으며, 대학이나 학원의 데이터베이스 입문이나 기초 과목의 한 학기 강의 분량으로 구성하였다. 이 책만으로도 데이터베이스 및 Oracle의 기본적인 운영이 가능하도록 집필하였다.

■ Oracle의 활용 분야인 PHP 프로그래밍과의 연동을 다루었다

4부에서는 PHP 프로그래밍의 기본적인 내용을 학습한 후에, Oracle과 PHP 프로그래밍과 연동하는 방법을 상세하게 다뤘다. 비록 이 책이 PHP 책이 아니어서 PHP의 고급 내용은 지면상 다룰 수 없지만 Oracle과 PHP의 연동을 위해 필요한 내용은 충분히 다루었다.

■ 처음 데이터베이스를 접하거나 Oracle을 시작하는 독자도 실무의 Oracle 데이터베이스 운영을 막힘 없이 실습할 수 있다

데이터베이스, Oracle을 처음 접하거나 단지 이론으로만 학습한 입문자는 실제 업무를 할 때 두려움이 앞서기 마련이다. 그래서 이 책은 실무에서 바로 적용 가능한 다양한 실습 예제로 현업에서 이뤄지고 있는 데이터베이스 개발과 운영을 모두 체험해볼 수 있게 구성하였다. 실습 예제에 저자의 실무 경험과 PL/SQL 개발자의 기술이 고스란히 녹아있다.

■ 실무에서 많이 사용하는 리눅스(Linux) 환경의 Oracle도 추가로 구성하였다

실무에서는 Windows 환경보다는 리눅스 환경에서 Oracle을 더 많이 사용한다. 하지만 이 책은 입문자들이 리눅스를 어렵게 생각할 것 같아 Windows 환경에서 실습했다. 실무의 리눅스 환경에서도 잘 적응할 수 있도록 부록에 리눅스 환경에서 Oracle을 설치/운영하는 방법을 설명하였다. 부록만으로도 충분히 리눅스 환경에서 Oracle을 운영할 수 있을 것이다.

■ 기존의 다른 책들과 차별화된 구성으로 빈틈없이 학습하고 점검할 수 있다

'학습 로드맵'을 통해 책 전체의 큰 그림을 보여줌으로써 각 주제의 연관성과 더불어 공통 내용/데이터베이스 개발자/웹 프로그래머가 알아야 할 내용을 한눈에 파악할 수 있다. 또한, 앞부분(3장)에서는 'Oracle 전체 운영 실습'을 통해서 이 책에서 다루는 전반적인 내용 및 실제 응용프로그램과 연동하는 기본적인 내용을 미리 살펴볼 수 있도록 구성하였다.

■ 카페(http://cafe.naver.com/thisisMysql)를 통해서 지속적인 서비스를 제공한다

네이버 카페를 통해 책을 학습하기 위해 필요한 소스 및 설치 파일들과 그 링크를 제공한다. 아울러 Q/A, 동영상 강좌의 링크 등을 비롯한 다양한 서비스를 제공한다. 책을 다 본 후에도 계속 살아 숨쉬는 카페를 최대한 활용하기 바란다. 필자는 10년 전에 집필한 책에 대한 질문도 답변하고 있다.

학습 목표

본문으로 들어가기 전, 학습 목표를 통해 각 챕터의 대략적인 흐름과 핵심 개념을 먼저 살펴봅니다. 1~3장의 학습 목표에서는 Oracle의 설치 및 이 책에서 진행하게 될 다양한 실습 환경을 미리 볼 수 있습니다. 4~7장에서는 데이터베이스 모델링의 개념, PL/SQL문의 학습 흐름을 확인할 수 있습니다. 8~11장에는 본격적으로 Oracle의 중요한 데이터베이스 개체를 살펴봅니다. 12~13장에서는 Oracle과 PHP 프로그래밍을 연동하기 위한 실습 흐름을 담았습니다.

학습 목표

이 장의 핵심 개념

3장에서는 이 책 전체에서 배울 내용을 미리 전체적으로 학습하는 것을 목표로 한다. 3장의 핵심 개념은 다음과 같다.

1. 데이터베이스 관련 용어는 데이터, 테이블, DB, DBMS, 열 등이 있다.
2. 데이터베이스 구축 절차는 데이터베이스 생성, 테이블 생성, 데이터 입력, 데이터 조회/활용의 순서로 진행된다.
3. 테이블 외에 데이터베이스 개체로는 인덱스, 뷰, 스토어드 프로시저, 함수, 트리거, 커서 등이 있다.
4. 백업은 현재의 데이터베이스를 다른 매체에 보관하는 작업을 말하며, 복원은 다른 매체에 백업된 데이터를 이용해서 원상태로 돌려놓는 작업을 말한다.
5. Oracle을 응용프로그램과 연동하는 것은 실무에서 많이 사용되는 방식이다.

이 장의 학습 흐름

데이터베이스 관련 필수 용어 파악

↓

스키마 생성

↓

테이블 생성

↓

데이터 입력

↓

데이터 조회와 활용

↓

인덱스, 뷰, 스토어드 프로시저, 트리거 등의 활용

↓

데이터 백업과 복원

↓

응용프로그램과 Oracle의 연동

실습별 step

각 예제는 실습별 step에 이르기까지 최대한 상세히 실습 과정을 다루고 있습니다. 또한 그림만 보고도 빠르고 쉽게 따라갈 수 있도록 단계별로 안내했습니다.

실습1

Oracle XE 11g R2를 설치해보자. 1장에서 얘기했듯이 Oracle XE 11g R2의 기본적인 사용법과 기능은 상용인 Oracle Enterprise Edition과 거의 동일하다.

step 0

먼저 컴퓨터의 OS가 x64(=64bit)인지 x86(=32bit)인지 확인하자. 제어판의 [시스템 및 보안] 》 [시스템]을 실행하거나, Windows + Pause 를 눌러 확인하자.

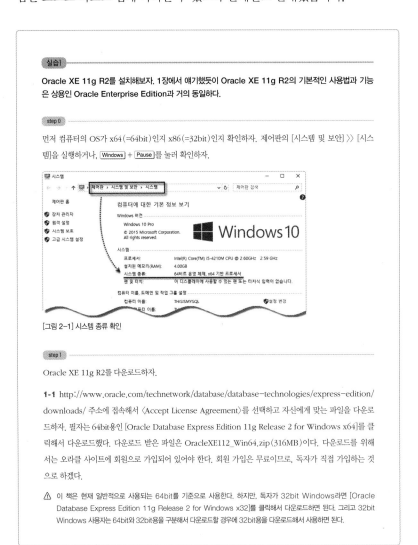

[그림 2-1] 시스템 종류 확인

step 1

Oracle XE 11g R2를 다운로드하자.

1-1 http://www.oracle.com/technetwork/database/database-technologies/express-edition/downloads/ 주소에 접속해서 〈Accept License Agreement〉를 선택하고 자신에게 맞는 파일을 다운로드하자. 필자는 64bit용인 [Oracle Database Express Edition 11g Release 2 for Windows x64]를 클릭해서 다운로드했다. 다운로드 받은 파일은 OracleXE112_Win64.zip(316MB)이다. 다운로드를 위해서는 오라클 사이트에 회원으로 가입되어 있어야 한다. 회원 가입은 무료이므로, 독자가 직접 가입하는 것으로 하겠다.

⚠ 이 책은 현재 일반적으로 사용되는 64bit를 기준으로 사용한다. 하지만, 독자가 32bit Windows라면 [Oracle Database Express Edition 11g Release 2 for Windows x32]를 클릭해서 다운로드하면 된다. 그리고 32bit Windows 사용자는 64bit와 32bit용을 구분해서 다운로드할 경우에 32bit용을 다운로드해서 사용하면 된다.

여기서 잠깐 & 주의

'여기서 잠깐'은 보충 설명, 참고 사항, 관련 용어 등을 본문과 분리해 정리해두었습니다.

여기서 잠깐

☆ SQL 튜닝

SQL 튜닝Tuning이란 쿼리의 성능을 향상시키거나 응답하는 시간을 단축시키는 것을 말한다. 특히 쿼리에 대한 응답을 줄이기 위해서 가장 집중적으로 보는 부분 중 하나가 이 '인덱스'이다. 즉, 인덱스를 적절히 활용하고 있느냐에 따라서 시스템의 성능이 몇 배, 심하게는 몇 십 배 이상 차이가 날 수가 있다. 이 책은 입문서이기에 튜닝을 자세히 다룰 수 없으나, 향후 고급 Oracle 사용자가 되려면 튜닝에 대해서도 많은 관심을 가져야 할 것이다.

'주의' 표시는 혼동하기 쉬운 내용 또는 실습과정에서 특히 유의해야 할 사항을 별도로 표기한 것입니다. 입문자라면 꼭 빼놓지 말고 읽어보길 권합니다.

⚠ 지금은 Oracle이 설치된 컴퓨터와 Visual Studio가 설치된 컴퓨터가 동일한 컴퓨터이기 때문에 IP 주소를 127.0.0.1로 했지만, 두 프로그램을 다른 컴퓨터에 설치했다면 IP 주소를 Oracle이 설치된 컴퓨터의 IP 주소로 사용하면 된다. 또한, Oracle이 설치된 컴퓨터의 Windows 방화벽에서 1521 포트를 허용해 줘야 한다.

비타민 퀴즈

본문에서 다뤘던 내용을 반복/확인함으로써 응용력을 향상시킵니다.

☆ 비타민 퀴즈 5-2

Windows의 SQL Developer에서 Linux의 Oracle에 접속해서, 3장의 [그림 3-1]의 쇼핑몰 데이터베이스를 구현하자. 그리고, 인덱스, 뷰, 스토어드 프로시저, 트리거, 백업/복원, 웹 서비스 등도 구현해 보자.

즉, Windows의 Oracle 대신에 Linux의 Oracle을 사용해보는 것이다.

힌트 3장 전체를 참조해서 진행한다.

동영상 강의

'한빛미디어 시리즈' 페이지에 접속하여 〈이것이 오라클이다〉 동영상 강의도 듣고, 다양한 시리즈를 만나보세요!

① '한빛미디어 시리즈' 페이지에 접속합니다.

   http://series.hanbit.co.kr

② 〈이것이〉 시리즈의 **시리즈 보기**를 클릭합니다.

③ 〈이것이 오라클이다〉 **무료 동영상 강의**를 클릭하면 동영상 강의를 무료로 볼 수 있습니다.

④ 〈이것이 데이터베이스다〉 **커뮤니티**에도 바로가기 접속 가능합니다.

〈이것이 데이터베이스다〉 커뮤니티

http://cafe.naver.com/thisismysql

〈이것이 데이터베이스다〉 커뮤니티에서 예제 소스코드, 그리고 Q/A를 제공합니다. 또 책에
관한 질의응답 외에도 Oracle 관련 최신 기술을 비롯한 다양한 자료들을 접할 수 있습니다.
저자와 함께 하는 책 밖의 또 다른 공간에서 다른 독자의 고민과 궁금증도 함께 공유해보세요!

자료실

http://dw.hanbit.co.kr/Oracle/11gXE

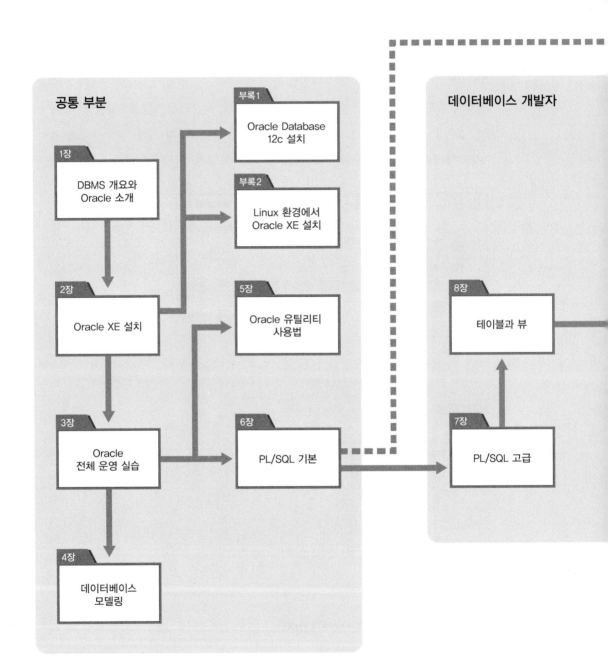

공통 부분

1장
DBMS 개요와
Oracle 소개

부록1
Oracle Database
12c 설치

부록2
Linux 환경에서
Oracle XE 설치

2장
Oracle XE 설치

5장
Oracle 유틸리티
사용법

3장
Oracle
전체 운영 실습

6장
PL/SQL 기본

4장
데이터베이스
모델링

데이터베이스 개발자

8장
테이블과 뷰

7장
PL/SQL 고급

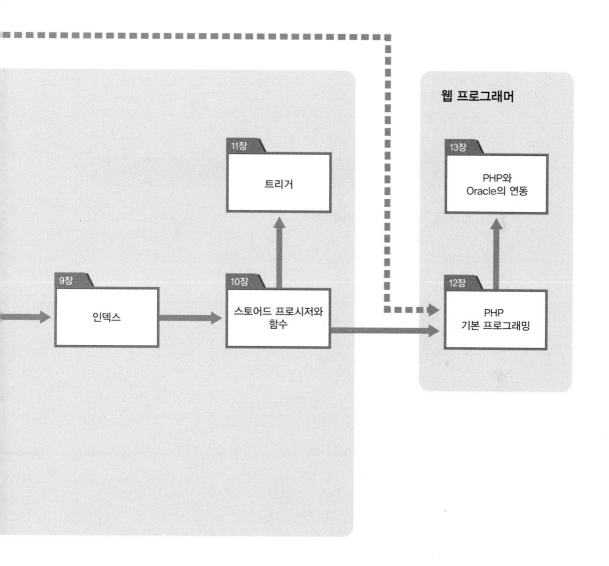

PART 1 Oracle 설치 및 DB 구축과정 미리 실습하기

CHAPTER 1 DBMS 개요와 Oracle 소개

CHAPTER 2 Oracle XE 설치

CHAPTER 3 **Oracle 전체 운영 실습**

목차

CHAPTER **7 PL/SQL 고급**

PART 3 Oracle 고급

CHAPTER 8 테이블과 뷰

CHAPTER 9 인덱스

CHAPTER 10 **스토어드 프로시저와 함수**

CHAPTER 11 **트리거**

PART 4 Oracle과 PHP 프로그래밍의 연동

CHAPTER 12 PHP 기본 프로그래밍

Oracle 설치 및
DB 구축과정
미리 실습하기

DBMS의 개요와 Oracle이 어떤 기능을 제공하는지 파악한 후에 바로 Oracle을 설치해 보자. 설치 후 Oracle을 운영하기 위한 전체과정을 간략하게 체험하는 시간을 갖는다.

DBMS 개요와 Oracle 소개

이제 데이터베이스라는 용어는 IT 분야 외에도 널리 사용되고 있다. 우리가 살고 있는 정보화 사회에서는 대부분의 삶이 데이터베이스와 직·간접적으로 연관되어 있다. (SNS 메시지, 버스나 지하철에서 사용하는 교통카드, 편의점에서 사 먹은 삼각김밥 등의 정보도 모두 데이터베이스에 들어간다.)

데이터베이스에 대한 정의는 바라보는 시각에 따라 여러 가지로 정의할 수 있는데 간단히 정의하면 '대용량의 데이터 집합을 체계적으로 구성해 놓은 것' 정도로 말할 수 있다. 그리고 데이터베이스 관리시스템DBM이 Database Management System은 이러한 데이터베이스를 관리해 주는 시스템 또는 소프트웨어를 말한다.

Oracle은 이 DBMS 소프트웨어의 일종으로 Oracle사에서 제작한 툴이다. 책 전반에 걸쳐서 Oracle을 사용하는 법을 배울 것이다. 이번 장에서는 이 DBMS에 대한 개략적인 내용과 Oracle에 대해 소개한다.

이 장의 핵심 개념

1장은 데이터베이스를 접하는 사용자를 위해서 데이터베이스의 개념과 이 책에서 사용할 Oracle을 소개한다. 1장에서 다룰 핵심 개념은 다음과 같다.

1. 데이터베이스를 간단히 정의하면 '대용량의 데이터 집합을 체계적으로 구성해 놓은 것'이다.

2. DBMS의 유형은 크게 계층형Hierarchical DBMS, 망형Network DBMS, 관계형Relational DBMS, 객체지향형Object-Oriented DBMS, 그리고 객체관계형Object-Relational DBMS 등으로 분류된다.

3. SQLStructured Query Language은 관계형 데이터베이스에서 사용되는 언어다.

4. Oracle은 Oracle사에서 제작한 DBMS 소프트웨어다.

5. Oracle은 크게 상용 에디션과 무료 에디션으로 나뉘는데 Enterprise, Standard, Standard ONE, Personal 네 개의 상용 에디션과 Express 무료 에디션이 제공된다.

이 장의 학습 흐름

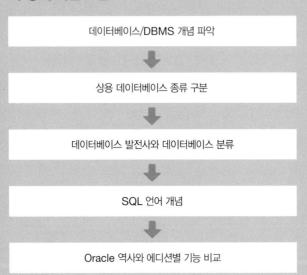

데이터베이스/DBMS 개념 파악

↓

상용 데이터베이스 종류 구분

↓

데이터베이스 발전사와 데이터베이스 분류

↓

SQL 언어 개념

↓

Oracle 역사와 에디션별 기능 비교

1.1 DBMS 개요

1.1.1 데이터베이스의 정의와 특징

데이터베이스를 '데이터의 집합'이라고 정의한다면 DBMS는 이 데이터베이스를 관리 · 운영하는 역할을 한다. 또한 데이터베이스는 여러 명의 사용자나 응용프로그램이 공유하고 동시에 접근이 가능해야 한다. 그래서 Microsoft의 엑셀Excel과 같은 프로그램은 데이터의 집합으로 사용될 수 있기 때문에 DBMS와 비슷하게 보일 수도 있지만, 대용량을 관리하거나 여러 명의 사용자가 공유하는 개념은 아니므로 DBMS라 부르지 않는다. 또 데이터베이스는 '데이터의 저장공간' 자체를 의미하기도 한다.

⚠ '데이터베이스'라는 용어는 다양하게 사용되는 경향이 있다. 그래서 DBMS 툴마다 '데이터베이스'의 정의가 조금씩 차이가 난다. 1장에서는 데이터베이스를 다른 DBMS 툴과 맞추기 위해서 '데이터의 저장 공간' 개념으로 설명하지만, Oracle에서는 [그림 1-1]의 '데이터베이스'를 '스키마Schema'로 부르는 것이 더 적절하다고 볼 수 있다. 1장은 대부분의 DBMS 툴에서 공통적으로 사용하는 용어 위주로 쓰겠으나 2장부터는 Oracle에서 주로 사용하는 용어를 사용하겠다.

[그림 1-1]은 데이터베이스/DBMS/사용자/응용프로그램의 관계를 간단히 보여준다.

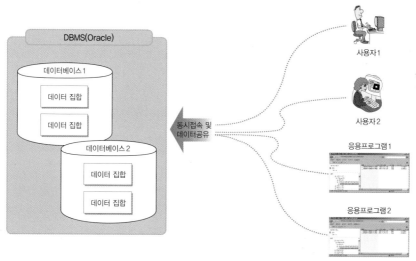

[그림 1-1] DBMS 개념도

[그림 1-1]에 표현되어 있듯이 DBMS는 데이터베이스를 관리하는 역할을 하는 소프트웨어의 개념이다. 또, 여러 명의 사용자나 응용프로그램이 이 DBMS가 관리하는 데이터에 동시에 접속하고

데이터를 공유하게 된다. 즉, DBMS에서 사용되는 데이터가 집중적으로 관리되고 있는 것이다.

[그림 1-1]에서는 DBMS를 Oracle로 표현했지만, Oracle 외에도 많이 사용되는 DBMS는 [표 1-1]과 같다.

DBMS	제작사	운영체제	최신 버전 (2017년 기준)	기타
Oracle	Oracle	Unix, Linux, Windows	12c R2, 11g R2	상용 시장 점유율 1위
SQL Server	Microsoft	Windows, Linux	2017	
MySQL	Oracle	Unix, Linux, Windows, Mac	5.7	오픈 소스(무료), 상용
MariaDB	MariaDB	Unix, Linux, Windows	10.3	오픈 소스(무료)
PostgreSQL	PostgreSQL	Unix, Linux, Windows, Mac	9.6	오픈 소스(무료)
DB2	IBM	Unix, Linux, Windows	10	메인프레임 시장 점유율 1위
Access	Microsoft	Windows	2016	PC용
SQLite	SQLite	Android, iOS	3.20	모바일 전용, 오픈 소스 (무료)

[표 1-1] Oracle 외에 많이 사용되는 DBMS

DBMS 또는 데이터베이스는 다음과 같은 몇 가지의 중요한 특징을 가지고 있다.

데이터의 무결성

데이터베이스 안의 데이터는 어떤 경로를 통해 들어 왔던지 데이터에 오류가 있어서는 안 된다. 이 무결성Integrity을 위해서 데이터베이스는 제약 조건Constrain이라는 특성을 가진다.

예를 들어, 학생 데이터에서 모든 학생은 학번이 반드시 있어야 하며, 각 학생의 학번은 서로 중복되면 안 되는 제약 조건이 있을 수 있다. 이 제약 조건을 지키면 학번만 알아도 그 학생이 어떤 학생인지 정확히 한 명의 학생을 추출할 수 있다. 즉, 학번은 무결한 데이터로 보장할 수 있기에 성적증명서, 재학증명서 등을 자동발급기에서 출력할 때, 학번만 가지고도 정확히 자신의 것을 출력할 수 있다.

데이터의 독립성

데이터베이스의 크기를 변경하거나 데이터 파일의 저장소를 변경하더라도, 기존에 작성된 응용프로그램은 전혀 영향을 받지 않아야 한다. 즉, 서로 의존적 관계가 아닌 독립적인 관계여야 한다. 예를 들어, 데이터베이스가 저장된 디스크가 새 것으로 변경되어도 기존에 사용하던 응용프로그램은 아무런 변경 없이 계속 사용되어야 한다.

보안

데이터베이스 안의 데이터에 아무나 접근할 수 있는 것이 아니라, 데이터를 소유한 사람이나 데이터의 접근이 허가된 사람만 접근할 수 있어야 한다. 또, 접근할 때도 사용자의 계정에 따라서 다른 권한을 가져야 한다. 최근 들어 고객 정보의 유출 사고가 빈번한 상황에서 보안Security은 더욱 중요한 데이터베이스의 이슈가 되었다.

데이터 중복의 최소화

동일한 데이터가 여러 개 중복되어 저장되는 것을 방지한다. 학교를 예를 들면, 학생 정보를 이용하는 교직원(학생처, 교무처, 과사무실 등)이 여러 명이 될 수 있다고 하자. 이때, 엑셀을 사용한다면 각 직원마다 별도의 엑셀 파일을 가지고 사용해야 한다. 그렇게 되면 한 명의 학생 정보가 각각의 엑셀 파일에 중복되어 관리된다. 이를 데이터베이스에 통합하면 하나의 테이블에 저장하고 이를 공유함으로써 데이터 중복이 최소화된다.

응용프로그램 제작 및 수정이 쉬워짐

기존 파일시스템을 사용할 때는 각각 파일의 포맷에 맞춰 개발해야 하는 응용프로그램을 데이터베이스를 이용함으로써 통일된 방식으로 응용프로그램을 작성할 수 있고, 유지보수 또한 쉬워진다.

데이터의 안전성 향상

대부분의 DBMS가 제공하는 백업 · 복원 기능을 이용함으로써, 데이터가 깨지는 문제가 발생할 경우에 원상태로 복원 또는 복구하는 방법이 명확해진다.

1.1.2 데이터베이스의 발전

당연히 초창기의 컴퓨터에는 데이터베이스라는 개념이 없었을 것이다. 다음과 같이 몇 가지 단계를 거쳐 데이터베이스를 사용하게 되었다.

오프라인으로 관리

아무리 오래 전이라도 데이터를 관리하고 있었을 것이다. 즉, 컴퓨터가 없던 시기에도 회사를 운영하기 위해서는 수입과 지출이 있었을 것이고 그것을 종이에 연필로 기록했을 것이다. 물론 아직도 종이에 수입·지출을 직접 기록하고 관리하는 분야나 회사도 존재한다.

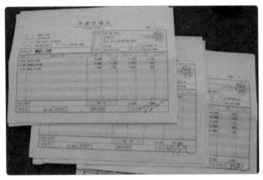

[그림 1-2] 종이 장부

파일시스템의 사용

컴퓨터를 사용하면서, 종이에 기록하던 내용을 컴퓨터 파일에 기록하여 저장하게 되었다. 컴퓨터에 데이터를 저장하는 방법은 메모장이나 엑셀을 활용해서 저장하였고, 그것들을 활용하기 위해서 많은 응용프로그램들이 이 파일에 저장된 내용을 읽고 쓰는 기능을 가지게 되었다. 그래서, 컴퓨터에 저장된 파일의 내용은 읽고, 쓰기가 편한 약속된 형태의 구조를 사용한다.

```
제목 없음 - 메모장
파일(F)  편집(E)  서식(O)  보기(V)  도움말(H)
userID   name      birthYear  addr mobile1 mobile2  height mDate
------   ----      ---------  ---- ------- -------  ------ -----
BBK      바비킴     1973       서울  010     0000000  176    2013-05-05
EJW      은지원     1972       경북  011     8888888  174    2014-03-03
JKW      조관우     1965       경기  018     9999999  172    2010-10-10
JYP      조용필     1950       경기  011     4444444  166    2009-04-04
KBS      김범수     1979       경남  011     2222222  173    2012-04-04
KKH      김경호     1971       전남  019     3333333  177    2007-07-07
LJB      임재범     1963       서울  016     6666666  182    2009-09-09
LSG      이승기     1987       서울  011     1111111  182    2008-08-08
SSK      성시경     1979       서울  NULL    NULL     186    2013-12-12
YJS      윤종신     1969       경남  NULL    NULL     170    2005-05-05
```

[그림 1-3] 데이터가 파일에 저장된 형태

파일시스템은 대개 하나의 응용프로그램마다 하나의 데이터 파일이 할당된다. 즉, 어떤 기능을 구현하기 위해서 기능의 개수만큼 데이터 파일의 숫자가 생겨야 할 것이다.

이것은 초기에는 큰 문제가 없을 수도 있지만, 시간이 지나서 데이터의 양이 많아지면 데이터의 중복으로 인한 불일치가 발생된다.

예로 '회원 정보'가 수록된 파일에는 회원 이름, 회원 주소, 회원 연락처, 회원 가입일, 취미 등이 기록될 것이다. 또, 회원이 물건을 구매한 '구매 정보'가 수록된 파일에도 회원 이름, 회원 주소, 연락처, 구매한 물건, 가격, 수량 등이 기록되어야 할 것이다.

만약 회원이 이사를 가거나 연락처가 바뀌면 '회원 정보'와 '구매 정보' 모두를 변경해 줘야 한다. 그런데, 깜박 잊고 한 곳밖에 수정하지 않는다면 나중에 시간이 지난 후에는 두 정보가 일치하지 않는 것을 발견하게 되더라도 어느 주소가 회원의 올바른 주소인지를 알아내기가 어렵다.

이러한 불일치가 파일시스템의 큰 문제점 중 한 가지다. 그러나 이러한 문제점에도 불구하고 파일시스템은 소량의 데이터를 처리하기에는 처리 속도가 DBMS보다 훨씬 빠르며, 별도의 추가비용이 들지 않기에 아직도 많이 사용된다.

데이터베이스 관리시스템

파일시스템의 단점을 보완하고 대량의 데이터를 보다 효율적으로 관리하고 운영하기 위해서 사용되기 시작한 것이 DBMS^DataBase Management System다.

DBMS는 데이터의 집합인 '데이터베이스'를 잘 관리하고 운영하기 위한 시스템 또는 소프트웨어를 말한다. DBMS에 데이터를 구축하고 관리하고 활용하기 위해서 사용되는 언어가 SQL^Structured Query Language이다. 이 SQL을 사용해서 우리가 DBMS를 통해 중요한 정보들을 입력하고 관리하고 추출할 수 있다.

1.1.3 DBMS의 분류

DBMS의 유형은 크게 계층형^Hierarchical DBMS, 망형^Network DBMS, 관계형^Relational DBMS, 객체지향형^Object-Oriented DBMS, 그리고 객체관계형^Object-Relational DBMS 등으로 분류된다.

현재 사용되는 DBMS 중에는 관계형 DBMS가 가장 많은 부분을 차지하며, 일부 멀티미디어 분야에서 객체지향형이나 객체관계형 DBMS가 활용되고 있는 추세이다.

우리가 배울 Oracle과 더불어 SQL Server, MySQL, DB2, Access 등은 모두 관계형 DBMS이므로, 이 책에서 다루게 되는 내용도 모두 관계형 DBMS(RDBMS)를 기준으로 맞추었다.

계층형 DBMS

처음으로 나온 DBMS 개념으로 1960년대에 시작되었는데 [그림 1-4]와 같이 각 계층은 트리^{Tree} 형태를 띠며, 1:N 관계를 갖는다. 즉, [그림 1-4]와 같이 사장 1명에 부서가 3개 연결되어 있는 구조다.

계층형 DBMS$^{Hierarchical\ DBMS}$의 문제는 처음 구축한 이후에는 그 구조를 변경하기가 상당히 까다롭다는 것이다. 또, 주어진 상태에서의 검색은 상당히 빠르지만, 접근의 유연성이 부족해서 임의의 검색에는 어려움이 따른다.

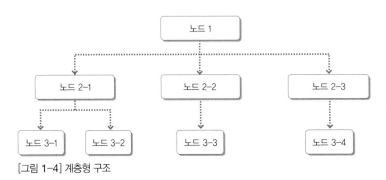

[그림 1-4] 계층형 구조

망형 DBMS

망형 DBMS$^{Network\ DBMS}$는 계층형 DBMS의 문제점을 개선하기 위해 1970년대에 시작되었으며 1:1, 1:N, N:M(다대다) 관계가 지원되어, 효과적이고 빠른 데이터 추출이 가능해졌다. 하지만, 계층형과 마찬가지로 매우 복잡한 내부 포인터를 사용하고, 프로그래머가 이 모든 구조를 이해해야만 프로그램의 작성이 가능하다는 단점이 여전히 존재한다.

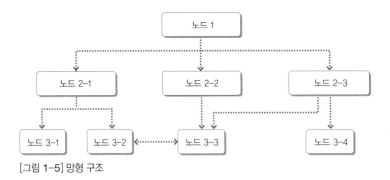

[그림 1-5] 망형 구조

관계형 DBMS

관계형 DBMS^{Relational DBMS: RDBMS}의 시초는 1969년 Edgar Frank Codd라는 영국의 학자가 수학 모델에 근거해서 고안하면서 시작되었다. RDBMS의 핵심 개념은 "데이터베이스는 테이블^{Table}이라 불리는 최소 단위로 구성되어 있다. 그리고 이 테이블은 하나 이상의 열로 구성되어 있다."라고 생각 하면 된다.

⚠ 테이블을 부르는 다른 용어로는 릴레이션^{Relation}, 엔티티^{Entity} 등이 있다.

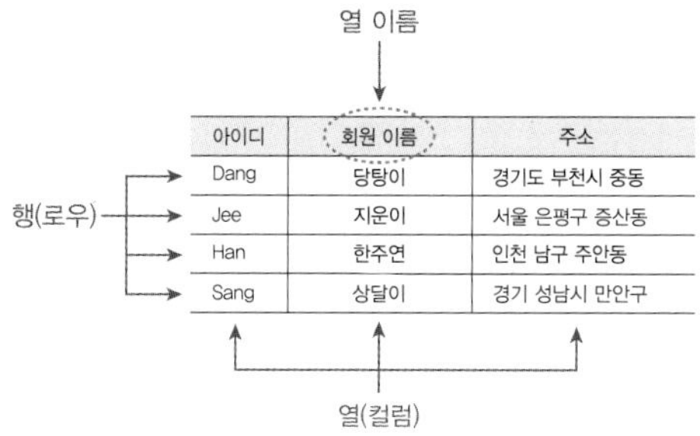

[그림 1-6] 관계형 구조

관계형 DBMS에서 모든 데이터는 테이블에 저장되므로, 테이블이라는 구조가 RDBMS의 가장 기 본적이고 중요한 구성이 된다. 그러므로, 이 테이블에 대한 이해만 잘 한다면 RDBMS의 기본적인 것을 이해한 것이라고 말할 수 있다.

테이블은 데이터를 효율적으로 저장하기 위한 구조이다. 정보를 저장하기 위해서 하나의 테이블이 아닌 여러 개의 테이블로 나누어서 저장함으로써, 불필요한 공간의 낭비를 줄이고 데이터의 저장 의 효율성을 보장해 줄 수 있다. 또, 이렇게 나눈 테이블의 관계^{Relation}를 기본 키^{Primary Key}와 외래 키 ^{Foreign Key}를 사용해서 맺어 줌으로써, 두 테이블을 부모와 자식의 관계로 묶어 줄 수 있다.

추후에 부모 테이블과 자식 테이블을 조합해서 결과를 얻고자 할 경우에는 SQL^{Structured Query Language, 구조화된 질의 언어}의 조인^{JOIN} 기능을 이용하면 된다.

관계형 DBMS의 장점은 다른 DBMS에 비해서 업무가 변화될 경우에 쉽게 변화에 순응할 수 있는 구조이며, 유지보수 측면에서도 편리한 특징을 가지고 있다는 것이다. 또한, 대용량 데이터의 관리 와 데이터 무결성^{Integrity}의 보장을 잘 해주기 때문에 동시에 데이터에 접근하는 응용프로그램을 사용 할 경우에 RDBMS는 석실한 신뢰이 될 수 있다. 이아 반대로 RDBMS의 가장 큰 단점은 시스템 자 원을 많이 차지해서 시스템이 전반적으로 느려지는 것이다. 그러나, 최근 들어서 하드웨어의 급속한 발전으로 인해 이러한 단점은 많이 보완되고 있다.

1.1.4 SQL 개요

SQL^{Structured Query Language}은 관계형 데이터베이스에서 사용되는 언어로 '에스큐엘' 또는 '시퀄'이라 한다.

비유하자면 중국의 문화, 사회, 경제 등을 배우고자 한다면 우선 중국어를 잘 사용해야 가능한 것처럼, 우리가 공부하고자 하는 관계형 DBMS(그 중 Oracle)를 배우고자 한다면, SQL을 익혀야 하는 것이 필수다. SQL이 비록 데이터베이스를 조작하는 '언어'지만 일반적인 프로그래밍 언어(C, C++, JAVA, C# 등)와는 좀 다른 특성을 갖는다.

SQL은 국제 표준화 기관에서 표준화된 내용을 계속 발표해 왔는데, 다음과 같은 특징을 갖는다.

• DBMS 제작회사와 독립적이다

SQL은 모든 DBMS 제작회사에 공통적으로 공개되고, 각 제작회사는 이 표준 SQL에 맞춰서 DBMS를 개발한다. 그러므로, 표준 SQL은 대부분의 DBMS 제품에서 공통적으로 호환된다.

• 다른 시스템으로 이식성이 좋다

SQL 표준은 서버용, 개인용, 휴대용 장비에서 운영되는 DBMS마다 상호 호환성이 뛰어나다. 그러므로, 어느 곳에서 사용된 SQL을 다른 시스템으로 이식하는데 별 문제가 없다.

• 표준이 계속 발전한다

SQL 표준은 SQL-86, SQL-89, SQL-92, SQL:1999, SQL:2003, SQL:2008, SQL:2011 등 계속 개선된 표준안이 발표되어 왔으며 지금도 개선된 안이 연구되고 보완되고 있다.

• 대화식 언어이다

기존 프로그래밍 언어는 '프로그램 작성, 컴파일 및 디버깅, 실행'이라는 과정을 거쳐야만 그 결과를 확인할 수 있었으나 SQL은 이와 달리 바로 질의하고 결과를 얻는 대화식 언어로 구성되어 있다.

• 분산형 클라이언트/서버 구조이다

SQL은 분산형 구조인 클라이언트/서버 구조를 지원한다. 즉, 클라이언트에서 질의를 하면 서버에서 그 질의를 받아서 처리한 후, 다시 클라이언트에게 전달하는 구조를 가진다.

주의할 점은 모든 DBMS의 SQL문이 완벽하게 동일하지는 않다는 것이다. 즉, 많은 회사가 되도록 표준 SQL을 준수하려고 노력하지만 각 회사의 DBMS마다 특징이 있기에 현실적으로 완전히 통일하기는 어렵다. 그래서, 각 회사는 표준 SQL을 지키면서도 자신의 제품에 특화시킨 SQL을 사용한다. 이를 Oracle에서는 PL/SQL이라고 부르고, SQL Server에서는 T-SQL, MySQL에서는 그냥 SQL로 부른다.

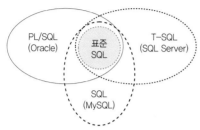

[그림 1-7] 표준 SQL과 각 회사의 SQL

[그림 1-7]과 같이 각 회사의 제품은 모두 표준 SQL을 사용하면 공통적으로 사용할 수 있고, 각 회사 제품의 특성에 맞춘 호환되지 않는 SQL문도 있다. 이 책은 6장과 7장에서 표준 SQL 및 Oracle의 특화된 PL/SQL에 대해서 상세히 배운다.

1.2 Oracle 데이터베이스 소개

'Oracle 데이터베이스'는 Oracle사에서 제작한 DBMS 소프트웨어로, Oracle RDBMS 또는 간단히 Oracle이라고 부른다. 앞으로 이 책에서는 특별한 경우가 아니라면 간단히 Oracle이라고 지칭하겠다. Oracle은 우리나라뿐 아니라 전 세계의 상용시장에서 가장 유명한 DBMS 중 하나로, 상당히 고가의 비용을 지불해야 사용이 가능한 툴이다.

이 책에서 다루게 될 Oracle은 대용량 데이터베이스를 운영하기 위한 고급 기술들이 많이 포함되었다. 하지만, 대부분의 독자는 Oracle을 처음 다루거나 많이 사용한 적이 없을 것이라고 생각한다. 이러한 Oracle에 생소한 독자에게 Oracle의 대용량 DBMS로 작동하는 고급 기능들을 나열해 봐야 그다지 감흥이 오지 않을 것이다. 게다가 알지도 못하는 내용이 앞부분부터 나옴으로써 학습 효과는 오히려 반감될 것이다. 그렇다고, 제목이 Oracle인 책에서 Oracle의 소개를 하지 않을 수도 없으므로, Oracle에 대해 간략하게 소개하겠다.

이번 내용은 Oracle을 처음으로 배우는 독자에게는 크게 중요한 장은 아니므로 간단히 훑어보는 정도로 보아도 좋다. 그리고, 2장부터 나오는 설치를 진행하고, 추후에 어느 정도 Oracle에 익숙해지면 이번 내용을 다시 편안하게 읽는 것이 더 좋은 학습 방법일 것이다. 그렇게 되면 Oracle이 어떠한 기능을 가지고 있는지 자연스럽게 익힐 수 있으리라 생각한다.

앞 예시에도 언급했지만, 이 책의 전체 구성은 Oracle의 특징에 대해서만 기술하는 것이 아니라 데이터베이스를 처음 접하는 독자가 데이터베이스를 학습하기 위한 도구로써 Oracle을 사용하는 것에 초점을 맞추었다. 그리고, Oracle의 특징에 대해서는 필요할 때마다 책의 전체에서 자연스럽게 표현함으로써 Oracle뿐 아니라 DBMS에 대해서도 부담 없이 접근할 수 있게 할 것이다.

1.2.1 Oracle의 개요와 변천사

이 책의 독자는 Oracle('오라클'로 읽으면 된다)이 무엇인지 공부하고자 하는 독자이거나, 학교에서 강의를 위해서 보고 있는 독자 또는 기존에 Oracle을 약간 사용해본 실무자들이 대부분일 것이다. Oracle에 대해서 처음 접해보든지, 이미 어느 정도 Oracle을 사용해 보았던지, 아무튼 Oracle이 무엇인지 알고 싶거나 Oracle과 관련된 일을 하고 있을 것이다.

Oracle은 Oracle사에서 제공하는 데이터베이스 관리 소프트웨어다. 데이터베이스 관리 소프트웨어_{DataBase Management System : DBMS}는 한마디로 대량의 데이터를 관리해주는 소프트웨어라고 생각하면 쉽다.

DBMS에 대한 개념은 앞에서 이미 배웠으니, 일단 Oracle의 변천사를 간단하게 알아보자.

[표 1-2]는 Oracle의 버전별 변천사를 간략하게 소개한다.

시기	버전	기타
1977년		래리 윌슨이 SDL(Software Development Laboratories)이라는 이름의 회사를 설립하고, 'Oracle'이라는 이름의 프로젝트를 시작함
1978년		회사 이름을 RSI(Relational Software Inc)로 변경
1979년	2	최초의 상용 RDBMS 출시. Assembly로 작성됨
1982년		회사 이름을 OSC(Oracle Systems Corpotation)
1983년	3	C 언어로 작성했으며 최초의 32bit RDBMS임
1984년	4	PC에서 작동
1985년	5	
1988년	6	행 단위 잠금, 실시간 백업, PL/SQL의 사용 시작
1992년	7	1995년 최초 64bit RDBMS 출시. 1996년 7.3 버전 출시
1997년	8	첫 번째 웹 데이터베이스로 출시됨

시기	버전	기타
1999년	8i	Java/XML 개발 툴과 통합됨
2000년	9i	Oracle 9i 어플리케이션 서버 출시. 2001년 9.1, 2002년 9.2 출시.
2003년	10g R1	그리드(Grid)에 초점을 맞춰서 출시됨. 암호화된 백업 지원, 자동 튜닝 등이 지원됨. 2006년 10g R2 버전이 출시됨.
2005년	10g XE	Oracle 10g Express 에디션을 출시함. 최대 4GB 사용자 데이터를 지원함.
2007년	11g R1	엑사 데이터의 처리를 지원함. 2009년 11g R2 버전이 출시됨.
2011년	11g XE	Oracle 11g Express 에디션을 출시함. 최대 11GB 사용자 데이터를 지원함.
2013년	12c R1	클라우드 환경이 지원됨. 2016년 12c R2 버전이 출시됨.

[표 1-2] Oracle의 변천사

1.3 Oracle의 에디션 및 기능 비교

Oracle은 크게 상용 에디션과 무료 에디션으로 나뉘는데 Personal, Standard ONE, Standard, Enterprise 네 개의 상용 에디션과 Express 무료 에디션이 있다.

비용이나 기능 면에서는 Personal ⟨ Standard ONE ⟨ Standard ⟨ Enterprise 순서로 비싸면서 기능이 높다고 보면 된다.

Express 에디션은 개발, 배포, 보급 등이 무료로 제공된다. 다만, Express 에디션은 다른 에디션과 비교해서 몇 가지 제약사항이 있는데 데이터베이스의 크기가 최대 11GB로 제한되고 RAM도 1GB만 사용한다. 또한 CPU도 1개만 사용한다. 그러므로 초대용량 데이터베이스를 운영하기에는 적합하지 않다. 그러나 이러한 몇 가지 제약사항을 제외한다면 Express 에디션은 Oracle의 기본적인 내용을 모두 포함하고 있으며, 가볍게 운영이 가능하다는 점, 거기다가 무료라는 점에서 학습용으로 사용하기에 적합하다. 이 책에서는 Express 에디션을 사용한다.

물론 이 책의 모든 실습내용은 Express 에디션뿐 아니라 Personal, Standard ONE, Standard, Enterprise 모든 상용 에디션에서도 동일하게 작동한다. 따라서 Express 에디션으로 학습하는 것을 실무 현장의 사용 에디션에서도 그대로 적용할 수 있다.

⚠ 이 책은 Oracle 입문자를 위해 구성했기 때문에, 가볍고 학습에 적합한 Oracle Database Express Edition(줄여서 Oracle XE)을 사용해서 학습하는 것을 권장하지만, 기업용 최신 버전인 Oracle Database 12c Release 2 Enterprise Edition(줄여서 Oracle 12c R2)을 사용해도 동일하게 학습할 수 있다. (Oracle 12c R2의 설치 방법은 ~~책 뒷부분인 부록 1에 수록했다.~~) 그 외 버전이나 에디션을 설치해서 사용해도 책을 학습하는데 큰 문제가 없을 것이다. 이 책은 Oracle의 기본적이고 필수적인 내용을 위주로 학습하기 때문에 Oracle 모든 에디션의 전반적이고 공통된 내용을 주로 다루게 될 것이다.

오라클의 에디션별 기능을 몇 가지 요약하면 다음과 같다.

- **Oracle Enterprise Edition(줄여서 Oracle EE)**
  - CPU의 개수 제한이 없이 지원함
  - 최고의 성능과 확장성, OTLP 상의 안정성, 의사 결정 지원 기능
  - 최소 사용자 수는 25명
  - RAC 지원함
  - 운용하는 규모에 제한이 없음
  - 오라클 데이터베이스의 모든 컴포넌트를 지니고 있음
  - 옵션과 확장팩을 도입해 기능을 더욱 향상시킬 수 있음
  - 압축 기능, 파티션 테이블 등의 기능을 제공함

- **Oracle Standard Edition(줄여서 Oracle SE)**
  - CPU를 4개까지 지원함
  - 최소 사용자 수는 5명
  - RAC 지원함
  - 일반적으로 1,000~2,000명 정도 규모의 조직에 적당함
  - 데이터베이스 크기는 GB 단위를 지원하는데 적당함

- **Oracle Standard Edition One(줄여서 Oracle SE1 또는 SE One)**
  - CPU를 2개까지 지원함
  - 최소 사용자 수는 5명
  - RAC 지원하지 않음
  - 일반적으로 400~500명 정도의 조직에 적당함

- **Oracle Personal Edition(줄여서 Oracle PE)**
  - CPU 개수와 상관 없으며, 단일 사용자만 사용 가능함
  - 다른 모든 Oracle Database 제품군과 호환됨

- 다른 모든 Oracle Database 제품의 특징이 포함된 개인 사용자용 제품임
- 다른 상용 Oracle Database와 호환성을 요구하는 단일 사용자 개발 환경을 지원함

- **Oracle Express Edition(줄여서 Oracle XE)**
  - 무료 버전이며 개발, 배포, 보급까지 무료
  - 컴퓨터에 멀티 CPU가 장착되어 있어도 1개의 CPU만 사용한다. 최대 11GB 사용자 데이터만 사용 가능하고, 최대 1GB의 메모리만 사용할 수 있다.
  - 소규모 데이터베이스나 학습용 데이터베이스에 적합함
  - 시험운영 후에, 필요하다면 Enterprise 또는 Standard 에디션으로 업그레이드가 가능함

결론적으로 Enterprise나 Express 에디션 중 어느 것으로 사용해도, 이 책에서 학습할 Oracle의 모든 기능을 사용할 수 있다. Oracle XE는 대용량 데이터베이스를 운영하기 위한 환경과 일부 고급 기능을 제외하고 Enterprise 에디션과 기능이 비슷하다.

처음에 언급했듯이 Oracle에 대해 이해가 잘 안되어도 괜찮다. 앞으로 2장부터 본격적으로 Oracle의 설치 및 운영을 학습하다 보면 이번 장은 자연스럽게 이해가 될 것이다.

다음 장부터 본격적인 Oracle을 학습해 보자.

Oracle XE 설치

1장에서 DBMS와 Oracle에 대한 기본적인 개요를 파악했으니, 본격적으로 Oracle XE를 설치해보자. Oracle 의 설치는 대부분의 Windows 응용프로그램과 마찬가지로 마우스만 클릭할 줄 알면 설치를 할 수 있을 정도로 쉽다. 설치 과정에서 잘 모르는 부분이 있을 경우, 그냥 〈다음〉을 클릭하더라도 무난히 설치를 마칠 수 있다. 그렇 지만 실무에서 고려해야 할 시스템 성능이나 제공될 서비스의 종류에 따라서 좀 더 고려해야 할 사항들도 많다. 이번 장에서는 Oracle을 설치하는 방법을 차근차근 실습을 통해 익히자.

이 장의 핵심 개념

2장에서는 다양한 Oracle 설치 방법을 확인한다. 2장의 핵심 개념은 다음과 같다.

1. Oracle은 Windows 7 이후에 설치된다.

2. Oracle을 기본적으로 사용하기 위해서는 Oracle Server와 Oracle Client만 있으면 된다.

3. 이 책은 Oracle XE 11g R2 또는 Oracle 12c R2를 설치해서 사용한다.

4. Oracle 서버에 접속해서 사용하기 위해서 SQL Developer를 사용한다.

5. Oracle은 전통적으로 HR이라는 이름의 샘플 스키마를 제공하고 있다.

6. Oracle을 제거하는 방법은 다른 윈도우용 응용프로그램과 마찬가지로 제어판을 사용하면 된다.

7. 실무에서는 Linux 환경에서 Oracle도 많이 사용한다.

이 장의 학습 흐름

Oracle 설치 전 관련 소프트웨어 요구사항 파악

⬇

Oracle 설치

⬇

SQL Developer 설치 및 접속 설정

⬇

샘플 데이터 설치

⬇

Oracle 제거

⬇

Oracle의 명령어 설치

⬇

Linux 환경에서 Oracle XE 설치(부록)

2.1 Oracle 설치 전 준비사항

2.1.1 소프트웨어 요구사항

이 책에서 사용할 Oracle Database Express Edition 11g Release 2(줄여서 Oracle XE 11g R2 또는 Oracle XE) 또는 Oracle Database Enterprise Edition 12c Release 2(줄여서 Oracle 12c R2 또는 Oracle 12c)를 설치하기 위한 하드웨어는 Windows가 설치되면 특별히 제한이 없지만 Oracle 12c R2는 64bit 환경에서만 설치가 가능하다. Windows 운영체제는 Windows 7 이후나 Windows Server 2008 R2 이후 버전에만 설치가 된다.

⚠ x64나 x86_64는 64bit CPU 또는 운영체제를, x86이나 x32는 32bit CPU 또는 운영체제를 의미한다.

서버 운영체제(x64)	PC 운영체제(x64, x86)
Windows Server 2016	Windows 10
Windows Server 2012 R2	Windows 8.1
Windows Server 2012	Windows 8
Windows Server 2008 R2	Windows 7

[표 2-1] Oracle XE 11g R2 또는 Oracle 12c R2를 설치하기 위한 운영체제

또한 Oracle을 사용할 때 Server 및 Client만 설치하고 별도의 추가 소프트웨어가 필요 없다. 하지만, 이 책에서는 Oracle을 좀 더 편리하게 사용하기 위해서 추가로 SQL Developer도 설치해서 사용하겠다.

2.2 Oracle 설치

이제 본격적으로 설치를 진행하자. 필자는 Windows 10에 설치하겠지만, [표 2-1]에 나온 운영체제라면 어떤 것이든 상관 없다. Oracle 설치 버전은 Oracle 입문자의 경우 가벼운 Oracle XE 11g R2를 설치해서 사용할 것을 권장한다. 하지만 하드웨어 성능이 좋고, 최신 버전의 Oracle로 실습하고 싶다면 다음 〈실습 1〉 대신에 '부록1'의 Oracle 12c R2를 설치해서 사용해도 동일하게 실습이 된다.

⚠ 앞으로 이 책에서 사용되는 웹 사이트의 링크가 변경되거나 없어졌을 수도 있다. 그러한 경우를 대비해서 책에서 사용되는 모든 파일 또는 최신 링크를 책의 사이트(http://cafe.naver.com/thisisOracle) 자료실에 등록하였다. 실습할 때 파일이 잘 찾아지지 않거나 버전이 다르다면, 책의 사이트에 접속하면 모두 해결된다.

Oracle XE 11g R2를 설치해보자. 1장에서 얘기했듯이 Oracle XE 11g R2의 기본적인 사용법과 기능은 상용인 Oracle Enterprise Edition과 거의 동일하다.

step 0

먼저 컴퓨터의 OS가 x64(=64bit)인지 x86(=32bit)인지 확인하자. 제어판의 [시스템 및 보안] 〉〉 [시스템]을 실행하거나 Windows + Pause 를 눌러 확인하자.

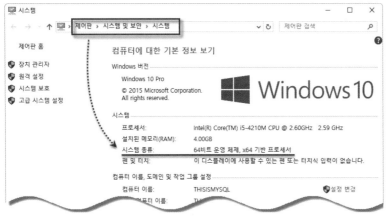

[그림 2-1] 시스템 종류 확인

step 1

Oracle XE 11g R2를 다운로드하자.

1-1 http://www.oracle.com/technetwork/database/database-technologies/express-edition/downloads/ 주소에 접속해서 〈Accept License Agreement〉를 선택하고 자신에게 맞는 파일을 다운로드하자. 필자는 64bit용인 [Oracle Database Express Edition 11g Release 2 for Windows x64]를 클릭해서 다운로드했다. 다운로드 받은 파일은 OracleXE112_Win64.zip(316MB)이다. 다운로드를 위해서는 오라클 사이트에 회원으로 가입되어 있어야 한다. 회원 가입은 무료이므로, 독자가 직접 가입하는 것으로 하겠다.

⚠ 이 책은 현재 일반적으로 사용되는 64bit를 기준으로 사용한다. 하지만, 독자가 32bit Windows라면 [Oracle Database Express Edition 11g Release 2 for Windows x32]를 클릭해서 다운로드하면 된다. 그리고 32bit Windows 사용자는 64bit와 32bit용을 구분해서 다운로드할 경우에 32bit용을 다운로드해서 사용하면 된다.

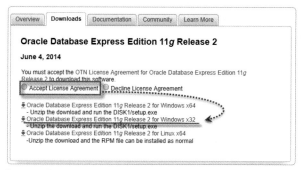

[그림 2-2] Oracle XE 11g R2 다운로드

1-2 다운로드 받은 파일의 압축을 풀자. 압축이 풀린 폴더를 확인하면 DISK1 폴더 안에 Setup.exe 파일이 확인될 것이다.

[그림 2-3] 설치 파일 확인

step 2

다운로드 받은 Oracle을 설치하자.

2-1 'Setup.exe'를 더블클릭해서 설치를 진행한다. 잠시 후 설치 시작 화면이 나오면 〈Next〉를 클릭한다.

[그림 2-4] Oracle XE 11g R2 설치 1

2-2 [License Agreement]에서 〈I accept the terms~~~〉를 선택하고 〈Next〉를 클릭한다.

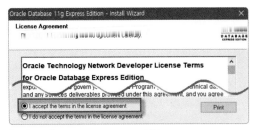

[그림 2-5] Oracle XE 11g R2 설치 2

2-3 [Choose Destination Location]에서는 설치할 폴더를 지정하는데 기본 값인 C:\oraclexe\ 폴더를 그대로 두고 〈Next〉를 클릭한다. (필요하다면 다른 폴더를 지정해도 된다.)

[그림 2-6] Oracle XE 11g R2 설치 3

2-4 [Specify Database Passwords]에서 Oracle의 관리자(SYS 및 SYSTEM) 비밀번호를 지정해야 한다. 쉽게 "1234"를 입력해서 지정하자. 〈Next〉를 클릭한다.

⚠ Oracle의 모든 권한이 있는 관리자의 이름은 SYS 및 SYSTEM인데, 앞으로 SYSTEM 관리자를 자주 사용할 것이다. 이 관리자의 비밀번호가 유출된다면 이 컴퓨터의 중요한 정보가 모두 유출될 것이다. 그러므로 SYSTEM의 비밀번호는 최소 8자 이상에 문자/숫자/기호를 섞어서 만들기를 적극 권장한다. 지금은 학습 중이므로 잊어버릴까봐 1234로 지정한 것뿐이다. 절대 실무에서 이런 비밀번호를 사용하면 안 된다.

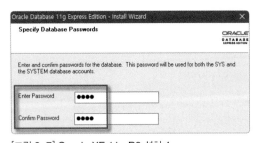

[그림 2-7] Oracle XE 11g R2 설치 4

2-5 [Summary]에서 설정된 내용을 한번 읽어보자. 그리고 〈Install〉을 클릭하면 설치가 진행된다.

⚠ Oracle의 중요한 포트가 Summary에 나와 있다. 기본 오라클 리스너^Listener^는 1521번이며, HTTP 포트는 8080을 사용한다.

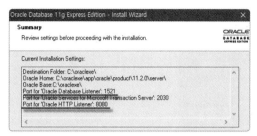

[그림 2-8] Oracle XE 11g R2 설치 5

2-6 잠시 설치가 진행된다.

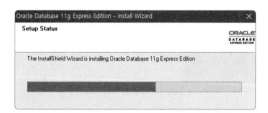

[그림 2-9] Oracle XE 11g R2 설치 6

2-7 [InstallShield Wizard Complete]에서 〈Finish〉를 클릭한다. 이렇게 해서 Oracle의 설치를 완전히 완료했다.

[그림 2-10] Oracle XE 11g R2 설치 7

2-8 Windows의 [시작] 메뉴의 [모든 앱]을 살펴보면 [Oracle]이 등록되어 있는 것을 확인할 수 있다.

[그림 2-11] Oracle 메뉴

step 3

설치가 완료되었으니, 우선 Oracle에 접속해 보자.

3-1 Windows의 [시작] 〉〉 [Oracle Database 11g Express Edition] 〉〉 [Run SQL Command Line] 을 선택하자.

3-2 [Run SQL Command Line]이 실행되고 프롬프트가 'SQL〉'로 나올 것이다. 이제는 이 곳에 앞으로 배울 SQL문을 입력하면 된다.

⚠ 지금 명령 프롬프트에서 열리는 환경을 SQL*Plus라고 부른다. 오래 전부터 Oracle에서 전통적으로 사용되던 환경인데, 5장에서 이 툴의 사용법을 자세히 살펴보겠다.

[그림 2-12] SQL Command Line 접속

3-3 CONNECT SYSTEM 명령으로 관리자인 SYSTEM으로 접속해 보자. 설치할 때 설정한 비밀번호는 1234인데, 입력할 곳이 보이지 않으니 그냥 1234를 입력하고 Enter 를 누르면 된다. 접속이 되면 **SHOW USER** 명령으로 현재 접속된 사용자를 확인해 보자.

[그림 2-13] 관리자(SYSTEM)로 접속

3-4 이렇게 명령 창으로 접속해서 사용하는 방식도 있지만, 좀 더 편리한 툴을 사용할 수도 있다. 우선 **EXIT** 명령을 입력해서 접속을 종료하자.

step 4

SQL Developer를 설치해서 편리하게 Oracle을 사용해 보자.

4-1 http://www.oracle.com/technetwork/developer-tools/sql-developer/downloads/ 주소에 접속해서 SQL Developer를 다운로드하자. [Windows 64-bit with JDK 8 included]를 다운로드하면 된다.

⚠ 이 책을 집필하는 시점에서 SQL Developer의 최신 버전은 17.2(파일명: sqldeveloper-17.2.0.188.1159-x64. zip, 395MB)지만, 이후의 버전도 별 문제없이 작동할 것이다. 책과 동일한 버전을 사용하고 싶다면 책의 사이트(http:// cafe.naver.com/thisisOracle)에서 다운로드 받아도 된다. 또한, 64bit용 SQL Developer에는 JDK가 포함되어 있어서 별도로 JDK를 다운로드 받을 필요는 없다. 만약 32bit를 사용 중인 독자라면 [Windows 32-bit/64bit]를 다운로드하면 되며, 그 전에 http://www.oracle.com/technetwork/java/javase/downloads/index.html 주소에서 32bit용 JDK를 다운로드(예: jdk-8u144-windows-i586.exe) 받아서 설치를 미리 해 놓아야 한다. 이 역시 책의 사이트에 모두 등록해 놓았다.

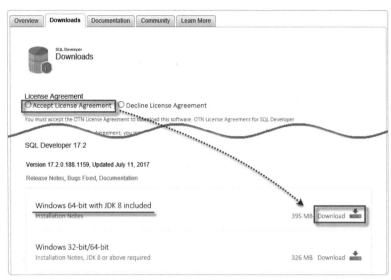

[그림 2-14] SQL Developer 다운로드

4-2 파일의 압축을 풀면 sqldeveloper 폴더가 생긴다. 이 폴더를 적당한 곳으로 이동시키자. 필자는
C:\sqldeveloper\ 폴더로 이동시켜 놓았다. 이 폴더 안에 sqldeveloper.exe 파일이 있는데, 이 파일을
자주 사용할 것이므로 마우스 오른쪽 버튼을 클릭한 후, [작업 표시줄에 고정]을 선택해서 작업 표시줄에 고
정시켜 놓자.

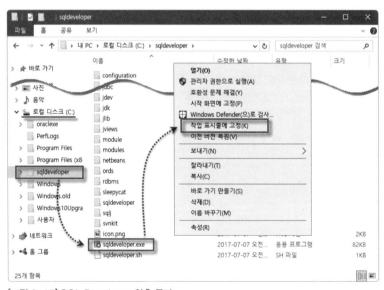

[그림 2-15] SQL Developer 압축 풀기

4-3 작업 표시줄의 〈SQL Developer〉 아이콘을 클릭해서 실행하자. 잠시 초기 화면이 나온다.

⚠ SQL Developer를 처음에 실행할 경우 이전 환경 설정을 임포트하겠냐는 메시지가 나올 수 있는데, 이전에 설치한 적이 없으므로 그냥 〈아니오〉를 클릭하면 된다. 또한 32bit SQL Developer를 사용 중이라면 처음에 JDK가 설치된 폴더를 선택해야 한다. 일반적으로 JDK는 C:\Program Files\Java\jdk버전\ 폴더에 설치되어 있다.

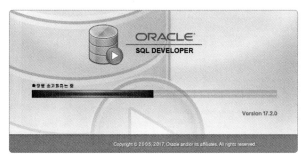

[그림 2-16] SQL Developer 실행

4-4 초기 화면이 나온다. 만약 [Oracle 사용 추적] 창이 나오면 그냥 〈확인〉을 클릭한다. 또, 초기 화면의 아래쪽의 〈시작 시 표시〉 체크박스도 끄자.

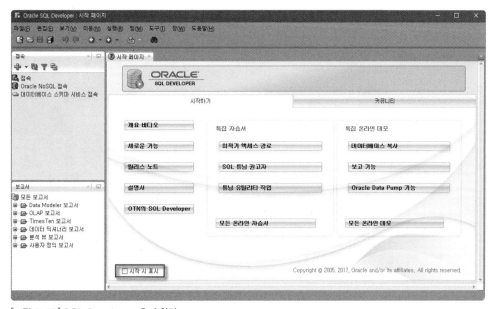

[그림 2-17] SQL Developer 초기 화면

4-5 아직 Oracle에 연결된 상태는 아니므로 새로운 연결을 생성해줘야 한다. 왼쪽 [접속] 창의 〈+〉 아이콘을 클릭해서 새로운 접속을 생성하자. [접속 이름]은 적당히 "로컬-SYSTEM", [사용자 이름]은 관리자인 "SYSTEM"을 [비밀번호]는 설치할 때 지정한 "1234"를 입력하고 〈비밀번호 저장〉도 체크하자. 나머지는 그대로 두고 〈테스트〉를 클릭하면 왼쪽 아래 상태가 '성공'으로 바뀐다.

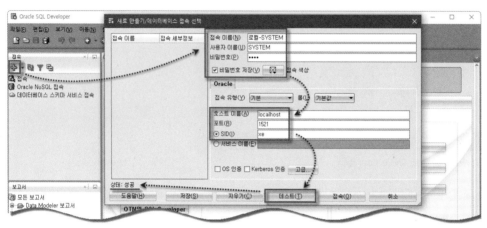

[그림 2-18] 새로운 접속의 생성 1

4-6 이제 〈저장〉을 클릭하면 왼쪽 [접속] 창에 '로컬-SYSTEM'의 접속이 추가된다. 〈접속〉을 클릭해서 Oracle에 접속하자.

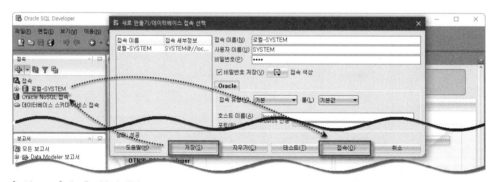

[그림 2-19] 새로운 접속의 생성 2

4-7 접속에 성공하면 [워크시트]가 열린다. 이 화면이 이번 실습 step 3 의 [SQL Command Line]과 동일한 역할을 한다. 하지만, 메모장과 같이 사용할 수 있어서 훨씬 편리하다.

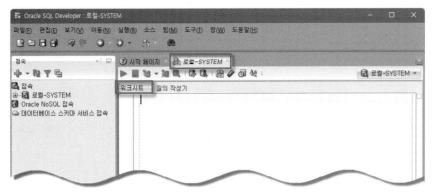

[그림 2-20] 새로운 접속의 생성 3

4-8 간단히 **SHOW USER;** 명령을 입력하고 왼쪽 위 〈명령문 실행〉 아이콘을 클릭하거나 Ctrl + Enter 를
눌러보자. 결과가 아래쪽에 출력되었을 것이다. 그리고 작업에 걸린 초 단위가 출력된다.

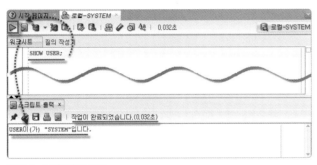

[그림 2-21] 명령문 실행

4-9 왼쪽 [접속] 창의 [접속] 〉〉 [로컬-SYSTEM]에서 마우스 오른쪽 버튼을 클릭한 후 [접속 해제]를 선택
해서 접속을 끊자. 또한 [로컬-SYSTEM] 탭도 닫는다. 저장하겠냐는 메시지가 나오면 〈아니오〉를 클릭한다.

[그림 2-22] 접속 해제

4-10 SQL Developer도 종료한다.

5장에서 학습할 웹 환경으로 Oracle XE에 접속하기 위해서 기본적으로 자신의 컴퓨터만 가능하도록 설정되어 있다. 이를 외부에서 ~~접속할 수 있도록 설정을 변경하자.~~

⚠ Oracle 12c로 실습 중이라면 이번 실습의 step 5 은 생략한다.

5-1 Windows의 [시작] 〉〉 [Oracle Database 11g Express Edition] 〉〉 [Run SQL Command Line]을 선택하자.

5-2 CONNECT SYSTEM문으로 SYSTEM 사용자로 접속한다.

5-3 다음 명령문을 입력해서 설정을 허용하고, 성공적으로 적용되었는지 확인하자.

    EXEC DBMS_XDB.SETLISTENERLOCALACCESS(FALSE);

[그림 2-23] 외부에서 웹 환경 접속을 허용

5-4 EXIT문을 입력해서 창을 닫는다.

2.3 샘플 데이터의 설치

앞으로 실습을 진행할 때, 종종 대량의 데이터가 필요한 경우가 있다. 당연히 사용자가 학습을 위해서 수십만, 수백만 건의 데이터를 입력할 수는 없다. 그래서 Oracle은 예전부터 HR^Human Resources이라는 이름의 샘플 데이터베이스 사용자 계정을 제공하고 있다. Oracle을 설치하면 기본적으로 HR 사용자 계정 및 관련 샘플 데이터가 설치되어 있다. 하지만 보안상의 이유로 HR 계정이 잠금이 되어 있어서 접속할 수 없다. 이 잠금을 풀어주면 샘플 데이터인 HR 계정의 데이터를 사용할 수 있다. 이 책에서도 종종 대량의 데이터가 필요할 때 HR 계정으로 접속해서 사용할 것이다.

⚠ Oracle의 각 사용자 계정은 자신만의 테이블, 뷰, 인덱스, 스토어드 프로시저 등의 데이터 묶음을 소유하고 있다. 이러한 데이터의 묶음을 스키마^Schema라고도 부른다. 즉, 스키마는 데이터(테이블, 뷰, 인덱스 등)가 저장되어 있는 저장소로 볼 수 있다. 그러므로 **사용자 계정 = 스키마 이름**으로 봐도 되며, **HR 계정 = HR 스키마**로 부를 수 있다.

HR 사용자(=HR 스키마)의 잠금을 풀어놓자.

step 1

SQL Developer를 실행해서 왼쪽의 [접속] 〉〉 [로컬-SYSTEM]에서 마우스 오른쪽 버튼을 클릭한 후 [접속]을 선택한다. (간단히 더블클릭해도 접속된다.)

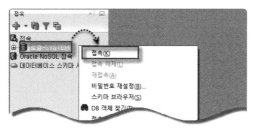

[그림 2-24] SQL Developer 접속

step 2

Oracle에 포함되어 있으며, 앞으로 가끔 사용할 샘플 계정인 HR의 잠금을 풀어놓자. [워크시트]에서 다음 코드를 입력하고 실행하자. 제일 뒤의 1234는 HR 계정의 비밀번호를 새로 지정한 것이다.

```
ALTER USER HR ACCOUNT UNLOCK IDENTIFIED BY 1234;
```

⚠ 만약 워크시트에서 IDENTIFIED 구문에 빨간 줄이 생기고, 구문 오류라는 메시지가 나와도 무시하자. SQL Developer의 약간의 버그다.

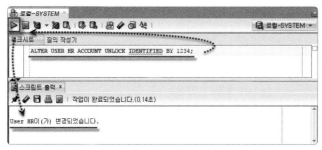

[그림 2-25] HR 계정의 잠금 해제

샘플 계정인 HR 계정의 접속을 만들어 보자.

3-1 다시 왼쪽 [접속] 창의 〈+〉 아이콘을 클릭해서 새로운 접속을 생성하자. [접속 이름]은 적당히 "로컬-HR", [사용자 이름]은 "HR"을, [비밀번호]는 앞에서 지정한 "1234"를 입력하고 〈비밀번호 저장〉도 체크하자. 나머지는 그대로 두고 〈테스트〉를 클릭하면 왼쪽 아래 상태가 '성공'으로 바뀐다.

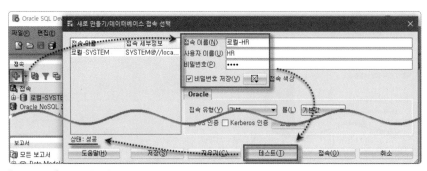

[그림 2-26] HR 사용자용 접속의 생성

3-2 〈저장〉과 〈접속〉을 클릭해서 HR 사용자로 접속하자.

3-3 [로컬-HR] 탭의 [워크시트]에서 **SELECT * FROM TAB;**문을 입력해서 HR 사용자의 테이블과 뷰를 확인하자. 8개의 테이블 및 뷰가 보일 것이다.

⚠ 앞으로 사용할 SQL문의 제일 뒤에는 세미콜론(;)을 붙여주자. 종종 생략해도 가능한 경우도 있으나, 붙여도 상관없으므로 무조건 붙여준다고 생각하자. '테이블', '뷰' 등의 용어가 나왔는데, 이는 3장부터 다시 설명할 것이니 지금은 그냥 HR 사용자가 가지고 있는 데이터베이스 객체 정도로 기억해 놓자.

[그림 2-27] HR 사용자의 테이블 및 뷰 조회

3-4 [로컬-HR] 탭과 [로컬-SYSTEM] 탭을 닫는다. 변경사항을 저장하겠냐는 메시지 창이 나오면 〈아니오〉를 클릭한다.

3-5 SQL Developer를 종료한다.

2.4 설치 후에 확인할 사항

Oracle을 설치한 바로 다음에, 확인해봐야 할 사항들이 몇 가지 있다. 우선 설치된 폴더를 확인하자. 파일 탐색기를 열어서 'C:\oraclexe\app\oracle' 폴더를 보면 [그림 2-28]과 같이 되어 있을 것이다.

⚠ Oracle 12c로 실습 중이라면 C :\Oracle\ 폴더를 확인한다.

[그림 2-28] Oracle 설치 폴더 확인 1

각 폴더의 역할 또는 저장된 파일은 [표 2-2]와 같다.

폴더	역할
admin	Oracle 서버의 관리자 관련 폴더 및 파일. 각 인스턴스 이름별로 구분되어 있으며 Oracle XE는 XE라는 이름으로 되어 있음.
diag	DIAGNOSTIC(진단) 관련 폴더 및 파일
fast_recovery_area	자동 백업/복원과 관련된 폴더 및 파일
oradata	데이터베이스의 물리적인 파일(*.DBF)
product	Oracle 각 제품이 폴더별로 분리되어 저장됨

[표 2-2] Oracle 관련 설치 폴더

product 폴더에 여러 버전의 Oracle을 설치하면 각 버전별로 별도의 폴더로 분리되어서 실제 제품의 실행이나 운영과 관련된 파일들이 저장된다. 우리가 설치한 Oracle XE 11g R2는 C:\oraclexe\app\oracle\product\11.2.0\server\ 폴더에 관련 파일이 모두 저장된다.

⚠ Oracle 12c로 실습 중이라면 C:\Oracle\product\12.2.0\dbhome_1 폴더를 확인한다.

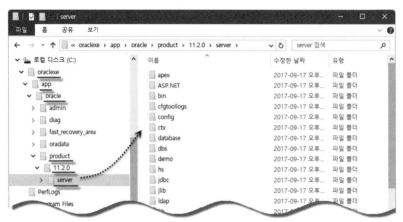

[그림 2-29] product 폴더

상당히 많은 폴더들이 있는데, 중요한 폴더는 몇 개 되지 않는다. 지금 설명하는 것보다는 책에서 필요할 때마다 관련 폴더를 설명하도록 하겠다.

2.5 Oracle 제거

Oracle을 제거하는 방법은 다른 Windows용 응용프로그램과 마찬가지로 제어판을 사용하면 된다.

실습3

Oracle을 제거하는 방법을 살펴보자.

⚠ Oracle 12c로 실습 중이라면 Windows의 [시작] 》 [Oracle-OraDB12Home1] 》 [Universal Installer]를 선택해서 제거를 진행해야 한다.

step 0

이번 실습은 군이 하지 않아도 된다. 만약 이번 〈실습 3〉을 진행하면 다시 앞의 〈실습 1〉과 〈실습 2〉를 진행해야 한다.

step 1

조금 전에 설치한 Oracle 관련 프로그램을 제거하자. [제어판] 〉〉 [프로그램 제거]를 실행한다.

step 2

관련 프로그램을 제거하자.

2-1 [Oracle Database 11g Express Edition]을 선택하고, 마우스 오른쪽 버튼을 클릭해서 〈제거〉를 선택한다.

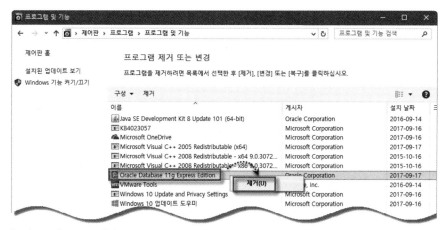

[그림 2-30] Oracle 제거

2-2 확인 창이 나오면 〈예〉를 클릭한다.

2-3 제거가 완료된 창이 나오면 〈Finish〉를 클릭해서 제거를 마친다.

2-4 C:\oraclexe\ 폴더가 남아 있으면 파일 탐색기에서 직접 삭제하면 된다.

step 3

SQL Developer는 설치하지 않고, 압축을 풀었으므로 C:\sqldeveloper\ 폴더를 파일 탐색기에서 지우면 된다.

step 4

제거가 완료되었으면 [프로그램 및 기능] 창을 종료한다.

2.6 Oracle을 명령어로 설치하기

앞에서 기본적으로 GUI 모드로 Oracle을 설치하는 방법을 확인해 봤다. 이번에는 앞에서 했던 설치와 달리 명령어 모드로 설치하고자 한다. 즉 명령 프롬프트만 사용해서 Oracle을 설치해 보겠다. Oracle을 이미 앞에서 설치했으므로, 같은 컴퓨터에 다시 Oracle을 설치하면 충돌이 나서 작동하지 않을 수도 있다. 그러므로 필자는 별도의 컴퓨터에서 실습을 진행하겠다. 별도의 컴퓨터가 없는 독자는 앞의 〈실습 3〉을 먼저 수행한 후, 컴퓨터를 재부팅하고 진행하면 된다.

⚠ 이번 〈실습 4〉는 반드시 해야 되는 것은 아니므로, 별도의 컴퓨터가 없다면 그냥 읽어보기만 해도 된다.

실습4 ━━━━━━━━━━━━━━━━━━━━━━━━━━━━━━━━━━━━━

Oracle XE를 명령어 모드로 설치하자.

⚠ Oracle 12c로 실습 중이라면 명령어 모드 설치가 좀 복잡하다. 관심이 가는 독자는 https://docs.oracle.com/database/121/NTDBI/advance.htm 웹 페이지를 참조하자.

---

step 0 ━━━━━━━━━━━━━

앞의 〈실습 1〉에서 다운로드한 Oracle 11g XE 압축 파일(OracleXE112_Win64.zip)을 확인하자. 압축을 풀고, 압축이 풀린 폴더를 C:\Disk1\ 폴더로 이동시켜 놓자. 최종적으로 다음과 같이 되어 있어야 한다.

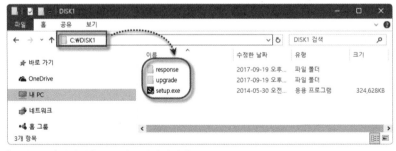

[그림 2-31] 파일 압축 풀기 및 폴더 위치 변경

---

step 1 ━━━━━━━━━━━━━

명령어 모드로 Oracle XE를 설치하자.

1-1 메모장을 실행해서 C:\DISK1\response\OracleXE-install.iss 파일을 열자. 이 파일 중에서 다음 5줄을 관심있게 살펴보자. 필요한 부분을 수정하고 저장한다.

szDir → Oracle XE가 설치될 폴더다. 기본 값은 C:\oraclexe\다. 변경하지 않아도 된다.

TNSPort → SQL*Plus로 접속될 포트다. 기본 값은 1521이다. 그대로 둔다.

MTSPort → MTS(Microsoft Transaction Services)로 접속될 포트다. 기본 값은 2031이다. 그대로 둔다.

HTTPPort → 웹 서비스 접속 포트다. 기본 값은 8080이다. 그대로 둔다.

SYSPassword → 관리자(SYS, SYSTEM)의 비밀번호다. 기본 값은 oraclexe인데, 1234로 변경하자.

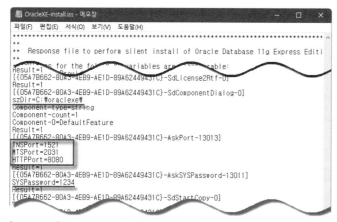

[그림 2-32] OracleXE-install.iss 파일 편집

1-2 [시작] 〉〉 [Windows 시스템] 〉〉 [명령 프롬프트]에서 마우스 오른쪽 버튼을 클릭한 후, [자세히] 〉〉 [관리자 권한으로 실행]을 선택해서 관리자 권한으로 명령 프롬프트를 실행한 후, **CD \DISK1** 명령을 입력해서 설치할 폴더로 이동한다. DIR 명령으로 setup.exe 파일을 확인하자.

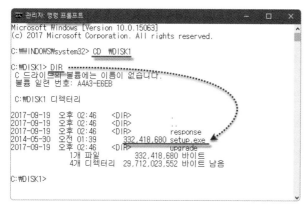

[그림 2-33] 설치 파일 확인

1-3 다음 명령으로 설치를 진행한다. 앞에서 변경한 OracleXE-Install.iss 파일의 설정대로 설치하고, 설치 로그는 setup.log 파일에 기록하라는 의미다.

[그림 2-34] 텍스트 모드 설치 명령

1-4 한동안 백그라운드로 설치가 진행된다. 일반적으로 Oracle XE는 10분 안에 설치가 완료된다. 설치 완료 여부를 확인하고 싶다면, 바탕화면 아래쪽 [Windows 작업 표시줄]에서 마우스 오른쪽 버튼을 클릭한 후 [작업 관리자]를 실행한 후, 왼쪽 아래 [자세히]를 클릭하고 위쪽 [세부 정보] 탭을 확인하면 [setup.exe]가 실행 중임이 확인된다. 이 [setup.exe]가 보이지 않으면 설치가 완료된 것이다.

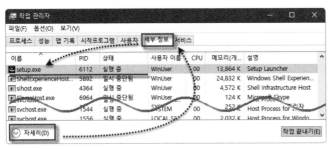

[그림 2-35] 설치 진행 여부 확인

step 2

성공적으로 설치되었는지 확인하려면, 〈실습 1〉의 step 3 과 동일하게 테스트한다.

step 3

SQL Developer의 설치는 〈실습 1〉의 step 4 와 동일하게 한다.

step 4

샘플 사용자인 HR의 잠금 풀기는 〈실습 2〉와 동일하게 한다.

지금 사용한 명령어로 설치하는 환경은 Unix나 Linux 계열에서 주로 사용한다. 앞으로 배우는 SQL문은 GUI를 지원하는 SQL Developer에서 입력해도 되지만, 명령어 모드인 SQL*Plus에서 입력해도 대부분 동일한 결과를 얻을 수 있다. SQL*Plus의 사용에 대해서는 5장에서 다뤄 보겠다.

2.7 Linux에 Oracle XE 설치하기

이 책은 Oracle의 초보자를 대상으로 한다. 그래서 일반적으로 가장 쉽고 많이 사용하는 Windows 환경에서 주로 얘기를 하고 있지만, 실무에서는 Unix나 Linux 환경에서 Oracle을 더 많이 사용한다.

Unix/Linux 환경에서 Oracle XE를 설치하려면 먼저 Unix/Linux 설치와 명령어를 이해해야 한다. 이러한 Unix/Linux 자체에 대한 것은 이 책의 범위를 벗어나기에 다루기가 어렵다.

그래도 실무에서 필요한 환경을 구축하기 위해서 책의 뒷부분 '부록2'에 Linux에 Oracle XE를 설치하는 방법을 수록했으니, 조금 어렵더라도 실무 환경에 관심이 있는 독자는 부록을 지금 수행해 볼 것을 권한다. 설치된 Linux 환경의 Oracle XE도 책의 5장 이후부터 중간중간에서 사용할 것이다.

지금까지 다양한 방법으로 Oracle XE를 설치하는 방법을 모두 마쳤으므로, 다음 장부터는 본격적으로 Oracle의 다양한 운영 방법을 알아보겠다.

Oracle 전체 운영 실습

이제 본격적으로 Oracle에 대해서 익힐 차례다. Oracle을 제대로 운영하기 위해서는 이 책의 어느 부분까지는 공부해야만 하고 익숙해지기까지 당연히 많은 시간이 필요하다.

하지만 바로 Oracle로 데이터베이스를 구축해야 하는 독자나 단지 Oracle을 응용프로그램에 연동하기 위한 목적으로 사용할 독자, 또는 Oracle을 무조건 사용해보고 싶은 독자라면 좀 더 빠른 학습 방법을 원할 것이다. 이번 장은 빠르게 Oracle을 사용하고 싶은 독자를 위해서 작성하였다.

실무에서 발생하는 상황과 비슷한 설정을 하겠다. 물론, 실제 내용을 아주 간략하게 진행할 것이다. 실무는 이번 장의 내용보다 훨씬 더 복잡하고, 많은 예외 상황이 발생할 것이다. 하지만, 그러한 점은 그냥 무시하고 Oracle XE를 '처음으로' 실무에 적용해 보는 독자를 위해서 최대한 간략히 '단순화'시킨 프로젝트를 진행하겠다. 이번 장을 수행하고 나면, Oracle이 좀 더 친숙하거나 쉽게 느껴질 것이다.

이번 장을 수행할 때, 기존에 Oracle을 운영해 보았거나 다른 DBMS 프로그램을 사용해본 독자라면, 과장해서 표현하거나 일부 생략된 부분을 발견할 수 있을 지도 모른다. 그러나, 이러한 과장이나 생략은 오류라기보다 '처음으로' 학습하는 독자의 이해를 돕기 위해 일부러 설정한 것이므로, 그러한 것이 보이더라도 그냥 넘어가기 바란다. 이러한 과장이나 생략의 세부 내용은 각각의 장에서 상세히 살펴볼 것이다.

이 장의 핵심 개념

3장에서는 이 책 전체에서 배울 내용을 미니 신세식으로 학습하는 것을 목표로 한다. 3장의 핵심 개념은 다음과 같다.

1. 데이터베이스 관련 용어는 데이터, 테이블, DB, DBMS, 열 등이 있다.
2. 데이터베이스 구축 절차는 데이터베이스 생성, 테이블 생성, 데이터 입력, 데이터 조회/활용의 순서로 진행된다.
3. 테이블 외에 데이터베이스 개체로는 인덱스, 뷰, 스토어드 프로시저, 함수, 트리거, 커서 등이 있다.
4. 백업은 현재의 데이터베이스를 다른 매체에 보관하는 작업을 말하며, 복원은 다른 매체에 백업된 데이터를 이용해서 원상태로 돌려놓는 작업을 말한다.
5. Oracle을 응용프로그램과 연동하는 것은 실무에서 많이 사용되는 방식이다.

이 장의 학습 흐름

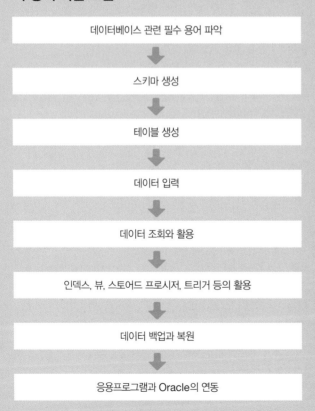

3.1 요구사항 분석과 시스템 설계 그리고 모델링

3.1.1 정보시스템 구축 절차 요약

정보시스템을 구축하기 위해서는 일반적으로 분석, 설계, 구현, 시험, 유지보수의 5가지 단계를 거친다.

먼저 분석 단계는 구현하고자 하는 프로젝트의 가장 첫 번째 단계로, 시스템 분석 또는 요구사항 분석이라고 부른다. 요구사항 분석은 현재 우리가 '무엇을What' 할 것인지를 결정한다. 사용자의 인터뷰와 업무 조사 등을 수행해야 하며, 프로젝트의 첫 단추를 끼우는 중요한 단계이므로 당연히 많은 시간 동안 심혈을 기울여야 한다. 또한, 분석의 결과로서 많은 문서를 작성해야 한다.

그 다음에 진행하는 것은 설계 단계이다. 설계는 주로 시스템 설계 또는 프로그램 설계라는 용어로 부르는데, 우리가 구축하고자 하는 시스템을 '어떻게How' 할 것인지를 결정한다.

사실 시스템 설계가 끝나고 나면 그 결과 문서들을 프로그래머(또는 코더)에게 넘겨 주기만 하면 프로그래머는 설계서에 나온 그대로 프로그램을 작성한다.

그래서 시스템 설계가 끝나면 가장 큰 작업이 끝난 것으로 간주된다. 대부분의 프로젝트에서 이 분석과 설계의 과정이 전체 공정의 50% 이상을 차지한다. 이에 대한 얘기는 4장에서 자세히 확인해 보겠다.

3.1.2 데이터베이스 모델링과 필수 용어

분석과 설계 과정에서 가장 중요한 과정 중의 하나가 '데이터베이스 모델링'이다. 데이터베이스 모델링이란 현실세계에서 사용되는 데이터를 Oracle에 어떻게 옮겨 놓을 것인지를 결정하는 과정이라고 생각하면 된다.

⚠ 실제로 데이터베이스 모델링 방법은 4장에서 실습을 통해서 배운다.

우리가 구현하고자 하는 인터넷 쇼핑몰에서는 사람(또는 회원)이 필요하다. 그렇다면 이 '사람'을 어떻게 Oracle에 넣을 것인가? 사람의 몸을 컴퓨터에 넣을 수는 없기 때문에 사람을 나타낼 수 있는 특성(속성)들을 추출해서 그것들을 Oracle에 넣어야 한다.

예로 어떤 사람의 신분을 증명하기 위해서는 신분증에 이름, 주민번호, 주소 등의 정보가 있는 것과 비슷한 개념이다. 또한, 우리가 판매할 제품들도 마찬가지다. 제품을 컴퓨터에 넣을 수는 없으므로 제품의 이름, 가격, 제조일자, 제조회사, 남은 수량 등을 Oracle에 저장해야 한다.

그런데, 이러한 저장할 정보는 그냥 단편적으로 저장하는 것이 아니라 테이블Table이라는 형식에 맞
춰서 넣어야 한다.

[그림 3-1]과 같이 지금 얘기한 사람과 제품에 대한 정보를 테이블에 구현할 수 있다. 테이블은 [그
림 3-1]과 같은 구조를 갖는다.

⚠ 지금은 [그림 3-1]의 테이블을 바로 표현했지만, 이 테이블이 나오기 위해서는 다소 복잡한 절차를 거쳐야 한다. 4장에서 다
시 확인하겠다.

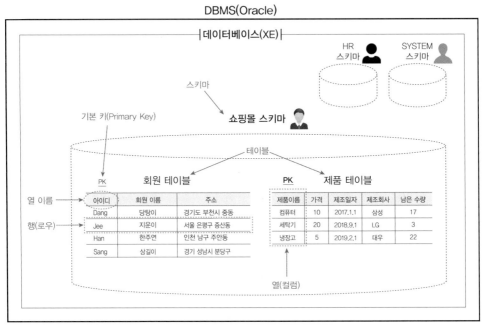

[그림 3-1] 테이블의 구조와 관련 용어

테이블 외에 몇 가지 용어가 나왔다. 이에 대해서 살펴보자. 처음 접한 독자들은 좀 어렵게 느껴질 수
도 있겠지만, 이 책을 공부하기 위해 우선적으로 알아야 할 내용이므로 잘 읽어보도록 하자.

- **데이터**: '당탕이, 컴퓨터, 2019.2.1'과 같이 하나하나의 단편적인 정보를 뜻한다. 즉, 정보는 있으나 아직 체계화
  되지 못한 상태를 말한다.
- **테이블**: 회원이나 제품의 데이터를 입력하기 위해 표 형태로 표현한 것을 말한다. 지금은 인터넷 쇼핑몰을 구현
  하기 위해서, 회원에 대한 정보를 보관할 회원 테이블과 제품 정보를 보관할 제품 테이블 등 두 개의 테이블을 만
  들었다.

- **스키마(Schema)**: 테이블, 뷰 등이 저장되는 저장소를 말하거나 여러 테이블, 뷰 등의 묶음으로도 말한다. 또한 스키마는 사용자 이름과 동일하게 취급된다. [그림 3-1]에 보이듯 사용자를 생성하면 사용자별 고유의 공간이 생기는데, 이를 스키마로 보면 된다. 스키마는 [그림 3-1]과 같이 원통 모양으로 주로 표현한다. 현재는 그림 상에 3개의 스키마(=사용자)가 보인다. 각 스키마(=사용자)는 서로 다른 고유한 이름을 가지고 있어야 한다. 우리가 [그림 3-1]에서 사용하게 될 (또는 만들게 될) 스키마(=사용자)는 쇼핑몰 스키마다.

- **데이터베이스(Database, 줄여서 DB)**: 여러 개의 스키마가 저장되는 저장 공간이다. Oracle XE는 XE라는 이름의 데이터베이스를 기본적으로 제공하며, 단 1개의 데이터베이스만 운영이 가능하다. 그래서 [그림 3-1]에는 DBMS 안에 XE라는 이름의 단 1개의 데이터베이스만 존재한다. 참고로 Oracle Enterprise/Standard에서는 여러 개의 데이터베이스를 생성하고 동시에 운영할 수 있다.

여기서 잠깐

☼ 다른 DBMS와 용어의 차이

데이터베이스 용어는 각 DBMS 제품마다 다른 의미로 사용된다. 특히 Oracle은 데이터베이스 용어의 개념이 다른 DBMS 제품보다 더 크고 포괄적인 의미로 사용된다. 우리는 Oracle을 학습하고 있으므로 [그림 3-1]과 같이 여러 개의 테이블 등을 저장하고 있는 묶음을 '스키마'로 부르기로 하겠다.

참고로 MySQL, MariaDB, SQL Server 등에서는 [그림 3-1]의 스키마^{Schema}를 데이터베이스^{Database}라고 부르며, [그림 3-1]에 표현된 '데이터베이스'는 없다고 보면 된다. 즉 [그림 3-1]을 [그림 3-2]와 같이 표현할 수 있다.

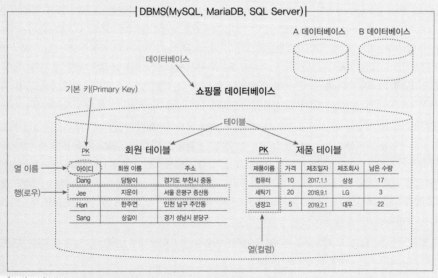

[그림 3-2] 다른 DBMS에서의 구성도

- **DBMS**: DataBase Management System의 약자로 스키마를 관리하는 시스템 또는 소프트웨어를 말한다. 2장에서 설치한 Oracle이 바로 DBMS이며, [그림 3-1]에서는 DBMS가 1개의 데이터베이스를 관리하고 있다. 또 데이터베이스 안에는 3개의 스키마가 존재한다.

⚠️ DBMS, 데이터베이스, 스키마, 사용자에 대한 정의를 컴퓨터 학자나 다른 툴에서는 의견을 달리하기도 한다. 학문적으로 얘기하면 자꾸 얘기가 길어질 수 있으므로, [그림 3-1]과 같이 스키마는 데이터(테이블)의 저장소 또는 사용자의 공간을 말하며, Database는 여러 스키마의 저장소를 말하며, DBMS는 이 Database를 관리하는 소프트웨어 정도로 이해하면 이 책을 공부하는데 무리가 없을 것이다.

- **열(=컬럼=필드)**: 각 테이블은 열로 구성된다. 회원 테이블의 경우에는 아이디, 회원 이름, 주소 등 3개의 열로 구성되어 있다.
- **열 이름**: 각 열을 구분하기 위한 이름이다. 열 이름은 각 테이블 내에서는 중복되지 않고, 고유해야 한다. 회원 테이블의 아이디, 회원 이름, 주소 등이 열 이름이다.
- **데이터 유형**: 열의 데이터 유형을 말한다. 회원 테이블의 회원 이름 열은 당연히 숫자 형식이 아닌, 문자 형식이어야 한다. 또한, 제품 테이블의 가격 열은 숫자(특히, 정수) 형식이어야 할 것이다. 가격에 '비쌈' 같은 글자가 들어가서는 안 되기 때문이다. 이 데이터 유형은 테이블을 생성할 때 열 이름과 함께 지정해 줘야 한다. 잠시 후에 살펴보자.
- **행(=로우=레코드)**: 실질적인 데이터를 말한다. 예로, 'Jee/지운이/서울 은평구 증산동' 이 하나의 행으로 행 데이터라고도 부른다. 회원 테이블의 예로 '회원이 몇 명인지'는 '행 데이터가 몇 개 있는지'와 동일한 의미다. 이 예에서는 4건의 행 데이터, 즉 4명의 회원이 존재한다.
- **기본 키**Primary Key **열**: 기본 키(또는 주 키) 열은 각 행을 구분하는 유일한 열을 말한다. 기본 키 열은 중복되어서는 안 되며, 비어 있어서도 안 된다. 또, 각 테이블에는 기본 키가 하나만 지정되어 있어야 한다. [그림 3-1]의 회원 테이블의 기본 키가 아이디 열에 지정되어 있다. 만약, 기본 키를 회원 이름 열에 지정하면 어떻게 될까? 기본 키는 각 행을 구분하는 유일한 열이라고 했는데 '지운이'라는 이름만으로 그 사람이 서울 은평구 증산동에 산다는 것을 확신할 수 있는가? 만약, '지운이'라는 이름이 또 있다면? 현실적으로 이름이 같은 사람은 언제든지 있을 수 있기 때문에, 이 회원 이름 열은 기본 키로 지정하기가 부적합하다. 그렇다면 주소 열은 어떨까? 마찬가지로 주소만 가지고 그 사람이 유일한 사람이라는 것을 알 수는 없다. 같은 집에 사는 사람이 있을 수 있기 때문이다.

마지막으로 아이디 열은 어떤가? 쇼핑몰 사이트에 가입해본 독자라면 회원 가입 시에 아이디를 만들면서 〈아이디 중복 확인〉을 클릭했던 것을 기억할 것이다. 즉, 아이디는 중복되지 않게 지정해야 한다. 또한, 쇼핑몰 사이트에 회원 가입 시에 아이디를 만들지 않고 가입할 수 없다. 결국, 모든 회원이 아이디가 다르며, 또한 모든 회원은 아이디를 가지고 있는가? 답은 'YES'이므로 이 '아이디'는 기본 키로 설정하기에 아주 적절하다. 그 외에도 회원 테이블에 주민등록번호나 E-Mail 열이 있다면 그것들 역시 중복되지 않고 비어 있지도 않으므로 기본 키로 지정이 가능하다.

- **외래 키**Foreign Key **필드**: 두 테이블의 관계를 맺어주는 키를 말한다. 이에 대한 내용은 [그림 3-1]에는 표현되어 있지 않다. 외래 키는 나중에 상세히 얘기하겠다.
- **SQL**Structured Query Language: 구조화된 질의 언어: DBMS에서 무슨 작업을 하고 싶다면 어떻게 해야 할까? "어이~ Oracle아~~ 테이블 하나 만들어 볼래?" 라고 사람끼리 하는 언어로 말할 수는 없을 것이다. DBMS에 무슨 작업을 하고 싶다면 DBMS가 알아듣는 말로 해야 할 것이다. 그것이 SQL이다. 즉, SQL은 사람과 DBMS가

소통하기 위한 말(언어)이다. 우리는 6장, 7장에서 이 SQL 문법에 대해서 상세히 배우게 될 것이며, 이번 장에서는 꼭 필요한 간단한 내용만 먼저 사용해 볼 것이다.

이 외에도 앞으로 많은 새로운 용어들이 등장할 것이다. 필요한 용어는 학습을 진행하면서 그때마다 소개하겠지만, 위 용어는 기본적으로 반드시 필요한 것이므로 잘 이해해야 앞으로 학습이 무리없이 진행될 것이다.

3.2 Oracle을 이용한 스키마 구축 절차

이론적인 얘기만 하니 조금 이해가 안될 수도 있고 또, 좀 지루했을 것이다. 지금부터는 직접 [그림 3-1]에 표현된 것을 Oracle XE에서 구축해 보겠다.

현재는 데이터베이스 모델링(4장에서 소개)이 완료된 상태로 가정한다. 그래서, [그림 3-1]과 같이 테이블의 구조를 결정할 수가 있었다. 모델링이 완성된 후에, 실제로 스키마를 구축하는 가장 기본적인 순서는 [그림 3-3]의 순서를 따르면 된다. 이제는 각 단계들을 하나씩 직접 진행해 보자.

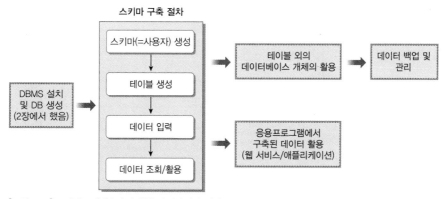

[그림 3-3] 스키마 구축/관리 및 활용의 전반적인 절차

3.2.1 스키마 생성

[그림 3-1]의 인터넷 쇼핑몰을 구축하기 위한 '쇼핑몰' 스키마를 생성해보자. 그런데, 스키마는 개념적으로 존재한다고 보면 된다. 스키마를 별도로 생성하는 것이 아니라, Oracle 사용자를 생성하면 사용자의 저장소가 구성되므로 [그림 3-1]의 비어 있는 스키마가 생성된다고 보면 된다. 그래서 Oracle에서는 '사용자 이름 = 스키마 이름'으로 취급한다.

'쇼핑몰'(Shop) 스키마를 생성해 보자.

SQL Developer를 실행하자.

0-1 왼쪽 [접속] 창에 이전에 만들어 놓은 '로컬−SYSTEM'이 보이는데, 여기서 마우스 오른쪽 버튼을 클릭한 후 [속성]을 클릭하자. 사용자 이름은 관리자인 SYSTEM으로 설정되어 있고, 비밀번호는 1234로 되어 있다. 〈접속〉을 클릭하면 Oracle에 접속된다.

⚠ **'호스트 이름'**의 **localhost**(=**127.0.0.1**)은 자신의 컴퓨터를 의미한다. 그리고, Oracle 기본 포트는 **1521**을 사용한다. 포트는 컴퓨터의 가상의 연결 통로 개념으로, 0번부터 65535번까지 사용할 수 있다. 일반적으로 0~1023번까지는 운영체제 등에 의해 할당되어 있고, 그 이후는 응용프로그램별로 자신의 포트를 사용한다. Oracle은 기본적으로 1521번을 사용하며, MySQL/MariaDB는 3306번을, SQL Server는 1433번을 사용한다. **'SID'**는 Oracle XE의 시스템 아이디인데, 설치하면 기본적으로 xe라는 이름으로 부여된다. 이 SID가 [그림 3−1]의 데이터베이스에 해당한다. 참고로 '부록1'의 Oracle 12c를 설치할 때도 SID를 xe로 부여했다.

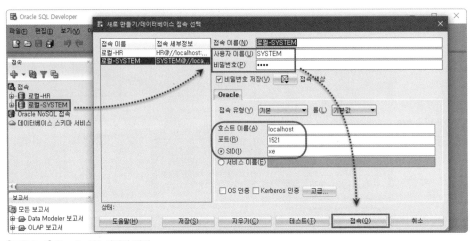

[그림 3-4] Oracle XE 서버에 연결

여기서 잠깐

☼ SQL Developer 화면 구성

SQL Developer를 처음 사용하는 독자에게는 익숙하지 않은 화면이므로 미리 이 책에서 주로 사용될 SQL Developer 화면을 잠깐 살펴보고 넘어가자.

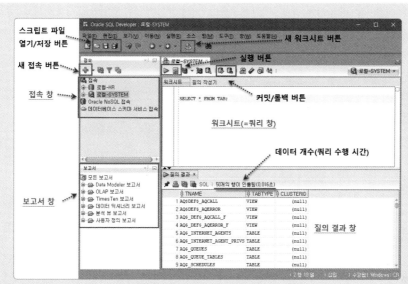

[그림 3-5] SQL Developer 관련 용어

이 책에서 주로 사용할 것 용어들만 우선 기억해 두자.

- 워크시트(=쿼리 창): 쿼리(SQL)를 직접 입력하는 곳으로, 6장부터는 이 책에서 가장 많이 사용되는 창이다.

- 실행 버튼: 워크시트에 입력된 쿼리문을 실행한다. 왼쪽 버튼은 〈명령문 실행〉 버튼인데 현재 커서가 있는 행의 쿼리 하나를 실행한다. 만약 여러 개의 쿼리를 마우스로 드래그해서 선택했다면 동시에 여러 개의 쿼리를 실행한다. 오른쪽 버튼은 〈스크립트 실행〉 버튼인데, 텍스트 기반으로 쿼리 결과를 보여준다. 명령문 실행 버튼은 기본적으로 50개 행씩 끊어서 결과를 출력하고, 스크립트 실행 버튼은 모든 행의 결과를 출력한다.

- 질의 결과 창: 워크시트에 SQL을 입력하고 〈실행〉 버튼을 클릭하면 결과 목록이 출력된다. 만약 쿼리에 오류가 발생한 경우 이 위치에 그 오류 메시지가 나온다.

- 데이터 개수(쿼리 수행 시간): 쿼리의 수행 결과로, 몇 건의 데이터가 조회되었는지, 개수 및 SQL을 수행해서 결과가 나오기까지 소요된 시간(초)을 보여준다.

- 접속 창: Oracle에 접속되는 경로가 저장되어 있다. 더블클릭하면 각 접속에 연결된다.

- 새 워크시트 버튼: 새로운 워크시트를 생성한다.

- 스크립트 파일 열기/저장 버튼: 스크립트 파일(*.sql)을 열거나, 현재 워크시트를 스크립트 파일로 저장한다.

- 새 접속 버튼: 새로운 접속을 생성한다.

- 보고서 창: 다양한 보고서를 생성하고 확인할 수 있다.

⚠ 앞으로 쿼리, 쿼리문, SQL, SQL 문 등의 용어가 나오면 모두 동일한 용어라고 생각하자. 문맥에 맞게 그때마다 다양하게 사용할 것이다.

0-2 다음과 같이 SQL Developer의 초기 창이 나타난다. 왼쪽 [접속] 부분의 아이콘을 자세히 보면, 접속된 이름 앞에는 아이콘이 연결된 모양으로 변했을 것이다. 또한 탭의 이름은 연결된 접속이 확인된다. 이 화면이 앞으로 주로 사용될 것이다.

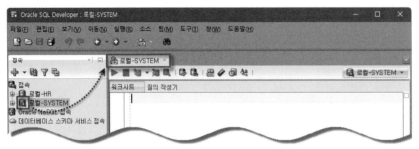

[그림 3-6] 연결된 접속 확인

step 1

스키마(=사용자)를 생성하자. [그림 3-1]의 쇼핑몰(Shop) 스키마를 생성하자.

1-1 [접속] 창의 [로컬-SYSTEM]을 확장하고 제일 아래 [다른 사용자]에서 마우스 오른쪽 버튼을 클릭한 후 [사용자 생성]을 선택한다.

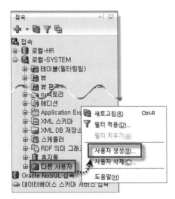

[그림 3-7] 스키마 생성 1

1-2 [사용자] 탭에서 사용자 이름(=스키마 이름)에 "Shop"을 입력하고, 비밀번호는 1234로 지정하자. 기본 테이블스페이스는 'USERS'로, 임시 테이블스페이스는 'TEMP'로 선택한다. 아직 〈적용〉을 클릭하지 말자.

⚠ 테이블스페이스^{TableSpace}는 테이블이 생성되는 물리적인 공간을 의미한다. Oracle을 설치하면 기본적인 테이블스페이스가 몇 개 자동으로 생성되는데, 새로운 사용자용 테이블스페이스는 우선 USERS로 지정하고 임시 테이블스페이스는 TEMP로 지정하자.

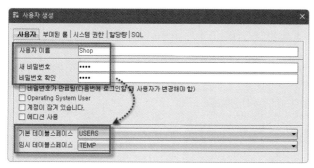

[그림 3-8] 스키마 생성 2

1-3 [부여된 롤] 탭을 클릭하고 'CONNECT'와 'RESOURCE'의 [권한이 부여됨] 부분을 체크하자.

⚠ 롤(Role, 역할)은 사용자가 어떤 권한을 부여할지를 선택한다. 가장 높은 롤은 DBA이며, 일반적으로 사용자는 CONNECT, RESOURCE 두 개 롤을 부여하면 자신의 스키마에 대한 대부분의 작업을 할 수 있다.

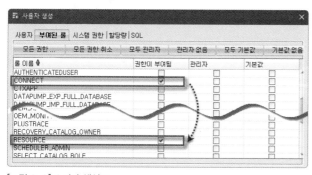

[그림 3-9] 스키마 생성 3

1-4 [시스템 권한]은 그냥 두고, [할당량] 탭에서 USERS 테이블스페이스의 할당량을 "10"으로, 단위를 "M" 으로 입력하자. 이는 USERS 테이블스페이스의 10MB까지 사용할 수 있다는 의미다. (지금은 연습 중이므로, 10MB도 상당히 큰 용량이다.)

[그림 3-10] 스키마 생성 4

1-5 [SQL] 탭을 클릭하면 지금까지 설정한 내용이 SQL문으로 만들어져 있다. 지금은 GUI 모드로 스키마 (=사용자)를 생성하고 있지만, [SQL] 탭의 쿼리문을 사용해도 동일한 결과를 낼 수 있다.

⚠️ 지금은 GUI 모드를 사용하고 있지만, 지금 마우스로 클릭하는 것과 **CREATE USER Shop ~~** 문을 워크시트에서 입력하는 것은 동일한 작동을 한다. 이 책에서는 앞으로 SQL문을 입력하는 방법을 주로 사용하게 될 것이다. SQL문을 입력하는 것은 Unix/Linux 등과 완전히 호환되기 때문에 권장하는 방법이다.

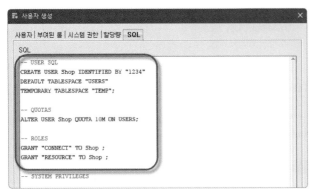

[그림 3-11] 스키마 생성 5

1-6 〈적용〉을 클릭하자. 이상이 없다면 성공했다는 메시지가 나올 것이다.

[그림 3-12] 스키마 생성 6

⚠️ 만약, 이미 사용자가 있다는 ORA-01920 오류가 발생하면 우선 [사용자 생성] 창을 닫고, [다른 사용자]에서 Shop 사용자가 있는지 확인하자. 있다면 Shop 사용자를 선택하고 마우스 오른쪽 버튼을 클릭한 후 [사용자 삭제]를 선택해서 삭제하고 다시 사용자를 만들어 보자.

1-7 [다른 사용자]에 SHOP 사용자(=스키마)가 생성된 것을 확인할 수 있다.

⚠️ 필자가 입력할 때는 Shop이라고 썼지만, Oracle은 모두 대문자로 변경해서 처리한다. 즉, 사용자 이름, 테이블 이름 등에 대소문자를 구분하지 않는다.

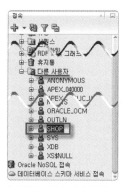

[그림 3-13] 스키마 생성 7

1-8 [SHOP] 사용자를 확장해 보자. 그러면 다시 테이블, 뷰, 인덱스 등의 공간이 확인될 것이다. [테이블], [뷰] 등을 클릭하면 아무것도 없을 것이다. 즉 [그림 3-1]의 비어 있는 스키마 공간이 생성된 것이다.

[그림 3-14] 스키마 생성 8

`step 2`

이제 새로운 스키마인 SHOP 스키마에 접속을 생성해 놓자.

2-1 [접속] 창의 왼쪽 위 〈+〉 모양의 [새 접속] 아이콘을 클릭해서 새로운 접속을 생성하자. 접속 이름은 "로 컬-Shop"으로, 사용자 이름은 "Shop"으로, 비밀번호는 "1234"를 지정한 후 〈저장〉, 〈접속〉을 클릭하자.

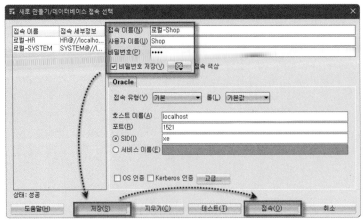

[그림 3-15] 새로운 접속 생성

2-2 열려 있는 워크시트는 모두 닫자. 또한 [접속] 창의 [로컬-SYSTEM]에서 마우스 오른쪽 버튼을 클릭한 후, [접속 해제]를 클릭해서 SYSTEM 사용자로 접속된 것은 해제하자.

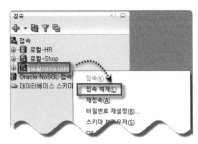

[그림 3-16] 기존 접속 해제

이렇게 해서 [그림 3-1]의 원통 모양의 쇼핑몰 스키마가 생성되었다. 당연히 그 안에는 아직 아무것도 들어 있지 않다.

3.2.2 테이블 생성

[그림 3-1]과 같이 쇼핑몰 스키마 안에 회원 테이블과 제품 테이블을 생성하자.

테이블을 생성하자.

테이블을 생성하기 전에 [그림 3-1]에는 나타나 있지 않은 각 열의 영문 이름 및 데이터 유형을 결정하자. 이 과정은 원래 데이터베이스 모델링(특히 물리적 모델링) 시에 결정된다.

⚠️ 개체(스키마, 테이블, 열 등) 이름은 영문을 사용해야 한다. 단지 행 데이터의 값(실제 데이터 내용)만 한글을 사용하자. 실무에서는 각 개체의 이름을 한글로 쓰는 경우는 거의 없으며, 만약 개체의 이름을 한글로 사용하게 되면 호환성 등 추후에 문제가 발생할 소지가 많다.

0-1 회원 테이블(memberTBL)의 데이터 유형을 다음과 같이 지정할 것이다.

열 이름(한글)	영문 이름	데이터 유형	크기	널(Null) 아님
아이디	memberID	문자(CHAR)	8글자(영문)	O
회원 이름	memberName	문자(NCHAR)	5글자(한글)	O
주소	memberAddress	문자(NVARCHAR2)	20글자(한글)	X

[표 3-1] 회원 테이블 정의

데이터 유형 및 길이에 대한 상세한 내용은 7장에서 살펴보겠다. 지금은 영문(숫자, 기호 포함) 문자를 입력하기 위한 데이터 유형은 고정형 길이인 CHAR와 가변형 길이인 VARCHAR2가 있고, 한글 문자를 입력하기 위한 데이터 유형은 NCHAR와 NVARCHAR2가 있다는 정도만 기억해 두자. 참고로, '널 아님'은 아무것도 입력하지 않는 것을 허용하는지 여부를 나타내는데, '널 아님'을 체크하면 꼭 값을 입력해야 한다는 의미다.

0-2 제품 테이블(productTBL)의 데이터 유형을 지정할 것이다.

열 이름(한글)	영문 이름	데이터 유형	크기	널(Null) 아님
제품 이름	productName	문자(NCHAR)	4글자(한글)	O
가격	cost	숫자(NUMBER)	정수(최대 7자리)	O
제조일자	makeDate	날짜(DATE)	날짜형	X
제조회사	company	문자(NCHAR)	5글자(한글)	X
남은 수량	amount	숫자(NUMBER)	정수(최대 3자리)	O

[표 3-2] 제품 테이블 정의

숫자를 나타내는 NUMBER와 날짜를 나타내는 DATE 형식을 추가로 사용하였다.

바로 앞 step 0 의 설계대로 회원 테이블(memberTBL)을 만들어 보자.

1-1 SQL Developer의 [접속] 〉〉 [로컬-Shop]을 확장하고 [테이블(필터링됨)]에서 마우스 오른쪽 버튼
클릭한 후 [새 테이블]을 선택한다.

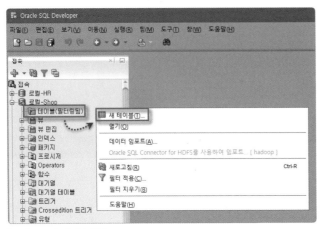

[그림 3-17] 테이블 생성 1

1-2 [표 3-1]에 나온 회원 테이블의 내용을 우선 입력한다. 현재 스키마가 SHOP인지 확인하고, 테이블 이
름(Table Name)에 "memberTBL"을 입력하고 열의 [이름] 부분을 클릭해서 입력하자. [데이터 유형]은
드롭다운으로 선택할 수 있다. 또, 아이디(memberID)와 회원 이름(memberName)은 [널이 아님]의 체
크를 켠다. 행을 추가하려면 오른쪽 위 〈+〉 아이콘을 클릭하면 된다.

⚠ Oracle은 기본적으로 테이블 이름, 열 이름 등을 모두 대문자로 처리한다. 그러므로, 소문자로 입력하더라도 대문자
로 변경되어서 저장된다. 하지만, 필자는 대소문자를 섞어서 쓸 것인데 이는 독자가 읽기 편하도록 하기 위함이다. 즉
memberTBL은 멤버member의 테이블(TBL)이라는 의미로 사용한다. 결국 memberTBL, MEMBERtbl, membertbl
모두 동일하며 Oracle XE 내부적으로는 MEMBERTBL로 처리된다.

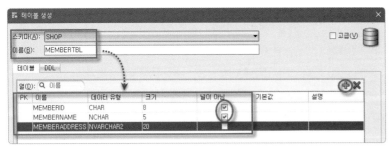

[그림 3-18] 테이블 생성 2

1-3 [그림 3-1]을 보면 아이디(memberID) 열을 기본 키로 설정하기로 되어 있다. 아이디(memberID) 열의 PK(Primary Key)를 클릭해서 기본 키로 지정한다.

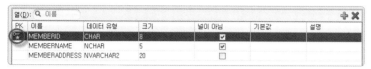

[그림 3-19] 테이블 생성 3

1-4 〈확인〉을 클릭한다. [로컬-Shop] 》 [테이블] 아래에 MEMBERTBL이 생성된 것이 확인된다.

[그림 3-20] 테이블 생성 확인

---

step 2

같은 방식으로 [표 3-2]의 제품 테이블(productTBL)을 독자가 직접 만들고 저장하자. (productName을 PK로 지정해야 한다.) 결과는 다음과 같다. 〈확인〉을 클릭해서 테이블 생성 창을 닫는다.

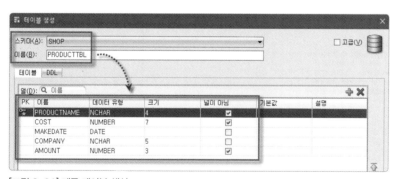

[그림 3-21] 제품 테이블 생성

생성한 테이블을 모두 확인해 보자.

3-1 두 개의 테이블이 생성된 것을 확인할 수 있다. 테이블 이름을 클릭하면 테이블의 구조를 확인할 수 있다.

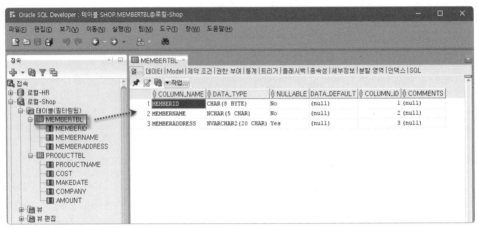

[그림 3-22] 생성된 테이블 확인

3-2 제일 오른쪽의 [SQL] 탭을 클릭하면 테이블을 생성하는 구문을 확인할 수 있다. 좀 복잡해 보이지만 실제로 사용하는 것은 그다지 복잡하지 않다. 지금은 GUI 창에서 테이블을 생성했지만, 6장부터는 이러한 SQL문으로 테이블을 생성하게 될 것이다. MEMBERTBL 테이블 창을 닫는다.

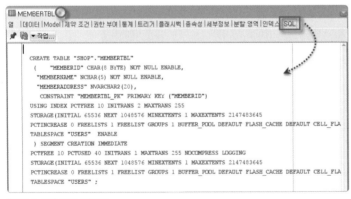

[그림 3-23] SQL문 확인

이로써 [그림 3-1]의 쇼핑몰 스키마(Shop)의 회원 테이블과 제품 테이블의 생성이 완료되었다. 아직은 데이터가 입력되지 않았으므로 이어서 데이터를 입력하자.

3.2.3 데이터 입력

생성한 테이블에 실제 행 데이터를 입력할 순서다. [그림 3-1]의 각 테이블에 데이터를 입력하자.

실습3

행 데이터를 입력하자.

step 1

회원 테이블의 데이터를 입력하자.

1-1 [로컬-Shop] 》 [테이블] 》 [MEMBERTBL]을 클릭하고, [데이터] 탭을 선택한다.

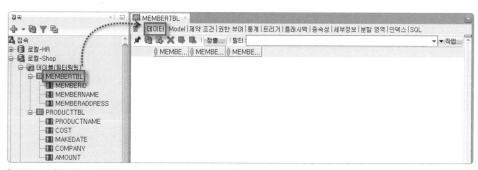

[그림 3-24] 행 데이터 입력 1

1-2 〈행 삽입〉 아이콘을 클릭하거나, Ctrl + I 을 눌러서 [그림 3-1]의 데이터를 입력한다. 각 칸을 더블
클릭하면 값을 입력할 수 있다. 입력된 결과는 다음과 같다.

[그림 3-25] 행 데이터 입력 2

1-3 입력된 내용이 맞으면 입력한 내용을 커밋Commit 시켜야 한다. 〈변경사항 커밋〉 아이콘이나 F11 을 눌러
서 지금까지 진행한 내용을 커밋하자. 아래쪽 [메시지-로그] 창에 입력을 위한 INSERT 구문이 생성되고 실
행된 것이 확인된다.

⚠ 커밋은 임시로 입력된 결과를 디스크로 저장하는 과정이다. 일반적인 저장Save과 비슷한 개념으로 생각해도 된다. 반대로 롤
백Rollback은 임시로 입력된 결과를 취소시키는 것을 말한다.

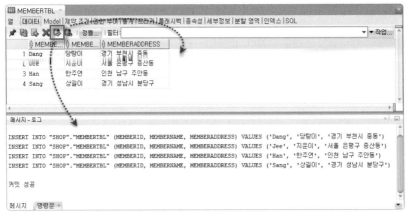

[그림 3-26] 행 데이터 입력 3

입력이 끝났으므로 [MEMBERTBL] 테이블 창을 닫는다.

⚠ 만약, 중간에 데이터를 잘못 입력했다면 다음과 같이 삭제할 행을 선택하고 〈선택된 행 삭제〉 아이콘을 클릭하거나, [Ctrl] + [D]
를 클릭하면 된다. 그러면 해당 행이 빨간색으로 변경된다. 그리고, 〈변경사항 커밋〉 아이콘을 클릭한다.

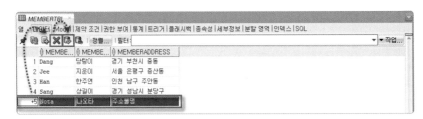

[그림 3-27] 행 데이터 삭제

step 2

동일한 방식으로 제품 테이블(productTBL)에 [그림 3-1]의 데이터를 입력한다. 입력된 결과는 다음과 같
다. 변경내용을 커밋시킨다.

⚠ 날짜를 입력할 때는 연/월/일 형식으로 입력해야 하는데, 연도는 2자리로 입력한다. 만약 2017년 1월 1일은 17/01/01로
입력하면 된다.

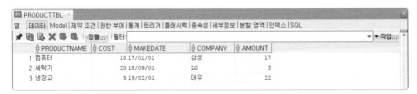

[그림 3-28] 행 데이터 입력 4

⚠ 데이터를 입력하는 SQL은 **INSERT INTO** ⋯를, 삭제하는 SQL은 **DELETE** ⋯를 사용하면 된다. 6장에서 상세히 배운다.

━━━ step 3 ━━━

입력이 끝났으면 테이블을 켜고 [PRODUCTTBL] 창을 닫는다.

이렇게 해서 인터넷 쇼핑몰을 운영하기 위한 [그림 3-1]의 스키마 구축은 기본적으로 완료된 것이다. 비록, 간단히 마쳤지만 실무에서 대용량의 스키마를 구축할 때도 흐름 자체는 지금 실습한 것과 동일하다. 단지, 더 복잡한 몇 가지 기술만 알아두면 된다. 그 사항들은 앞으로 이 책에게 계속 나오게 될 것이다.

3.2.4 데이터 활용

입력한 데이터를 그대로 두고 활용하지 않는다면 데이터를 구축한 의미가 없을 것이다. 이제는 이렇게 입력된 데이터를 활용하는 방법을 살펴보자.

━━━ 실습4 ━━

데이터를 활용한다는 것은 주로 'SELECT'문을 사용한다는 의미이다. 이 **SELECT**는 앞으로 계속 나오게 될 것이며 특히, 6장과 7장에서 더 자세히 배우게 될 것이다.

━━━ step 0 ━━

SQL문을 직접 입력할 수 있는 워크시트를 열자.

0-1 [접속] 창을 제외하고 기존에 열린 창이 있으면 모두 닫는다. 만약, [접속] 창까지 닫았다면 메뉴의 [보기] 〉〉 [접속]을 선택하면 다시 열린다.

0-2 SQL Developer의 [로컬-Shop]을 선택하고 〈SQL 워크시트〉 아이콘을 클릭하거나, SQL Developer 메뉴의 [도구] 〉〉 [SQL 워크시트]를 선택하고, [접속 선택] 창이 나오면 접속을 '로컬-Shop'으로 선택한 후 〈확인〉을 클릭해서 워크시트를 연다.

[그림 3-29] 새 워크시트 열기

---

step 1

기본적인 SELECT문을 몇 가지 사용해 보자.

1-1 회원 테이블의 모든 데이터를 조회해 보자.

```
SELECT * FROM memberTBL;
```

SQL의 실행 방법은 워크시트에 문법에 맞는 SQL을 입력한 후에, 툴 바의 〈명령문 실행〉 아이콘을 클릭하거나 Ctrl + Enter 를 누르면 된다.

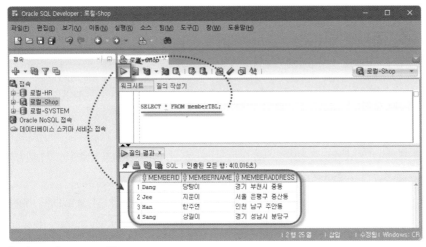

[그림 3-30] SELECT 활용 1

☼ 워크시트의 IntelliSense 기능

워크시트에서 SQL문을 입력하면 예약어는 자동으로 파란색으로 표시된다. 예제로 사용한 SELECT, FROM 은 이미 SQL문에서 약속된 예약어이므로 파란색으로 표시된다.

또한, SQL Developer는 IntelliSense 기능을 제공해 주는데, 이는 글자의 일부만 입력해도 그와 관련되는 글자들이 나타난다. [그림 3-31]에서 "m"만 입력한 후 Ctrl + Space 를 누르면 m으로 시작하는 관련된 테이블 등이 출력된다. 화살표 키로 해당 이름으로 이동한 후 Enter 를 누르면 자동으로 입력된다. 잘 활용하면 입력도 빨라지고 오타도 많이 줄어드는 장점이 있다.

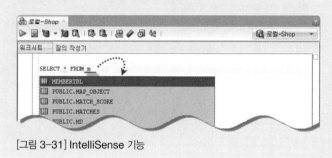

[그림 3-31] IntelliSense 기능

우선, SQL은 대소문자를 구분하지 않는다. 하지만 이 책에서는 독자가 읽기 편하도록 되도록 예약어를 대문자로 사용하겠다.

SELECT의 기본 형식은 **SELECT 열 이름 FROM 테이블이름 WHERE 조건** 형식을 갖는다. (6장에서 계속 언급할 것이다.) '*'는 모든 열을 의미한다. 그러므로, **SELECT * FROM memberTBL**문은 '회원 테이블의 모든 열을 보여줘라' 정도의 의미다. 그 결과가 아래쪽 [결과] 창에 나타난다. 또한, [질의 결과] 창에는 인출된 모든 행이 몇 건이고, 조회하는데 얼마의 시간(초)이 걸렸는지 표시해 준다. 이 경우에는 4건밖에 없으므로 한눈에 보이지만, 수천/수만 건일 경우에는 [질의 결과] 창의 오른쪽을 통해서 데이터의 건수를 확인하는 것이 더 빠르다.

마지막에 세미콜론(;)은 없어도 관계없지만, SQL Developer가 아닌 명령어 모드로 사용할 때는 반드시 필요하기 때문에, SQL Developer에서도 반드시 넣어주는 것으로 기억하자.

⚠ SQL Developer에서 〈명령문 실행〉 아이콘을 클릭하면 최대 50건만 우선 보여준다. 만약, 그 이상을 한꺼번에 조회하려면 그 오른쪽 〈스크립트 실행〉 아이콘을 클릭하면 된다.

1-2 회원 테이블 중에 이름과 주소만 출력하자. 먼저 아래쪽의 [스크립트 출력]이나 [질의 결과] 창이 있으면 모두 닫자. 그리고, 기존 SQL을 지우고 새로 입력한 후 〈스크립트 실행〉 아이콘이나 F5를 눌러서 실행해 보자.

```
SELECT memberName, memberAddress FROM memberTBL;
```

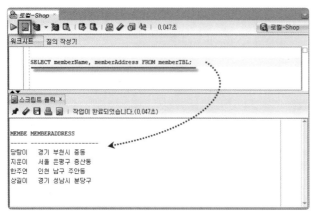

[그림 3-32] SELECT 활용 2

1-3 먼저 아래쪽 [스크립트 출력] 창의 〈지우기〉 아이콘을 클릭해서 결과를 지우자. 그리고 '지운이'에 대한 정보만 추출해 보자. 그런데, 이번에는 앞의 SQL을 지우지 말고 다음 줄에 이어서 쓴 후에 〈스크립트 실행〉 아이콘이나 F5를 눌러서 실행해 보자.

```
SELECT * FROM memberTBL WHERE memberName = '지운이' ;
```

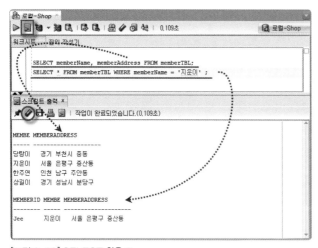

[그림 3-33] SELECT 활용 3

그런데, [그림 3-33]의 결과를 보니 좀 이상하다. 지금 우리가 실행하려고 했던 SQL은 두 번째 줄의 **SELECT * FROM memberTBL WHERE memberName = '지운이'** 문에 대한 결과만을 원했는데, 결과 창을 자세히 보니, 위에 써 있는 **SELECT memberName, memberAddress FROM memberTBL**문의 결과까지 동시에 실행된 두 개의 결과가 나왔다.

이는 워크시트에서 〈스크립트 실행〉을 했을 때, 그 워크시트에 있는 모든 SQL문을 수행하기 때문이다. 필자는 지금 SELECT만 있고 몇 줄 안되므로 별 문제가 없지만, 데이터를 변경하는 SQL을 사용하거나 코드가 길어진다면 데이터에 문제가 발생할 수 있으므로 주의해야 한다. 바로 이어서 이를 방지하는 방법을 살펴보자.

1-4 먼저 아래쪽 [스크립트 출력] 창의 〈지우기〉 아이콘을 클릭해서 결과를 지우자. 이번에는 실행할 두 번째 쿼리 부분만을 마우스로 드래그해서 선택한 후에 툴 바의 〈스크립트 실행〉 아이콘을 클릭하거나 F5를 눌러 실행하자.

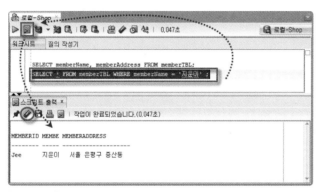

[그림 3-34] SELECT 활용 4

선택된 부분만 실행되기 때문에 하나의 결과 탭만 나왔다. 앞으로는 기존에 사용한 SQL을 지우지 말고, 실행하고자 하는 SQL만 마우스로 드래그해서 선택한 후에 실행하는 방법을 사용하자.

1-5 다른 방법으로는 〈명령문 실행〉 아이콘을 클릭하면, 선택하지 않아도 커서가 있는 행의 SQL만 실행된다. [스크립트 출력] 창을 닫고, 아래쪽 SQL문에 커서를 두고(마우스로 드래그해서 선택하지는 말자.) 〈명령문 실행〉 아이콘이나 Ctrl + Enter 를 눌러서 실행해 보자.

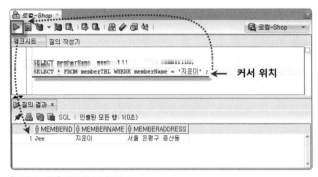

[그림 3-35] SELECT 활용 5

⚠ 만약, 여러 개 SQL을 마우스로 드래그해서 선택한 후 〈명령문 실행〉 아이콘이나 Ctrl + Enter 를 눌러서 실행하면 [질의 결과] 창이 여러 개 나오고 각 SQL의 실행 결과가 출력된다.

step 2

SQL문으로 새로운 테이블을 하나 더 생성하자.

2-0 먼저 왼쪽 [접속] 창에서 [로컬-Shop] 〉〉 [테이블(필터링됨)]을 확장해서 2개의 테이블이 있는 것을 확인하자.

2-1 기존 SQL문은 모두 지우고, 다음의 간단한 테이블을 생성하는 SQL을 실행하자.

```
CREATE TABLE "my testTBL" (id NUMBER(3));
```

이 구문은 테이블을 생성해 주는 SQL이다. 테이블 이름에 띄어쓰기가 허용된 점에 주목하자.

2-2 [접속] 창을 살펴보면, 방금 생성한 'my testTBL'이 보이지 않는다.

[그림 3-36] [접속] 창에는 적용이 안됨

이유는 워크시트에서 CREATE문으로 개체를 생성하면, [접속] 창에 자동으로 적용되지 않는다.

2-3 테이블 등을 워크시트에서 SQL문으로 생성한 후에 [접속] 창에서 바로 확인하고 싶다면, 다음과 같이 해당 개체 그룹을 선택한 후에, 마우스 오른쪽 버튼을 클릭하고 [새로고침]을 해줘야 한다.

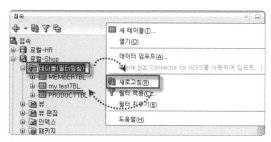

[그림 3-37] 새로 고침

처음 SQL Developer 사용 시에 자주 실수하는 부분이므로 이것도 잊지 말자. 즉, 개체가 있어야 하는데 보이지 않는다면 먼저 [접속] 창에서 [새로고침]을 해준 후에 확인하자.

<hr>

step 3

그런데, 자세히 보면 테이블에 영문 대소문자가 섞여 있다. Oracle은 기본적으로 테이블 등의 이름을 모두 대문자로 처리하지만, 큰 따옴표(")안에 이름을 넣을 경우에 그대로 이름을 사용한다.

3-1 테이블을 삭제해 보자. 'my testTBL'을 삭제하자. DROP TABLE문을 사용하면 된다.

```
DROP TABLE "MY TESTTBL";
```

오류(ORA-00942: table or view does not exist)가 발생했을 것이다. 테이블 이름을 알 수 없기 때문 이다. 대소문자로 구분된 이름을 정확하게 대소문자를 구분해서 이름을 지정해야 한다.

3-2 다시 정확히 대소문자를 지켜서 테이블을 삭제하자. 잘 삭제될 것이다.

```
DROP TABLE "my testTBL";
```

하지만 아직 왼쪽 [접속] 창에는 보일 것이다. 역시 [새로고침]을 해줘야 적용된다.

⚠ Oracle에서 큰 따옴표(")를 써서 테이블 등의 이름을 지정하는 방식은 권장하지 않는다. 대소문자의 구분으로 인해서 다른 응용프로그램과 문제가 생길 소지가 있기 때문이다. 그러므로, 테이블 등의 이름은 대문자로 지정하고 띄어쓰기를 사용하지 않는 것이 좋다.

어떤가? 이 정도면 할 만하지 않은가? 좀 과장해서 얘기하면 이 정도면 Oracle의 대부분을 사용한 것이나 마찬가지다. 실무에서는 이보다 많은 테이블과 많은 열이 존재하고 행 데이터의 양이 꽤 많을 뿐이지, 지금 우리가 한 구축 과정과 별반 차이가 없다.

비유를 하자면, 이 정도면 독자는 물에 빠져 죽지는 않을 정도의 수영 실력은 갖춘 셈이다. 이제부터는 좀 더 멋지고 빠른 수영을 하는 방법을 배우게 될 것이다. 그리고, 실내 수영장이 아닌 바다나 강가에서 수영하는 법도 배우게 될 것이다. 궁극적으로 어느 상황이든 훌륭한 수영선수(Oracle PL/SQL 개발자)가 되는 것이 앞으로의 남은 과제이다.

3.3 테이블 외의 데이터베이스 개체의 활용

[그림 3-1]에는 스키마 안에 '테이블'만 표현되어 있다. 테이블은 스키마의 가장 기본적이고 중요한 개체임에는 확실하지만, 테이블만을 가지고 실무에서 스키마를 운영하지는 않는다. 비유하자면 자동차(=스키마)에서 가장 중요한 것을 '엔진(=**테이블**)'으로 본다면 엔진 외에도 바퀴, 운전대, 기어, 사이드 미러 등도 있어야만 실제 자동차의 운행이 가능한 것과 마찬가지다.

테이블 외에 다른 중요한 데이터베이스 개체로는 인덱스, 스토어드 프로시저, 트리거, 함수, 커서 등이 있다. 이들에 대해서는 앞으로 각 장에서 상세히 살펴보게 될 것이며, 그 중 몇 가지에 대해서 우선 간단히 살펴보자.

3.3.1 인덱스

인덱스Index는 9장에서 상세히 배우게 될 것이다. 지금은 인덱스가 무엇인지 개념만 파악해 보자.

인덱스란 대부분의 책의 제일 뒤에 붙어 있는 '찾아보기'(또는 색인)와 같은 개념이다. (이 책의 제일 뒷부분에 '찾아보기'를 생각하면 된다.) 즉, 책의 내용 중에서 특정 단어를 찾고자 할 때, 책의 첫 페이지부터 마지막까지 한 페이지씩 전부를 찾아보는 것보다는 책 뒤의 '찾아보기'를 찾아보고 인덱스에 나와 있는 페이지로 바로 찾아가는 것이 훨씬 빠를 것이다.

지금 우리가 실습하는 데이터들은 양이 몇 건 되지 않으므로 이 인덱스가 있든 없든 별 문제가 되지 않지만, 실무에서 사용되는 많게는 수천만~수억 건 이상의 데이터에서 인덱스가 없이 전체 데이터를 찾아본다는 것은 Oracle 입장에서는 엄청나게 부담스러운(=시간이 오래 걸리는) 일이 될 것이다. 실제로 실무에서도 이 인덱스를 잘 활용하지 못해서 시스템의 성능이 전체적으로 느린 경우가 아주 흔하게 있다.

☼ SQL 튜닝

SQL 튜닝Tuning이란 쿼리의 성능을 향상시키거나 응답하는 시간을 단축시키는 것을 말한다. 특히 쿼리에 대한 응답을 줄이기 위해서 가장 집중적으로 보는 부분 중 하나가 이 '인덱스'이다. 즉, 인덱스를 적절히 활용하고 있느냐에 따라서 시스템의 성능이 몇 배, 심하게는 몇 십 배 이상 차이가 날 수가 있다. 이 책은 입문서이기에 튜닝을 자세히 다룰 수 없으나, 향후 고급 Oracle 사용자가 되려면 튜닝에 대해서도 많은 관심을 가져야 할 것이다.

인덱스는 테이블의 열 단위에 생성된다. (물론, 복합 인덱스도 있지만 지금은 그냥 하나의 열에 하나의 인덱스를 생성할 수 있다고 생각하자.) 우리는 아직 별도의 인덱스를 생성한 적이 없지만, 우리도 모르게 이미 회원 테이블(memberTBL)의 아이디(memberID)에는 이미 인덱스가 생성되어 있다. 열을 기본 키로 설정하면 자동으로 인덱스가 생성되기 때문이다.

지금 우리는 작은 데이터를 가지고 실습하고 있기 때문에 인덱스가 있든 없든 쿼리에 대한 응답 속도는 몇 초도 되지 않을 것이다. 예로 **SELECT * FROM productTBL WHERE productName = '세탁기'** 문을 실행하면, 전체 제품이 현재 [그림 3-1]에 3개만 들어 있으므로 그 3개를 읽어서 '세탁기'에 해당하는 행을 가져오게 된다. 그런데, 만약 제품이 100만 개라면 100만 행을 읽어서 그 중에서 해당하는 1개 행을 가져오게 된다. 이는 Oracle의 입장에서는 엄청나게 부하가 많이 걸리는 일을 한 것이다. 이렇게 되면, 결과가 나오기는 하겠지만 그 결과를 보기 위해서 Oracle이 매번 하드디스크를 '긁어대는' 소리를 내며 한참 동안 읽는 것을 꾹 참고 기다려야 할 것이다. 이를 해결하기 위한 것이 바로 '인덱스'다.

⚠ 지금은 하드디스크보다는 SSD를 주로 사용하기에 예전보다는 훨씬 응답 속도가 빨라졌지만, 100만 건을 읽는다면 SSD를 사용해도 시간이 한참 걸릴 것이다.

실습5

인덱스를 간단히 사용해 보자.

step 1

인덱스의 사용 여부를 확인하기 위해서는 데이터의 양이 어느 정도 있어야 의미가 있다. 적정량이 있는 테이블을 우선 생성하자.

1-1 관리자(SYSTEM) 권한으로 작업을 해야 한다. 열려 있는 모든 워크시트를 닫고, [로컬−SYSTEM]의 새 워크시트를 연다.

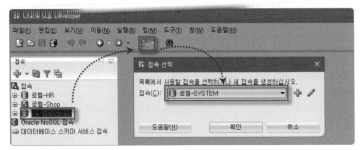

[그림 3−38] 새 워크시트 열기

⚠ 앞으로 워크시트를 닫을 때, 다음과 같이 저장하겠냐는 메시지 창이 나오면 〈아니오〉를 클릭한다. 특별한 경우가 아니라면 이 책에서 입력한 쿼리를 저장할 일은 별로 없다.

[그림 3−39] 쿼리 내용을 저장하지 않음

1-2 다음 쿼리를 입력하고 〈명령문 실행〉 아이콘을 클릭하거나 Ctrl + Enter 를 눌러서 실행하자. Shop 스키마에 약 100여 건의 데이터가 있는 indexTBL이 생성될 것이다. (다음 쿼리의 내용은 6장에서 살펴볼 것이고, 지금은 그냥 SYSTEM(관리자)이 HR 스키마의 employees 테이블 중에서 3개 열을, Shop 스키마의 indexTBL로 복사한다는 정도로만 알면 된다.)

⚠ 현재 [로컬−SYSTEM] 워크시트는 SYSTEM 사용자로 접속한 상태다. 그런데 SYSTEM 사용자(=스키마)에는 indexTBL이나 employees가 없다. indexTBL은 Shop 스키마에, employees는 HR 스키마에 있다. 그래서 Shop.indexTBL 및 HR.employees처럼 '스키마명.테이블' 형식으로 지정해 줘야 한다. 만약 그냥 indexTBL만 사용하면 현재 사용자(=스키마) 이름이 자동으로 붙어서 'SYSTEM.indexTBL'이 되기 때문에 그런 테이블은 없다는 오류 메시지가 나올 것이다.

```
CREATE TABLE Shop.indexTBL
AS
    SELECT first_name, last_name, hire_date
    FROM HR.employees;
```

[그림 3-40] Shop 스키마에 indexTBL 생성

1-3 Shop 스키마의 indexTBL을 확인해 보자. 50건이 넘는 데이터를 확인하려면 〈스크립트 실행〉 아이콘을 클릭하거나 F5를 눌러야 한다.

```
SELECT * FROM Shop.indexTBL;
```

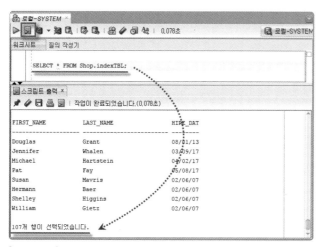

[그림 3-41] Shop 스키마의 indexTBL 확인

step 2

먼저 인덱스가 없는 상태에서 쿼리가 어떻게 작동하는지를 확인하자.

2-0 Shop 스키마에서 작업을 해야 한다. 열려 있는 모든 워크시트를 닫고, [로컬-Shop]의 새 워크시트를 연다.

2-1 indexTBL의 이름 중에서 'Jack'인 사람을 조회해 보자. 다음을 입력하고 실행하면 1명이 출력될 것이다.

```
SELECT * FROM indexTBL WHERE first_name = 'Jack';
```

[그림 3-42] 조회 결과

2-2 이번에는 〈계획 설명〉 아이콘이나 [F10]을 눌러서 확인해 보자. [계획 설명] 창이 아래쪽에 출력될 것이다.

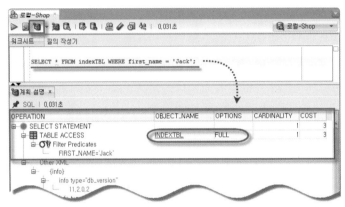

[그림 3-43] 인덱스 생성 전의 [계획 설명] 확인

[계획 설명]에 나온 것을 실행 계획^{Execution Plan}이라고도 부른다. 이에 대한 상세한 사항은 나중에 다시 언급할 것이다. 지금은 OPTIONS의 'FULL'(전체 테이블 스캔)이라는 것에 주목하자. 이 뜻은 인덱스를 사용하지 않고, indexTBL 테이블 전체를 검색했다는 뜻이다. 즉, 100여 건을 모두 읽어서 1개의 결과를 찾아냈다고 생각하면 된다. 현재는 인덱스가 없으니, 당연히 테이블의 전체 내용을 검색해서 찾을 수밖에 없을 것이다.

여기서 잠깐

☼ **전체 테이블 스캔**

전체 테이블 스캔^{Full Table Scan}의 예를 들면, 현재 이 책의 제일 뒤에 '찾아보기'가 없다고(= 인덱스가 없다고) 가정하고, 책의 내용 중에서 'trigger'와 관련된 내용을 찾아야 한다면 어떻게 해야 할까? 당연히 책의 처음부터 끝까지 전체를 뒤져봐야(= 테이블 전체를 검색해야) 한다. 이것이 'Full Table Scan'이다. 즉, 전체 테이블의 모든 행 데이터를 다 읽어보는 것을 말한다. 지금은 데이터 건수가 겨우 100여 건밖에 되지 않지만, 대량의 데이터(수십만~수억 건)가 들어 있었다면 많은 시간 및 시스템에 과부하를 초래했을 것이다.

다음 SQL을 실행해서 테이블(indexTBL)의 이름(first_name) 열에 인덱스를 생성해 보자.

```
CREATE INDEX idx_indexTBL_firstname ON indexTBL(first_name);
```

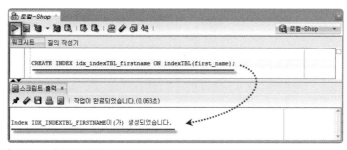

[그림 3-44] 인덱스 생성

이제 인덱스 이름 idx_indexTBL_firstname은 indexTBL 테이블의 first_name 열에 생성된 인덱스가 된다. 사실 인덱스의 이름은 별로 중요하지 않지만, 지금처럼 이름만으로 어느 테이블의 어느 열에 설정된 인덱스인지를 알 수 있도록 지정해 주는 것이 좋다. (idx는 InDeX의 약자를 의미한다.)

3-1 다시 **2-1**에서 조회했던 것과 동일한 내용을 다시 조회해 보자. 결과는 동일하게 1건이 출력되었을 것이다.

```
SELECT * FROM indexTBL WHERE first_name = 'Jack';
```

3-2 동일하게 1건의 결과가 출력되겠지만, 그 내부적인 작동은 인덱스를 만들기 전과 지금 인덱스를 만든 후에 큰 차이가 있다. 이번에는 〈계획 설명〉 아이콘이나 F10 을 눌러서 확인해 보자.

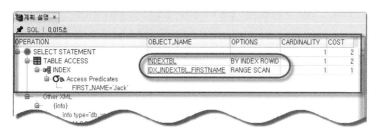

[그림 3-45] 인덱스 생성 후의 실행 계획 확인

나머지는 9장에서 상세히 살펴보도록 하고, 'BY INDEX ROWID' 및 'RANGE SCAN'이란 용어에 주목하기. 이는, 인덱스를 사용해서 결과를 찾아냈다는 의미이다. OBJECT_NAME 중에는 앞에서 생성했던 인덱스 이름인 idx_indexTBL_firstname도 확인할 수 있다.

결론적으로, 인덱스를 생성하기 전인 **2-1**에서의 쿼리는 이 책의 제일 뒤의 '찾아보기'가 없는 상태에서

'trigger'라는 단어를 검색하는 것(즉, 책의 전체 페이지를 찾아본 것)과 같고, 인덱스를 생성한 후인 3-1에서의 쿼리는 이 책 뒤의 '찾아보기'가 있는 상태에서 '찾아보기'에서 먼저 'trigger'를 찾아 본 후에, 그곳에 써 있는 페이지를 바로 펴서 검색한 것과 같은 의미이다. 즉, 3-1에서의 결과는 2-1에 비해서 엄청나게 적은 수고를 통해서 얻었다.

그러므로, 인덱스를 생성한 후에 조회하는 것이 데이터의 양에 따라서 심하게는 몇 십 배 이상 빠를 수도 있다. (지금은 데이터 양이 겨우 100여 건밖에 되지 않으므로 독자가 체감으로는 별로 느끼지 못했을 것이다.)

실무에서는 지금의 실습과 같이 필요한 열에는 인덱스를 생성해 줘야 한다. 하지만, 인덱스는 잘 사용하면 좋은 '약'이 되지만, 잘못 사용하거나 함부로 남용한다면 '독'이 될 수 있으므로 세심한 주의가 필요하다. 그러한 내용은 9장에서 살펴보겠다.

3.3.2 뷰

뷰View란 가상의 테이블이라고 생각하면 된다. (그래서, 뷰를 '뷰 테이블'로도 부르지만 정확한 말은 아니다.) 즉, 사용자의 입장에서는 테이블과 동일하게 보이지만, 뷰는 실제 행 데이터를 가지고 있지 않다. 그 실체는 없는 것이며, 진짜 테이블에 링크Link된 개념이라고 생각하면 된다. 그래서 뷰를 SELECT하면 결국 진짜 테이블의 데이터를 조회하는 것과 동일한 결과가 되는 것이다.

예를 들면, 기존에 구축된 쇼핑몰을 운영하다가 회원의 주소를 대량으로 변경해주는 작업이 필요하다고 가정해 보자. 그래서, 새로운 아르바이트생을 고용해서 회원의 다른 정보는 그대로 두고 '주소'만 변경하는 일을 시키려 한다. 그런데, 만약 이 아르바이트생에게 회원 테이블(memberTBL)을 사용할 권한을 준다면, 회원의 주소 외에 주민등록번호, 전화번호, 결혼 여부 등의 중요한 개인 정보를 열람하게 된다. 그럴 경우, 고의든 실수든 개인 정보 유출이라는 심각한 상황이 발생될 수도 있다.

⚠ 테이블을 간단히 만들기 위해서 실제 회원 테이블에 주민등록번호 등의 열은 생성하지 않았지만, 실제 상황이라면 당연히 회원 테이블에 더 많은 열을 생성해야 할 것이다.

이럴 때, 두 가지 방법을 생각해 낼 수 있다. 하나는 회원의 주민등록번호 등의 중요한 정보를 뺀 아이디와 주소만 있는 테이블을 다시 생성한 후에 데이터를 다시 입력하는 것이다. 당연히 이미 있는 데이터를 다시 입력하는 소모적인 작업이 될 것이며, 더 큰 문제는 동일한 데이터가 두 테이블에 존재하는 것이다. 즉, 아이디 'Dang'의 주소가 이미 회원 테이블에 존재하는데 새로 만든 테이블에도 존재하게 되어서, 나중에는 중복된 주소가 서로 다르다면 어느 주소가 정확한 주소인지를 알아낼 수 없는 심각한 문제가 발생할 소지가 있다.

이러한 문제를 해결하기 위해 뷰를 사용할 수가 있다. 아이디와 주소만 있는 뷰를 생성하면 된다. 뷰는 실체가 있는 것이 아니라, 회원 테이블의 링크 개념이므로 실제 데이터는 회원 테이블에만 존재하기 때문에 데이터의 중복이 발생되지 않는다. 또한, 아르바이트생은 뷰에만 접근권한을 줘서 회원들의 주민번호는 아예 볼 수가 없다. 즉, [그림 3-46]과 같은 구조가 된다.

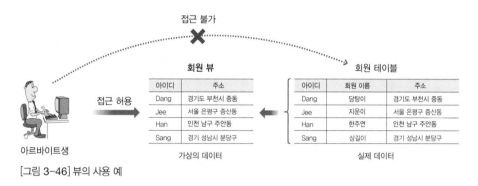

[그림 3-46] 뷰의 사용 예

실습6

기본적인 뷰의 사용법을 실습하자.

step 1

회원 이름과 주소만 존재하는 뷰를 생성하자. 뷰 이름은 memberTBL_view로 주자.

1-0 기존의 워크시트를 닫고, [로컬-SYSTEM]의 새 워크시트를 연다. (이번 작업은 관리자 권한이 필요하다.)

⚠ 뷰의 이름을 줄 때 가능하면 뒤에 _view를 붙여주는 것이 좋다. 그렇지 않으면 향후에 이름만으로 테이블과 잘 구분이 안 된다.

```
CREATE VIEW Shop.memberTBL_view AS
    SELECT memberName, memberAddress FROM Shop.memberTBL ;
```

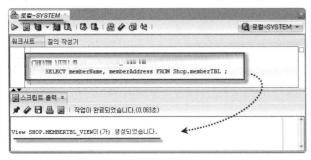

[그림 3-47] 뷰 생성

눈치가 빠른 독자는 이미 알아챘겠지만, 뷰의 실체는 SELECT문이다. 뷰(memberTBL_view)에 접근하게 되면 뷰 생성 시에 입력한 SELECT문이 그때 작동한다.

step 2 ───

뷰를 조회해 보자.

2-0 다시 기존의 워크시트를 닫고 [로컬-Shop]의 새 워크시트를 연다.

2-1 아르바이트생이 뷰(memberTBL_view)를 조회해 보자. 아르바이트생은 이게 뷰인지 테이블인지 알 필요도 없이 그냥 다른 테이블과 동일하게 사용하면 된다.

```
SELECT * FROM memberTBL_view ;
```

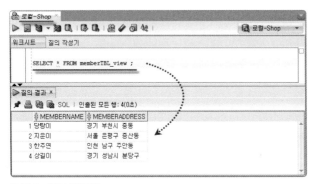

[그림 3-48] 뷰의 조회

이제부터는 안심하고 아르바이트생에게 주소 변경 작업을 맡기면 된다.

뷰에 대해서 완전히 이해되지 않았어도 걱정하지 않아도 된다. 뷰에 대한 상세한 내용은 8장에서 다룬다.

3.3.3 스토어드 프로시저

스토어드 프로시저Stored Procedure란 Oracle에서 제공해주는 프로그래밍 기능을 말한다. 즉, 다른 프로그래밍 언어와 같은 기능을 담당할 수도 있다. 실무에서도 처리해야 할 많은 업무들을 스토어드 프로시저로 만들어 놓은 후에 스토어드 프로시저를 호출하는 방식을 많이 사용한다. 간단한 실습을 통해서 이해하자.

`실습7`

간단한 스토어드 프로시저를 실습하자. 회원 테이블과 제품 테이블의 행 개수의 합계를 출력해 보자.

`step 0`

다시 기존의 워크시트를 닫고, [로컬-Shop]의 새 워크시트를 연다.

`step 1`

지금까지 배운 SQL문으로는 다음과 같이 동시에 수행하게 될 것이다. 〈스크립트 실행〉 아이콘이나 F5 를 눌러서 실행하자.

⚠ COUNT(*)는 행의 개수를 알려주는 함수다. 7장에서 자세히 다루겠다.

```
SELECT COUNT(*) FROM memberTBL;
SELECT COUNT(*) FROM productTBL ;
```

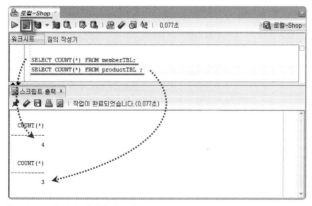

[그림 3-49] 여러 테이블의 조회

4개와 3개가 나왔으므로, 합치면 7개가 된다. 지금은 몇 개 안되니까 암산이 되지만 엄청나게 많은 데이터라면 이렇게 암산할 수는 없을 것이다. 이를 해결해 보자.

이 두 쿼리를 하나의 스토어드 프로시저 안에서 계산까지 완료해 보자.

2-0 기존의 워크시트를 닫고 [로컬–SYSTEM]의 새 워크시트를 연다. (이번 작업도 관리자 권한이 필요하다.)

2-1 myProc이라는 이름의 스토어드 프로시저를 만들자. 다음 코드는 F5 를 눌러서 실행해야 한다.

```
CREATE PROCEDURE Shop.myProc AS -- Shop 스키마에 생성함
 var1 INT;
 var2 INT;
BEGIN
    SELECT COUNT(*) INTO var1 FROM Shop.memberTBL;
    SELECT COUNT(*) INTO var2 FROM Shop.productTBL;
    DBMS_OUTPUT.PUT_LINE(var1+var2);
END ;
```

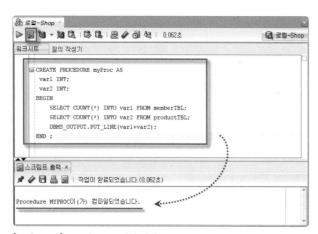

[그림 3-50] 스토어드 프로시저 생성

⚠ 만약 오류가 발생한다면 [접속] 창의 [로컬–Shop] 》 [프로시저]에서 [새로 고침]을 하고, MYPROC이 이미 생성되었다면 마우스 오른쪽 버튼을 클릭한 후 [삭제]로 제거하고 다시 생성해 본다.

자세한 문법은 10장에서 살펴보겠다. 간단히 설명하면 myProc이라는 스토어드 프로시저를 생성하는 데 2, 3행에서 var1과 var2 두 개의 정수형 변수를 준비했다. 본문은 BEGIN ~ END 사이에 써주면 된다. **SELECT COUNT(*) INTO var1 ~~** 문장은 행의 개수가 변수 var1에 저장되도록 한다. DBMS_OUTPUT.PUT_LINE()은 화면에 출력을 한다.

앞으로는 방금 생성한 스토어드 프로시저를 실행하기만 하면 된다.

3-0 다시 기존의 워크시트를 닫고, [로컬-Shop]의 새 워크시트를 연다.

3-1 스토어드 프로시저는 **EXECUTE 스토어드 프로시저_이름** 명령으로 실행하면 된다. 다음 코드를 입력하고
F5를 눌러서 실행하자.

```
-- 결과가 출력되기 위한 설정
SET SERVEROUTPUT ON;
-- 스토어드 프로시저 호출
EXECUTE myProc;
```

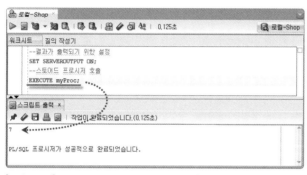

[그림 3-51] 스토어드 프로시저 실행

⚠ '--'(하이픈 연속 2개)가 앞에 붙으면, 한 줄 주석으로 처리한다. 여러 줄의 주석은 /* */ 사이에 써주면 된다.

여기서 잠깐

☼

지금까지 사용해 왔듯이 스키마 개체를 만들기 위해서는 **CREATE 개체종류 개체이름 ~~** 형식을 사용했다.
즉, **CREATE TABLE 테이블_이름 ~~**, **CREATE VIEW 뷰_이름 ~~**, **CREATE PROCEDURE 스토
어드 프로시저_이름 ~~** 과 같이 사용하면 된다.

반대로 스키마 개체를 삭제하기 위해서는 간단히 **DROP 개체종류 개체이름**으로 간단히 사용하면 된다.

예로, 실습에서 생성한 스토어드 프로시저를 삭제하려면 **DROP PROCEDURE Shop.myProc**이라고만
간단히 사용하면 된다.

스토어드 프로시저는 실무에서 상당히 많이 사용되는 개체이다. 상세한 내용은 10장에서 살펴보겠다.

3.3.4 트리거

트리거Trigger란 테이블에 부착되어서, 테이블에 INSERT나 UPDATE 또는 DELETE 잘어이 발생되 면 실행되는 코드를 말한다. 다른 개체에 비해서 개념이 조금 어려워서 처음에는 잘 이해가 안될 수 도 있다. 트리거의 상세한 내용은 11장에서 다시 알아보고, 지금은 간단한 사례를 통해서 트리거의 용도를 확인하자.

예를 들어, 이번에는 '당탕이'가 가입했던 모임에서 회원 탈퇴하는 경우를 생각하자. 회원에서 탈퇴 하면, 간단히 회원 테이블(memberTBL)에서 당탕이의 정보를 삭제하면 된다. (즉, 당탕이의 행 데이터를 지우면 된다.) 그런데, 나중에 회원에서 탈퇴한 사람이 누구 누구인지 정보를 어떻게 알 수 있을까? 원칙적으로 당탕이는 이미 테이블에 존재하지 않기 때문에 알 수 있는 방법이 없다.

그래서, 당탕이의 행 데이터를 삭제하기 전에 그 내용을 다른 곳에 먼저 복사해 놓으면 된다. 그런 데, 이것을 매번 수작업으로 할 경우에, 지우기 전에 다른 곳에 복사해 놓아야 한다는 것을 깜박 잊 는다면 이것 또한 충분히 믿을 수가 없을 것이다.

그래서, 회원 테이블(memberTBL)에 삭제 작업이 일어날 경우에 삭제되기 전에 미리 다른 곳에 삭제될 데이터를 '자동으로' 저장해주는 기능이 있다면 그런 실수를 하지 않게 될 것이다. 즉, 사용자 는 더 이상 행 데이터를 삭제하기 전에 다른 곳에 저장을 해야 하는 업무적 부담에서 벗어나게 될 뿐 아니라, 삭제된 모든 사용자는 완벽하게 별도의 장소에 저장되어 있을 것이다.

이것이 트리거의 대표적인 용도이다.

실습8

가장 일반적으로 사용되는 트리거의 용도를 실습해 보자.

step 0

먼저 데이터를 입력하고 수정하고 삭제하는 SQL문을 연습해보자. 앞의 〈실습 3〉과 같이 SQL Developer 의 GUI 모드에서도 가능하지만, 실무적으로는 지금 배울 SQL을 훨씬 많이 사용하게 될 것이다. (상세한 것은 6장에서 나올 것이며 지금은 기본적인 것만 연습해 보자.) 먼저, 기존 워크시트를 닫고 [로컬-Shop] 의 새 워크시트를 열자.

0-1 회원 테이블에 새로운 회원 'Figure/연아/경기도 군포시 당정동' 을 새로 입력하자.

```
INSERT INTO memberTBL VALUES ('Figure', '연아', '경기도 군포시 당정동');
```

별로 어려울 것은 없다. **SELECT * FROM memberTBL**문으로 데이터가 잘 입력되었는지 확인하자.

0-2 이번에는 이름이 '연아'인 회원의 주소를 '서울 강남구 역삼동'으로 변경시켜 보자.

```
UPDATE memberTBL SET memberAddress = '서울 강남구 역삼동' WHERE memberName = '연아';
```

SELECT * FROM memberTBL문으로 데이터가 잘 변경되었는지 확인해 보자.

0-3 '연아'가 회원탈퇴했다고 생각하고, 회원 테이블에서 삭제해 보자.

```
DELETE FROM memberTBL WHERE memberName = '연아;
```

SELECT * FROM memberTBL문으로 데이터가 잘 삭제되었는지 확인해 보자. 그런데, '연아'가 예전에 회원이었다는 정보는 그 어디에도 기록되어 있지 않다. 혹시 '연아'가 나중에라도 이 쇼핑몰의 회원이었다는 증명을 요구한다면 그걸 증명해 줄 방법이 없다.

step1

위와 같은 사례를 방지하기 위해서 회원 테이블에서 행 데이터를 삭제할 경우에 다른 테이블에 지워진 데이터와 더불어 지워진 날짜까지 기록해 보자.

1-0 먼저, 지워진 데이터를 보관할 테이블(deletedMemberTBL)을 만들자. 이번에는 SQL로 만들어 보자. (테이블을 생성하는 상세한 내용은 8장에서 배운다.)

```
CREATE TABLE deletedMemberTBL (
    memberID char(8),
    memberName nchar(5),
    memberAddress nvarchar2(20),
    deletedDate date   -- 삭제한 날짜
);
```

1-1 회원 테이블(memberTBL)에 DELETE 작업이 일어나면 백업 테이블(deletedMemberTBL)에 지워진 데이터가 기록되는 트리거를 생성하자. 다음 코드는 F5를 눌러서 실행해야 한다.

```
CREATE TRIGGER trg_deletedMemberTBL  -- 트리거 이름
    AFTER DELETE -- 삭제 후에 작동하게 지정
    ON memberTBL -- 트리거를 부착할 테이블
    FOR EACH ROW -- 각 행마다 적용됨
BEGIN
        -- :old 테이블의 내용을 백업 테이블에 삽입
        INSERT INTO deletedMemberTBL
          VALUES (:old.memberID, :old.memberName, :old.memberAddress, SYSDATE() );
END ;
```

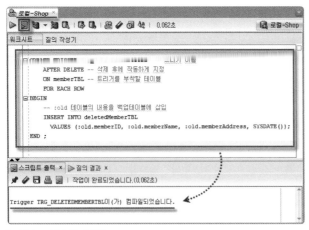

```
        AFTER DELETE -- 삭제 후에 작동하게 지정
        ON memberTBL -- 트리거를 부착할 테이블
        FOR EACH ROW
    BEGIN
        -- :old 테이블의 내용을 백업테이블에 삽입
        INSERT INTO deletedMemberTBL
            VALUES (:old.memberID, :old.memberName, :old.memberAddress, SYSDATE());
    END ;
```

[그림 3-52] 트리거 생성

문법이 좀 어렵게 생각될 것이다. 세부 내용은 11장에서 배우고, 지금부터는 memberTBL에 삭제[delete] 작업이 일어나면 삭제된 행이 deletedMemberTBL에 저장되는 것을 확인해보자.

---

step 2

회원 테이블의 데이터를 삭제해 보고 삭제된 데이터가 백업 테이블에 들어가는지 확인해 보자.

2-0 먼저 회원 테이블에 데이터가 4건 들어 있는지 확인하자. 아마도 4건의 데이터가 보일 것이다.

    SELECT * FROM memberTBL;

2-1 이 중에서 '당탕이'를 삭제해 보자.

    DELETE FROM memberTBL WHERE memberName = '당탕이';

[스크립트 출력] 창에 1개 행이 지워졌다는 메시지가 나왔을 것이다.

2-2 회원 테이블에 삭제되었는지 확인해 보자. 삭제가 잘 되었다면 3건만 남았을 것이다.

    SELECT * FROM memberTBL;

[그림 3-53] 데이터가 삭제된 것을 확인

2-3 이번에는 백업 테이블을 확인해 보자.

```
SELECT * FROM deletedMemberTBL;
```

[그림 3-54] 삭제된 데이터가 백업 테이블에 들어가 있음

회원 테이블(memberTBL)에서 삭제된 행이 트리거에 의해서 자동으로 백업 테이블(deletedMemberTBL)에 들어 있는 것을 확인할 수 있다. 더불어 deletedMemberTBL 테이블에는 삭제된 날짜(deletedDate)까지 자동으로 입력되어 있다.

2-4 지금까지 내용을 커밋하자. 〈커밋〉 아이콘을 클릭하거나 F11을 누른다.

2-5 SQL Developer를 종료한다.

이 정도면 트리거를 사용하는 기본적인 용도는 파악했을 것이다.

지금 다룬 것 외에도 데이터베이스 개체에는 커서, 함수 등이 더 있다. 이 내용들은 각 장에서 확인하겠다.

3.4 데이터의 백업 및 복원

백업^{Backup} 및 복원^{Restore}은 데이터베이스 관리 측면에서 가장 중요한 주제 중 한 가지다. 간단한 시나리오를 통해서 백업의 필요성을 확인하자.

3.4.1 백업과 복원

백업은 현재의 스키마를 다른 매체에 보관하는 작업을 말하며, 복원은 데이터베이스에 문제가 발생 시에 다른 매체에 백업된 데이터를 이용해서 원상태로 돌려놓는 작업을 말한다.

단적으로 얘기해서 DBA^{DataBase Administrator: 스키마 관리자}가 해야 할 가장 중요한 일을 꼭 한 가지만 뽑으라면 이 백업과 복원을 들 수 있겠다. 하드디스크가 깨져서 중요한 데이터를 잃어버린 경험을 해본 독자라면 백업의 필요성을 느낄 것이다. 하물며, 회사의 중요 정보가 보관되어 있는 서버의 니스크가 깨졌을 때 그 내용을 모두 잃어버린다는 것은 생각만 해도 끔찍하다.

간단한 백업과 복원을 실습하자.

쇼핑몰 스키마를 백업(Backup 또는 Export) 받은 후에, 실수로 데이터를 모두 삭제했을 경우에 원상태로 복원시켜 보자.

실제로 백업을 받는다면, 현재의 스키마가 저장된 디스크에 백업을 받는다는 것은 별 의미가 없다. 디스크가 깨진다면, 어차피 백업을 받은 것까지 다 날아가기 때문이다. 그러므로, 백업은 다른 디스크에 백업을 받아야만 의미가 있다.

0-1 독자는 테이프 장치나 별도의 디스크를 준비하기가 어려울 것이므로, 그냥 파일 탐색기에서 'C:\DB백업\' 폴더를 만들어서 이 폴더를 다른 디스크라고 가정하자.

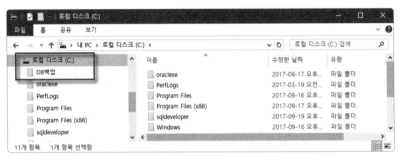

[그림 3-55] 백업용 폴더 생성

0-2 SQL Developer를 실행해서 [로컬-Shop]의 새 워크시트를 하나 연다.

0-3 현재의 데이터를 확인해 본다.

```
SELECT * FROM productTBL;
```

계속 실습을 따라서 진행한 독자는 3개의 데이터가 보일 것이다. 몇 개든 관계는 없다. 단지 개수만 기억하자.

0-4 SQL Developer를 종료한다.

쇼핑몰 스키마(Shop)를 백업하자.

1-1 Windows + R을 누른 후 "CMD"를 입력해서 명령 프롬프트를 열자.

1-2 다음 명령으로 C:\DB백업\ 폴더에 Shop01.dmp 파일로 백업하자.

```
exp  userid=SYSTEM/1234@xe  OWNER=Shop  FILE=C:\DB백업\Shop01.dmp
```

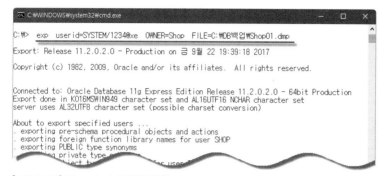

[그림 3-56] Shop 스키마 전체를 백업

1-3 백업된 파일을 파일 탐색기에서 확인해 보자.

[그림 3-57] Shop 스키마가 백업된 파일

---

step 2

Shop 스키마의 데이터를 삭제하는 실수를 저질러 보자.

2-0 SQL Developer를 실행해서 [로컬-Shop]의 새 워크시트를 하나 연다.

2-1 DROP TABLE productTBL문으로 테이블을 통째로 삭제하자.

[그림 3-58] 테이블 삭제

2-2 이제는 더 이상 **SELECT * FROM productTBL**문은 실행되지 않는다. 이 상태를 큰 사고가 발생한 것으로 가정한다면, 이제 이 테이블을 복원해 보자.

2-3 SQL Developer를 종료한다.

step 3

백업한 파일로 테이블을 원상 복구해 보자.

3-0 명령 프롬프트를 연다.

3-1 다음 명령으로 백업해 놓은 C:\DB백업\Shop01.dmp 파일에서 productTBL만 복원해 보자.

```
imp  userid=SYSTEM/1234@xe  FROMUSER=Shop TOUSER=Shop  FILE=C:\DB백업\Shop01.dmp
TABLES=(productTBL)
```

⚠ 만약 복원할 테이블이 이미 있다면 복원되지 않는다.

[그림 3-59] Shop 스키마의 productTBL 테이블 복원

step 4

Shop 스키마의 데이터를 다시 확인해 보자.

4-0 SQL Developer를 실행해서 [로컬−Shop]의 새 워크시트를 하나 연다.

4-1 **SELECT * FROM productTBL**문으로 데이터를 확인해 보자. 원래대로 데이터가 잘 보일 것이다.

4-2 SQL Developer 및 명령 프롬프트를 종료한다.

☼ exp.exe와 imp.exe 명령어 사용법

exp.exe 및 imp.exe 명령어는 C:\oraclexe\app\oracle\product\11.2.0\server\bin\ 폴더(Oracle 12c는 C:\Oracle\product\12.2.0\dbhome_1\bin\ 폴더)에 들어 있는 백업Backup, Export/복원Restore, Import 명령어로, 가장 기본적인 백업/복원 기능을 제공한다.

- 백업을 위한 Oracle에서 exp.exe 명령어의 사용법은 다음과 같다.

  ① 전체 데이터베이스를 백업할 때

  exp userid=SYSTEM/비밀번호@XE FULL=y FILE=백업할경로및파일

  ② 관리자(SYSTEM)가 다른 계정의 스키마(=사용자) 전체를 백업할 때

  exp userid=SYSTEM/비밀번호@XE OWNER=사용자명 FILE=백업할경로및파일

  ③ 일반 사용자가 자신의 전체 스키마를 백업할 때

  exp userid=사용자명/비밀번호@XE FILE=백업할경로및파일

  ④ 일반 사용자가 특정 테이블만 백업할 때

  exp userid=사용자명/비밀번호@XE FILE=백업할경로및파일 TABLES=(테이블명1, 테이블명2 ...)

- 복원을 위한 Oracle에서 imp.exe 명령어의 사용법은 다음과 같다.

  ① 전체 데이터베이스를 복원할 때

  imp userid=SYSTEM/비밀번호@XE FILE=백업된경로및파일

  ② 관리자(SYSTEM)가 다른 계정의 스키마(=사용자) 전체를 복원할 때

  imp userid=SYSTEM/비밀번호@XE FROMUSER=사용자명 TOUSER=사용자명 FILE=백업된경로및파일

  ③ 일반 사용자가 자신의 전체 스키마를 복원할 때

  imp userid=사용자명/비밀번호@XE FILE=백업된경로및파일

  ④ 일반 사용자가 특정 테이블만 복원할 때

  imp userid=사용자명/비밀번호@XE FILE=백업된경로및파일 TABLES=(테이블명1, 테이블명2 ...)

  ⑤ 관리자(SYSTEM)가 사용자A의 스키마를 사용자B의 스키마로 특정 테이블만 복원할 때

  imp userid=SYSTEM/비밀번호@XE FROMUSER=사용자A TOUSER=사용자B FILE=백업된경로및파일 TABLES=(테이블명1, 테이블명2 ...)

간단한 백업과 복원을 실습해 봤다. 백업과 복원은 Oracle 운영에서 가장 중요한 부분 중 하나이기 때문에, 훨씬 중요한 얘기가 더 많이 있다. 특히 Oracle 운영이나 관리 측면에서 더욱 깊이있게 살펴볼 부분이다. 그래서 Oracle 백업/복원과 관련된 별도의 서적이 나와 있을 정도이며, 내용이 이

책 전체의 분량보다 더 많기도 하다. 이 책은 Oracle 입문자를 위한 PL/SQL을 중심으로 다루기 때문에 더 이상 백업/복원 관련된 내용을 다룰 수 없으나, 이 책을 공부한 후에 실무에서 Oracle을 운영한 두기리면 추기교 백업/보인을 공부할 짓을 적극 긴성han나.

3.5 Oracle과 응용프로그램의 연결

이 책은 Oracle 자체에 대한 것이므로 다른 응용프로그램(PHP, C#, Java 등)과는 주제가 다르기는 하지만, 이번에는 앞에서 구축한 쇼핑몰 스키마를 응용프로그램과 연계하여 사용하는 방법을 간단히 살펴보자.

> **여기서 잠깐**
>
> 지금 응용프로그램과 Oracle의 연동에 관련된 것은 실무에서 어떻게 활용되는지에 대해 감(?)을 잡기 위해 아주 간략한 내용으로 살펴볼 것이다. 실무에서는 Oracle과 PHP의 연동이 많이 사용되는데, 이는 PHP 문법을 어느 정도 배워야만 사용할 수 있다. 이에 대해서는 책의 후반부인 12, 13장에서 PHP 문법을 익힌 후에 상세히 학습해 보겠다. 지금은 별도의 코딩 없이 Oracle을 응용프로그램과 연동하는 간단한 방법을 사용해 보는 것으로 하자.

웹 서비스를 하기 위한 방법은 ASP.NET, JSP, PHP 등 다양한 기술이 있다. 무료 프로그램인 Microsoft Visual Studio Community 2017을 사용해서 웹과 스키마가 연동되는 것을 실습하자.

실습10

Oracle에서 구축한 쇼핑몰 데이터베이스를 웹에서 서비스하자.

step 1

개발 툴로 사용할 Microsoft Visual Studio Community 2017의 설치 파일을 다운로드하자.

1-1 웹 브라우저로 https://www.visualstudio.com/ko/downloads/ 또는 책의 사이트(http://cafe.naver.com/thisisOracle)에서 Visual Studio Community 2017(vs_Community.exe, 1MB)을 다운로드하자.

⚠ Visual Studio는 무료와 유료로 나뉘는데 지금 사용하는 Visual Studio Community와 Visual Studio Code는 무료

로 사용할 수 있다. 이 책에서는 Visual Studio Community 2017을 사용하지만, 향후 버전이 올라가서 책대로 되지 않는다면 책의 사이트에서 필자와 동일한 Visual Studio Community 2017 버전을 다운로드하자.

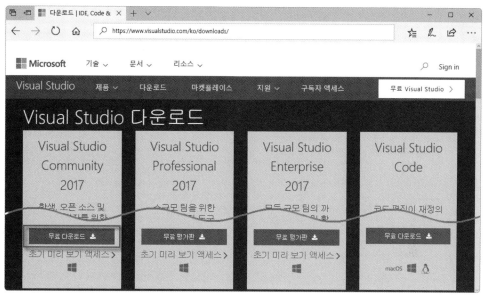

[그림 3-60] Visual Studio Community 2017 다운로드

1-2 다운로드한 vs_Community.exe를 실행하자. [개인정보처리방침]에서 〈계속〉을 클릭한다.

1-3 [워크로드] 창에서 〈ASP.NET 및 웹 개발〉만 체크하고 오른쪽 아래 〈설치〉를 클릭한다.

⚠ 다른 기능을 설치해도 상관없지만, 이 책에서는 사용하지 않는다.

[그림 3-61] Visual Studio Community 설치 1

1-4 한동안 다운로드 및 설치가 진행된다. 컴퓨터 성능에 따라서 몇 십분이 걸릴 수도 있다.

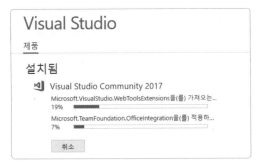

[그림 3-62] Visual Studio Community 설치 2

1-5 설치가 완료되면 오른쪽 위 〈x〉를 클릭해서 닫는다. 만약, 재부팅 메시지가 나오면 재부팅한다.

[그림 3-63] Visual Studio Community 설치 3

1-6 Windows의 [시작]을 클릭해 [Visual Studio 2017]을 클릭해서 실행하자.

[그림 3-64] Visual Studio Community 실행 1

1-7 Visual Studio 시작 화면에서 〈나중에 로그인〉을 클릭한다.

[그림 3-65] Visual Studio Community 실행 2

1-8 [친숙한 환경에서 시작] 화면에서 기본으로 두고 〈Visual Studio 시작〉을 클릭한다.

1-9 잠시 동안 사용 준비를 한 후, 처음으로 Visual Studio 화면이 나올 것이다. 시작 화면을 확인했으면 Visual Studio를 종료하자.

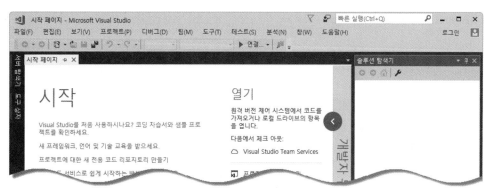

[그림 3-66] Visual Studio Community 실행 화면

---

step 2

Visual Studio에서 Oracle에 연결하기 위해서는 Oracle Developer Tools를 설치해야 한다.

2-1 http://www.oracle.com/technetwork/topics/dotnet/utilsoft-086879.html에서 'ODAC 11.2 Release 5 and Oracle Developer Tools for Visual Studio(11.2.0.3.20)' (파일명: ODTwithODAC1120320_32bit.zip, 224MB)를 다운로드하자. (책의 사이트인 http://cafe.naver.com/thisisOracle 주소에도 링크를 등록해 놓겠다.)

⚠️ Oracle 12c로 실습 중이어도 필자와 동일한 파일을 다운로드하고 설치하자. 12c용 Oracle Developer Tools가
Visual Studio 2017과 호환이 잘 되지 않을 수 있다.

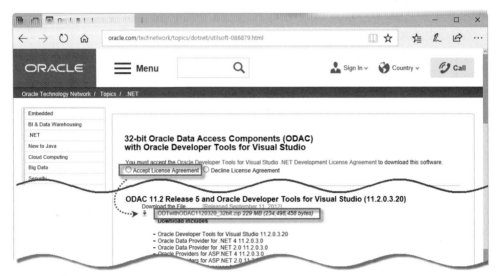

[그림 3-67] Oracle Developer Tools 다운로드

2-2 다운로드한 파일의 압축을 풀고, 압축이 풀린 폴더의 setup.exe를 실행한다.

2-3 잠시 기다리면 시작 화면이 나온다. 〈다음〉을 클릭한다.

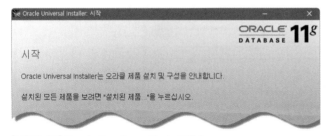

[그림 3-68] Oracle Developer Tools 설치 1

2-4 [설치할 제품 선택]에서 첫 번째 'Oracle Data Access Components for Oracle Client 11.2.0.3.20'
이 선택된 상태에서 〈다음〉을 클릭한다.

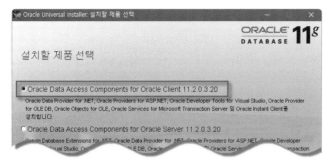

[그림 3-69] Oracle Developer Tools 설치 2

2-5 [설치 위치]는 기본 값으로 두고 〈다음〉을 클릭한다.

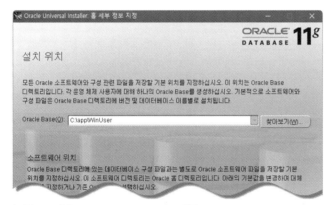

[그림 3-70] Oracle Developer Tools 설치 3

2-6 [사용 가능한 제품 구성 요소]도 기본 값으로 두고 〈다음〉을 클릭한다.

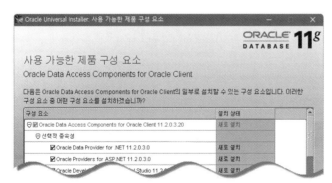

[그림 3-71] Oracle Developer Tools 설치 4

2-7 [Oracle Providers for ASP.NET] 및 [Oracle Developer Tools for Visual Studio.NET]에서 〈다음〉을 클릭한다.

2-8 마지막 「요약」에서 〈설치〉를 클릭해서 선치를 진행하지. 팔시 주 실시가 완료되면 〈종료〉를 클릭해서 마친다.

⚠ 만약 설치 중에 'OracleMTSRecoveryService 서비스가 존재합니다'라는 오류가 발생하면 〈무시〉를 클릭해서 설치를 계속 진행한다. 기존 Oracle을 설치할 때 설치된 서비스를 중복해서 설치하려고 시도하기 때문에 나오는 오류인데 중요하지 않다.

[그림 3-72] Oracle Developer Tools 설치 5

---

step 3

서버와 접속하는 tnsnames.ora 파일을 설정해야 한다.

3-1 파일 탐색기에서 C:\app\사용자이름\product\11.2.0\client_1\Network\Admin\Sample 폴더의 tnsnames.ora 파일을 복사해서 그 바로 앞 폴더인 C:\app\사용자이름\product\11.2.0\client_1\Network\Admin 폴더에 붙여넣기한다.

3-2 붙여넣기한 C:\app\Administrator\product\11.2.0\client_1\Network\Admin\tnsnames.ora 파일을 더블클릭해서 '메모장'을 선택해서 연다.

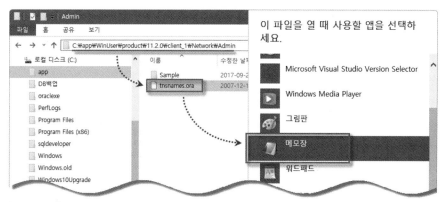

[그림 3-73] tnsnames.ora 파일 편집 1

3-3 파일의 내용 중 다음 부분을 수정한다. 저장하고 메모장을 닫는다.

수정 전	수정 후
〈data source alias〉	XE
〈hostname or IP〉	127.0.0.1
〈port〉	1521
〈data service name〉	XE

```
🗐 tnsnames.ora - 메모장                                    —  □  ×
파일(F)  편집(E)  서식(O)  보기(V)  도움말(H)
# Every line that begins with # is a comment line
#
# Create Oracle net service names, or aliases, for each database server
#       d to connect              ction.
# <hostname           = name or IP of        atabase server mac
# <port> = database server machine port to use
# <database service name> = name of the database service on the server

XE =
 (DESCRIPTION =
   (ADDRESS = (PROTOCOL = TCP)(HOST = 127.0.0.1)(PORT = 1521))
   (CONNECT_DATA =
     (SERVER = DEDICATED)
     (SERVICE_NAME = XE)
   )
 )
```

[그림 3-74] tnsnames.ora 파일 편집 2

⚠ 지금은 Oracle이 설치된 컴퓨터와 Visual Studio가 설치된 컴퓨터가 동일한 컴퓨터이기 때문에 IP 주소를 127.0.0.1
로 줬지만, 두 프로그램을 다른 컴퓨터에 설치했다면 IP 주소를 Oracle이 설치된 컴퓨터의 IP 주소로 사용하면 된다. 또한,
Oracle이 설치된 컴퓨터의 Windows 방화벽에서 1521 포트를 허용해 줘야 한다.

3-4 설정이 완료되었으면 지금 컴퓨터를 재부팅한다.

step 4

ASP.NET 웹 응용프로그램을 작성하자.

4-0 다시 Visual Studio 2017을 실행한다.

4-1 메뉴의 [파일] 〉〉 [새로 만들기] 〉〉 [웹 사이트]를 클릭한 후, 〈ASP.NET 빈 웹 사이트〉를 선택하고 〈확인〉을 클릭한다.

[그림 3-75] Microsoft Visual Studio의 웹 사이트 구축 1

잠시 후에 자동으로 빈 웹 사이트가 구성될 것이다.

4-2 오른쪽 솔루션 탐색기에서 지구 모양 아이콘의 'WebSite1(1)'에서 마우스 오른쪽 버튼을 클릭하고 [추가] 〉〉 [Web Form]을 선택한 후 이름은 'Default' 그대로 두고 〈확인〉을 클릭한다.

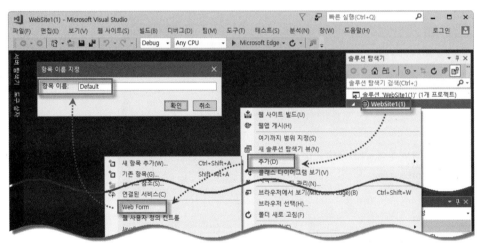

[그림 3-76] Microsoft Visual Studio의 웹 사이트 구축 2

4-3 왼쪽 아래의 [디자인]을 클릭해서 디자인 모드로 변경하고 [도구 상자]를 클릭해서 확장한 후, [데이터] 부분의 [SqlDataSource]를 더블클릭하거나 드래그해서 우측의 빈 디자인 창에 가져가 놓는다.

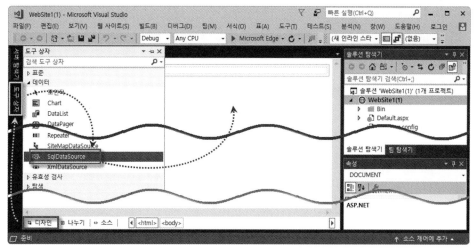

[그림 3-77] Microsoft Visual Studio의 웹 사이트 구축 3

4-4 디자인 창의 'SqlDataSource' 오른쪽의 [데이터 소스 구성]을 클릭한다. (보이지 않으면 '〉'를 클릭한다.)

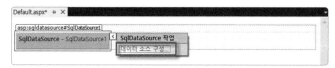

[그림 3-78] Microsoft Visual Studio의 웹 사이트 구축 4

4-5 [데이터 연결 선택]에서 〈새 연결〉을 클릭하고, [Oracle 데이터베이스]를 선택한 후, 〈계속〉을 클릭한다.

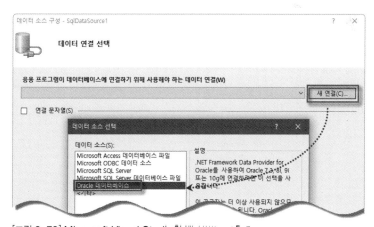

[그림 3-79] Microsoft Visual Studio의 웹 사이트 구축 5

4-6 [연결 추가] 창에서 서버 이름에 "XE"를, 사용자 이름에 "Shop"을, 암호에 "1234"를 입력하고 ⟨연결 테스트⟩를 클릭한다. 지금까지 잘 설정되었다면 연결에 성공했다는 메시지가 나온다. ⟨확인⟩을 연속 클릭 해 창을 닫는다.

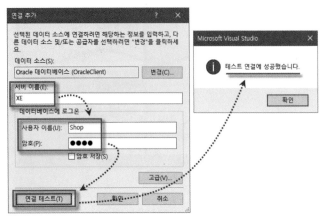

[그림 3-80] Microsoft Visual Studio의 웹 사이트 구축 6

4-7 다시 [데이터 연결 선택]이 나오면 ⟨다음⟩을 클릭한다.

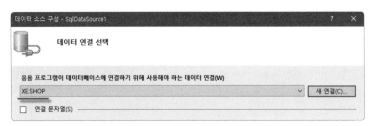

[그림 3-81] Microsoft Visual Studio의 웹 사이트 구축 7

4-8 [응용 프로그램 구성 파일에 연결 문자열 저장]에서 기본 값으로 두고, ⟨다음⟩을 클릭한다. (연결 문자 열 이름은 ConnectionString으로 자동 저장된다.)

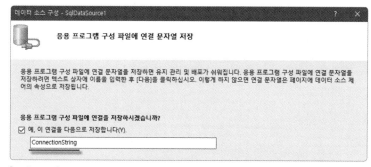

[그림 3-82] Microsoft Visual Studio의 웹 사이트 구축 8

4-9 [Select 문 구성]에서는 〈사용자 지정 SQL 문 또는 저장 프로시저 지정〉을 선택하고 〈다음〉을 클릭한다.

[그림 3-83] Microsoft Visual Studio의 웹 사이트 구축 9

4-10 [사용자 지정 문 또는 저장 프로시저 정의]에서 **SELECT * FROM memberTBL**문을 입력하고 〈다음〉
을 클릭한다.

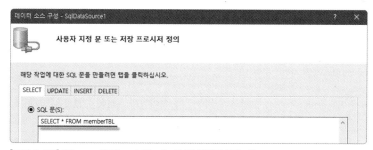

[그림 3-84] Microsoft Visual Studio의 웹 사이트 구축 10

4-11 [쿼리 테스트] 창에서 〈쿼리 테스트〉를 클릭해서 쿼리가 정상적으로 실행되는지 확인한 후에 〈마침〉을 클릭해 창을 닫는다.

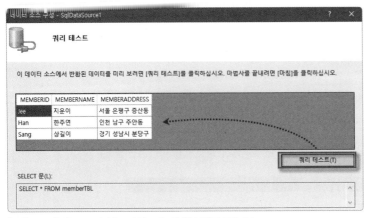

[그림 3-85] Microsoft Visual Studio의 웹 사이트 구축 11

이제 Visual Studio를 통해 DB 서버의 '회원 테이블'까지 접근한 상태가 완성된 것이다.

4-12 다시 왼쪽 [도구 상자]를 클릭하고 '데이터' 부분의 [ListView]를 더블클릭한다.

4-13 [데이터 소스 선택]에서 'SqlDataSource1'을 선택한 후, [ListView 구성]을 클릭한다. (ListView 작업 부분이 안보이면 '〉'를 클릭해서 확장한다.)

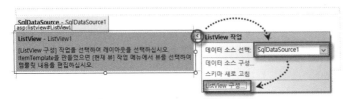

[그림 3-86] Microsoft Visual Studio의 웹 사이트 구축 12

4-14 [ListView 구성] 창에서 적절한 레이아웃을 설정하고, 〈확인〉을 클릭한다. (보이는 모양을 선택하는 것이므로 무엇을 하든 별 관계없다.)

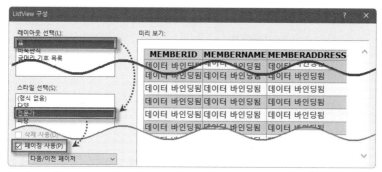

[그림 3-87] Microsoft Visual Studio의 웹 사이트 구축 13

4-15 최종 디자인 창은 다음 그림과 비슷하게 나왔을 것이다.

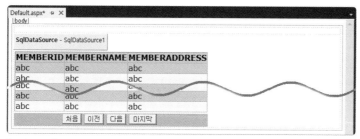

[그림 3-88] Microsoft Visual Studio의 웹 사이트 구축 14

4-16 메뉴의 [파일] 〉〉 [모두 저장]을 선택해 지금까지 한 것을 저장한다.

step 5

실제 웹 서비스가 되는 것을 확인해 보자. 메뉴의 [파일] 〉〉 [브라우저에서 보기]를 선택하고 잠시 기다리면 웹 브라우저가 실행되고, Oracle의 데이터들이 웹 브라우저에서 보이게 될 것이다.

[그림 3-80] 웹 브라우저에서 Oracle 데이터 조회

지금은 데이터가 몇 건 없기 때문에 〈다음〉, 〈이전〉 등의 버튼이 비활성화되어 있지만, 실제로 많은 양의 데이터를 사용하게 된다면 이 버튼들이 모두 활성화될 것이다. 웹 브라우저 및 Visual Studio를 종료한다.

지금은 웹 서버(IIS 또는 Apache)나 DNS 서버를 설정하지 않아서 주소(예로 http://localhost:
49727/Default.aspx)가 좀 생소하게 보이겠지만, 실제로 웹 서버를 정상적으로 구축한 후에는
http://도메인이름(예. http://www.hanbit.co.kr)과 같은 주소를 사용해서 Oracle의 데이터를
웹을 통해 접근한다.

실무에서 많이 활용되는 PHP와 Oracle의 연동에 관해서는, 이후에 Oracle에 대해서 좀 더 자세
히 공부하고 12장, 13장에서 PHP 문법에 대해서도 학습한 후에 살펴보겠다.

이상으로 Oracle을 기본적으로 사용하는 방법과 Oracle과 응용프로그램을 연동하는 방식을 개략
적이지만 전반적으로 살펴보았다. 당연히 아직 생소한 용어와 개념이 많이 나와서 100% 이해하지
못했을 수도 있다. 그래도, 앞으로 이 책을 보는데 아무런 상관이 없다. 오히려, 지금 이번 장만 읽고
도 이해가 다 된다면 이 책을 보기에는 실력이 너무 뛰어난 독자일 것이다.

다음 장부터는 이번 장에서 무작정 실행해 보았던 내용들을 상세하게 파악하는 시간을 갖게 될 것이
다. 그리고, 이 책의 전부를 다 본 후에, 다시 이번 장을 읽어보자. 그때는 정말 쉽다는 느낌이 들 것
이며, 그렇게 된 독자는 충분히 Oracle에 대한 실력이 갖춰진 것이다.

Oracle 기본

데이터베이스 모델링의 개념과 Oracle을 원활히 운영하기 위한 툴과 유틸리티의 사용법을 학습한다. 그리고, 데이터베이스 학습의 공통 필수 내용인 PL/SQL문을 두 개의 장에 걸쳐서 확실히 익힌다.

데이터베이스 모델링

Oracle은 RDBMS^{Relational DataBase Management System, 관계형 데이터베이스 관리시스템}이므로 3장까지 마친 독자는 이미 RDBMS에 대해서 기본적인 개념과 사용법을 익힌 것이다.

이번 장에서는 데이터베이스 모델링이란 무엇인지 알아보겠다. 기존에 데이터베이스의 이론적인 책을 본 적이 있고, 데이터베이스 모델링에 대한 경험이 있는 독자라면 이번 장은 그냥 넘어가도 좋다.

데이터베이스 모델링은 매우 중요하면서도 결코 쉽지 않은 분야다. 데이터베이스의 이론적인 측면이나 데이터베이스 모델링에 대한 각 주제만으로도 이미 많은 책들이 나와 있으며 그 분량 또한 만만치 않을 것이다.

이 책은 데이터베이스 이론서도 아니고 또 데이터베이스 모델링을 주제로 한 책도 아니지만 데이터베이스 입문자를 위한 최소한의 개념 정도는 파악하고 넘어가겠다. 더 깊은 RDBMS 이론이나 데이터베이스 모델링의 깊은 내용은 다른 책이나 인터넷 사이트를 참조하자.

이 장의 핵심 개념

4상에서는 데이터베이스 모델링에 대한 개념을 파악하고 간단히 모델링하는 절차를 실습한다. 4장의 핵심 개념은 다음과 같다.

1. 프로젝트 진행 단계는 폭포수 모델이 대표적으로, 계획/분석/설계/구현/테스트/유지보수 등의 단계를 거친다.

2. 데이터베이스 모델링이란 현 세계에서 사용되는 작업이나 사물들을 DBMS의 데이터베이스 개체로 옮기기 위한 과정을 말한다.

3. SQL Developer에는 자체적으로 데이터 모델링 툴을 제공한다.

이 장의 학습 흐름

프로젝트 진행 단계와 폭포수 모델 개념 파악

데이터베이스 모델링 실습

Data Modeler 모델링 툴 실습

4.1 프로젝트의 진행 단계

프로젝트Project란 '현실세계의 업무를 컴퓨터 시스템으로 옮겨놓는 일련의 과정'이라고 할 수 있다. 더 쉽게 얘기하면 '대규모의 프로그램을 작성하기 위한 전체 과정'이라고 얘기할 수도 있다.

초창기의 컴퓨터 프로그램은 몇몇 뛰어난 프로그래머에 의해서 작성되어 왔다. (프로그래밍을 공부 해본 독자라면 아마도 프로그램은 다른 사람과 같이 작성하는 것보다는 혼자서 작성하는 것을 주로 해보았을 것이다.) 초기에는 이렇게 혼자 프로그램을 작성하는 것이 별 문제가 되지 않았으나, 근래 에 들어서면서 프로그램을 작성해야 하는 규모가 커지고, 예전과 달리 사용자의 요구사항이 더욱 복 잡해지면서 문제가 발생되기 시작했다.

그런데도 소프트웨어 분야에서는 아직도 큰 규모의 프로그램 작업(이것을 '프로젝트'라고 부를 수 있다) 수행 시에도 옛날과 같이 계속 몇몇 우수한 프로그래머에게 의존하는 형태를 취해 왔다. 그 결과 프로젝트가 참담한 실패로 이어지는 경우가 너무 많이 발생되었고, 제작 기간의 지연 등 많은 문제에 노출되었다.

이것을 비유하자면 집을 짓는 것과 비교할 수 있다. 옛날에 초가집이나 목조건물을 지을 때는 몇 명 의 우수한 기술자로도 충분히 가능했지만, 현대의 수십 층 이상의 건물을 몇 명의 우수한 기술자만 으로 지을 수는 없는 것과 같은 이치이다.

그러한 건물을 지으려면 정확한 계획과 분석, 그리고 설계도 작업을 마친 후에 실제로 건물을 짓는 시공 작업을 해야만 한다. 만약, 누군가 100층짜리 건물을 지어달라는데 계획도 세우기 전에 벽돌 부터 쌓는다는 것은 '아무 준비가 안된 미련한 일'이라고 생각할 것이다. 만약 벽돌을 이미 10층까지 쌓았는데, 벽돌건물이 아닌 콘크리트건물로 지어야 한다는 걸 깨닫는다면? 어쩔 수 없이 무너뜨린 후에 다시 처음부터 작업을 해야 할 것이다. 당연히 비용과 시간이 엄청나게 낭비되어서 결국 제시 간에 건물을 지을 수 없을 뿐만 아니라, 열심히 일한 보람 대신에 공사를 망친 비난만 받게 될 것이 다. 그래서, 건물을 지을 때는 설계도가 완전히 완성되기 전에 벽돌을 쌓지는 않는다.

그런데, 이 '아무 준비가 안된 미련한 일'을 소프트웨어 분야에서는 계속 진행해 왔던 것이다. 누가 어떤 프로그램을 작성해 달라고 요청하면 계획하고 분석을 하기보다는 먼저 '코딩'부터 하는 습관에 길들여져 있었다. 그래서, 매일 밤을 새서 열심히 프로그램을 짠 결과가 결국 잘못되어 ─벽돌을 다 시 무너뜨리고 다시 시작하듯이─ 프로그램을 삭제하고 처음부터 다시 프로그램을 짜야 하는 상황이 많이 발생했다. 그 원인은 바로 분석과 설계 작업을 등한시하는 소프트웨어 분야의 고질적인 분위기 때문이었다.

결론적으로 이러한 문제점을 해결하기 위해서 '소프트웨어 개발 방법론'이 나타났다. 이 방법론은 없던 것에서 생겼다기보다는 다른 공학 분야의 것을 소프트웨어 분야에 가져와서 적합하도록 수정한 것이라고 보면 된다. 그래서 이러한 분야를 소프트웨어 공학이라고 부르게 된 것이다.

소프트웨어 공학에서 제시하는 소프트웨어 개발 모델은 많지만 가장 오래되고 전통적으로 사용되는 것은 폭포수 모델Waterfall Model이다. [그림 4-1]을 보자.

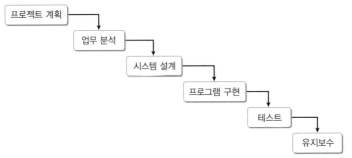

[그림 4-1] 폭포수 모델

말 그대로 폭포가 떨어지듯이 각 단계가 끝나면 다음 단계로 진행한다. 이 폭포수 모델의 장점은 각 단계가 명확히 구분되어서 프로젝트의 진행 단계가 명확해지는 장점이 있으나 당연히 단점도 존재한다. 이 모델의 가장 큰 단점은 폭포에서 내려가기는 쉬워도 다시 거슬러 올라가기는 어려운 것과 마찬가지로 문제점이 발생될 경우에는 다시 앞 단계로 거슬러 올라가기가 어렵다는 점이다. 또한, 문제점이 초기 단계인 업무 분석이나 시스템 설계에서 나오기보다는 대부분 프로그램 구현 단계나 테스트 단계에서 나온다. 그러면 대부분 업무 분석 단계로 거슬러 올라가서 다시 시작해야 하는 단점이 있다. (물론, 이를 보완한 소프트웨어 개발 모델도 많이 존재한다.)

여기서 가장 핵심적인 단계는 업무 분석(줄여서 분석으로도 부른다)과 시스템 설계(그냥 설계로도 부른다)다. 경우에 따라서 다르지만, 대부분의 소프트웨어 프로젝트는 이 두 단계를 합쳐서 전체 공정의 최소 50% 이상을 할당해야 한다. 필자는 이 두 단계의 비율을 자꾸 줄일수록 프로젝트가 실패할 확률이 높아진다는 것을 경험했다. 실패하는 대부분의 프로젝트는 주로 프로그램 구현에 비중을 많이 두는 경우이다. 단순히 생각하면 프로그램 구현(코딩)이 가장 중요한 듯하지만, 그건 몇 백 줄짜리 프로그램을 짜는 경우에만 해당되며, 복잡한 시스템을 구현하기 위해서 구현(코딩)은 분석과 설계에 비해서는 그다지 중요한 작업이 아니다. 100층짜리 건물을 지을 때, 벽돌을 예쁘게 쌓거나 빨리 쌓는 것이 전체 건물을 완성하기 위해서 그다지 중요한 작업이 아닌 것과 같은 원리이다.

더 이상의 관련된 내용은 '소프트웨어 공학'이나 '시스템 분석 및 설계'와 관련된 책을 참고하고, 이 책에서 살펴볼 데이터베이스 모델링은 분석과 설계 단계에서 가장 중요한 작업 중 하나라는 점만 기억하자.

4.2 데이터베이스 모델링

4.2.1 데이터베이스 모델링 개념

데이터베이스 모델링(또는 데이터 모델링)이란 현 세계에서 사용되는 작업이나 사물들을 DBMS의 데이터베이스 개체로 옮기기 위한 과정이라고 말할 수 있다. 더 쉽게 설명하면 현실에서 쓰이는 것을 테이블로 변경하기 위한 작업이라고 생각해도 좋다. [그림 4-2]를 보자.

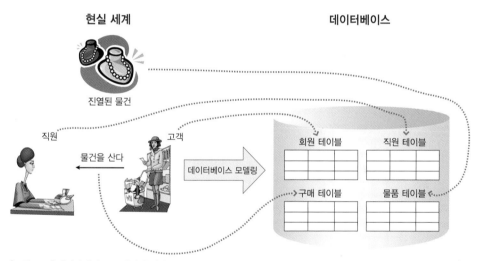

[그림 4-2] 데이터베이스 모델링의 개념

[그림 4-2]를 보면 쉽게 데이터베이스 모델링이 어떤 것인지 알 수 있다. 그림의 현실 세계의 고객, 물건, 직원 등은 데이터베이스의 각각의 테이블이라는 개체로 변환된다. (물론, 일부는 테이블 외의 다른 개체로도 변환이 되기도 한다.)

또한, 주의해서 볼 점은 현실세계의 실체가 없는 '물건을 산다'라는 행위도 테이블로 변환된다는 점이다. 그렇다면, 이러한 데이터베이스 모델링의 정답은 있는가? 즉, 현실세계를 데이터베이스 개체로 변환하기 위한 정확한 답은 있는가?

그렇지는 않다. 데이터베이스 모델링은 모델링을 하는 사람이 어떤 사람이냐에 따라서 각기 다른 결과가 나올 수밖에 없다. 그렇지만 중요한 점은 좋은 모델링과 나쁜 모델링이 존재한다는 점이다. 즉, 정답은 없더라도 좋은 답안은 존재한다.

데이터베이스 모델링은 상당히 어려운 작업이다. 그 이유는 구현하고자 하는 업무에 대한 폭넓고 정확한 지식이 필요하고, 데이터베이스 시스템에 대한 깊은 지식과 경험도 요구되기 때문이다.

그래서, 모델링을 담당하는 사람은 많은 프로젝트 경험과 데이터베이스 관련 지식이 있는 사람이 담당하는 것이 일반적이다. 만약, 모델링이 잘못 된다면 나중에 열심히 만든 프로그램이 결국 아무짝에도 쓸모 없는 결과를 낳을 수도 있기 때문이다.

4.2.2 데이터베이스 모델링 실습

데이터베이스 모델링은 크게 3단계를 거쳐서 완성되는 것이 보편적이다.

개념적 모델링, 논리적 모델링, 물리적 모델링으로 나눌 수 있다. 개념적 모델링은 주로 [그림 4-1]의 업무 분석 단계에 포함되며, 논리적 모델링은 업무 분석의 후반부와 시스템 설계의 전반부에 걸쳐서 진행된다. 그리고, 물리적 모델링은 시스템 설계의 후반부에 주로 진행된다. (이 분류가 절대적인 것은 아니다.)

우리는 데이터베이스를 학습하는 과정 중의 일부로 데이터베이스 모델링에 대해서는 약간의 개념만 익히고 있는 것이므로 지금은 간단한 데이터베이스 모델링 절차를 실습해 보자.

⚠ 원칙적으로는 정규화, 비정규화 등의 정확히 구분된 작업을 해야 하지만 지금은 그러한 것들을 분류하지 않고 그냥 자연스럽게 데이터베이스 모델링을 하는 과정을 실습할 것이다. 지금 필자가 하는 모델링이 데이터베이스 모델링의 전부는 아니며, 데이터베이스 모델링의 전체 흐름을 독자가 이해하기 쉽도록 가정해서 실습하는 것임을 기억하자.

새로운 쇼핑몰을 오픈했다고 가정하자. 지금부터 우리 매장을 찾는 고객의 명단을 기록하고, 물건을 구매할 때 구매한 내역도 기록하겠다. 이러한 업무를 데이터베이스 모델링을 해보자.

step 1

고객이 방문한 내역은 다음과 같이 기록될 것이다. 이 기록이 메모장 또는 엑셀에 기록되어 있다고 가정하자.

고객 방문 기록

고객 이름	출생년도	주소	연락처	구매한 물건	단가(천 원)	수량
이승기	1987	서울	011-111-1111			
김범수	1979	경남	011-222-2222	운동화	30	2
김범수	1979	경남	011-222-2222	노트북	1000	1
김경호	1971	전남	019-333-3333			
조용필	1950	경기	011-444-4444	모니터	200	1
바비킴	1973	서울	010-000-0000	모니터	200	5
윤종신	1969	경남	안 남김			
김범수	1979	경남	011-222-2222	청바지	50	3
임재범	1963	서울	016-666-6666			
바비킴	1973	서울	010-000-0000	메모리	80	10
성시경	1979	경남	안 남김	책	15	5
은지원	1978	경북	011-888-8888	책	15	2
임재범	1963	서울	016-666-6666			
은지원	1978	경북	011-888-8888	청바지	50	1
바비킴	1973	서울	010-000-0000	운동화	30	2
은지원	1978	경북	011-888-8888			
은지원	1978	경북	011-888-8888	책	15	1
바비킴	1973	서울	010-000-0000	운동화	30	2
조관우	1965	경기	018-999-9999			

[그림 4-3] 데이터베이스 모델링 단계 1

당연히 고객은 여러 번 방문할 수도 있고, 방문해서 아무것도 사지 않고 갈 수도 있다.

기록된 내용에서 물건을 구매한 적이 없는 고객을 위쪽으로 다시 정렬해 보자.

고객 방문 기록

고객 이름	출생년도	주소	연락처	구매한 물건	단가(천 원)	수량
이승기	1987	서울	011-111-1111			
김경호	1971	전남	019-333-3333			
윤종신	1969	경남	안 남김			
임재범	1963	서울	016-666-6666			
임재범	1963	서울	016-666-6666			
은지원	1978	경북	011-888-8888			
조관우	1965	경기	018-999-9999			
김범수	1979	경남	011-222-2222	운동화	30	2
김범수	1979	경남	011-222-2222	노트북	1000	1
조용필	1950	경기	011-444-4444	모니터	200	1
바비킴	1973	서울	010-000-0000	모니터	200	5
김범수	1979	경남	011-222-2222	청바지	50	3
바비킴	1973	서울	010-000-0000	메모리	80	10
성시경	1979	경남	안 남김	책	15	5
은지원	1978	경북	011-888-8888	책	15	2
은지원	1978	경북	011-888-8888	청바지	50	1
바비킴	1973	서울	010-000-0000	운동화	30	2
은지원	1978	경북	011-888-8888	책	15	1
바비킴	1973	서울	010-000-0000	운동화	30	2

[그림 4-4] 데이터베이스 모델링 단계 2

이렇게 무엇이 들어있는 칸을 진한 색으로 보니 전체 테이블이 L자 모양의 테이블이 되었다. 이러한 것을 'L자형 테이블'이라는 용어를 쓴다. L자형 테이블의 문제는 공간이 낭비된다는 것이다. [그림 4-4]에서도 구매한 물건 정보 부분이 많이 비어 있는데도, 그 공간을 사용하지 않고 있다.

L자형 테이블을 빈칸이 있는 곳과 없는 곳으로 분리해 보자. 그러면, 다음과 같이 고객 방문 기록이 고객 테이블과 구매 테이블로 분리된다.

고객 테이블

고객 이름	출생년도	주소	연락처
이승기	1987	서울	011-111-1111
김경호	1971	전남	019-333-3333
윤종신	1969	경남	안 남김
임재범	1963	서울	016-666-6666
임재범	1963	서울	016-666-6666
은지원	1978	경북	011-888-8888
조관우	1965	경기	018-999-9999
김범수	1979	경남	011-222-2222
김범수	1979	경남	011-222-2222
조용필	1950	경기	011-444-4444
바비킴	1973	서울	010-000-0000
김범수	1979	경남	011-222-2222
바비킴	1973	서울	010-000-0000
성시경	1979	경남	안 남김
은지원	1978	경북	011-888-8888
은지원	1978	경북	011-888-8888
바비킴	1973	서울	010-000-0000
은지원	1978	경북	011-888-8888
바비킴	1973	서울	010-000-0000

구매 테이블

구매한 물건	단가(천 원)	수량
운동화	30	2
노트북	1000	1
모니터	200	1
모니터	200	5
청바지	50	3
메모리	80	10
책	15	5
책	15	2
청바지	50	1
운동화	30	2
책	15	1
운동화	30	2

[그림 4-5] 데이터베이스 모델링 단계 3

잘 분리가 되었다. 이제는 빈 부분이 없어졌다. 즉, 공간을 절약할 수가 있다. 그런데 고려해야 할 사항이 두 가지가 생겼다. 우선 고객 테이블에서 똑같은 정보가 중복된다는 것이다. 즉, 여러 번의 물건을 산 고객의 정보는 동일한 정보가 여러 번 기록되어 있다. 그럴 필요는 없으므로 중복된 고객을 하나만 남기자.

3-1 고객 테이블의 중복을 없앤다. 중복을 없애니 고객이 10명이 되었다. 그런데 각각의 고객을 구분해야 한다. 그래서 고객 이름을 구분할 수 있는 구분자로 설정하도록 하겠다. 이런 구분자를 기본 키[PK, Primary Key]라

고 부른다. 다시 얘기하면 각 행을 구분하는 유일한 값이 기본 키이다. 기본 키의 조건은 중복되지 않고 비어있지 않아야 한다. (기본 키에 대한 내용은 8장에서 상세히 다루겠다.)

⚠ 신제로는 고객 데이블의 이름은 중복이 되어서 같은 이름의 고객이 있을 수 있으므로 PK로 사용하기가 적당하지 않다. 그래서, 인터넷 쇼핑몰에 회원 가입 시에 회원ID를 생성하고 가입하는 것이다. 당연히 이미 해당 아이디가 있으면 가입하지 못할 것이다. 즉, 회원ID를 회원을 구분할 수 있는 구분자인 Primary Key로 사용하는 것이다. 지금은 그냥 단순화를 위해서 이름은 중복되지 않는다고 생각하자.

고객 테이블

고객 이름	출생년도	주소	연락처
이승기	1987	서울	011-111-1111
김경호	1971	전남	019-333-3333
윤종신	1969	경남	안 남김
임재범	1963	서울	016-666-6666
은지원	1978	경북	011-888-8888
조관우	1965	경기	018-999-9999
김범수	1979	경남	011-222-2222
조용필	1950	경기	011-444-4444
바비킴	1973	서울	010-000-0000
성시경	1979	경남	안 남김

PK

[그림 4-6] 데이터베이스 모델링 단계 4

3-2 이번에는 구매 테이블만 보니 누가 구매한 것인지를 알 수가 없다. 그래서 구매 테이블 앞에 회원을 구분할 수 있는 회원의 기본 키로 설정된 이름을 넣어주자. 다음과 같이 구매 테이블이 완성되었다. 주의할 점은 구매 테이블의 고객 이름이 중복되었다고 하더라도 중복을 없애면 안 된다. 즉, 구매 테이블의 각각의 행은 별도의 구매한 내역이므로 삭제하면 안 된다.

구매 테이블

고객 이름	구매한 물건	단가(천 원)	수량
김범수	운동화	30	2
김범수	노트북	1000	1
조용필	모니터	200	1
바비킴	모니터	200	5
김범수	청바지	50	3
바비킴	메모리	80	10
성시경	책	15	5
은지원	책	15	2
은지원	청바지	50	1
바비킴	운동화	30	2
은지원	책	15	1
바비킴	운동화	30	2

[그림 4-7] 데이터베이스 모델링 단계 5

step 4

테이블의 구분이 잘 되었다. 그런데, 고객 테이블과 구매 테이블은 밀접한 관련이 있는 테이블이다. 즉, 구매 테이블만으로는 고객에게 배송할 수가 없다. 고객의 주소와 연락처는 고객 테이블에 존재하기 때문이다. 그래서 이 두 테이블의 업무적인 연관성을 맺어줘야 한다. 이를 '관계Relation'라고 부른다.

여기서 두 테이블 중에서 부모 테이블과 자식 테이블을 결정해 보도록 하자. 부모와 자식을 구분하는 방법 중에서 주Master가 되는 쪽은 부모로, 상세Detail가 되는 쪽을 자식으로 설정할 수 있다.

그렇다면 고객과 물건(구매한 내역) 중에서 어느 것이 주가 되는가? 다음의 문장을 보자.

"고객은 물건(구매한 내역)을 소유한다." 또는 "물건(구매한 내역)은 고객을 소유한다."

어느 것이 더 자연스러운가? 당연히 전자가 훨씬 자연스러운 표현이다. 그러므로, 고객 테이블이 부모 테이블이 되고 구매 테이블이 자식 테이블이 되면 된다.

좀 더 모델링을 하다 보면 이렇게 나누는 방법이 자연스럽게 습득된다. 그래서 주로 기준이 하나인 것과 하나의 기준이 여러 개의 기록을 남기는 것으로 부모 테이블과 자식 테이블을 구분할 수도 있다.

예로, 학생 테이블과 과목 테이블을 생각하면 학생 한 명이 여러 개의 과목을 신청할 수 있으므로 부모는 하생 테이블이 되고 과목 테이블은 자식 테이블로 설정하면 된다. 이러한 관계를 테이블의 '1대다(1:N) 관계'라고 지칭하고, 이 1대다 관계가 관계형 데이터베이스에서 가장 보편적인 테이블 사이의 관계다.

4-1 여기서 부모 테이블인 고객 테이블과 자식 테이블인 구매 테이블의 관계를 맺어주는 역할은 기본 키PK, Primary Key와 외래 키FK, Foreign Key를 설정함으로써 이뤄진다. 이미 고객 테이블에서 기본 키를 고객 이름으로 설정했다. 그러므로 자식 테이블의 외래 키는 부모 테이블의 기본 키와 일치되는 구매 테이블의 고객 이름으로 설정해야 한다.

외래 키가 갖는 의미는 외래 키를 가지고, 부모 테이블로 찾아가면 유일하게 하나의 정보를 얻을 수 있다는 것이다. 예로 다음 그림에서 구매 테이블의 외래 키인 '김범수'를 가지고 고객 테이블의 '김범수'를 찾아가면 그 김범수의 정보는 유일한 한 명의 정보(주소, 연락처 등)만을 얻을 수 있다.

PK ─── 고객 테이블

고객 이름	출생년도	주소	연락처
이승기	1987	서울	011-111-1111
김경호	1971	전남	019-333-3333
윤종신	1969	경남	안 남김
임재범	1963	서울	016-666-6666
은지원	1978	경북	011-888-8888
조관우	1965	경기	018-999-9999
김범수	1979	경남	011-222-2222
조용필	1950	경기	011-444-4444
바비킴	1973	서울	010-000-0000
성시경	1979	경남	안 남김

FK ─── 구매 테이블

고객 이름	구매한 물건	단가(천 원)	수량
김범수	운동화	30	2
김범수	노트북	1000	1
조용필	모니터	200	1
바비킴	모니터	200	5
김범수	청바지	50	3
바비킴	메모리	80	10
성시경	책	15	5
은지원	책	15	2
은지원	청바지	50	1
바비킴	운동화	30	2
은지원	책	15	1
바비킴	운동화	30	2

[그림 4-8] 데이터베이스 모델링 단계 6

부모 테이블과 자식 테이블을 결정할 때 주의할 점은 인간이 사물보다 소중하므로 고객 테이블이 부모가 된다는 논리를 가지고 결정해서는 안 된다는 것이다. 특히, 모델링에 익숙하지 않은 사람이 모델링을 할 경우에 그러한 성향이 강한 듯하다.

지금의 사례와 반대로 물건이 부모 테이블이 되는 경우도 무척 많다. 예로 물품 종류에 대한 정보가 기록된 '물품종류 테이블'과 물품을 판매한 직원의 '물품 판매 직원 기록 테이블'이 있다면 '물품종류' 하나당 여러 명의 직원이 판매할 수 있으므로 부모 테이블은 '물품종류 테이블'이 될 것이고, 자식 테이블은 '물품 판매 직원 기록 테이블'이 될 것이다.

4-2 이렇게 관계가 맺어진 후에는, 제약 조건이라는 관계가 자동으로 설정된다. (제약 조건의 종류 및 설정법은 8장에서 자세히 배운다.)

예로 '존밴이'라는 사람이 모니터를 1개 구매하려고 한다고 생각해 보자. 그러면, 구매 테이블에는 존밴이/모니터/200/1이라는 행이 하나 추가되어야 한다. 그런데, 구매 테이블의 FK로 설정된 '존밴이'가 고객 테이블에 존재하지 않는다. 그러므로, 이 행은 PK, FK 제약 조건을 위배하므로 추가될 수가 없다. (이를 참조 무결성으로도 부른다.) 그러므로, '존밴이'가 물건을 구매하기 위해서는 먼저 부모 테이블인 고객 테이블에 '존밴이'의 정보를 입력해야 한다. (이것은 우리가 인터넷 쇼핑몰에서 물건을 구매할 때 회원으로 가입이 되지 않았는데, 물건을 구매할 수가 없는 것과 같은 이치다.)

또한, 부모 테이블(고객 테이블)의 '김범수'가 회원탈퇴를 한다고 가정해 보자. 이는 '김범수' 행을 삭제하는 것이다. 그런데, 김범수는 자식 테이블(구매 테이블)에 구매한 기록이 있기 때문에 삭제가 되지 않는다. 부모 테이블의 데이터를 삭제하기 위해서는 먼저 자식 테이블에 연관된 데이터를 삭제해야 한다.

이제는 완성된 고객 테이블과 구매 테이블의 테이블 구조를 정의하자. 즉, 열 이름, 데이터 형식, 필수 여부 등을 결정하는 과정이다.

테이블 이름	열 이름	데이터 형식(한글)	데이터 형식(영문)	필수	기타
고객 테이블 (userTBL)	고객 이름(userName)	한글(최대 3글자)	NCHAR(3)	O	PK
	출생년도(birthYear)	숫자(정수)	INTEGER	O	
	주소(addr)	한글(최대 2글자)	NCHAR(2)	O	
	연락처(mobile)	영숫자(최대 12글자)	VARCHAR2(12)	X	
구매 테이블 (buyTBL)	고객 이름(userName)	한글(최대 3글자)	NCHAR(3)	O	FK
	구매한 물건(prodName)	한글(최대 3글자)	NCHAR(3)	O	
	단가(price)	숫자(정수)	INTEGER	O	
	수량(amount)	숫자(정수)	INTEGER	O	

[표 4-1] 데이터베이스 설계로 완료된 두 개의 테이블 설계

⚠ 지금은 설계 단계여서 다른 DBMS와 공통되는 개념으로 숫자(정수)를 INTEGER로 표현했지만, Oracle에서는 NUMBER(자릿수) 형식을 사용하는 것이 좋다. NUMBER 데이터 형에 대해서는 7장에서 상세히 다루겠다.

두 개의 테이블과 각 테이블에는 네 개의 열이 정의되었다. 그리고 '필수' 부분은 연락처에만 없는 데이터가 있을 수 있다. 데이터 형식도 실제 들어 있는 값을 기준으로 정하였다. 지금은 데이터 형식을 필자가 대략 임의로 설정하였으나, 필요하다면 이름이 4자 이상인 경우도 있으므로 고객 이름의 데이터 형식을 더 크게 변경하는 것도 고려할 수 있겠다.

모델링의 간단한 개념과 방법을 익혔으니, 이번에는 Oracle에서 제공해 주는 데이터베이스 모델링 툴의 사용법을 익혀보자.

**SQL Developer에는 Data Modeler라는 모델링 툴이 포함되어 있다. 이를 이용해서 앞의 〈실습 1〉에서
정의한 테이블을 다이어그램으로 만들어 보자.**

⚠ SQL Developer를 사용하지 않는다면, SQL Developer Data Modeler를 별도로 다운로드 받아서 사용할 수도 있다.
http://www.oracle.com/technetwork/developer-tools/datamodeler/overview/에서 다운로드하면 된다.

---

step 1

SQL Developer를 실행한다.

---

step 2

Data Modeler를 작성하자.

2-1 메뉴의 [보기] 〉〉 [Data Modeler] 〉〉 [브라우저]를 선택한다.

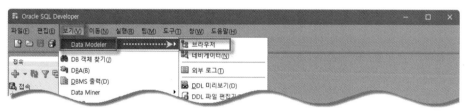

[그림 4-9] Data Modeler 사용 1

2-2 왼쪽 아래 [브라우저] 창에서 [제목 없음_1]에서 마우스 오른쪽 버튼을 클릭한 후, [디자인 저장]을 선
택해서 적당한 폴더에 저장하자. (필자는 C:\모델링\ 폴더를 생성해서 model.dmd로 파일을 저장했다.)

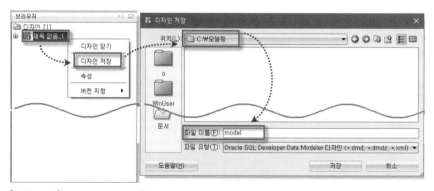

[그림 4-10] Data Modeler 사용 2

2-3 [model] 〉〉 [관계형 모델] 〉〉 [Relational_1]에서 마우스 오른쪽 버튼을 클릭한 후 [표시]를 선택하면 오른쪽에 빈 창이 열린다. 이제부터는 다이어그램을 그릴 수 있는 상태가 된다.

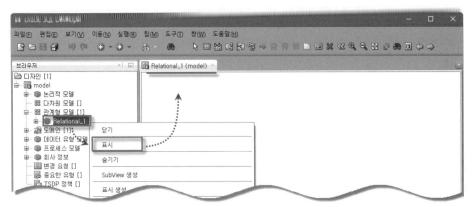

[그림 4-11] Data Modeler 사용 3

2-4 위쪽의 〈새 테이블〉 아이콘을 클릭한 후에, 빈 화면에서 다시 마우스를 클릭하면 테이블이 생성된다.

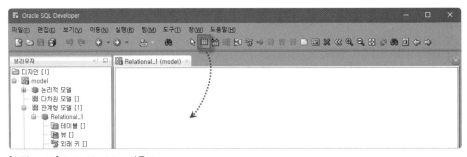

[그림 4-12] Data Modeler 사용 4

2-5 [표 4-1]의 고객 테이블(userTBL)을 만들자. [테이블 속성] 창의 '이름'에 "userTBL"을 입력하고 아래쪽 〈적용〉을 클릭한다. 그리고 왼쪽의 [열]을 클릭한다.

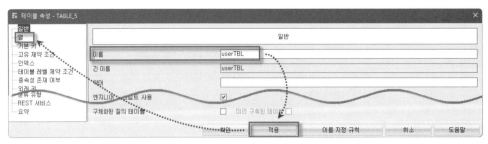

[그림 4-13] Data Modeler 사용 5

2-6 창을 가로로 좀 크게 늘리고, [열] 부분의 〈+〉 아이콘을 클릭해서 열을 추가하고 [Column_1]을 클릭하자. [표 4-1]의 첫 번째 열인 고객 이름(userName)을 입력하자. 데이터 유형은 〈논리적〉을 선택하고 소스 유형과 크기를 [표 4-1]처럼 지정한다. 그리고 기본 키(PK)를 체크하자. 〈PK〉를 체크하면 자동으로 '필수'에 체크 표시가 된다. 입력이 완료되었으면 〈적용〉을 클릭한다.

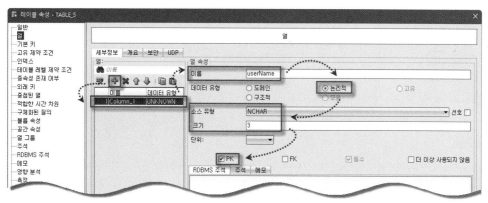

[그림 4-14] Data Modeler 사용 6

2-7 같은 방식으로 [표 4-1]의 고객 테이블(userTBL)의 나머지 3개 열을 추가하자. 고객 테이블이 완료되었으면 〈확인〉을 클릭한다. (mobile 열에서 VARCHAR2가 안보이면 VARCHAR를 선택하면 된다.)

[그림 4-15] 완성된 고객 테이블

2-8 화면에 고객 테이블(userTBL)의 다이어그램이 완성된다. 다이어그램의 위치를 이동하려면 〈화살표 모양〉의 아이콘을 클릭해서 이동시키면 되고, 너무 작거나 커 보이면 〈화면 확대/축소〉 아이콘을 사용하면 된다.

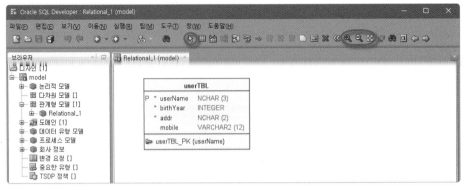

[그림 4-16] 완성된 고객 테이블 다이어그램

step 3

다시 〈새 테이블〉 아이콘을 클릭해서 구매 테이블(buyTBL)을 완성하자. (단 고객 이름의 FK는 지정하지 말자.) 독자가 직접하자. 최종 완성된 다이어그램은 다음과 같다.

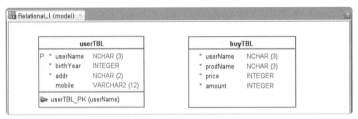

[그림 4-17] 완성된 구매 테이블 다이어그램

step 4

이번에는 [그림 4-8]에 나온 두 테이블의 1:N 관계를 맺어줄 차례다. 이것을 '기본 키-외래 키 관계'로도 부른다.

4-1 〈새 외래 키〉 아이콘을 클릭한 후, 먼저 userTBL의 'userName' 열을 클릭하고 buyTBL의 'userName' 열을 차례로 클릭하면 [그림 4-8]과 같은 1:N 관계가 그림으로 생성된다. [외래 키 속성] 창이 나오면 [판별자 열]만 〈userName〉으로 선택한 후 나머지는 그대로 두고 〈확인〉을 클릭한다.

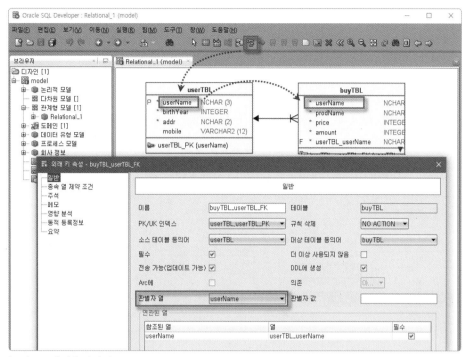

[그림 4-18] 외래 키 지정

4-2 외래 키까지 지정된 다이어그램이 완성되었다. 메뉴의 [모두 저장]을 선택해서 지금까지 진행한 내용을 저장한다.

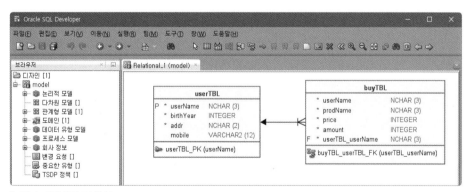

[그림 4-19] 외래 키 완성

각 테이블을 생성하는 DDL문을 자동으로 생성할 수 있다.

⚠ DDL(Data Definition Language)문은 SQL문의 일종으로 테이블 등을 생성/삭제/수정하는 CREATE/DROP/ ALTER문을 말한다. 8장에서 상세히 배우게 될 것이다.

5-1 userTBL에서 마우스 오른쪽 버튼을 클릭한 후 [DDL 미리보기]를 선택하면 DDL문이 보인다. 테이블의 생성이 직접 필요하면 생성된 SQL문을 복사해서 사용해도 된다. 〈닫기〉를 클릭한다.

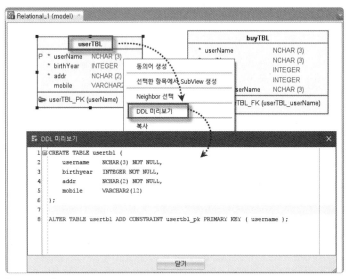

[그림 4-20] DDL 미리보기

5-2 모든 테이블을 한꺼번에 DDL문으로 만들 수도 있다. 오른쪽 위의 〈DDL 생성〉 아이콘을 클릭하고 [DDL 파일 편집기]에서 〈생성〉을 클릭하면 된다. [DDL 생성 옵션] 창에서는 그대로 두고 〈확인〉을 클릭한다.

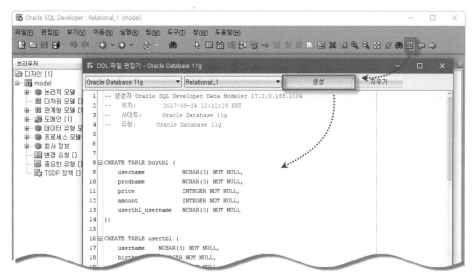

[그림 4-21] DDL 생성

5-3 필요하면 〈저장〉을 클릭해서 생성된 DDL을 *.ddl 파일로 저장하자. 필자는 C:\모델링\ modelSchema.ddl 파일로 저장했다.

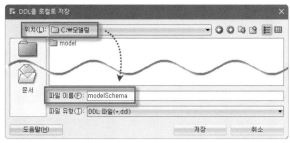

[그림 4-22] DDL 파일 저장

5-4 [DDL 파일 편집기] 창을 닫는다.

5-5 [Relational_1(model)] 탭을 닫고, [브라우저] 창도 닫는다.

step 6

저장한 DDL을 스키마에 적용시킬 수도 있다. 먼저 MODEL 이름의 사용자(=스키마)를 만들자.

6-0 왼쪽에 [접속] 창이 보이지 않으면, 메뉴의 [보기] >> [접속]을 선택한다.

6-1 [접속]의 [로컬-SYSTEM]을 확장하고 제일 아래 [다른 사용자]에서 마우스 오른쪽 버튼을 클릭한 후 [사용자 생성]을 선택한다.

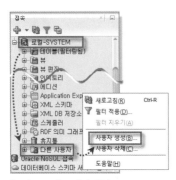

[그림 4-23] 스키마 생성 1

6-2 [사용자] 탭에서 사용자 이름(=스키마 이름)에 "Model"을 입력하고, 비밀번호는 "1234"로 지정하자. 기본 테이블스페이스는 〈USERS〉로, 임시 테이블스페이스는 〈TEMP〉로 선택한다. 아직 〈적용〉을 클릭하지 말자.

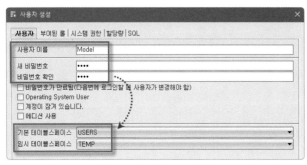

[그림 4-24] 스키마 생성 2

6-3 [부여된 롤] 탭을 클릭하고 'CONNECT'와 'RESOURCE'의 [권한이 부여됨] 부분을 체크하자.

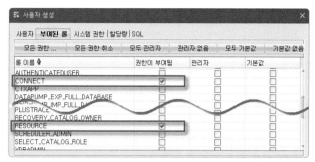

[그림 4-25] 스키마 생성 3

6-4 [할당량] 탭에서 USERS 테이블스페이스의 할당량을 "10"으로, 단위를 "M"으로 입력하자. 이제 〈적용〉을 클릭해서 사용자(=스키마)를 생성하자.

[그림 4-26] 스키마 생성 4

6-5 [접속] 창의 〈+〉 아이콘을 클릭해서 [로컬-Model]이라는 접속을 생성하자. 입력이 완료되었으며 〈저장〉과 〈접속〉을 클릭해서 접속한다.

[그림 4-27] 접속 생성 1

6-6 [접속] 창에 [로컬-Model]이 생성된 것을 확인하자.

[그림 4-28] 접속 생성 2

---

step 7

이제 작성한 다이어그램을 Model 스키마에 적용시켜 보자.

7-1 〈열기〉 아이콘 또는 메뉴의 [파일] 》 [열기]를 선택해서 C:\모델링\modelSchema.ddl 파일을 열자.

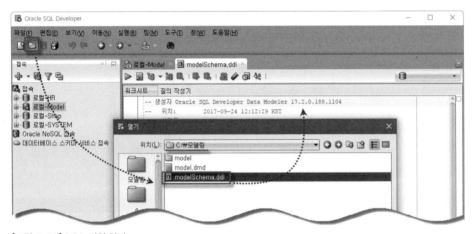

[그림 4-29] DDL 파일 열기

7-2 오른쪽 위에서 [로컬-Model]로 변경하고, 〈스크립트 실행〉 아이콘을 클릭하거나 F5를 눌러서 실행하자. [스크립트 출력] 창에 2개의 테이블이 생성되고 변경되었다는 메시지가 나올 것이다.

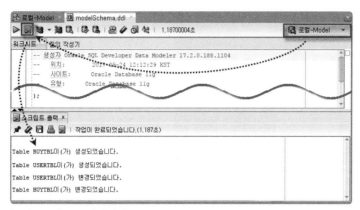

[그림 4-30] DDL 파일 실행

7-3 [접속] 창의 [로컬-Model]의 [테이블(필더링됨)]을 새로 고침하고 확인하면 2개의 테이블을 확인할 수 있다. 즉, 다이어그램으로 모델링한 결과를 테이블로 생성한 것이다.

[그림 4-31] 생성된 테이블

7-4 SQL Developer를 종료한다.

step 8

이번에는 기존에 존재하는 스키마의 테이블을 이용해서 다이어그램을 작성하는 방법을 확인하자. 3장에서 작업했던 Shop 스키마의 테이블, 뷰, 스토어드 프로시저 등을 다이어그램으로 변경해 보겠다.

8-0 SQL Developer를 실행한다. 메뉴의 [보기] >> [Data Modeler] >> [브라우저]를 선택한다.

8-1 SQL Developer 메뉴의 [파일] >> [Data Modeler] >> [임포트] >> [데이터 딕셔너리]를 선택한다.

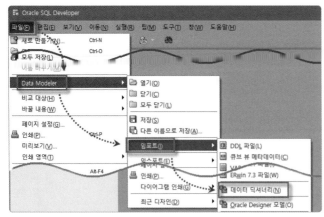

[그림 4-32] 기존 스키마를 다이어그램으로 변경 1

8-2 [1.데이터베이스에 접속]에서 [로컬-Shop]을 선택하고 〈다음〉을 클릭한다.

⚠ 만약 〈다음〉이 활성화되지 않으면 [로컬-Shop]을 더블클릭한 후 〈접속〉을 클릭하면 된다.

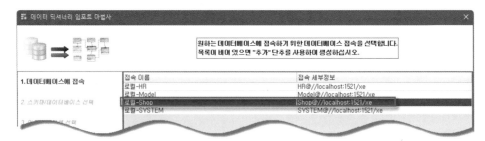

[그림 4-33] 기존 스키마를 다이어그램으로 변경 2

8-3 [2.스키마/데이터베이스 선택]에서 〈SHOP〉을 체크하고 〈다음〉을 클릭한다.

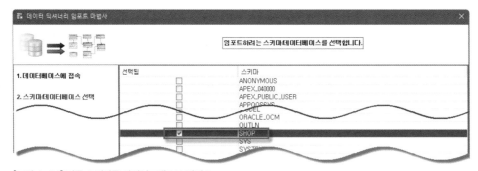

[그림 4-34] 기존 스키마를 다이어그램으로 변경 3

8-4 [3.임포트할 객체 선택]에서 필요한 테이블을 선택한다. 아직 〈다음〉을 클릭하지 말자.

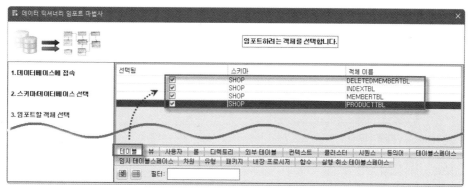

[그림 4-35] 기존 스키마를 다이어그램으로 변경 4

8-5 [뷰]를 클릭하고 필요한 뷰를 선택한다. 같은 방식으로 [내장 프로시저]도 선택하자. 내장 프로시저가 없다면 생략해도 된다. 〈다음〉을 클릭한다.

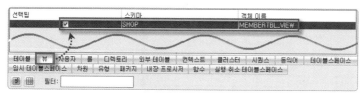

[그림 4-36] 기존 스키마를 다이어그램으로 변경 5

8-6 [4.디자인 생성]에서 선택한 DB 객체(테이블, 뷰, 스토어드 프로시저)의 개수가 보인다. 〈완료〉를 클릭한다.

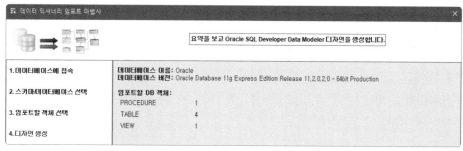

[그림 4-37] 기존 스키마를 다이어그램으로 변경 6

8-7 [로그 보기] 창에서 임포트된 결과를 확인하고 〈닫기〉를 클릭한다.

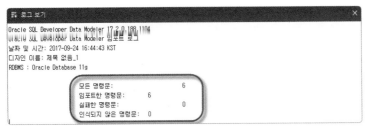

[그림 4-38] 기존 스키마를 다이어그램으로 변경 7

8-8 임포트된 테이블과 뷰를 확인할 수 있다.

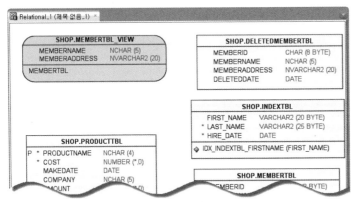

[그림 4-39] 기존 스키마를 다이어그램으로 변경 8

8-9 필요하다면 메뉴의 [파일] 〉〉 [Data Modeler] 〉〉 [저장]을 선택해서 결과를 Shop.dmd 파일로 저장해도 된다.

8-10 [Relational_1(Shop)] 탭을 닫고, [브라우저] 창도 닫는다. SQL Developer도 종료한다.

지금 사용한 SQL Developer Data Modeler에 포함된 모델링 기능은 고가의 데이터베이스 모델링 툴보다는 좀 부족할 수도 있겠으나, Oracle을 사용한다면 별도의 데이터베이스 모델링 툴이 없더라도 나름대로 좋은 기능을 활용할 수 있다. (데이터베이스 모델링 툴의 추가적인 사용법은 이 책의 범주를 벗어나므로 더 이상 다루지는 않는다.)

 비타민 퀴즈 4-1

　HR 스키마의 테이블을 Data Modeler의 다이어그램으로 임포트 해보자.

이로써 간단하게 데이터베이스 모델링을 마치도록 하겠다. 비록, 단순화한 예제였지만, 다른 것들도 이보다 훨씬 복잡할 뿐이지 기본적인 골격은 비슷하다. 또, 서두에서 얘기했지만, 데이터베이스 모델링은 한 두 번 해봤다고 잘할 수 있는 성질의 것이 아니므로 많은 관심과 노력이 필요할 것이다. 그래서 실무에서도 데이터베이스 모델링을 잘하는 사람이 드물다.

Oracle 유틸리티 사용법

3장과 4장을 실습하면서 이미 Oracle의 툴과 유틸리티를 계속 사용해 봤다.

이번 장에서는 Oracle에서 제공하는 여러 가지 툴과 유틸리티의 사용법에 대해서 체계적으로 익히는 시간을 갖자. Oracle에 접속해서 사용하는 대표적인 방법은 전통적인 SQL*Plus로 접속, 웹 환경으로 접속, 편리한 툴인 SQL Developer로 접속 등 3가지로 분류된다. 특히 최근 들어서 기능이 확장되고 활용도가 높아진 SQL Developer의 사용법에 대해 상세히 알아보겠다.

이 장의 핵심 개념

5장에서는 Oracle의 핵심 뮤틸리티인 SQL Developer, SQL*Plus, Application Express의 활용법을 확인해 본다. 5장의 핵심 개념은 다음과 같다.

1. SQL Developer는 데이터베이스 연결, 워크시트, 테이블 GUI 생성 등의 다양한 기능을 제공한다.

2. SQL Developer의 '접속'을 통해 대부분의 작업을 수행할 수 있다.

3. SQL Developer의 워크시트는 '쿼리 문장(SQL 구문)을 입력하고 실행하는 텍스트 에디터'라고 할 수 있다.

4. SQL Developer는 Linux, Windows 등 외부의 Oracle도 접속해서 사용할 수 있다.

5. 실무에서는 root 외의 별도의 사용자를 만들고, 모든 권한이 아닌 적당한 권한을 부여해서 관리할 필요가 있으며, Oracle은 사용자를 생성하고 차등적인 권한을 부여하는 기능이 있다.

이 장의 학습 흐름

SQL Developer 화면 구성 및 사용법

⬇

SQL*Plus 사용법

⬇

Application Express 사용법

⬇

외부의 Oracle 서버 관리

⬇

사용자 관리

5.1 SQL Developer

Oracle SQL Developer(줄여서 SQL Developer)의 간단한 발전을 알아보자. 2006년에 처음으로 만들어진 SQL Developer 1.0은 GUI^Graphical User Interface 환경에서 데이터베이스에 접속해서 SQL, PL/SQL 및 SQL*Plus 명령을 사용할 수 있도록 제공되었다. 또한 디버깅 기능까지 추가되어 고급 SQL문의 작성을 한결 수월하게 해줬다. SQL Developer는 이후 2009년에 2.1, 2011년에 3.0, 2013년에 4.0, 2017년 4월에는 4.2를 발표했다. 그리고 2017년 7월부터는 버전 번호를 새로 구성해서 '연도.분기' 형식으로 발표했다. 이 책에서 사용하는 17.2 버전은 2017년도 2분기에 발표한 버전을 의미한다.

SQL Developer의 주요한 기능을 몇 가지 요약하면 다음과 같다.

- Oracle 데이터베이스와의 연결 기능
- Oracle 외에 MySQL, SQL Server 등의 DBMS에도 읽기 전용으로 접속 가능
- 테이블, 뷰, 트리거 등의 데이터베이스 개체를 생성/수정/삭제하는 기능
- SQL 워크시트를 통한 통합된 기능의 SQL, PL/SQL 편집기
- 다른 형식의 데이터(예: CSV, XML, HTML 등)를 가져오기 및 내보내기 기능
- 각종 보고서 작성 기능
- SQL*Plus 명령어를 지원
- 데이터베이스 모델링 기능을 제공하는 Data Modeler 기능을 내장
- 다른 DBMS와 마이그레이션 지원
- 확장된 외부 기능을 추가로 설치 가능함

5.1.1 SQL Developer의 버전과 실행

SQL Developer의 압축파일을 다운로드해서, 압축을 푼 폴더의 sqldeveloper.exe를 실행하면 [그림 5-1]과 같은 SQL Developer 로고 화면이 나온다.

⚠ 이 책에서 사용하는 Oracle XE 버전은 11g R2이고 Oracle Enterprise 버전은 12c R2 버전이지만, SQL Developer 는 17.2 버전이다. Oracle과 SQL Developer는 서로 연관성이 높은 제품이지만, 동일한 제품이 아니라서 버전이 다르므로 혼동하지 말자.

[그림 5-1] SQL Developer 로고 화면

5.1.2 [접속] 창

SQL Developer를 실행하면 왼쪽에 [접속] 창이 나온다. 기존에 만들어 놓은 접속이 보이는데, 필요하다면 〈+〉 아이콘을 클릭해서 새로운 접속을 생성해야 한다.

[그림 5-2] SQL Developer 초기 화면

[새로 만들기/데이터베이스 접속] 창을 확인하면 왼쪽에는 기존에 생성해 놓은 접속이 보인다.

[그림 5-3] Oracle 연결 창

잠시 후에 실습에서 살펴보겠지만, 몇 가지를 미리 알아 두자.

- **왼쪽 [접속 이름] 창**: 접속하는 서버가 등록되어 있다. 여러 개를 등록할 수 있다.

- **접속 이름**: 접속하는 이름이다. 사용자가 직접 지어주면 된다.

- **사용자 이름, 비밀번호**: Oracle에 기존에 생성해 놓은 사용자 이름 및 비밀번호를 입력해야 한다.

- **비밀번호 저장**: 입력한 비밀번호를 저장하고 계속 사용하도록 한다.

- **호스트 이름**: 자신의 컴퓨터를 의미하는 'localhost'가 기본적으로 적혀 있다. 다른 컴퓨터에 접속하려면 해당 컴퓨터의 IP 주소를 적어줘야 한다.

- **포트**: Oracle의 기본 포트인 1521 번호로 접속하도록 설정되어 있다.

- **SID**: Oracle XE를 의미하는 xe가 기본적으로 적혀 있다.

⚠ Oracle Enterprise를 사용하면 SID로 일반적으로 orcl 등을 많이 사용하지만, 이 책에서는 '부록1'에서 Oracle 12c를 설치할 때, 책과 동일하게 실습하도록 하기 위해서 일부러 SID를 XE로 지정했었다.

설정할 내용이 몇 개 나왔지만, 특별히 다른 서버에 접속하고 싶지 않은 이상 왼쪽 [접속] 창에서 해당 접속을 선택하면 해당 서버에 접속이 잘 된다.

5.1.3 SQL Developer의 화면 구성

기본 화면 구성

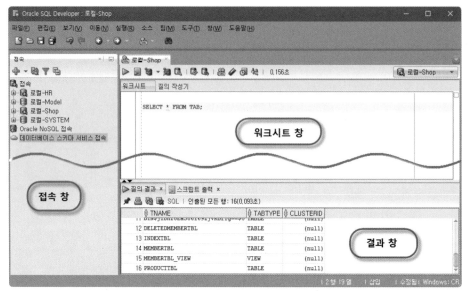

[그림 5-4] SQL Developer의 기본 화면 구성

처음 나타나는 SQL Developer의 화면은 [그림 5-4]와 같을 것이며, 앞으로 이 구성으로 주로 사용하게 될 것이다. SQL Developer는 사용자가 화면구성을 유연하고 원하는 데로 구성할 수 있는 기능을 제공한다. 필요하다면 각 화면의 위치를 변경할 수도 있다.

[접속] 창

[접속] 창은 Oracle의 관리 및 운영을 위한 편리한 GUI 도구로 제공된다. 이미 3장에서 실습을 통해 여러 번 사용해 봤듯이, [접속] 창을 통해서 Oracle의 많은 작업이 가능하며 Oracle 명령문이나 SQL문을 모르더라도 이 [접속] 창을 통해 대부분의 작업을 수행할 수 있을 정도다. 특히, 데이터베이스 개체(테이블, 뷰, 인덱스, 스토어드 프로시저, 함수 등)를 생성하고 관리하는 기능을 제공한다.

[그림 5-5] 접속 창

[접속] 창은 트리 형태로 되어 있어서, 각각의 항목의 〈+〉 기호를 클릭해서 확장할 수 있다. [그림 5-6]은 Shop 사용자(=스키마)의 테이블, 뷰, 인덱스 등의 목록을 조회하는 화면이다.

[그림 5-6] [Schemas] 탭의 테이블 확장

SQL Developer의 [접속] 창에서 제공하는 기능을 이용해서 SQL문을 자동 생성해 보자.

[접속] 창에서 그룹 개체에 대해서 SQL문을 자동으로 생성해주는 기능이 있다. 이 기능을 잘 이용하면, 개체 생성을 위한 SQL 구문을 파악하기가 쉽다.

step 1

테이블이나 뷰를 만드는 SQL문을 자동 생성하자.

1-1 오른쪽의 워크시트 창은 닫는다.

1-2 3장에서 생성한 Shop의 MEMBERTBL 테이블에서 마우스 오른쪽 버튼을 클릭하고 [빠른 DDL] 〉〉 [워크시트에 저장]을 선택하면 새로운 워크시트에 선택한 테이블을 생성하는 SQL 구문이 나올 것이다.

⚠ 이렇게 생성된 DDL문은 상당히 복잡해 보일 것이다. 하지만, 앞으로 우리가 사용할 DDL문은 이렇게 복잡하지 않다.

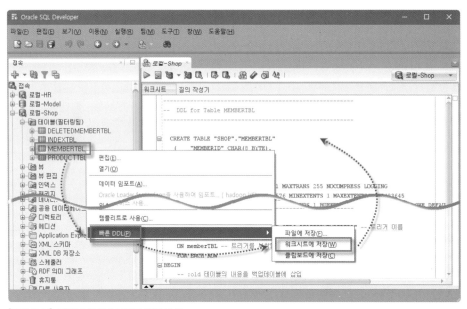

[그림 5-7] 테이블 생성 스크립트 자동 생성

워크시트를 자세히 보면 **CREATE TABLE 테이블_이름 ~~**과 같은 SQL문이 보인다. 즉, 3장에서 SQL Developer의 그래픽 창에서 생성했던 memberTBL을 SQL문으로는 이와 같이 사용하면 되는 것이다. (테이블 생성 SQL문은 8장에서 상세히 다룬다.)

step 2

다른 데이터베이스 개체들도 마찬가지로 SQL 구문의 생성이 가능하다. 다음은 MEMBERTBL_view 뷰의 CREATE문을 확인해 본 것이다. [MEMBER_VIEW]에서 마우스 오른쪽 버튼을 클릭하고 [빠른 DDL] 〉〉 [워크시트에 저장]을 선택한다.

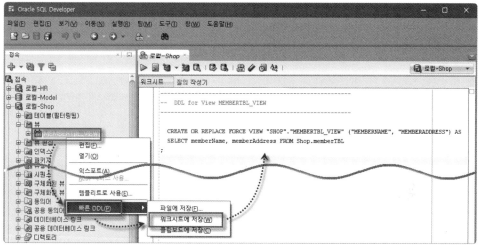

[그림 5-8] 뷰 생성 스크립트 자동 생성

step 3

실습이 끝나면 열린 워크시트를 모두 닫고, SQL Developer를 종료한다.

SQL Developer는 이 책 전체에서 계속 사용될 것이므로 수업을 진행하면서 추가로 필요한 내용 은 그때그때 다루도록 하겠다.

5.2 SQL*Plus

SQL*Plus는 Oracle의 가장 오래되고 기본적인 유틸리티로, 앞에서 살펴본 SQL Developer와 달리 텍스트 기반으로 명령어가 처리된다. SQL*Plus는 SQL문, PL/SQL뿐 아니라 SQL*Plus 고 유의 명령문도 처리할 수 있다.

⚠ SQL Developer가 보편화되기 전에는 Oracle 사용자라면 당연히 SQL*Plus를 사용했다. 우리는 좀 편리하고 기능도 강력한 SQL Developer를 주로 사용하지만, Unix/Linux 환경에서 직접 Oracle에 접근하기 위한 기본적인 환경이므로 사용법을 반드시 알아두어야 한다.

SQL*Plus 사용법을 연습하자.

명령 프롬프트를 실행한다.

1-1 다음과 같이 **sqlplus 사용자/비밀번호@DB이름** (또는 SID이름) 명령을 실행한 후, Shop/1234로 접속한다.

⚠ Oracle 12c로 실습 중이라면 Windows의 [시작] 》 [Oracle-OraDB12Home1] 》 [SQL Plus]를 선택해서 실행하고 사용자 이름은 "Shop", 비밀번호는 "1234"를 입력해서 사용하자. 명령 프롬프트에서 접속하면 화면의 한글 메시지가 깨져 보일 수 있다.

```
sqlplus Shop/1234@XE
```

[그림 5-9] SQL*Plus로 DB 접속

1-2 간단한 테이블을 만들고 데이터를 입력해 보자.

⚠ SQL문에 대해서는 6장부터 본격적으로 다루며, 지금은 SQL*Plus를 사용하기 위한 연습을 먼저 해보는 것이다.

```
CREATE TABLE carTable(id INT, data VARCHAR2(20)) ;
INSERT INTO carTable VALUES( 1000, 'SM6');
INSERT INTO carTable VALUES( 1000, 'K5');
INSERT INTO carTable VALUES( 1000, 'SONATA');
SELECT * FROM carTable;
```

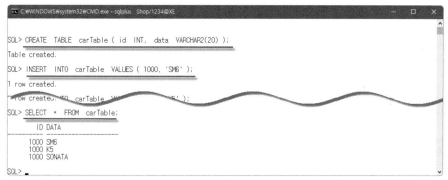

[그림 5-10] SQL*Plus에서 SQL문 사용

step 2

SQL*Plus 전용 명령어들을 확인해 보자.

2-1 먼저 SQL*Plus 전용 명령어를 보려면 **HELP INDEX** 명령을 사용한다. 종류로는 수십 개가 있다.

[그림 5-11] SQL*Plus 전용 명령어 목록 확인

2-2 HELP SQL*Plus 명령어는 관련 명령에 대해서 출력해 준다. SELECT는 SQL*Plus 명령이 아니라, 일반 SQL문이라서 HELP로 확인할 수 없다.

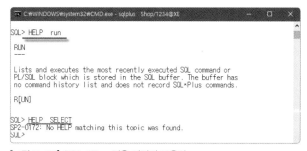

[그림 5-12] SQL*Plus 전용 명령어 도움말

2-3 몇 가지 SQL*Plus 명령어를 사용해 보자.

⚠ SQL문의 제일 뒤에는 세미콜론(;)을 반드시 써줘야 하지만, SQL*Plus 전용 명령의 뒤에는 세미콜론(;)을 써주지 않아도 자동한다 SQL 또기 SQL*Plus 간의 명령의 무긴이 분명스립니다만, 그냥 SQL 세미콜론(;)를 붙여순다고 생각하자.

DESCRIBE carTable → 테이블의 구조를 보여준다. DESC로 줄여 써도 된다.

LIST → 마지막 수행된 SQL문을 보여준다. L로 줄여 써도 된다.

RUN → 마지막 SQL문을 다시 실행한다. (SQL*Plus 명령문은 제외한다.) /(슬래시)로 줄여 써도 된다.

[그림 5-13] SQL*Plus 명령어 사용 1

2-4 마지막 명령어는 버퍼(=메모리)에 저장되어 있다. 이 내용을 편집할 수도 있다.

⚠ **ORDER BY 열 이름** 구문은 해당 열 이름으로 출력 결과를 정렬해 준다.

APPEND ORDER BY data → 버퍼의 뒤에 추가해 준다. (APPEND 뒤에 공백이 2개 있어야 한다.)

LIST

RUN

DEL → 버퍼를 비운다.

LIST

[그림 5-14] SQL*Plus 명령어 사용 2

APPEND는 버퍼 뒤에 추가해 주지만, REPLACE를 사용하면 새로운 내용으로 덮어 쓴다.

2-5 현재 사용자를 확인해 보고, 다른 사용자로도 접속해 본다.

```
SHOW USER  →  현재 사용자를 출력해 줌
CONNECT HR/1234@XE  →  HR 사용자로 접속
SHOW USER
```

```
SQL> SHOW USER
USER is "SHOP"
SQL>
SQL> CONNECT HR/1234@XE
Connected.
SQL>
SQL> SHOW USER
USER is "HR"
SQL>
```

[그림 5-15] SQL*Plus 명령어 사용 3

2-6 출력되는 서식을 조절할 수도 있다. 우선 HR 스키마의 employees 테이블에서 다음과 같이 4개 행을 조회해 보자. 출력되는 폭이 넓어서 다음 줄로 이어져서 출력이 될 것이다.

```
SELECT  first_name, last_name, email, phone_number  FROM  employees;
```

```
SQL> SELECT first_name, last_name, email, phone_number  FROM  employees;

FIRST_NAME          LAST_NAME           EMAIL
PHONE_NUMBER

Steven              King                SKING
515.123.4567

Neena               Kochhar             NKOCHHAR
515.123.4568

Lex                 De Haan             LDEHAAN
515.123.4560
```

[그림 5-16] SQL*Plus 명령어 사용 4

2-7 출력되는 헤더(=열 이름)를 변경하고 폭도 조절할 수 있다. **COLUMN 열 이름 HEADING "출력이름" FORMAT 출력폭** 형식을 사용하면 된다. ('A숫자'는 숫자만큼 폭으로 출력된다.)

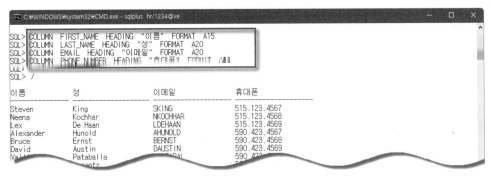

[그림 5-17] SQL*Plus 명령어 사용 5

step 3

화면에서 사용한 SQL문이나 결과를 파일로 저장하거나, 파일에 저장한 내용을 실행할 수도 있다.

3-1 SAVE 경로및파일명 명령으로 버퍼의 내용을 파일로 저장하자. 자동으로 *.sql 확장명이 붙는다. **HOST** 명령은 SQL*Plus를 종료하지 않고 잠깐 운영체제로 빠져나간다. 다시 SQL*Plus로 돌아오려면 **EXIT** 명령을 사용하면 된다.

⚠ 저장할 경로(=폴더)는 기존에 존재해야 한다. 다음 예에서는 C:\Temp 폴더를 미리 만들어 놓아야 한다.

```
SAVE C:/temp/sqlfile
HOST
DIR C:\Temp\*.sql   → *.sql 파일 목록 확인
TYPE C:\Temp\sqlfile.sql → 파일의 내용을 화면에 출력(Unix/Linux의 cat 명령과 동일)
EXIT
START C:\Temp\sqlfile.sql → 파일을 실행함. START 대신에 @를 써도 된다.
```

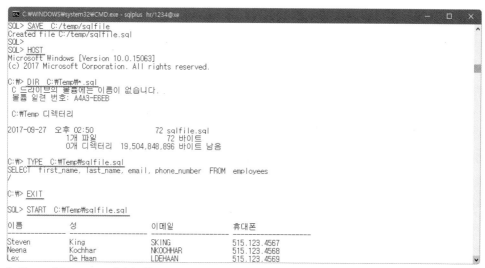

[그림 5-18] SQL*Plus 명령어 사용 6

3-2 SPOOL 경로및파일명 명령은 SQL*Plus 화면 전체를 캡처해서 *.lst 파일로 저장한다.

```
SPOOL C:\Temp\myQuery   → 저장 시작
~~ 여러 SQL 구문과 결과 화면 ~~
SPOOL OFF    → 저장 종료
HOST
NOTEPAD C:\Temp\myQuery.lst    → 메모장에서 스풀 파일을 열기
EXIT
```

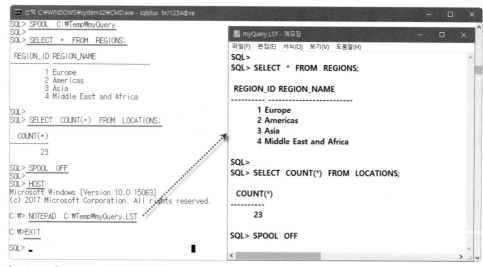

[그림 5-19] SQL*Plus 명령어 사용 7

3-3 EXIT 명령어로 SQL*Plus를 종료한다.

지금 소개한 SQL*Plus 명령 외에도 성능이 많은 명령들이 있다. 앞으로 SQL*Plus를 사용하게 되면 필요할 때마다 설명하겠다.

5.3 Oracle Application Express

Oracle Application Express는 웹 기반으로 오라클을 관리하거나, 웹 환경의 접근을 개발하는데 유용하게 사용된다. Oracle XE를 설치하면 바탕화면의 〈Get Started With Oracle Database 11g Express Edition〉 아이콘을 더블클릭해서 실행하면 된다. 실습을 통해서 사용법을 간단히 살펴보자.

⚠ Oracle 12c R2에서는 Oracle Application Express가 설치되지 않는다. Oracle Application Express는 〈실습 3〉에서만 사용되고 더 이상 이 책에서는 사용되지 않으므로 Oracle 12c로 실습 중이라면 이번 〈실습 3〉은 건너뛰자.

실습3

Oracle Application Express를 이용해서 Oracle XE를 사용해 보자.

step 1

Application Express에 새로운 연결을 생성하자. 지금 예에서는 앞에서 만들어 놓은 Shop 사용자(=스키마)에 대한 연결을 생성하겠다.

1-1 바탕화면의 [Get Started With Oracle Database 11g Express Edition]을 실행하자. 웹 브라우저가 열릴 것이다.

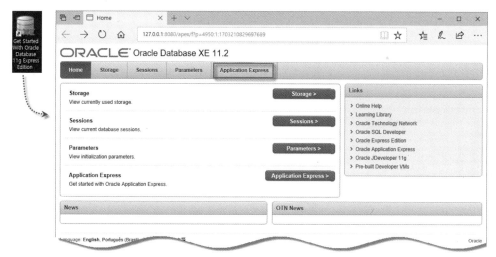

[그림 5-20] Oracle Application Express 실행 1

1-2 [Application Express]를 클릭한 후, 사용자 이름/비밀번호에 Oracle 관리자인 "SYSTEM"/"1234"를 입력하고 〈Login〉을 클릭한다.

[그림 5-21] Oracle Application Express 실행 2

1-3 기존 Shop 사용자의 워크스페이스를 생성하자. Database User에서 〈Use Existing〉을 선택한 후 Database Username 및 Application Express Username에 "Shop"을 입력하고 비밀번호는 "1234"로 입력하자. 〈Create Workspace〉를 클릭한다.

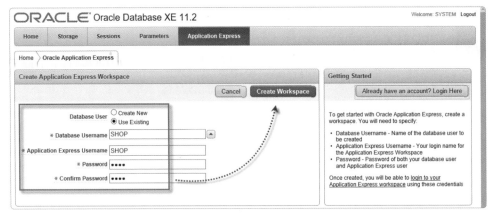

[그림 5-22] Oracle Application Express 실행 3

1-4 성공적으로 SHOP 워크스페이스가 생성되었다는 메시지가 나오면 〈click here〉를 클릭해서 로그인하자.

[그림 5-23] Oracle Application Express 실행 4

1-5 방금 생성한 워크스페이스 및 사용자 이름으로 로그인한다.

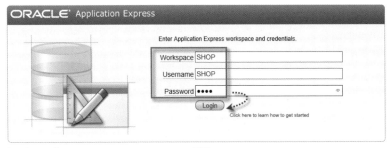

[그림 5-24] Oracle Application Express 실행 5

1-6 [Application Express] 화면이 나올 것이다. 이제부터는 관련 내용을 사용할 수 있다.

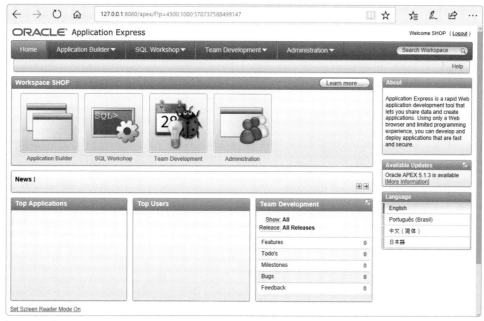

[그림 5-25] Oracle Application Express 초기 화면

step 2

SQL*Plus와 비슷하게 [SQL Workshop]을 사용할 수 있다.

2-1 〈SQL Workshop〉 아이콘을 클릭하고, [SQL Commands]를 클릭하자.

[그림 5-26] SQL Commands 사용 1

2-2 로그인 창이 나오면 SHOP 워크스페이스에 SHOP 사용자로 비밀번호를 "1234"로 입력한 후, 〈Login〉을 클릭해서 로그인한다. 필요하다면 다시 [SQL Commands]를 클릭한다.

2-3 적당한 SQL 문을 입력하고 〈Run〉을 클릭해 실행시킨다. SQL문이 틀리지 않았다면 결과가 아래쪽에 잘 나왔을 것이다.

⚠ SQL Developer의 [워크시트]나 SQL*Plus에 접속해서 사용하는 것과 동일하게, 웹 환경에서도 SQL문을 사용할 수 있다.

[그림 5-27] SQL Commands 사용 2

2-4 이번에는 상단의 [SQL Workshop]을 클릭하고, [Object Browser]를 클릭하자.

[그림 5-28] Object Brower 사용 1

2-5 [Tables]를 선택하면 스키마에 포함된 테이블 목록이 나온다. 테이블 이름을 클릭하면 오른쪽 창에 테이블의 상세한 목록이 나온다.

[그림 5-29] Object Brower 사용 2

2-6 필요하다면 테이블을 수정할 수도 있다. [Add Column]을 클릭하고 전화번호 열(MEMBERPHONE, CHAR(13))을 추가하고, 〈Next〉를 클릭한다. 〈Finish〉를 클릭하면 열이 추가된다.

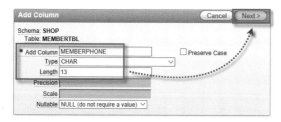

[그림 5-30] Object Brower 사용 3

2-7 추가된 열을 확인할 수 있다. 필요하다면 열의 수정이나 이름변경 등의 작업도 할 수 있다. 오른쪽의 〈Create〉 옆의 작은 화살표를 클릭하면 생성할 테이블/뷰/인덱스 등의 목록이 나온다. 연습 삼아서 [Table] 을 클릭해 보자.

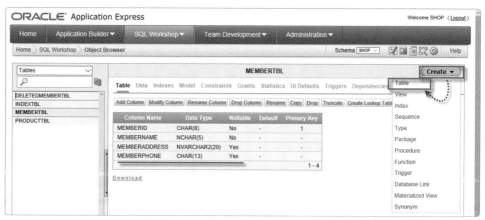

[그림 5-31] 테이블 생성 1

2-8 적당히 테이블 이름을 입력하고, 2개 정도 열과 데이터 타입을 정의하자. 〈Next〉를 클릭한다.

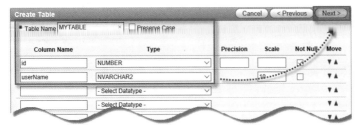

[그림 5-32] 테이블 생성 2

2-9 기본 키를 지정하는 화면이 나온다. 〈Not populated〉를 선택하고, Primary Key를 〈ID(NUMBER)〉로 선택하자. 〈Next〉를 클릭한다.

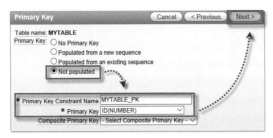

[그림 5-33] 테이블 생성 3

2-10 외래 키Foreign Keys, 제약 조건Constraints을 지정하는 화면에서는 모두 그냥 〈Next〉를 클릭한다.

2-11 최종적으로 테이블을 생성하는 SQL문이 확인된다. 〈Create〉를 클릭하면 테이블이 생성된다.

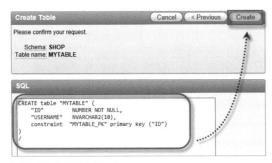

[그림 5-34] 테이블 생성 4

2-12 실습을 마쳤으면 웹 브라우저를 닫는다.

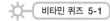
HR 사용자의 워크스페이스를 생성하고, HR 스키마의 테이블 목록을 확인해 보자.

위에서 소개한 내용 외에도 [Administration] 탭을 클릭하면, 현 워크스페이스에서 운영되는 다양한 내용들을 확인할 수 있다. 또한, [Application Builder] 탭을 클릭하면 데이터베이스 응용프로그램 및 웹 응용프로그램을 마우스 클릭만으로 작성할 수 있다. 이 내용은 이 책의 범주를 벗어나므로 별도로 다루지 않겠지만 관심있는 독자는 Oracle사의 사이트(http://www.oracle.com)에서 관련 정보를 얻을 수 있다.

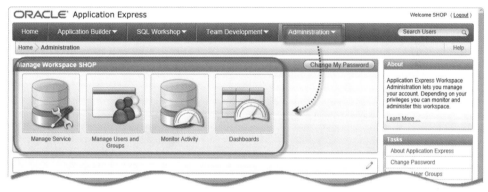

[그림 5-35] Administration 탭

5.4 외부 Oracle 서버 관리하기

실무에서는 Windows용 Oracle보다는, Linux용 Oracle을 더 많이 사용한다. 그런데, Linux는 대부분 명령어 모드로만 사용하기 때문에 앞에서 배운 편리하고 강력한 Oracle 툴인 SQL Developer를 사용할 수가 없다.

지금까지 사용한 네트워크 환경의 구조는 [그림 5-36]과 같다.

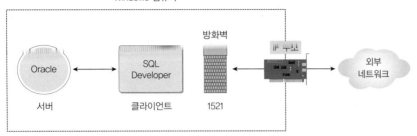

[그림 5-36] Windows 1대에 서버와 클라이언트를 모두 설치한 상태

[그림 5-36]에서 Windows 1대에 '서버'에 해당하는 Oracle과 '클라이언트'에 해당하는 SQL Developer를 모두 설치해 놓았으므로 외부 네트워크로 나갈 일이 없어서 별도의 설정이 없이 실습을 잘 진행해 왔다.

하지만 Linux 컴퓨터에 설치된 Oracle을 사용하고 싶다면 [그림 5-37]과 같은 구성을 해야 한다.

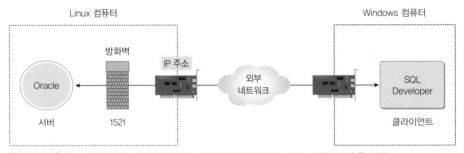

[그림 5-37] Linux 설치된 Oracle에 Windows에 설치된 SQL Developer에서 접속한 상태

[그림 5-37]에서 '서버'인 Oracle은 Linux에 설치되어 있다. 이에 접근하기 위해서 '클라이언트'인 SQL Developer만 Windows에 설치해 놓았다. 비록 서로 다른 컴퓨터와 운영체제이지만 몇 가지 설정을 통해서 마치 1대의 컴퓨터에 설치된 [그림 5-37]과 동일하게 운영 관리할 수 있다.

주의 깊게 봐야 할 것은 다음 3가지 정도다.

- Linux 컴퓨터의 방화벽에서 Oracle의 포트인 1521번을 허용하도록 설정해야 한다. (이미 '부록'의 〈실습3〉 **2-6**에서 방화벽을 아예 꺼 놓았다.)
- Linux 컴퓨터의 IP 주소를 알고 있어야 한다. (Linux의 ip addr 명령으로 확인하면 된다.)
- Windows 컴퓨터의 SQL Developer에서 Linux 컴퓨터로 연결고리를 만들어 놓아야 한다.

실습을 통해서 [그림 5-37]을 구성하고 확인해 보자.

⚠ 다음 〈실습 4〉는 책 뒤의 '부록2'를 수행해야 진행할 수 있다. 만약 '부록2'를 진행하지 않은 독자는 '부록2'를 먼저 수행해야한다. 만약 '부록2'의 Linux 환경 실습이 부담이 간다면 이번 〈실습 4〉는 생략하자. 〈실습 4〉를 진행하지 않아도 향후 이 책의 다른 실습을 수행하는데 대부분 문제는 없다.

실습4

Linux에 설치된 Oracle에 접속해서 사용하자.

step 0

부록에서 설치한 Linux 컴퓨터를 부팅하고 네트워크가 정상적으로 작동하는지 확인하자.

0-1 VMware를 실행해서 부록에서 설치한 Linux 컴퓨터를 부팅한 후, root/password로 로그인한다. 비밀번호를 입력하는 것은 보이지 않는다. 또, 성공적으로 로그인되면 프롬프트가 **[root@localhost ~]#**으로보인다.

[그림 5-38] Linux 로그인

0-2 먼저 [그림 5-37]에 표현된 Linux 컴퓨터의 IP 주소를 확인해야 한다. **ip addr** 명령을 입력해서 두 번째의 inet이라고 써있는 부분의 주소를 확인하자. 필자와 독자가 다를 수 있다.

```
[root@localhost ~]#
[root@localhost ~]# ip addr
1: lo: <LOOPBACK,UP,LOWER_UP> mtu 65536 qdisc noqueue state UNKNOWN
    link/loopback 00:00:00:00:00:00 brd 00:00:00:00:00:00
    inet 127.0.0.1/8 scope host lo
       valid_lft forever preferred_lft forever
    inet6 ::1/128 scope host
       valid_lft forever preferred_lft forever
2: ens32: <BROADCAST,MULTICAST,UP,LOWER_UP> mtu 1500 qdisc pfifo_fast state UP qlen 1000
    link/ether 00:0c:29:30:cd:ed brd ff:ff:ff:ff:ff:ff
    inet 192.168.111.135/24 brd 192.168.111.255 scope global dynamic ens32
       valid_lft 1512sec preferred_lft 1512sec
    inet6 fe80::20c:29ff:fe30:cded/64 scope link
       valid_lft forever preferred_lft forever
[root@localhost ~]#
```

[그림 5-39] Linux 컴퓨터의 IP 주소 확인

0-3 Windows에서 명령 프롬프트를 열고, **ping Linux_IP_주소** 명령을 입력하자. 필자와 같이 응답한다면 [그림 5-37]의 서버인 Linux 컴퓨터와 클라이언트인 Windows 컴퓨터가 네트워크로 잘 작동하는 상태인 것이다.

⚠ '부록2'에서 언급하겠지만, 게스트 컴퓨터와 호스트 컴퓨터의 포커스를 이동하는 키는 왼쪽 Ctrl + Alt 다.

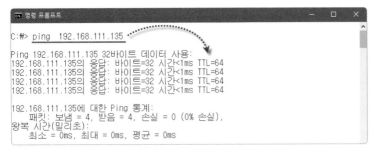

[그림 5-40] 두 컴퓨터의 정상적인 네트워크 상태

⚠ 만약, 필자와 같이 ping 명령이 응답하지 않는다면 더 이상 실습을 진행할 수 없다. '부록2'의 실습을 다시 한번 자세히 확인해야 한다.

---

step 1

[그림 5-37]에 나온 것처럼 Windows 환경의 SQL Developer에서 Linux 환경의 Oracle에 연결하자.

1-1 SQL Developer를 실행하고, [접속] 창의 〈+〉 아이콘을 클릭한다.

[그림 5-41] Linux 컴퓨터의 새로운 접속 생성 1

1-2 [새로 만들기/데이터베이스 접속 선택] 창에서 접속 이름은 "Linux–SYSTEM", 사용자 이름은 관리자인 "SYSTEM"을, 비밀번호는 설치할 때 지정한 "1234"를 입력하고, 〈비밀번호 저장〉도 체크하자. 호스트 이름 부분에 앞에서 확인한 Linux 컴퓨터의 IP 주소를 입력한다. 나머지는 그대로 두고 〈테스트〉를 클릭하면 왼쪽 아래 상태가 '성공'으로 바뀌면 된다.

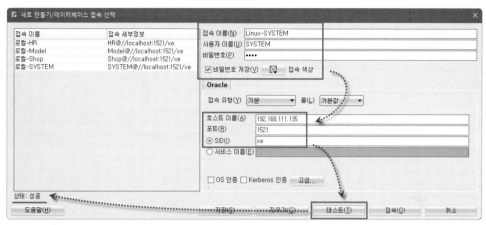

[그림 5–42] Linux 컴퓨터의 새로운 접속 생성 2

1-3 〈저장〉과 〈접속〉을 클릭해서 Linux의 Oracle에 접속하자. 새로운 워크시트가 열릴 것이며 이제는 Linux의 Oracle을 사용할 수 있다. 초기 화면이 Windows에 접속하는 것과 다르지 않을 것이다.

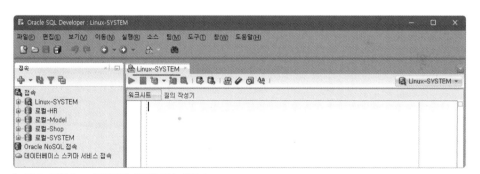

[그림 5–43] Linux 컴퓨터의 새로운 접속 생성 3

step 2

Linux의 Oracle에 사용자(=스키마)를 생성하자.

2-1 사용자(=스키마)를 조회해 보자. **SELECT * FROM dba_users;** 문을 실행해서 확인해 보자.

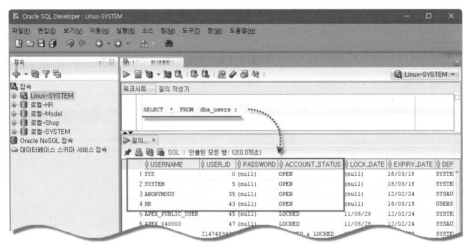

[그림 5-44] Linux 컴퓨터의 Oracle 사용 1

Window의 사용자(=스키마)와 비슷하게 구성되어 있을 것이다.

2-2 연습 삼아서 다음 쿼리를 입력한 후 F5를 눌러서 실행해 보자. 이 코드는 myDB라는 사용자(=스키마)를 만들고 권한을 허용해 주는 SQL문이다.

⚠ 사용자를 만드는 SQL문은 3장의 〈실습1〉에서 GUI로 Shop 사용자(=스키마)를 만드는 것과 동일한 작업이다.

```
CREATE USER myDB IDENTIFIED BY "1234"
    DEFAULT TABLESPACE "USERS" ;

GRANT CONNECT, RESOURCE TO myDB;
```

[그림 5-45] Linux 컴퓨터의 Oracle 사용 2

성공적으로 사용자(=스키마)가 생성되었으면 워크시트를 닫자.

2-3 이제 새로운 스키마인 myDB 스키마에 접속을 생성해 놓자. 〈새 접속〉 아이콘을 클릭해서 접속 이름은 "Linux-myDB"로, 사용자 이름은 "myDB"로, 비밀번호는 "1234"로, 호스트 이름은 "Linux IP 주소"로 지정한 후 〈저장〉, 〈접속〉을 클릭하자.

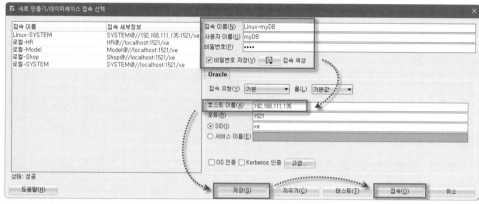

[그림 5-46] 새로운 접속 생성

2-4 다음 쿼리를 입력한 후 F5 를 눌러 실행하자. 테이블을 만들고, 데이터를 하나 입력하는 쿼리다.

```
CREATE TABLE myTBL (tvName NCHAR(10));
INSERT INTO myTBL VALUES ('미스터몽크');
SELECT * FROM myTBL;
```

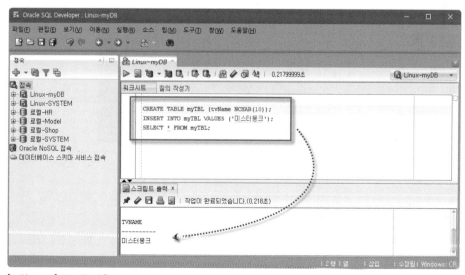

[그림 5-47] SQL문 사용

2-5 F11을 눌러서 변경한 내용을 커밋하자. 그리고, SQL Developer를 종료한다.

step 3

Linux에서 입력된 데이터를 확인해 보자.

3-1 가상머신의 프롬프트(#)에서 **sqlplus myDB/1234** 명령으로 접속하자.

3-2 다음 쿼리문으로 확인하자. 이 상태는 [그림 5–37]의 Linux 서버에서 직접 작업하는 것이다.

⚠ 만약 세미콜론(;)을 찍지 않고 Enter를 누르면 프롬프트가 2로 변경된다. 그때 세미콜론을 입력해도 된다. 세미콜론이 나올 때까지는 한 문장으로 취급한다.

```
INSERT INTO myTBL VALUES ('Mr. Monk');
COMMIT;
SELECT * FROM myTBL;;
```

3-3 최종적으로 한글은 깨져 보이지만, Linux 터미널 환경이 한글을 지원하지 못하는 것일 뿐 한글은 테이블에 잘 들어 있는 상태다. 즉, Linux 터미널에서 영문이나 숫자는 INSERT문으로 입력이 가능하지만, 한글 입력은 SQL Developer와 같은 외부의 툴을 사용해야 한다.

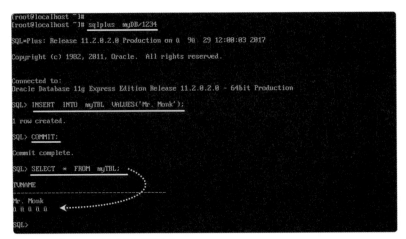

[그림 5–48] Linux 컴퓨터에서 작업하기

3-4 exit문과 **shutdown –h now** 명령으로 Linux를 종료하자.

이번 실습을 통해서 Windows에 Oracle이 설치되어 있든, Linux에 Oracle이 설치되어 있든 [그림 5–37]과 같이 Windows 컴퓨터에서 동일하게 접근하고 관리/운영할 수 있는 것을 확인했다.

5.5 사용자 관리하기

지금까지 우리는 Oracle의 관리자인 SYSTEM으로 접속해서 사용했다. 그런데, 실무에서는 Oracle 데이터베이스를 혼자 사용하는 것이 아니라 다양한 사용자나 응용프로그램에 접속해서 사용한다.

이렇게 Oracle에 접속하는 사람들에게 모두 SYSTEM의 비밀번호를 알려준다면 어떻게 될까? 고의든 실수든 문제가 발생한다면 회사의 중요한 데이터가 모두 유출되거나 증발하는 끔찍한 일이 생길 수도 있다.

이런 것을 방지하기 위해서 SYSTEM 외의 별도의 사용자를 만들고 모든 권한이 아닌 적당한 권한을 부여해서 관리할 필요가 있다.

[그림 5-49]는 일반적인 회사의 사용자 및 권한에 대한 상황을 단순화한 예시다.

⚠ 사용자를 만들면 자동적으로 스키마가 생성되고 '사용자 이름=스키마 이름'이 된다고 지금까지 얘기해 왔다. 하지만, 지금의 경우는 사용자를 만들면 자신의 스키마는 사용하지 않고 Shop 및 HR 스키마를 사용하는 것으로 가정하고 실습을 진행하자. 즉, [그림 5-49]의 사장님, 팀장님, 일반직원은 사용자일뿐 별도의 스키마가 없다고 가정하면 된다.

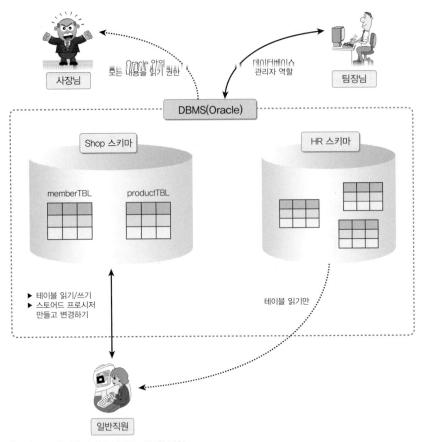

[그림 5-49] 사용자에게 부여된 다양한 권한

[그림 5-49]는 사용자에게 다양한 권한을 부여하는 형태다. 먼저 '팀장님'은 SYSTEM과 동일한 데이터베이스 관리자의 역할을 갖는다. 즉 모든 작업을 할 수 있다.

'사장님'은 특별히 데이터베이스 작업을 하지는 않지만, 회사의 모든 데이터를 읽을 수 있는 권한을 부여했다. '일반직원'은 자신의 업무인 Shop 스키마의 모든 테이블을 읽기/쓰기를 할 수 있다. 또한, 스토어드 프로시저나 스토어드 함수를 만들거나 변경할 수 있는 권한을 부여한다. 추가로 업무에 참조할 수 있도록 HR 스키마는 테이블에 대한 읽기 권한만 부여한다. 실습을 통해서 [그림 5-49]를 구현해 보자.

⚠ 권한Privileges은 단편적인 것을 말하는데, 예로 SELECT 권한, INSERT 권한, CREATE 권한 등을 말한다. 역할Role은 권한의 집합을 말하는데, 예로 DBA 역할은 SELECT 권한 등 모든 권한이 포함되어 있다.

Oracle의 사용자 및 역할/권한을 관리하자.

SQL Developer를 실행하고 [속성]의 [로컬-SYSTEM]을 클릭해서 확장하자. 사용자를 생성하는 권한은 SYSTEM에게만 있다.

[그림 5-49]의 팀장님director을 생성하고 데이터베이스 관리자(DBA)의 역할을 부여하자.

1-1 [다른 사용자]에서 마우스 오른쪽 버튼을 클릭한 후 [사용자 생성]을 선택한다.

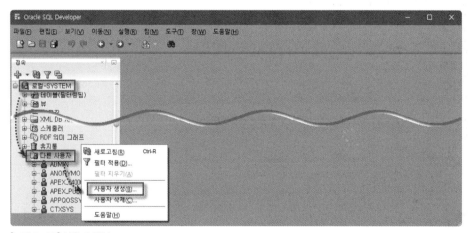

[그림 5-50] 사용자 생성

1-2 [사용자 생성] 창의 [사용자] 탭에서 사용자 이름에 "director"로 입력하자. 비밀번호도 기억하기 쉽게 "director"로 입력한다. 기본 테이블스페이스는 〈USERS〉, 임시 테이블스페이스는 〈TEMP〉로 선택한다. 아직 〈적용〉을 클릭하지 말자.

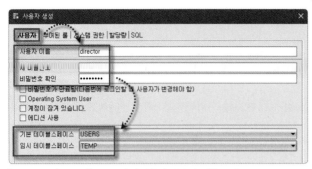

[그림 5-51] 팀장님(director)의 사용자 생성 및 권한 부여 1

1-3 [부여된 롤] 탭을 클릭해서 역할(Role)을 선택하자. [그림 5-49]에서 팀장님은 데이터베이스 관리자 DBA: Data Base Administrator로 계획되어 있다. DBA는 모든 권한이 있으므로, 롤 이름 중 'DBA'를 체크하면 관리자 역할을 할 수 있다. DBA 옆의 3개를 모두 체크하자.

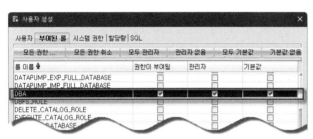

[그림 5-52] 팀장님(director)의 사용자 생성 및 권한 부여 2

1-4 [SQL] 탭을 클릭하면 생성된 SQL문이 보인다. 이 SQL문을 직접 사용해도 동일하다. 〈적용〉을 클릭한다.

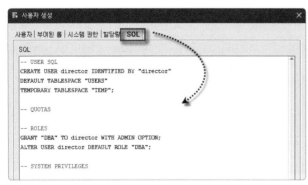

[그림 5-53] 팀장님(director)의 사용자 생성 및 권한 부여 3

[그림 5-49]의 사장님ceo을 생성하고 Oracle의 모든 테이블의 읽기Select 권한을 부여하자.

2-1 다시 [다른 사용자]에서 마우스 오른쪽 버튼을 클릭한 후 [사용자 생성]을 선택한다.

2-2 [사용자 생성] 창의 [사용자] 탭에서 사용자 이름에 "ceo"로 입력하자. 비밀번호도 기억하기 쉽게 "ceo"로 입력한다. 기본 테이블스페이스는 〈USERS〉, 임시 테이블스페이스는 〈TEMP〉로 선택한다. 아직 〈적용〉을 클릭하지 말자.

2-3 [부여된 롤] 탭을 클릭해서 역할Role을 선택하자. [그림 5-49]에서 사장님은 접속은 되어야 하므로, 부여된 롤의 〈CONNECT〉를 체크하면 Oracle에 일단 접속은 할 수 있다. CONNECT 옆의 〈권한이 부여됨〉부분만 체크하자.

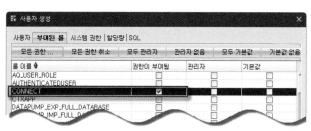

[그림 5-54] 사장님(ceo)의 사용자 생성 및 권한 부여 1

2-4 [시스템 권한] 탭을 클릭하고 [SELECT ANY TABLE]의 〈권한이 부여됨〉 부분을 체크한다. 이 권한은 사장님ceo은 모든 테이블에 대해서 조회SELECT가 가능하도록 한다.

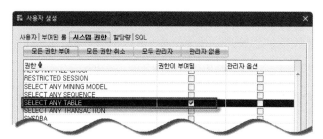

[그림 5-55] 사장님(ceo)의 사용자 생성 및 권한 부여 2

2-5 [SQL] 탭을 클릭하면 생성된 SQL문이 보인다. 이 SQL문을 직접 사용해도 동일하다. 〈적용〉을 클릭한다.

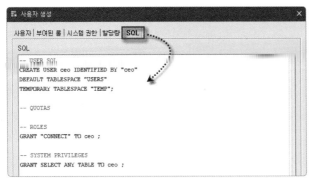

[그림 5-56] 사장님(ceo)의 사용자 생성 및 권한 부여 3

step 3

[그림 5-49]의 일반직원staff을 생성하고 Shop 스키마의 모든 테이블에 대해 읽기Select/쓰기Insert, Update, Delete 권한을 부여하자. 추가로 HR 스키마의 테이블에 대해서는 읽기Select 권한만 부여하자.

3-1 다시 [다른 사용자]에서 마우스 오른쪽 버튼을 클릭한 후 [사용자 생성]을 선택한다.

3-2 [사용자 생성] 창의 [사용자] 탭에서 사용자 이름에 "staff"로 입력하자. 비밀번호도 기억하기 쉽게 "staff"로 입력한다. 기본 테이블스페이스는 〈USERS〉, 임시 테이블스페이스는 〈TEMP〉로 선택한다. 아직 〈적용〉을 클릭하지 말자.

3-3 [부여된 롤] 탭을 클릭해서 역할Role을 선택하자. [그림 5-49]에서 일반직원은 접속되어야 하므로, 부여된 롤의 〈CONNECT〉를 체크하면 Oracle에 일단 접속할 수 있다. CONNECT 옆의 〈권한이 부여됨〉 부분만 체크하자.

3-4 일반직원staff에게는 특정 스키마에 대해서 권한을 줘야 하므로, SQL문을 직접 편집해야 한다. [SQL] 탭을 클릭하고 '--SYSTEM PRIVILEGES' 아래에 다음 코드를 추가한다. 〈적용〉을 클릭한다.

⚠ 각 사용자의 테이블 목록을 확인하려면, [접속]에서 해당 접속을 확장한 후 [테이블] 부분을 확장하면 된다. 또는 SQL문 **SELECT * FROM tab;** 구문으로도 확인된다.

```
-- SYSTEM PRIVILEGES
GRANT ALL ON Shop.memberTBL TO staff ;
GRANT ALL ON Shop.productTBL TO staff ;

GRANT SELECT ON HR.COUNTRIES TO staff ;
GRANT SELECT ON HR.DEPARTMENTS TO staff ;
GRANT SELECT ON HR.EMPLOYEES TO staff ;
GRANT SELECT ON HR.JOBS TO staff ;
```

```
GRANT SELECT ON HR.JOB_HISTORY TO staff ;
GRANT SELECT ON HR.LOCATIONS TO staff ;
GRANT SELECT ON HR.REGIONS TO staff ;
```

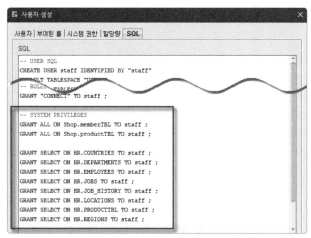

[그림 5-57] 일반직원(staff) 사용자 생성 및 권한 부여 4

⚠ 만약 오타 등으로 인해서 오류가 발생하면, [사용자 생성] 창을 닫고 [로컬-SYSTEM] 》 [다른 사용자]에서 새로 고침을 한 후에 'STAFF' 사용자를 삭제하고 다시 생성해야 한다.

이렇게 해서 [그림 5-49]의 구성을 완료했다.

3-5 SQL Developer를 종료한다.

<hr>

step 4

팀장님director으로 접속해서 [그림 5-49]처럼 DBA 권한이 있는지 확인해 보자. 이번에는 [접속]을 생성하지 말고 SQL*Plus를 사용해서 테스트해 보겠다.

4-1 명령 프롬프트를 열고, **sqlplus director/director@XE** 명령으로 접속하자.

⚠ Oracle 12c로 실습 중이라면 Windows의 [시작] 》 [Oracle-OraDB12Home1] 》 [SQL Plus]를 선택해서 실행하고 사용자 이름은 director, 비밀번호는 director를 입력해서 사용하자.

4-2 사용자를 한 명 생성하고 다시 삭제해 보자. 잘 실행되면 DBA의 권한이 있는 것으로 보면 된다.

```
SHOW USER
CREATE USER sampleUser IDENTIFIED BY 1234 ;
DROP USER sampleUser ;
```

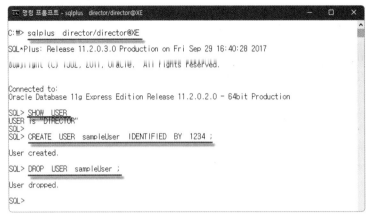

[그림 5-58] DBA 역할을 확인

step 5

사장님ceo으로 접속해서 [그림 5-49]처럼 전체 스키마에 읽기 권한만 있는지 확인해 보자.

5-1 CONNECT ceo/ceo@XE 쿼리문으로 사장님ceo으로 접속하자.

5-2 다음 읽기가 정상적으로 되는지 확인한다.

```
SELECT memberID FROM Shop.memberTBL;
SELECT * FROM HR.REGIONS;
```

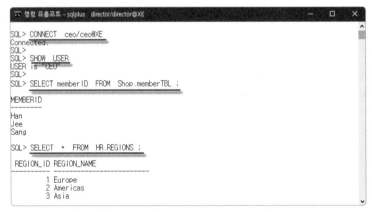

[그림 5-59] SELECT 권한을 확인

5-3 DELETE FROM Shop.memberTBL; 문으로 데이터를 삭제해 보자. 권한이 없으므로 안될 것이다. 그 외 INSERT, UPDATE, CREATE 등도 모두 실행되지 않을 것이다.

[그림 5-60] DELETE는 권한이 없음

step 6

일반직원staff으로 접속해서 [그림 5-49]처럼 각 데이터베이스에 대한 권한을 확인해 보자.

6-1 CONNECT staff/staff@XE 쿼리문으로 일반직원staff으로 접속하자.

6-2 다음 쿼리를 실행한다. 잘 수행될 것이다.

```
SELECT memberID FROM Shop.memberTBL;
DELETE FROM Shop.memberTBL WHERE memberID = 'Sang';
```

[그림 5-61] Shop 스키마의 테이블의 SELECT, DELETE 권한 있음

6-3 테이블을 DROP으로 삭제해 보자. DROP 권한은 주지 않았으므로 실패할 것이다.

```
DROP TABLE Shop.memberTBL;
```

[그림 5-62] Shop 스키마 테이블의 DROP 권한은 없음

6-4 HR 스키마도 SELECT 외에 다른 SQL문은 수행되지 않을 것이다.

```
SELECT * FROM HR.REGIONS;
DELETE FROM HR.REGIONS;
```

[그림 5-63] HR 스키마의 테이블은 SELECT 권한만 있음

6-5 EXIT문으로 SQL*Plus를 종료한다.

비타민 퀴즈 5-3

Windows의 SQL Developer에서 Linux의 Oracle 서버에 접속해서, [그림 5-49]와 같이 사용자를 생성해 보자. 사용자를 생성한 후에 접속은 Linux 환경에서 sqlplus 명령으로 접속해 본다.

이 정도로 Oracle의 툴 및 유틸리티의 사용법에 대한 설명을 마치고자 한다. 물론, SQL Developer/Application Express/SQL*Plus의 많은 기능의 일부만 살펴본 셈이지만 이 책에서 사용되는 필수적인 것을 위주로만 살펴보았다.

또, 계속 SQL Developer/Application Express/SQL*Plus의 기능만 나열한다면 별로 효과적이지 못할 듯하다. 앞으로 다른 내용들을 계속 진행하면서 더 필요한 툴이나 유틸리티들은 그때마다 사용법을 살펴보는 것이 더 학습에 효과적일 것이다.

PL/SQL 기본

SQL Structured Query Language: 구조화된 질의 언어문은 데이터베이스에서 사용되는 일종의 공통 언어다. (SQL을 읽을 때는 '시퀄' 또는 '에스큐엘'로 읽으면 된다.) DBMS에게는 SQL문으로 질문하고 명령을 지시해야만 DBMS가 알아 듣고 작업을 수행한 후 그 결과 값을 우리에게 준다. 그런데, 우리가 학습하는 Oracle 외에도 많은 DBMS가 있 기 때문에 모든 DBMS에서 통용되는 공통의 SQL 표준이 필요하다. 이를 위해 NCITS(국제 표준화 위원회)에 서는 ANSI/ISO SQL이라는 명칭의 SQL의 표준을 관리하고 있으며, 이 중에서도 1992년에 제정된 ANSI- 92 SQL과 1999년에 제정된 ANSI-99 SQL이라는 명칭의 표준이 대부분의 DBMS 회사에서 적용하는 기준 이 되고 있다. 그러나, ANSI-92/99 SQL이 모든 DBMS 제품의 특성을 반영할 수가 없기 때문에, 각 회사들은 ANSI-92/99 SQL의 표준을 준수하면서도 자신들의 제품의 특성을 반영하는 SQL에 별도의 이름을 붙였다. 일례로 Oracle에서는 PL/SQL이라고 명명한 SQL문을 사용하고, SQL Server에서는 Transact-SQL(줄여 서 T-SQL)이라는 이름의 SQL 문을 사용한다.

결론적으로 Oracle에서 사용하는 PL/SQL은 대부분의 DBMS에 공통적으로 적용되는 ANSI-92/99 SQL의 내용을 포함하면서 Oracle의 특징을 반영하는 내용이 포함된, 확장된 SQL이라고 생각하면 되겠다. 앞으로는 PL/SQL을 문맥에 따라서 SQL이나 쿼리 또는 쿼리문이라고 부르기도 할 것이니 혼동하지 말기 바란다.

이 장의 핵심 개념

6장에서는 데이터베이스를 운영하기 위한 기본적인 SQL문을 학습한다. 6장의 핵심 개념은 다음과 같다.

1. SELECT문의 기본 구조는 'SELECT 열 이름 FROM 테이블이름 WHERE 조건'이다.

2. 책 전체 실습을 위해 쇼핑몰을 간략화한 sqlDB를 생성하고 사용한다.

3. WHERE절은 조회하는 결과에 특정한 조건을 줘서, 원하는 데이터만 보고 싶을 때 사용한다.

4. CREATE TABLE … SELECT 구문은 테이블을 복사해서 사용할 경우에 주로 사용된다.

5. GROUP BY절의 역할은 지정된 열을 그룹으로 묶어주는 역할을 하며, 주로 집계 함수와 함께 사용된다.

6. SQL문은 크게 DML, DDL, DCL로 분류한다.

5. INSERT/UPDATE/DELETE문은 데이터의 입력/수정/삭제의 기능을 한다.

이 장의 학습 흐름

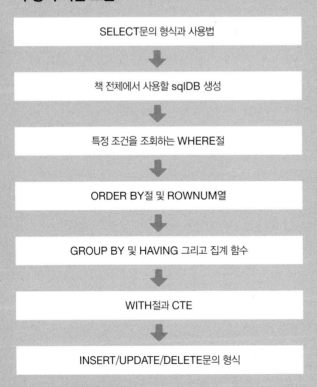

SELECT문의 형식과 사용법

⬇

책 전체에서 사용할 sqlDB 생성

⬇

특정 조건을 조회하는 WHERE절

⬇

ORDER BY절 및 ROWNUM열

⬇

GROUP BY 및 HAVING 그리고 집계 함수

⬇

WITH절과 CTE

⬇

INSERT/UPDATE/DELETE문의 형식

6.1 SELECT문

3장에서도 간단히 사용해 보았던, 기본적인 SQL 문장인 SELECT / INSERT / UPDATE / DELETE에 대해서 알아보자. 이 4개만 알아도 SQL 구문을 기본적으로는 사용할 수 있다. 특히, 관리자보다는 응용프로그램 개발자가 이 4개를 잘 사용하는 것이 중요하다.

6.1.1 원하는 데이터를 가져와 주는 기본적인 〈SELECT … FROM〉

SELECT문은 가장 많이 사용되는 구문이다. 처음에는 쉬운 듯 별 것 아닌 것처럼 보이지만 갈수록 어렵게 느껴진다. SELECT는 한마디로 데이터베이스 내의 테이블에서 원하는 정보를 추출하는 명령이다.

SELECT의 구문 형식

SELECT문의 구문 형식은 Oracle의 도움말에 나오는데, 수십 페이지 이상의 분량으로 설명하며 도형 형식으로 표현되기에 데이터베이스 입문자가 이해하기에 상당히 어렵다.

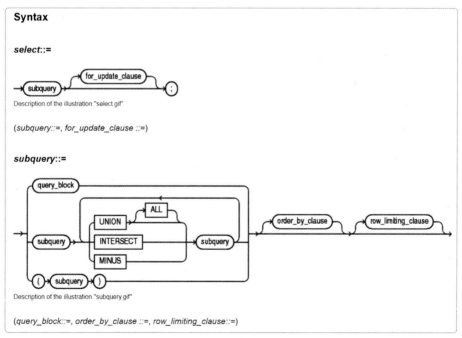

[그림 6-1] Oracle에서 제공하는 도움말의 일부(출처 : Oracle 웹 사이트)

[그림 6-1]의 형식을 보면 전혀 쉬워 보이지 않는다고 생각하는 독자가 많을 것이다.

SELECT문은 다양한 옵션으로 인해서 전체 구문 형식은 복잡해 보이지만, 실제적으로 요약한 구조는 다음과 같다.

```
[ WITH <Sub Query>]
SELECT select_list
[ FROM table_source ] [ WHERE search_condition ]
[ GROUP BY group_by_expression ]
[ HAVING search_condition ]
[ ORDER BY order_expression [ ASC | DESC ] ]
```

[그림 6-1]보다는 쉽게 보이겠지만, 그래도 좀 복잡해 보인다면 다음과 같이 가장 자주 쓰이는 형식으로 줄이자.

```
SELECT 열 이름
FROM 테이블이름
WHERE 조건
```

어떤가? 이 정도면 충분히 해볼 만하게 보일 것이다. 앞으로 쉬운 것부터 하나씩 해가면서, 추가적으로 살을 붙여가는 형식으로 SELECT문을 정복하자.

SELECT와 FROM

SQL Developer를 실행해서 [로컬-HR]에 연결하고 워크시트에서 간단한 SQL문을 입력한 후, 〈명령문 실행〉 아이콘 또는 [Ctrl] + [Enter]를 눌러 쿼리를 실행하자.

```
SELECT * FROM employees;
```

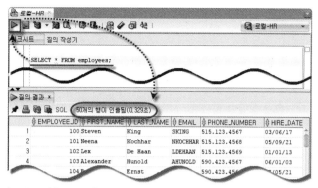

[그림 6-2] [질의 결과] 창

[질의 결과] 창에서 쿼리한 내용을 확인할 수 있다. 그리고 [그림 6-2]에 표시해 놓은 부분을 보면 50개의 행이 조회되었으며, 조회된 시간은 0.329초가 걸린 것을 확인할 수 있다.

이번에는 〈스크립트 실행〉 아이콘이나 F5를 눌러서 쿼리를 실행하자.

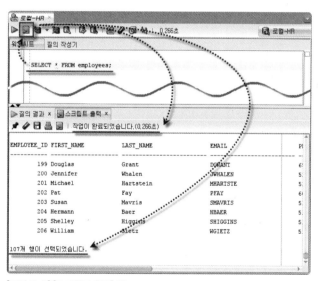

[그림 6-3] [스크립트 출력] 창

[그림 6-3]과 같이 [스크립트 출력] 창이 나올 것이다. 작업시간은 위쪽에 표시되고 조회된 행의 개수는 아래쪽에 출력된다. 그런데 앞에서 본 [질의 결과] 창에서는 50개 행이었는데, [스크립트 출력] 창에서는 107개 행이 조회되었다. 이유는 〈명령문 실행〉 아이콘을 클릭하면 기본석으로 50개 행만 조회되고, 〈스크립트 실행〉 아이콘을 클릭하면 전체 행이 조회되기 때문이다.

앞으로 전체 행을 조회할 필요가 없다면, 가능하면 〈명령문 실행〉 아이콘을 실행하는 것을 권장한다.
〈스크립트 실행〉 아이콘을 클릭하면 데이터가 상당히 많더라도 결과에 모두 조회되기 때문에 조회
시간이 상당히 오래 걸릴 수 있으며, 일반적으로 그렇게 많은 건수의 데이터를 화면에 출력해야 하는
일은 거의 없기 때문이다. 이 책에서도 두 아이콘을 상황에 맞춰서 필요할 때마다 골고루 사용하겠다.

이제, SELECT문을 하나하나 뜯어보자. 일반적으로 *은 '모든 것'을 의미한다. 그런데 *가 사용된
곳이 열 이름이 나올 곳의 위치이므로, 이곳의 *은 모든 열을 의미한다. FROM 다음은 테이블/뷰
등의 항목이다. 결국 풀어서 쓰면 'employees 테이블에서 모든 열의 내용을 가져와라'는 의미가
된다.

원래 테이블의 전체 이름은 '스키마이름.테이블이름(=사용자이름.테이블이름)' 형식으로 표현된다.
필자의 예를 든다면, 현재 이 테이블은 HR 스키마 안에 들어 있으므로, 원칙적으로는 다음과 같이
사용하여야 한다.

```
SELECT * FROM HR.employees;
```

하지만 스키마 이름(=사용자 이름)을 생략하더라도, 현재 연결된 사용자(=스키마)를 자동으로 붙
여서 실행된다. 그래서 그냥 employees만 조회해도 결과를 잘 확인할 수 있던 것이다. 만약 다른
사용자가 지금 사용중인 employees 테이블에 접근하고자 할 때는 꼭 스키마(=사용자) 이름을 앞
에 붙여야 한다.

이제는 해당 테이블에서 전체 열이 아닌 필요로 하는 열만 가져오자. 다음과 같이 부서 테이블의 이
름만 가져와 보자.

```
SELECT department_name FROM departments;
```

원하는 부서의 이름만 얻을 수 있다.

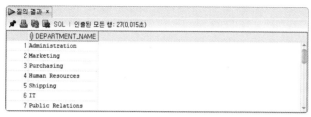

[그림 6-4] 쿼리 실행 결과

여러 개의 열을 가져오고 싶으면 콤마(,)로 구분하면 된다. 또한, 열 이름의 순서는 사용자의 마음
대로 바꿔도 된다.

```
SELECT department_id, department_name FROM departments;
```

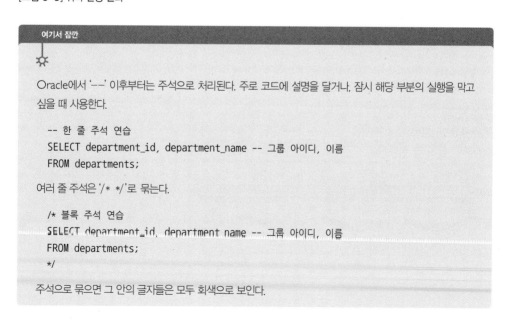

[그림 6-5] 쿼리 실행 결과

여기서 잠깐

Oracle에서 '--' 이후부터는 주석으로 처리된다. 주로 코드에 설명을 달거나, 잠시 해당 부분의 실행을 막고
싶을 때 사용한다.

```
-- 한 줄 주석 연습
SELECT department_id, department_name -- 그룹 아이디, 이름
FROM departments;
```

여러 줄 주석은 '/* */'로 묶는다.

```
/* 블록 주석 연습
SELECT department_id, department_name -- 그룹 아이디, 이름
FROM departments;
*/
```

주석으로 묶으면 그 안의 글자들은 모두 회색으로 보인다.

스키마 이름, 테이블 이름, 필드 이름이 정확히 기억나지 않거나, 각 이름의 철자가 확실하지 않을 때 찾아서 조회하는 방법을 실습하자. 지금 조회하고자 하는 내용이 HR.employees 테이블의 department_name 열이라고 가정한다.

SQL Developer의 [로컬-SYSTEM]을 연결하고 워크시트를 연다.

[그림 6-6] 로컬-SYSTEM으로 워크시트 열기

다음 쿼리문으로 Oracle의 사용자(=스키마) 이름을 조회하자. 조회 결과에서 찾고자 하는 스키마가 HR인 것을 확인하자.

```
SELECT * FROM SYS.DBA_USERS;
```

⚠ SYS.DBA_USERS는 SYS 사용자 소유의 뷰View인데, Oracle의 사용자의 이름, 아이디, 상태, 만료일, 기본 테이블스페이스, 임시 테이블스페이스, 사용자 생성일자 등을 확인할 수 있다.

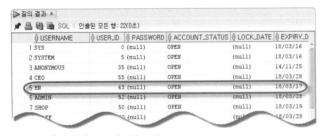

[그림 6-7] 사용자(=스키마) 이름 조회

HR 스키마(=사용자)에 있는 테이블의 정보를 조회한다.

```
SELECT * FROM SYS.DBA_TABLES WHERE OWNER = 'HR';
```

⚠ SYS.DBA_TABLES(=SYS.ALL_TABLES)는 사용자들이 소유한 모든 테이블 목록이 저장된 SYS 사용자의 테이블이다.

	OWNER	TABLE_NAME	TABLESPACE_NAME	CLUSTER_NAME	IOT_NAME	STATUS
1	HR	REGIONS	USERS	(null)	(null)	VALID
2	HR	LOCATIONS	USERS	(null)	(null)	VALID
3	HR	DEPARTMENTS	USERS	(null)	(null)	VALID
4	HR	JOBS	USERS	(null)	(null)	VALID
5	HR	EMPLOYEES	USERS	(null)	(null)	VALID
6	HR	JOB_HISTORY	USERS	(null)	(null)	VALID
7	HR	PRODUCTTBL	USERS	(null)	(null)	VALID
8	HR	COUNTRIES	(null)	(null)	(null)	VALID

[그림 6-8] HR 소유의 테이블 이름 조회

그 중, 찾고자 하는 사용자 이름(HR)과 테이블 이름(TABLE_NAME)인 HR.departments의 정확한 이름을 찾았다.

HR.departments 테이블의 열(=컬럼)이 무엇이 있는지 확인해 보자.

```
SELECT * FROM SYS.DBA_TAB_COLUMNS WHERE OWNER = 'HR' AND TABLE_NAME = 'DEPARTMENTS';
```

⚠ SYS.DBA_TAB_COLUMNS(=SYS.ALL_TAB_COLUMNS)는 모든 테이블 목록의 열 정보가 들어 있는 SYS 사용자의 뷰다.

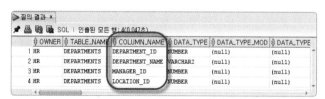

	OWNER	TABLE_NAME	COLUMN_NAME	DATA_TYPE	DATA_TYPE_MOD	DATA_TYPE
1	HR	DEPARTMENTS	DEPARTMENT_ID	NUMBER	(null)	(null)
2	HR	DEPARTMENTS	DEPARTMENT_NAME	VARCHAR2	(null)	(null)
3	HR	DEPARTMENTS	MANAGER_ID	NUMBER	(null)	(null)
4	HR	DEPARTMENTS	LOCATION_ID	NUMBER	(null)	(null)

[그림 6-9] 열 이름 조회

department_name 열 이름을 확인했다.

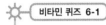

최종적으로 데이터를 조회한다.

```
SELECT department_name FROM HR.departments;
```

물론, 지금의 방법 외에 간단히 SQL Developer의 [접속] 창에서 확인할 수도 있다. 하지만, 이 방법을 잘 기억해 두면 종종 유용하게 사용될 수 있을 것이다.

☼ ──┤ 비타민 퀴즈 6-1 ├────────────────────────────────

　　Linux 가상머신의 명령어 모드에서 〈실습 1〉을 진행해 보자.

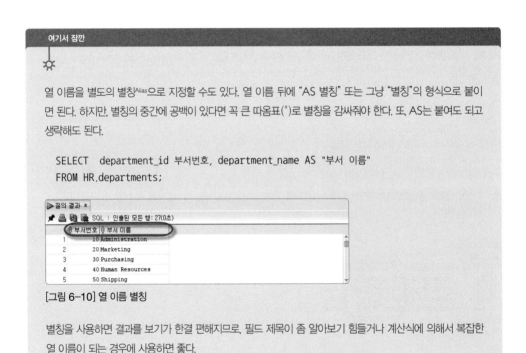

여기서 잠깐

☼

열 이름을 별도의 별칭^Alias으로 지정할 수도 있다. 열 이름 뒤에 "AS 별칭" 또는 그냥 "별칭"의 형식으로 붙이면 된다. 하지만, 별칭의 중간에 공백이 있다면 꼭 큰 따옴표(")로 별칭을 감싸줘야 한다. 또, AS는 붙여도 되고 생략해도 된다.

```
SELECT  department_id 부서번호, department_name AS "부서 이름"
FROM HR.departments;
```

[그림 6-10] 열 이름 별칭

별칭을 사용하면 결과를 보기가 한결 편해지므로, 필드 제목이 좀 알아보기 힘들거나 계산식에 의해서 복잡한 열 이름이 되는 경우에 사용하면 좋다.

이제는 조건을 지정하는 WHERE문에 대해서 설명할 차례다. 기존의 HR 스키마를 가지고 설명해도 관계없지만, Oracle을 처음 대하는 대부분의 독자 입장에서는 HR 스키마의 구조가 조금 복잡해서 한눈에 보기가 쉽지 않다. 그래서 필자는 아주 간단하고, 보기 쉬운 테이블을 만들어서 주로 그 테이블을 사용하려고 한다. 이는 현실성은 조금 떨어져 보이지만, 조금 어려운 SQL의 구문을 이해하는 데는 훨씬 도움이 된다. 테이블의 구조에 부담이 없어져서 SQL 문법에 집중할 수가 있는 효과를 거둘 수 있을 것이다. HR 스키마도 필요한 경우에는 중간중간 계속 사용하게 될 것이다.

데이터베이스의 생성과 테이블의 생성은 8장에서 학습하겠지만, 3장에서 이미 맛보기로 만들어본 경험이 있으므로 그리 어색하지는 않을 것이다. 혹, 모르는 내용이 나와도 8장에서 자세히 다룰 것이므로 다음 실습은 그냥 따라하기만 해도 관계없다.

sqlDB

회원 테이블(userTbl)

아이디	이름	생년	지역	국번	전화번호	키	가입일
LSG	이승기	1987	서울	011	11111111	182	2008.8.8
KBS	김범수	1979	경남	011	22222222	173	2012.4.4
KKH	김경호	1971	전남	019	33333333	177	2007.7.7
JYP	조용필	1950	경기	011	44444444	166	2009.4.4
SSK	성시경	1979	서울			186	2013.12.12
LJB	임재범	1963	서울	016	66666666	182	2009.9.9
YJS	윤종신	1969	경남			170	2005.5.5
EJW	은지원	1978	경북	011	88888888	174	2014.3.3
JKW	조관우	1965	경기	018	99999999	172	2010.10.10
BBK	바비킴	1973	서울	010	00000000	176	2013.5.5

PK

구매 테이블(buyTbl)

순번	아이디	물품명	분류	단가	수량
1	KBS	운동화		30	2
2	KBS	노트북	전자	1000	1
3	JYP	모니터	전자	200	1
4	BBK	모니터	전자	200	5
5	KBS	청바지	의류	50	3
6	BBK	메모리	전자	80	10
7	SSK	책	서적	15	5
8	EJW	책	서적	15	2
9	EJW	청바지	의류	50	1
10	BBK	운동화		30	2
11	EJW	책	서적	15	1
12	BBK	운동화		30	2

PK FK

[그림 6-11] 샘플 데이터베이스(테이블의 내용은 필자가 임의로 작성한 것임)

이 구조는 간단히 인터넷 쇼핑몰 업체에서 운영하는 데이터베이스를 단순화한 것이라고 생각하면 된다. (4장에서 했던 모델링의 결과와 비슷한 구조이다.) 대부분의 독자는 인터넷 쇼핑몰에서 물건을 구매한 경험이 있을 것이다. 구매자가 물건을 사기 위해서 회원 가입을 하면, 기입한 회원 정보는 회원 테이블(userTBL)에 입력된다. 물론, 더 많은 정보를 입력해야 하지만 그냥 간단히 아이디/이름/출생년도/거주지역/휴대폰 국번/휴대폰 전화번호/키/가입일 등만 입력하는 것으로 하자. 회원 가입을 한 후에, 인터넷 쇼핑몰에서 물건을 구입하면 회원이 구매한 정보는 구매 테이블(buyTBL)에 기록된다. 그러면 이 쇼핑몰의 배송 담당자는 구매 테이블을 통해서 회원이 주문한 물건을 준비하고, 구매 테이블의 아이디와 일치하는 회원 테이블의 아이디를 찾아서 그 행의 주소로 회원에게 물품을 배송한다.

예로, 배송 담당자는 구매 테이블(buyTBL)의 아이디 'KBS'라는 사람이 구매한 운동화 2개, 노트북 1개, 청바지 3벌을 포장한 후에, 회원 테이블(userTBL)의 'KBS'라는 아이디를 찾는다. 그리고 이름은 '김범수', 주소는 '경남', 연락처는 '011-222-2222'를 포장박스에 적어서 배송하게 될 것이다. 지금 얘기한 이 당연한(?) 과정을 SQL문에서도 거의 동일한 방식으로 수행하게 된다. 지금은 개략적인 흐름만 이해하고 차근차근 학습해 보자.

실습2

앞으로 책의 전 과정에서 사용할 스키마(=사용자)와 테이블을 생성하자.

아직 배우지 않은 SQL문이 많이 나올 것이므로 잘 이해가 안 가더라도 우선은 똑같이 진행하자. 앞으로 하나씩 계속 배워 나갈 것이다.

step 0

SQL Developer를 종료하고 다시 실행하자. 그리고 [로컬-SYSTEM]으로 연결해서 워크시트를 연다. 이번에 입력할 쿼리는 앞으로 다른 장에서도 거의 비슷하게 많이 사용될 것이다. 그러므로, 이번 실습에서 입력한 쿼리를 저장해 놓는 것이 나중에 편리할 것이다.

step 1

우선 sqlDB 스키마(=사용자)를 만들자.

1-1 스키마(=사용자)를 만들자.

⚠ 만약 사용자를 잘못 만들었거나, 만들다가 실수를 했다면 DROP USER sqlDB CASCADE문으로 sqlDB를 삭제하고 다시 만들자.

```
CREATE USER sqlDB IDENTIFIED BY 1234 -- 사용자 이름: sqlDB, 비밀번호 : 1234
    DEFAULT TABLESPACE USERS
    TEMPORARY TABLESPACE TEMP;
```

```
결과 메시지:
User SQLDB이(가) 생성되었습니다.
```

1-2 사용자에게 connect, resource, dba 등 3가지 역할을 부여하자.

⚠ 지금은 학습의 편의를 위해서 sqlDB 사용자에게 dba(DataBase Administrator, 데이터베이스 관리자) 역할을 줬지만, 실제라면 dba 역할을 부여하는 것에 신중해야 한다.

```
GRANT connect, resource, dba TO sqlDB ;
```

결과 메시지:
Grant을(를) 성공했습니다.

1-3 [로컬-SYSTEM]의 워크시트를 닫는다.

step 2

새로운 사용자 sqlDB의 접속을 만들자.

2-1 왼쪽 [접속] 창의 〈새 접속〉 아이콘을 클릭해서 [로컬-sqlDB]의 접속을 생성한다.

2-2 접속 이름은 "로컬-sqlDB"로 하고, 사용자 이름은 "sqlDB", 비밀번호는 "1234"를 입력하고 〈저장〉과
〈접속〉을 클릭해서 연결하자.

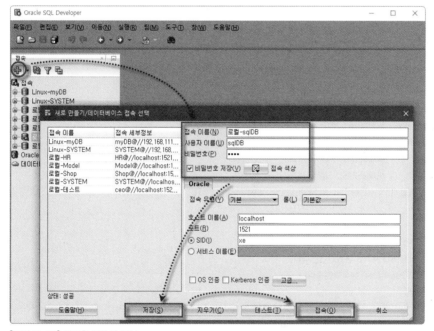

[그림 6-12] 새로운 접속의 생성

step 3

테이블을 만들자.

3-1 |로컬−sqlDB| 접속에서 워크시트를 연다.

⚠ 이번 워크시트에서 입력한 SQL문은 저장해야 하므로, 지우지 말고 계속 이어서 입력하자.

3-2 다음 SQL문으로 회원 테이블과 구매 테이블을 생성한다.

```
CREATE TABLE userTBL -- 회원 테이블
( userID     CHAR(8) NOT NULL PRIMARY KEY, -- 사용자 아이디(PK)
  userName   NVARCHAR2(10) NOT NULL, -- 이름
  birthYear  NUMBER(4) NOT NULL,  -- 출생년도
  addr       NCHAR(2) NOT NULL, -- 지역(경기, 서울, 경남 식으로 2글자만 입력)
  mobile1    CHAR(3), -- 휴대폰의 국번(010, 011, 016, 017, 018, 019 등)
  mobile2    CHAR(8), -- 휴대폰의 나머지 전화번호(하이픈 제외)
  height     NUMBER(3),  -- 키
  mDate      DATE  -- 회원 가입일
);
CREATE TABLE buyTBL -- 회원 구매 테이블
( idNum      NUMBER(8) NOT NULL PRIMARY KEY, -- 순번(PK)
  userID     CHAR(8) NOT NULL, -- 아이디(FK)
  prodName   NCHAR(6) NOT NULL, --  물품명
  groupName  NCHAR(4), -- 분류
  price      NUMBER(8)  NOT NULL, -- 단가
  amount     NUMBER(3)  NOT NULL, -- 수량
  FOREIGN KEY (userID) REFERENCES userTBL(userID)
);
```

결과 메시지:
Table USERTBL이(가) 생성되었습니다.
Table BUYTBL이(가) 생성되었습니다.

⚠ CHAR와 VARCHAR2는 영문자를 기준으로 1Byte를 할당하고, NCHAR와 NVARCHAR2는 유니코드를 기준으로 2Byte를 할당한다. 그래서 영문자를 입력할 계획이라면 CHAR나 VARCHAR2를, 한글을 입력할 계획이라면 NCHAR 나 NVARCHAR2를 사용하면 된다. NUMBER(자릿수)는 정수형을 표현하고, DATE는 날짜형을 표현한다. 데이터형에 대한 자세한 내용은 7장에서 다루겠다.

스키마 개체의 이름을 식별자Identifier라고 한다. 스키마 개체란 데이터베이스, 테이블, 인덱스, 열, 인덱스, 뷰, 트리거, 시퀀스, 스토어드 프로시저, 패키지 등과 같은 개체들을 의미한다. Oracle에서 이러한 개체를 정의할 때는 몇 가지 규칙을 따라야 한다. 즉, 데이터베이스 개체에 이름을 줄 때 따라야 할 규칙이다.

- 알파벳 a~z, A~Z, 0~9, #, $, _를 사용할 수 있다. 하지만 기본 설정은 영문 대문자나 소문자 어떤 것을 사용해도 대문자로 생성된다. 식별자는 영문자로 시작해야 한다.

- 개체 이름은 최대 30자로 제한된다. 예외적으로 데이터베이스 이름은 8자로 제한된다.

- 예약어를 사용하면 안 된다. 예로 CREATE TABLE select (…)는 안 된다. select는 예약어다.

- 개체 이름은 원칙적으로 중간에 공백이 있으면 안되지만, 중간에 공백을 꼭 사용하려면 큰 따옴표(")로 묶어야 한다. 예로 **CREATE TABLE "My Table" (…)**은 가능하다.

- 개체에 이름을 줄 때는 되도록 알기 쉽게 주는 것이 좋고 너무 길게 주는 것보다는 짧으면서도 이름만으로도 어떤 것인지 파악할 수 있는 것이 바람직하다. 다음은 좋지 않은 예다.
  - CREATE TABLE abc → 어떤 테이블인지 의미를 파악할 수 없음
  - CREATE TABLE sales ("Price of Production" NUMBER(4), …) → 열 이름이 의미 파악은 쉽게 되지만, 너무 길다.

---

step 4

[그림 6-11]과 같이 데이터를 입력하자.

4-1 회원 테이블(userTBL)에 데이터를 입력하자. 한꺼번에 마우스로 선택해서 실행하자.

```
INSERT INTO userTBL VALUES('LSG', '이승기', 1987, '서울', '011', '11111111', 182, '2008-8-8');
INSERT INTO userTBL VALUES('KBS', '김범수', 1979, '경남', '011', '22222222', 173, '2012-4-4');
INSERT INTO userTBL VALUES('KKH', '김경호', 1971, '전남', '019', '33333333', 177, '2007-7-7'');
INSERT INTO userTBL VALUES('JYP', '조용필', 1950, '경기', '011', '44444444', 166, '2009-4-4');
INSERT INTO userTBL VALUES('SSK', '성시경', 1979, '서울', NULL , NULL  , 186, '2013-12-12');
INSERT INTO userTBL VALUES('LJB', '임재범', 1963, '서울', '016', '66666666', 182, '2009-9-9');
INSERT INTO userTBL VALUES('YJS', '윤종신', 1969, '경남', NULL , NULL  , 170, '2005-5-5');
INSERT INTO userTBL VALUES('EJW', '은지원', 1972, '경북', '011', '88888888', 174, '2014-3-3');
INSERT INTO userTBL VALUES('JKW', '조관우', 1965, '경기', '018', '99999999', 172, '2010-10-10');
INSERT INTO userTBL VALUES('BBK', '바비킴', 1973, '서울', '010', '00000000', 176, '2013-5-5');
```

결과 메시지:
1 행 이(가) 삽입되었습니다. (10회 반복됨)

4-2 구매 테이블(buyTBL)에 데이터를 입력하자. 한꺼번에 마우스로 선택해서 실행하자.

```
CREATE SEQUENCE idSEQ; — 순차번호 입력을 위해서 시퀀스 생성
INSERT INTO buyTBL VALUES(idSEQ.NEXTVAL, 'KBS', '운동화', NULL , 30,   2);
INSERT INTO buyTBL VALUES(idSEQ.NEXTVAL, 'KBS', '노트북', '전자', 1000, 1);
INSERT INTO buyTBL VALUES(idSEQ.NEXTVAL, 'JYP', '모니터', '전자', 200,  1);
INSERT INTO buyTBL VALUES(idSEQ.NEXTVAL, 'BBK', '모니터', '전자', 200,  5);
INSERT INTO buyTBL VALUES(idSEQ.NEXTVAL, 'KBS', '청바지', '의류', 50,   3);
INSERT INTO buyTBL VALUES(idSEQ.NEXTVAL, 'BBK', '메모리', '전자', 80,  10);
INSERT INTO buyTBL VALUES(idSEQ.NEXTVAL, 'SSK', '책'  , '서적', 15,   5);
INSERT INTO buyTBL VALUES(idSEQ.NEXTVAL, 'EJW', '책'  , '서적', 15,   2);
INSERT INTO buyTBL VALUES(idSEQ.NEXTVAL, 'EJW', '청바지', '의류', 50,   1);
INSERT INTO buyTBL VALUES(idSEQ.NEXTVAL, 'BBK', '운동화', NULL , 30,   2);
INSERT INTO buyTBL VALUES(idSEQ.NEXTVAL, 'EJW', '책'  , '서적', 15,   1);
INSERT INTO buyTBL VALUES(idSEQ.NEXTVAL, 'BBK', '운동화', NULL , 30,   2);
```

```
결과 메시지:
1 행 이(가) 삽입되었습니다.  (12회 반복됨)
```

⚠ 시퀀스Sequence는 순차적으로 값이 증가하는 데이터베이스 개체다. '시퀀스이름.NEXTVAL'은 1부터 2, 3, 4… 로 값이 계속 증가한다. 시퀀스에 대해서는 이번 장의 후반부에서 다시 다룬다.

문자형(CHAR, VARCHAR2, NCHAR, NVARCHAR2)에 데이터를 입력하려면 작은 따옴표(')로 묶어줘야 한다. 또, 앞 SQL문에서는 생략했지만, 한글을 입력할 경우에는 그 앞에 대문자 N을 붙여도 된다. 예로 '이승기' 또는 N'이승기'로 써도 된다.

step 5

입력한 데이터를 커밋하고, 데이터를 확인하자.

```
COMMIT;
SELECT * FROM userTBL;
SELECT * FROM buyTBL;
```

	USERID	USERNAME	BIRTHYEAR	ADDR	MOBILE1	MOBILE2	HEIGHT	MDATE
1	LSG	이승기	1987	서울	011	11111111	182	08/08/08
2	KBS	김범수	1979	경남	011	22222222	173	12/04/04
3	KKH	김경호	1971	전남	019	33333333	177	07/07/07
4	JYP	조용필	1950	경기	011	44444444	166	09/04/04
5	SSK	성시경	1979	서울	(null)	(null)	186	13/12/12
6	LJB	임재범	1963	서울	016	66666666	182	09/09/09
7	YJS	윤종신	1969	경남	(null)	(null)	170	05/05/05
8	EJW	은지원	1972	경북	011	88888888	174	14/03/03
9	JKW	조관우	1965	경기	018	99999999	172	10/10/10
10	BBK	바비킴	1973	서울	010	00000000	176	13/05/05

[그림 6-13] 회원 테이블(userTBL)

⚠️ 테이블의 제일 앞에 보이는 순차번호는 Oracle이 내부적으로 입력한 순서대로 자동으로 부여한 ROWNUM이라는 이름의 열이다.

	IDNUM	USERID	PRODNAME	GROUPNAME	PRICE	AMOUNT
1	1 KBS	운동화	(null)	30	2
2	2 KBS	노트북	전자	1000	1
3	3 JYP	모니터	전자	200	1
4	4 BBK	모니터	전자	200	5
5	5 KBS	청바지	의류	50	3
6	6 BBK	메모리	전자	80	10
7	7 SSK	책	서적	15	5
8	8 EJW	책	서적	15	2
9	9 EJW	청바지	의류	50	1
10	10 BBK	운동화	(null)	30	2
11	11 EJW	책	서적	15	1
12	12 BBK	운동화	(null)	30	2

[그림 6-14] 구매 테이블(buyTBL)

step 6

앞으로는 이 책의 많은 부분에서 이 sqlDB 스키마를 사용하게 될 것이다. 혹, 실수로 이 스키마가 변경되어도 다시 입력하는 번거로움이 없도록 SQL문을 저장해 놓자.

6-1 메뉴의 [파일] 〉〉 [저장]을 선택하고, C:\SQL\ 폴더에 sqlDB.sql로 저장하자. (필자는 C:\SQL\ 폴더를 미리 만들어 놓았다.)

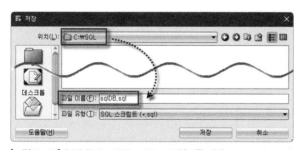

[그림 6-15] C:\SQL\sqlDB.sql로 스크립트를 저장

6-2 워크시트를 닫는다.

지금 저장해 놓은 sqlDB.sql 파일은 앞으로 이 책에서 sqlDB 스키마를 초기화할 때 사용할 것이다. 7장에서 다시 언급하겠다.

6.1.2 특정한 조건의 데이터만 조회하는 〈SELECT… FROM … WHERE〉

⚠ 지금 이후의 실습은 별다른 언급이 없다면 대부분 [로컬-sqlDB]에 접속해서 진행한다. 특별히 다른 접속에 연결될 때 별도
로 얘기하겠다.

기본적인 WHERE절

WHERE절은 조회하는 결과에 특정한 조건을 줘서, 원하는 데이터만 보고 싶을 때 사용하는데, 다
음과 같은 형식을 갖는다.

```
SELECT 필드이름 FROM 테이블이름 WHERE 조건식;
```

만약 WHERE 조건 없이 다음을 조회해 보자.

```
SELECT * FROM userTBL;
```

지금 userTBL은 우리가 10건의 데이터만 넣었지만, 만약 실제로 대형 인터넷 쇼핑몰의 가입 회원
으로 생각하면 수백만 명이 될 수도 있다. 그렇다면, 전체 데이터가 스크롤되어 넘어가는 데에도 많
은 시간이 걸릴 것이다. 예로, 지금 찾는 이름이 '김경호'라면 수백만 건을 조회한 후에 스크롤해서
찾을 필요는 없다.

```
SELECT * FROM userTBL WHERE userName = '김경호;
```

	USERID	USERNAME	BIRTHYEAR	ADDR	MOBILE1	MOBILE2	HEIGHT	MDATE
1	KKH	김경호	1971	전남	019	33333333	177	07/07/07

[그림 6-16] 쿼리 실행 결과

관계 연산자의 사용

1970년 이후에 출생하고, 신장이 182 이상인 사람의 아이디와 이름을 조회해 보자.

```
SELECT userID, userName FROM userTBL WHERE birthYear >= 1970 AND height >= 182;
```

'이승기', '성시경' 두 고객만 결과에 나올 것이다.

이번에는 1970년 이후에 출생했거나, 신장이 182 이상인 사람의 아이디와 이름을 조회해 보자.

```
SELECT userID, userName FROM userTBL WHERE birthYear >= 1970 OR height >= 182;
```

7명의 결과가 나올 것이다. '…했거나', '… 또는' 등은 OR 연산자를 사용하면 된다. '…하고', '…면서', '… 그리고' 등의 조건은 AND 연산자를 이용하면 된다.

이렇듯 조건 연산자(=, 〈, 〉, 〈=, 〉=, 〈 〉, != 등)와 관계 연산자(NOT, AND, OR 등)를 잘 조합하면 다양한 조건의 쿼리를 생성할 수 있다.

BETWEEN… AND와 IN( ) 그리고 LIKE

이번에는 키가 180~183인 사람을 조회해 보자.

```
SELECT userName, height FROM userTBL WHERE height >= 180 AND height <= 183;
```

'임재범', '이승기' 두 고객이 나올 것이다.

동일한 방식으로 BETWEEN… AND를 사용할 수 있다.

```
SELECT userName, height FROM userTBL WHERE height BETWEEN 180 AND 183;
```

키의 경우에는 숫자로 구성되어 있어서 연속적인 값을 가지고 있으므로 BETWEEN… AND를 사용했지만 지역이 '경남'이거나 '전남'이거나 '경북'인 사람을 찾을 경우에 연속된 값이 아니기 때문에 BETWEEN… AND를 사용할 수 없다.

지역이 '경남', '전남', '경북'인 사람의 정보를 확인해 보자.

```
SELECT userName, addr FROM userTBL WHERE addr='경남' OR addr='전남' OR addr='경북;
```

이와 동일하게 연속적인Continuous 값이 아닌 이산적인Discrete 값을 위해 IN()을 사용할 수 있다.

```
SELECT userName, addr FROM userTBL WHERE addr IN ('경남', '전남', '경북');
```

문자열의 내용을 검색하기 위해서는 LIKE 연산자를 사용할 수 있다.

```
SELECT userName, height FROM userTBL WHERE userName LIKE '김%';
```

위의 조건은 성이 '김'씨이고 그 뒤는 무엇이든(%) 허용한다는 의미다. 즉, '김'이 제일 앞 글자인 것들을 추출한다. 그리고, 한 글자와 매치하기 위해서는 '_'를 사용한다. 다음은 맨 앞 글자가 한 글자이고, 그 다음이 '종신'인 사람을 조회해 준다.

```
SELECT userName, height FROM userTBL WHERE userName LIKE '_종신';
```

이 외에도 '%'와 '_'를 조합해서 사용할 수 있다. 조건에 '_용%' 라고 사용하면 앞에 아무거나 한 글자가 오고 두 번째는 '용', 그리고 세 번째 이후에는 몇 글자든 아무거나 오는 값을 추출해 준다.

예를 들어 '조용필', '사용한 사람', '이용해 줘서 감사합니다' 등의 문자열이 해당될 수 있다.

⚠ %나 _가 검색할 문자열의 제일 앞에 들어가는 것은 Oracle 성능에 나쁜 영향을 끼칠 수 있다. 예로 userName 열을 '%용' 이나 '_용필' 등으로 검색하면, userName 열에 인덱스Index가 있더라도 인덱스를 사용하지 않고 전체 데이터를 검색하게 된다. 지금은 데이터 양이 얼마 되지 않으므로 그 차이를 느낄 수 없겠으나, 대용량 데이터를 사용할 경우에는 아주 비효율적인 결과를 낳게 된다. 인덱스에 대해서는 9장에서 상세히 다루겠다.

ANY/ALL/SOME 그리고 서브쿼리(SubQuery, 하위쿼리)

서브쿼리란 간단히 얘기하면 쿼리문 안에 또 쿼리문이 들어 있는 것을 얘기한다. 예로 김경호보다 키가 크거나 같은 사람의 이름과 키를 출력하려면, WHERE 조건에 김경호의 키를 직접 써줘야 한다.

```
SELECT userName, height FROM userTBL WHERE height  > 177;
```

그런데 이 177이라는 키를 직접 써주는 것이 아니라, 이것도 쿼리를 통해서 사용하려는 것이다.

```
SELECT userName, height FROM userTBL
   WHERE height > (SELECT height FROM userTBL WHERE userName = '김경호');
```

후반부의 **(SELECT height FROM userTBL WHERE userName = '김경호')**는 177이라는 값을 돌려주므로, 결국 177이라는 값과 동일한 값이 되어서, 위 두 쿼리는 동일한 결과를 내주는 것이다.

이번에는 지역이 '경남' 사람의 키보다 키가 크거나 같은 사람을 추출해 보자. [그림 6-11]을 보고 미리결과를 예측해 보자. 경남인 사람은 김범수(키 173)와 윤종신(키 170)이므로 173 또는 170보다작은 조용필을 제외한 나머지 9명이 출력되면 된다. 다음을 보지 않고도 직접 쿼리문을 만들어 보자.

```
SELECT userName, height FROM userTBL
   WHERE height >= (SELECT height FROM userTBL WHERE addr = '경남');
```

위와 동일하게 생각했는가? 그렇다면 실행해 보자.

[그림 6-17] 쿼리 실행 결과

논리적으로 틀린 것은 없는 듯하지만, 오류가 나온다. 오류 메시지를 보니 서브쿼리가 둘 이상의 값을 반환하기 때문이다. 즉 **(SELECT height FROM userTBL WHERE mobile1 = '경남')**이 173과170이라는 두 개의 값을 반환하기 때문에 오류가 나는 것이다.

그래서 필요한 구문이 ANY 구문이다. 다음과 같이 고쳐서 실행해 보자.

```
SELECT rownum, userName, height FROM userTBL
    WHERE height >= ANY (SELECT height FROM userTBL WHERE addr = '경남');
```

예상한대로 키가 173보다 크거나 같은 사람 또는 키가 170보다 크거나 같은 사람이 모두 출력될 것이다. 결국 키가 170보다 크거나 같은 사람이 해당된다.

	USERNAME	HEIGHT
1	성시경	186
2	임재범	182
3	이승기	182
4	김경호	177
5	바비킴	176
6	은지원	174
7	김범수	173
8	조관우	172
9	윤종신	170

[그림 6-18] 쿼리 실행 결과

이번에는 ANY를 ALL로 바꿔서 실행해 보자. 7명만 출력되었다. 그 이유는 키가 170보다 크거나 같아야 할 뿐만 아니라, 173보다 크거나 같아야 하기 때문이다. 결국 키가 173보다 크거나 같은 사람만 해당된다.

	USERNAME	HEIGHT
1	김범수	173
2	은지원	174
3	바비킴	176
4	김경호	177
5	이승기	182
6	임재범	182
7	성시경	186

[그림 6-19] 쿼리 실행 결과

결론적으로 ANY는 서브쿼리의 여러 개의 결과 중 한 가지만 만족해도 되며, ALL은 서브쿼리의 여러 개의 결과를 모두 만족시켜야 한다. 참고로, SOME은 ANY와 동일한 의미로 사용된다.

이번에는 '>= ANY' 대신에 '= ANY'를 사용해 보자.

```
SELECT userName, height FROM userTBL
    WHERE height = ANY (SELECT height FROM userTBL WHERE addr = '경남');
```

	USERNAME	HEIGHT
1	김범수	173
2	윤종신	170

[그림 6-20] 쿼리 실행 결과

정확히 ANY 다음의 서브쿼리 결과와 동일한 값인 173, 170에 해당되는 사람만 출력되었다.

이는 다음과 동일한 구문이다. 즉 '=ANY (서브쿼리)'는 'IN (서브쿼리)'과 동일한 의미이다.

```
SELECT userName, height FROM userTBL
    WHERE height IN (SELECT height FROM userTBL WHERE addr = '경남');
```

원하는 순서대로 정렬하여 출력 : ORDER BY

ORDER BY절은 결과물에 대해 영향을 미치지는 않지만, 결과가 출력되는 순서를 조절하는 구문이다.

먼저 가입한 순서로 회원들을 출력해 보자.

```
SELECT userName, mDate FROM userTBL ORDER BY mDate;
```

	USERNAME	MDATE
1	윤종신	05/05/05
2	김경호	07/07/07
3	이승기	08/08/08
4	조용필	09/04/04
5	임재범	09/09/09
6	조관우	10/10/10
7	김범수	12/04/04
8	바비킴	13/05/05
9	성시경	13/12/12
10	은지원	14/03/03

[그림 6-21] 쿼리 실행 결과

기본적으로 오름차순ASCENDING으로 정렬된다. 내림차순DESCENDING으로 정렬하기 위해서는 열 이름 뒤에 DESC라고 적어주면 된다.

```
SELECT userName, mDate FROM userTBL ORDER BY mDate DESC;
```

이번에는 여러 개로 정렬해 보자. 키가 큰 순서로 정렬하되, 만약 키가 같을 경우에 이름 순으로 정렬하려면 다음과 같이 사용하면 된다. ASC(오름차순)는 디폴트 값이므로 생략해도 된다.

```
SELECT userName, height FROM userTBL ORDER BY height DESC, userName ASC;
```

ORDER BY에 나온 열이 SELECT 다음에 꼭 있을 필요는 없다. 즉, **SELECT userID FROM userTBL ORDER BY height**문을 사용해도 된다.

ORDER BY는 어렵지 않은 개념이므로 이 정도면 충분하다. ORDER BY는 WHERE절과 같이 사용되어도 무방하다. 그리고, ORDER BY절은 SELECT, FROM, WHERE, GROUP BY, HAVING, ORDER BY 중에서 제일 뒤에 와야 한다는 것을 잊지 말자.

⚠ ORDER BY절은 Oracle의 성능을 떨어뜨릴 소지가 있다. 꼭 필요한 경우가 아니라면 되도록 사용하지 않는 것이 좋다.

중복된 것은 하나만 남기는 DISTINCT

회원 테이블에서 회원들의 거주지역이 몇 군데인지 출력해 보자.

```
SELECT addr FROM userTBL;
```

[그림 6-22] 쿼리 실행 결과

10개 행밖에 안 되는 데도 중복된 것을 제외하고 개수를 세는 것이 쉽지 않을 것이다. 조금 전에 배운 ORDER BY를 사용해보자.

```
SELECT addr FROM userTBL ORDER BY addr;
```

[그림 6-23] 쿼리 실행 결과

아까보다는 쉽지만 그래도 중복된 것을 골라서 세어보는 것이 좀 귀찮다. 또, 몇 만 건이라면 정렬이
되었어도 세는 것을 포기해야 할 것이다. 이때 사용하는 구문이 DISTINCT 구문이다.

```
SELECT DISTINCT addr FROM userTBL;
```

[그림 6-24] 쿼리 실행 결과

중복된 것은 1개씩만 보여주면서 출력되었다.

ROWNUM 열과 SAMPLE문

이번에는 [로컬-HR]의 접속을 사용해 보자. hire_date(회사 입사일) 열이 있는데, 입사일이 오래된
직원 5명의 employee_id(사원번호)를 알고 싶다면 어떻게 해야 할까? 조금 전에 배운 ORDER
BY절을 사용하면 된다. 다음 쿼리는 〈스크립트 실행〉 아이콘 또는 F5를 눌러서 실행하자.

⚠ [명령문 실행] 또는 Ctrl + Enter를 눌러서 실행하면 최대 50행만 조회된다. 만약, 끝까지 조회하고 싶다면 [질의 결과] 창에
서 Ctrl + End를 누르면 끝 행까지 조회된다.

```
SELECT employee_id, hire_date FROM employees
    ORDER BY hire_date ASC;
```

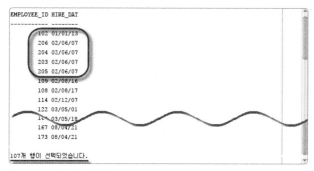

[그림 6-25] 쿼리 실행 결과

위의 결과에서 제일 앞의 5건만 사용하면 된다. 그런데, 5건을 보기 위해서 필요 없는 모든 데이터를 출력하였다. 만약, 상위의 N개만 출력하려면 서브 쿼리와 'WHERE ROWNUM <= 개수' 구문을 함께 사용하면 된다. 실습 쿼리는 ⌐Ctrl┐ + ⌐Enter┐나 ⌐F5┐ 아무거나 눌러서 실행해도 된다.

```
SELECT * FROM
    (SELECT employee_id, hire_date FROM employees   ORDER BY hire_date ASC)
    WHERE ROWNUM <= 5;
```

	EMPLOYEE_ID	HIRE_DATE
1	102	01/01/13
2	203	02/06/07
3	206	02/06/07
4	205	02/06/07
5	204	02/06/07

[그림 6-26] 쿼리 실행 결과

딱 원하는 개수만큼 출력되었다. 서브 쿼리의 결과는 [그림 6-26]의 107건 모두가 되고, WHERE 조건에서 앞 5건만 조회하도록 했다. ROWNUM 열은 SELECT문을 조회하면 자동으로 그 앞에 순차번호로 붙는 임시 열이다. 그러므로, SELECT를 실행하는 시점에 생성이 되고 순차번호가 부여된다. 이렇게 ROWNUM을 활용하면 출력되는 개수를 조절할 수 있다.

주의할 점의 지금 사용한 방식은 출력되는 결과만 5건을 보여 줄 뿐, Oracle의 성능에는 상당히 나쁜 영향을 미칠 수 있다는 것이다. 즉, 107건이 아니라 107억 건일 경우라도 서브 쿼리에서 모든 데이터를 조회해서 정렬한 후에, 5건만 가져오는 방식일 뿐이다.

여기서 잠깐

악성 쿼리문이란 서버의 처리량을 많이 사용해서 결국 서버의 전반적인 성능을 나쁘게 하는 쿼리문을 뜻한다. 비유를 하자면 많은 사람(쿼리문)이 표를 끊기 위해서(처리되기 위해) 줄을 서 있는데, 어떤 사람(악성 쿼리문)이 계속 판매원에게 필요치 않은 질문을 던져서 뒤에 서 있는 다른 많은 사람이 표를 끊는데 시간이 오래 걸리는 것과 같은 이치다. 지금은 SQL문의 문법을 배우는 과정이므로 결과만 나온다면 잘 된 것처럼 느껴지겠지만, 실무에서는 얼만큼 효과적으로 결과를 얻느냐가 더욱 중요한 이슈가 된다. 잘못된 악성쿼리를 자꾸 만들지 않도록 더욱 신경을 써서 SQL문을 만들 필요가 있다. 이는 9장의 인덱스를 배우면서 자세히 살펴보도록 하겠다.

앞의 방식은 입사일이 빠른 5명을 뽑아야 하기 때문에 Oracle의 성능 저하를 무시하고, 어쩔 수 없이 사용했다. 만약 입사일에 관계없이 앞에서 5명을 뽑는다면 다음과 같이 사용하면 된다.

```
SELECT employee_id, hire_date FROM employees
    WHERE ROWNUM <= 5;
```

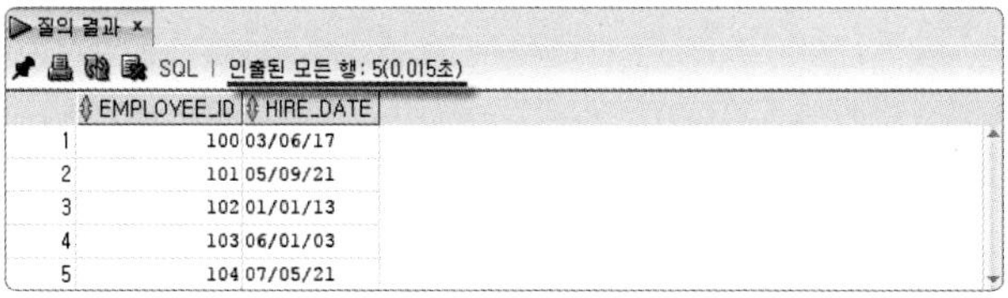

[그림 6-27] 쿼리 실행 결과

그런데, 위의 코드는 항상 테이블에 저장된 상위의 5건만 조회한다. 즉 조회할 때마다 같은 데이터가 늘 반복되어 나올 수밖에 없다. 만약, 임의의 데이터를 추출하고 싶다면 **SAMPLE(퍼센트)**문을 사용하면 된다. '퍼센트'는 0초과 100 미만의 값이어야 한다.

```
SELECT employee_id, hire_date FROM EMPLOYEES SAMPLE(5);
```

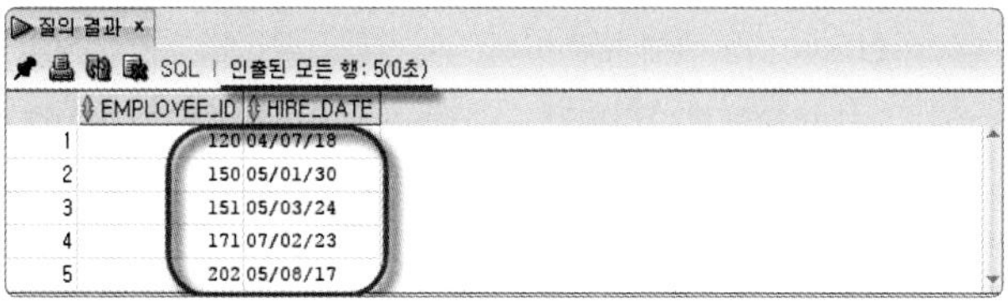

[그림 6-28] 추출 결과

추출된 결과를 보면 필자는 5건이지만, 5건이 아닐 수도 있다. 전체 건수가 107건이므로 실행 시마다 대략적으로 계산되어 5%의 데이터인 5건을 반환했다. 즉, 실행 시마다 다른 데이터가 반환되고 반환되는 행의 개수도 조금씩 다를 수 있다.

테이블을 복사하는 CREATE TABLE … AS SELECT

CREATE TABLE … AS SELECT 구문은 테이블을 복사해서 사용할 경우에 수로 사용된나.

```
형식:
CREATE TABLE 새로운테이블  AS (SELECT 복사할 열 FROM 기존 테이블)
```

[로컬-sqlDB]의 접속에서 확인해 보자. 다음은 buyTBL을 buyTBL2로 복사하는 구문이다.

```
CREATE TABLE buyTBL2 AS (SELECT * FROM buyTBL);
SELECT * FROM buyTBL2;
```

필요하다면 지정한 일부 열만 복사할 수도 있다.

```
CREATE TABLE buyTBL3 AS (SELECT userID, prodName FROM buyTBL);
SELECT * FROM buyTBL3;
```

[그림 6-29] 쿼리 실행 결과

그런데, buyTBL은 Primary Key 및 Foreign Key가 지정되어 있다. 그것들도 복사가 될까? SQL Developer의 [접속]에서 [로컬-sqlDB] 》 [테이블(필터링됨)] 》 [BUYTBL] 및 [BUYTBL2]에서 마우스 오른쪽 버튼을 클릭한 후, [편집]을 선택해서 [테이블 편집] 화면을 확인해 보자. [제약 조건] 부분이 모두 비어 있는 것을 확인할 수 있다. 즉, PK나 FK 등의 제약 조건은 복사되지 않았다.

[그림 6-30] BUYTBL 및 BUYTLB2의 제약 조건 확인

6.1.3 GROUP BY 및 HAVING 그리고 집계 함수

GROUP BY절

이제는 SELECT 형식 중에서 GROUP BY, HAVING절에 대해서 파악해 보자.

```
형식 :
SELECT select_expr
    [FROM table_references]
    [WHERE where_condition]
    [GROUP BY {col_userName | expr | position}]
    [HAVING where_condition]
    [ORDER BY {col_userName | expr | position}]
```

먼저 GROUP BY절을 살펴보자. 이 절이 하는 역할은 말 그대로 그룹으로 묶어주는 역할을 한다. sqlDB의 구매 테이블(buyTBL)에서 사용자(userID)가 구매한 물품의 개수amount를 보려면 다음 과 같이 하면 된다. [로컬-sqlDB]의 접속에서 실행하자.

```
SELECT userID, amount FROM buyTBL ORDER BY userID;
```

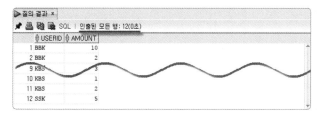

[그림 6-31] 쿼리 실행 결과

[그림 6-31]의 결과를 보면 사용자별로 여러 번의 물건 구매가 이루어져서, 각각의 행이 별도로 출력된다. BBK 사용자의 경우에는 10+2+2+5=19개의 구매를 했다. 합계를 낼 때 이렇게 암산이나 전자계산기를 두드려서 계산한다면, Oracle을 사용할 이유가 없을 것이다.

이럴 때는 집계 함수를 사용하면 된다. 집계 함수Aggregate Function는 주로 GROUP BY절과 함께 쓰이 며 데이터를 그룹화Grouping해주는 기능을 한다. 상세한 내용은 잠시 후에 살펴보기.

[그림 6-31]의 결과에서 우리가 원하는 바는 BBK:19개, EJW:4개, JYP:1개, KBS:6개, SSK:5개

와 같이 각 사용자(userID)별로 구매한 개수amount를 합쳐서 출력하는 것이다. 이럴 경우에는 집계 함수인 SUM()과 GROUP BY절을 사용하면 된다. 즉, 사용자(userID)별로 GROUP BY로 묶어준 후에 SUM() 함수고 구매 개수를 합치면 된다.

```
SELECT userID, SUM(amount) FROM buyTBL GROUP BY userID;
```

[그림 6-32] GROUP BY 사용 결과

그런데, SUMamount의 결과 열에는 제목이 함수 이름 그대로 나왔다. 전에 배운 별칭alias을 사용해서 결과를 보기 편하게 만들자.

```
SELECT userID AS "사용자 아이디", SUM(amount) AS "총 구매 개수"
    FROM buyTBL GROUP BY userID;
```

[그림 6-33] 별칭의 활용

이번에는 구매액의 총합을 출력하자. 구매액은 가격Price * 수량amount이므로, 총합은 SUM()을 사용하면 된다.

```
SELECT userID AS "사용자 아이디", SUM(price*amount) AS "총 구매액"
    FROM buyTBL GROUP BY userID;
```

	사용자 아이디	총 구매액
1	BBK	1920
2	SSK	75
3	KBS	1210
4	EJW	95
5	JYP	200

[그림 6-34] 총 구매액

집계 함수

SUM() 외에 GROUP BY와 함께 자주 사용되는 집계 함수(또는 집합 함수)는 [표 6-1]과 같다.

⚠ 집계 함수 외의 Oracle 내장 함수(Built-in function)는 7장에서 확인해 보겠다.

함수명	설명
AVG( )	평균을 구한다.
MIN( )	최소값을 구한다.
MAX( )	최대값을 구한다.
COUNT( )	행의 개수를 센다.
COUNT(DISTINCT)	행의 개수를 센다(중복은 1개만 인정).
STDEV( )	표준편차를 구한다.
VARIANCE( )	분산을 구한다.

[표 6-1] 자주 사용되는 Oracle 집계 함수

전체 구매자가 구매한 물품의 개수의 평균을 구해보자.

```
SELECT AVG(amount) AS "평균 구매 개수" FROM buyTBL;
```

	평균 구매 개수
1	2.9166666666666666666666666666666666667

[그림 6-35] 쿼리 실행 결과

평균 구매 개수의 결과가 2.91666666666개가 나왔다. 소수점을 조절하고 싶다면 CAST() 함수를 사용하면 된다.

```
SELECT CAST(AVG(amount) AS NUMBER(5,3)) AS "평균 구매 개수" FROM buyTBL;
```

[그림 6-36] 쿼리 실행 결과

CAST() 함수는 CAST(숫자 AS 변환할_형식)으로 사용한다. CAST() 함수의 사용법은 7장에서
데이터 형식을 학습한 후에 자세한 사용법을 알아보겠다.

이번에는 각 사용자 별로 한 번 구매 시 물건을 평균적으로 몇 개 구매했는지 평균을 내보자. GROUP
BY를 사용하면 된다.

```
SELECT userID, CAST(AVG(amount) AS NUMBER(5,3)) AS "평균 구매 개수" FROM buyTBL
    GROUP BY userID;
```

	USERID	평균 구매 개수
1	BBK	4.75
2	SSK	5
3	KBS	2
4	EJW	1.333
5	JYP	1

[그림 6-37] 쿼리 실행 결과

다른 예를 살펴보자. 가장 큰 키와 가장 작은 키의 회원 이름과 키를 출력하는 쿼리를 만들어서 직접
실행해 보자. 그런데, 오류가 나올 것이다.

```
SELECT userName, MAX(height), MIN(height) FROM userTBL;
```

[그림 6-38] 오류 메시지

GROUP BY 없이는 별도의 이름 열name을 집계 함수와 같이 사용할 수 없다는 메시지이다. 그래서
다음과 같이 고쳐보았다.

```
SELECT userName, MAX(height), MIN(height) FROM userTBL GROUP BY userName;
```

	USERNAME	MAX(HEIGHT)	MIN(HEIGHT)
1	조관우	172	172
2	이승기	182	182
3	바비킴	176	176
4	조용필	166	166
5	김범수	173	173
6	임재범	182	182
7	은지원	174	174
8	김경호	177	177
9	성시경	186	186
10	윤종신	170	170

[그림 6-39] 쿼리 실행 결과

역시 원하는 결과가 아니다. 그냥 모두 나왔다.

이런 경우에는 앞에서 배운 서브쿼리와 조합을 하는 것이 제일 수월하다.

```
SELECT userName, height
    FROM userTBL
    WHERE height = (SELECT MAX(height)FROM userTBL)
        OR height = (SELECT MIN(height)FROM userTBL);
```

	USERNAME	HEIGHT
1	조용필	166
2	성시경	186

[그림 6-40] 쿼리 실행 결과

이번에는 휴대폰이 있는 사용자의 수를 카운트하자.

```
SELECT COUNT(*) FROM userTBL;
```

위 쿼리의 결과는 전체 회원 10명이 나올 것이다. 휴대폰이 있는 회원만 카운트하려면 휴대폰 열 이름(mobile1)을 지정해야 한다. 그럴 경우에, NULL 값인 것은 제외하고 카운트를 한다.

```
SELECT COUNT(mobile1) AS "휴대폰이 있는 사용자" FROM userTBL;
```

	휴대폰이 있는 사용자
1	8

[그림 6-41] 쿼리 실행 결과

Having절

앞에서 했던 SUM()을 다시 사용해서 사용자별 총 구매액을 보자.

```
SELECT userID AS "사용자", SUM(price*amount) AS "총 구매액"
    FROM buyTBL
    GROUP BY userID;
```

	⊕ 사용자	⊕ 총 구매액
1	BBK	1920
2	SSK	75
3	KBS	1210
4	EJW	95
5	JYP	200

[그림 6-42] 쿼리 실행 결과

그런데, 이 중에서 총 구매액이 1,000 이상인 사용자에게만 사은품을 증정하고 싶다면, 앞에서 배운 조건을 포함하는 WHERE 구문을 생각했을 것이다.

```
SELECT userID AS "사용자", SUM(price*amount) AS "총 구매액"
    FROM buyTBL
    WHERE SUM(price*amount) > 1000
    GROUP BY userID;
```

질의 결과 ×
SQL | 실행 중:SELECT userID AS "사용자", SUM(price*amount) AS "총 구매액"   FROM ...
ORA-00934: group function is not allowed here
00934. 00000 - "group function is not allowed here"
*Cause:
*Action:
118행, 24열에서 오류 발생

[그림 6-43] 오류 메시지

오류 메시지를 보면 집계 함수는 WHERE절에 나타날 수 없다는 얘기이다. 이럴 때 사용되는 것이 HAVING절이다. HAVING은 WHERE와 비슷한 개념으로 조건을 제한하는 것이지만, 집계 함수에 대해서 조건을 제한하는 것이라고 생각하면 된다. 그리고, HAVING절은 꼭 GROUP BY절 다음에 나와야 한다. 순서가 바뀌면 안 된다.

```
SELECT userID AS "사용자", SUM(price*amount) AS "총 구매액"
    FROM buyTBL
    GROUP BY userID
    HAVING SUM(price*amount) > 1000;
```

사용자	총 구매액
1 BBK	1920
2 KBS	1210

[그림 6-44] 쿼리 실행 결과

추가로 총 구매액이 적은 사용자부터 나타내려면 ORDER BY를 사용하면 된다.

```
SELECT userID AS "사용자", SUM(price*amount) AS "총 구매액"
    FROM buyTBL
    GROUP BY userID
    HAVING SUM(price*amount) > 1000
    ORDER BY SUM(price*amount);
```

ROLLUP( ), GROUPING_ID( ), CUBE( ) 함수

총합 또는 중간 합계가 필요하다면 GROUP BY절과 함께 ROLLUP()또는 CUBE()를 사용하면
된다. 만약 분류groupName별로 합계 및 그 총합을 구하고 싶다면 다음의 구문을 사용하자.

```
SELECT idNum,  groupName, SUM(price * amount) AS "비용"
    FROM buyTbl
    GROUP BY ROLLUP (groupName, idNum);
```

[그림 6-45] ROLLUP( )의 결과

중간중간에 idNum 열이 NULL로 되어 있는 추가된 행이 각 그룹의 소합계를 의미한다. 또 마지막
행은 각 소합계의 합계, 즉 총합계의 결과가 나왔다.

[그림 6-45]의 구문에서 idNum 열은 Primary Key이며, 그룹화가 되지 않는 효과를 위해서 넣어준 것이다. 만약 소합계 및 총합계만 필요하다면 다음과 같이 idNum 열을 빼면 된다.

```
SELECT groupName, SUM(price * amount) AS "비용"
    FROM buyTbl
    GROUP BY ROLLUP (groupName);
```

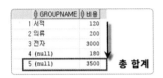

[그림 6-46] 쿼리 실행 결과

한눈에 데이터인지 합계인지를 알기 위해서는 GROUPING_ID() 함수를 사용할 수 있다. GROUPING_ID() 함수의 결과가 0이면 데이터, 1이면 합계를 위해서 추가된 열이라고 보면 된다.

```
SELECT groupName, SUM(price * amount) AS "비용"
        , GROUPING_ID(groupName) AS "추가행 여부"
    FROM buyTbl
    GROUP BY ROLLUP(groupName) ;
```

GROUPNAME	비용	추가행 여부
1 서적	120	0
2 의류	200	0
3 전자	3000	0
4 (null)	180	0
5 (null)	3500	1

[그림 6-47] 쿼리 실행 결과

CUBE() 함수도 ROLLUP()과 비슷한 개념이지만, CUBE()는 다차원 정보의 데이터를 요약하는데 더 적당하다.

우선, [표 6-2]의 테이블과 같은 간단한 데이터를 가정해 보자.

물품	색상	수량
컴퓨터	검정	11
컴퓨터	파랑	22
모니터	검정	33
모니터	파랑	44

[표 6-2] 다차원 정보용 샘플 테이블

이를 물품별 소합계 및 색상별 소합계를 모두 보고 싶다면 CUBE()를 사용할 수 있다.

```
CREATE TABLE cubeTbl(prodName NCHAR(3), color NCHAR(2), amount INT);
INSERT INTO cubeTbl VALUES('컴퓨터', '검정', 11);
INSERT INTO cubeTbl VALUES('컴퓨터', '파랑', 22);
INSERT INTO cubeTbl VALUES('모니터', '검정', 33);
INSERT INTO cubeTbl VALUES('모니터', '파랑', 44);
SELECT prodName, color, SUM(amount) AS "수량합계"
    FROM cubeTbl
    GROUP BY CUBE (color, prodName)
    ORDER BY prodName, color;
```

[그림 6-48] CUBE( )의 결과

[그림 6-48]의 CUBE()의 결과로 특별히 설명하지 않아도 CUBE()의 결과를 이해할 수 있을 것이다.

이로써 기본적인 SELECT문의 틀을 살펴보았다.

이제는 WITH절을 살펴보자. WITH절은 SQL을 처음 공부하는 독자라면 조금 어렵게 느껴지고,
또한 깊게 들어갈수록 복잡한 것이 사실이다.

```
형식 :
[ WITH <Sub Query>]
SELECT select_list [ INTO new_table ]
[ FROM table_source ]
[ WHERE search_condition ]
[ GROUP BY group_by_expression ]
[ HAVING search_condition ]
[ ORDER BY order_expression [ ASC ¦ DESC ] ]
```

기본적인 개념을 정확히 파악하는 것이 중요하므로 독자가 쉽게 이해할 수 있도록 간단한 예로서 살
펴보자.

6.1.4 WITH절과 CTE

WITH절은 CTE^Common Table Expression를 표현하기 위한 구문이다. CTE는 기존의 뷰, 파생 테이블, 임
시 테이블 등으로 사용되던 것을 대신할 수 있으며, 더 간결한 식으로 보여지는 장점이 있다. CTE
는 ANSI-SQL99 표준에서 나온 것으로 기존의 SQL은 대부분 ANSI-SQL92가 기준이지만, 최근
의 DBMS는 대개 ANSI-SQL99와 호환이 되므로 다른 DBMS에서도 Oracle과 같거나 비슷한 방
식으로 응용된다.

CTE는 비재귀적^Non-Recusive CTE와 재귀적^Recursive CTE 두 가지가 있다. 계속 예를 보면서 이해하자.

비재귀적 CTE

비재귀적 CTE는 말 그대로 재귀적이지 않은 CTE이다. 단순한 형태이며, 복잡한 쿼리 문장을 단순
화시키는 데에 적합하게 사용될 수 있다.

우선 비재귀적 CTE의 형식을 보자.

```
WITH CTE_테이블이름(열 이름)
AS
(
    <쿼리문>
)
SELECT 열 이름 FROM CTE_테이블이름 ;
```

⚠ **SELECT 열 이름 FROM CTE_테이블이름** 외에 UPDATE 등도 가능하지만, 주로 사용되는 것은 SELECT다.

위의 형식이 좀 생소해 보일 수도 있지만, 위쪽을 떼버리고 그냥 제일 아래의 **SELECT 열 이름 FROM CTE_테이블이름** 구문만 생각해도 된다. 그런데 기존에는 실제 DB에 있는 테이블을 사용했지만, CTE는 바로 위의 WITH절에서 정의한 CTE_테이블이름을 사용하는 것만 다르다. 즉, 'WITH CTE_테이블이름(열 이름) AS…' 형식의 테이블이 하나 더 있다고 생각하면 된다.

쉽게 이해하기 위해서 앞에서 했던 buyTbl에서 총 구매액을 구하는 것을 다시 살펴보자.

```
SELECT userID AS "사용자", SUM(price*amount) AS "총구매액"
    FROM buyTbl  GROUP BY userID;
```

	사용자	총구매액
1	BBK	1920
2	SSK	75
3	KBS	1210
4	EJW	95
5	JYP	200

[그림 6-49] 쿼리 실행 결과

[그림 6-49]의 결과를 총 구매액이 많은 사용자 순서로 정렬하고 싶다면 어떻게 해야 할까? 물론, 앞의 쿼리에 이어서 ORDER BY문을 첨가해도 된다. 하지만, 그럴 경우에는 SQL문이 더욱 복잡해 보일 수 있으므로 이렇게 생각해 보자. 위의 쿼리의 결과가 바로 abc라는 이름의 테이블이라고 생각하면 어떨까? 그렇다면, 정렬하는 쿼리는 다음과 같이 간단해진다.

```
SELECT * FROM abc ORDER BY "총구매액" DESC;
```

이것이 CTE의 장점 중 하나이다. 구문을 단순화시켜 준다. 지금까지 얘기한 실질적인 쿼리문은 다음과 같이 작성하면 된다.

```
WITH abc(userID, total)
AS
( SELECT userID, SUM(price*amount)
     FROM buyTbl  GROUP BY userID  )
SELECT * FROM abc ORDER BY total DESC ;
```

⚠️ 만약 결과 화면의 열 이름에 Alias를 주고 싶다면, 제일 마지막 행을 다음과 같이 사용하면 된다.

```
SELECT userID AS "사용자", total AS "총 구매액" FROM abc ORDER BY total DESC ;
```

	USERID	TOTAL
1	BBK	1920
2	KBS	1210
3	JYP	200
4	EJW	95
5	SSK	75

[그림 6-50] CTE 쿼리의 결과

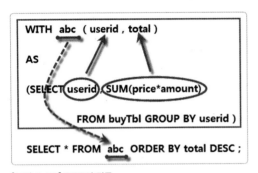

[그림 6-51] CTE의 작동

[그림 6-51]을 보면 CTE는 제일 아래 행의 SELECT문만 주목하면 된다. 제일 아래의 'FROM abc'에서 abc는 실존하는 테이블이 아니라, 바로 위에서 WITH 구문으로 만든 SELECT의 결과이다. 단, 여기서 'AS (SELECT …'에서 조회되는 열과 'WITH abc (…'와는 개수가 일치해야 한다.

즉, [그림 6-51]에 표현된 네모상자 안의 구문은 결국 abc라는 [그림 6-49]와 같은 테이블이라고 간주하면 된다.

다른 예로 하나 더 연습을 해보자.

회원 테이블(userTbl)에서 각 지역별로 가장 큰 키를 1명씩 뽑은 후에, 그 사람들 키의 평균을 내보자. 만약, 전체의 평균이라면 집계 함수 AVG(height)만 사용하면 되지만, 각 지역별로 가장 큰 키의 1명을 우선 뽑아야 하므로 얘기가 좀 복잡해진다. 이럴 때 CTE를 유용하게 사용할 수 있다. 한꺼번에 생각하지 말고, 하나씩 분할해서 생각해 보자.

1단계 → '각 지역별로 가장 큰 키'를 뽑는 쿼리는 다음과 같다.

```
SELECT addr, MAX(height) FROM userTbl GROUP BY addr
```

2단계 → 위의 쿼리를 WITH 구문으로 묶는다.

```
WITH cte_테이블이름(addr, maxHeight)
AS
  ( SELECT addr, MAX(height) FROM userTbl GROUP BY addr)
```

3단계 → '키의 평균'을 구하는 쿼리를 작성한다.

```
SELECT AVG(키) FROM   cte_테이블이름
```

4단계 → 2단계와 3단계의 쿼리를 합친다.

```
WITH cte_userTbl(addr, maxHeight)
AS
( SELECT addr, MAX(height) FROM userTbl GROUP BY addr)
SELECT AVG(maxHeight) AS "각 지역별 최고키 평균" FROM cte_userTbl;
```

각 지역별 최고키 평균
1   176.4

[그림 6-52] 쿼리 실행 결과

이제는 복잡한 쿼리를 작성해야 할 경우에 이러한 단계로 분할해서 생각하면, 이전보다 더 쉽게 SQL문을 작성할 수 있을 것이다.

CTE는 뷰^{View}와 그 용도는 비슷하지만 개선된 점이 많다. 또한, 뷰는 계속 존재해서 다른 구문에서도 사용할 수 있지만, CTE는 구문이 끝나면 같이 소멸된다. 즉, 위의 예에서 cte_userTbl은 다시 사용할 수 없다.

⚠ 뷰^{View}에 대해서는 8장 후반부에서 상세히 다룬다.

추가로 좀 더 CTE에 대해서 얘기하면 CTE는 다음 형식과 같은 중복 CTE가 허용된다.

```
형식 ;
WITH
AAA (컬럼들)
AS ( AAA의 쿼리문 ),
    BBB (컬럼들)
        AS ( BBB의 쿼리문 ),
    CCC (컬럼들)
        AS ( CCC의 쿼리문 )
SELECT * FROM [AAA 또는 BBB 또는 CCC]
```

그런데, 주의할 점은 CCC의 쿼리문에서는 AAA나 BBB를 참조할 수 있지만, AAA의 쿼리문이나 BBB의 쿼리문에서는 CCC를 참조할 수 없다. 즉, 아직 정의되지 않은 CTE를 미리 참조할 수 없다. 다음의 간단한 예를 보면 중복 CTE를 쉽게 알 수 있을 것이다. 출력값은 291.666이 나올 것이다.

```
WITH
AAA(userID, total)
    AS
      (SELECT userID, SUM(price*amount) FROM buyTbl GROUP BY userID ),
BBB(sumtotal)
    AS
      (SELECT SUM(total) FROM AAA ),
CCC(sumavg)
    AS
      (SELECT  sumtotal / (SELECT count(*) FROM buyTbl) FROM BBB)
SELECT * FROM CCC;
```

재귀적 CTE

재귀적 CTE는 다른 것에 비해서 이해하기가 조금 어렵다. 재귀적이라는 의미는 자기자신을 반복적으로 호출한다는 의미를 내포한다. 우리는 간단한 예를 들어서 이해하자. 가장 많은 재귀적인 예는 회사의 부서장과 직원의 관계이다.

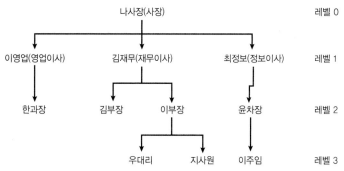

[그림 6-53] 간단한 조직도 예

[그림 6-53]의 간단한 조직도의 예를 보면 전혀 어려울 것이 없다. 사장인 '나사장'은 레벨이 0이고, 3명의 이사는 레벨이 1, 과장/차장/부장급은 레벨이 2, 그리고 나머지 대리/사원급은 레벨이 3으로 정해졌다.

이것을 테이블로 만들어 보자.

⚠ 실제라면 사번을 기본 키로 해야겠지만, 테이블의 단순화와 이해의 명확성을 위해서 직원 이름을 기본 키로 했다.

직원 이름(EMP) – 기본 키	상관 이름(MANAGER)	부서(DEPARTMENT)
나사장	없음(NULL)	없음(NULL)
김재무	나사장	재무부
김부장	김재무	재무부
이부장	김재무	재무부
우대리	이부장	재무부
지사원	이부장	재무부
이영업	나사장	영업부
한과장	이영업	영업부
최정보	나사장	정보부
윤차장	최정보	정보부
이주임	윤차장	정보부

[표 6-3] 조직도 테이블

지금은 데이터가 몇 개 없고, [그림 6-52]에서 트리 구조로 먼저 데이터를 작성했으므로 위의 테이블을 봐도 상관과 부하직원의 관계가 보일 수 있겠지만, 실무에서 많은 직원들이 트리 구조가 없이 위의 테이블만 가지고는 도저히 누가 누구의 상관인지를 파악하기가 어렵다. 특히, 사원번호 등이 코드로 되어 있다면 더욱 그러할 것이다.

우선 재귀적 CTE의 기본 형식은 다음과 같다. 형식만 잘 이해하자.

```
형식:
WITH CTE_테이블이름(열 이름)
AS
(
    <쿼리문1 : SELECT * FROM 테이블A >
    UNION ALL
    <쿼리문2 : SELECT * FROM 테이블A JOIN CTE_테이블이름>
)
SELECT * FROM CTE_테이블이름;
```

위의 구문에서 〈쿼리문1〉을 앵커 멤버Anchor Member: AM라고 부르고, 〈쿼리문2〉를 재귀 멤버Recursive Member: RM라고 지칭한다.

작동 원리를 살펴보면

① 〈쿼리문1〉을 실행한다. 이것이 전체 흐름의 최초 호출에 해당한다. 그리고, 레벨의 시작은 0으로 초기화된다.

② 〈쿼리문2〉를 실행한다. 레벨을 레벨+1로 증가시킨다. 그런데, SELECT의 결과가 빈 것이 아니라면, 'CTE_테이블이름'을 다시 재귀적으로 호출한다.

③ 계속 ②번을 반복한다. 단, SELECT의 결과가 아무것도 없다면 재귀적인 호출이 중단된다.

④ 외부의 SELECT문을 실행해서 앞 단계에서의 누적된 결과UNION ALL를 가져온다.

정도로 요약할 수 있겠다. 좀 어렵게 느껴진다면 바로 실습을 통해서 이해하자.

실습3

하나의 테이블에서 회사의 조직도가 출력되도록, 재귀적 CTE를 구현하자.

step 0

우선 위의 테이블을 정의하고 데이터를 입력하자.

0-1 테이블을 정의하자.

```
CREATE TABLE empTbl (emp NCHAR(3), manager NCHAR(3), department NCHAR(3));
```

0-2 [표 6-3]과 동일한 데이터를 입력하자.

```
INSERT INTO empTbl VALUES('나사장','없음','없음');
INSERT INTO empTbl VALUES('김재무','나사장','재무부');
INSERT INTO empTbl VALUES('김부장','김재무','재무부');
INSERT INTO empTbl VALUES('이부장','김재무','재무부');
INSERT INTO empTbl VALUES('우대리','이부장','재무부');
INSERT INTO empTbl VALUES('지사원','이부장','재무부');
INSERT INTO empTbl VALUES('이영업','나사장','영업부');
INSERT INTO empTbl VALUES('한과장','이영업','영업부');
INSERT INTO empTbl VALUES('최정보','나사장','정보부');
INSERT INTO empTbl VALUES('윤차장','최정보','정보부');
INSERT INTO empTbl VALUES('이주임','윤차장','정보부');
```

step 1

재귀적 CTE의 구문 형식에 맞춰서 쿼리문을 만들자. 아직 조인^{Join}을 배우지 않아서 〈쿼리문2〉 부분이 좀 어려울 것이지만, 형식대로 empTbl과 empCTE를 조인하는 방식이다. 어려우면, 그냥 결과를 위주로 보자.

```
WITH empCTE(empName, mgrName, dept, empLevel)
AS
(
 ( SELECT emp, manager, department , 0
      FROM empTbl
      WHERE manager = '없음' ) -- 상관이 없는 사람이 바로 사장
  UNION ALL
  (SELECT empTbl.emp, empTbl.manager, empTbl.department, empCTE.empLevel+1
   FROM empTbl INNER JOIN empCTE
      ON empTbl.manager = empCTE.empName)
)
SELECT * FROM empCTE ORDER BY dept, empLevel;
```

	EMPNAME	MGRNAME	DEPT	EMPLEVEL
1	나사장	없음	없음	0
2	이영업	나사장	영업부	1
3	한과장	이영업	영업부	2
4	김재무	나사장	재무부	1
5	김부장	김재무	재무부	2
6	이부장	김재무	재무부	2
7	우대리	이부장	재무부	3
8	지사원	이부장	재무부	3
9	최정보	나사장	정보부	1
10	윤차장	최정보	정보부	2
11	이주임	윤차장	정보부	3

[그림 6-54] 재귀적 CTE 결과 1

위의 결과는 [그림 6-53]의 조직도 그림과 동일하다. 두 개를 동시에 살펴보면 동일하다는 것을 알 수 있다.

그래도 [그림 6-53]처럼 안보이므로, 쿼리문을 약간 수정해서 [그림 6-53]과 더욱 비슷하게 만들자.

```
WITH empCTE(empName, mgrName, dept, empLevel)
AS
(
 ( SELECT emp, manager, department , 0
       FROM empTbl
       WHERE manager = '없음' ) -- 상관이 없는 사람이 바로 사장
   UNION ALL
   (SELECT empTbl.emp, empTbl.manager, empTbl.department, empCTE.empLevel+1
    FROM empTbl INNER JOIN empCTE
       ON empTbl.manager = empCTE.empName)
)
SELECT CONCAT(RPAD('ㄴ', empLevel*2 + 1, 'ㄴ'), empName) AS "직원이름", dept AS "직원부서"
    FROM empCTE  ORDER BY dept, empLevel;
```

RPAD(문자1, 전체 개수, 문자2) 함수는 전체 개수만큼 자리를 확보하고, 왼쪽에 문자1을 위치시키고 나머지를 문자2로 채워준다. CONCAT(문자열1, 문자열2)는 두 문자열을 이어주는 함수다. 그러므로, 레벨에 따라서 'ㄴ' 문자를 출력함으로써 트리 구조 형태로 보여지는 효과를 줬다.

[그림 6-55] 재귀적 CTE 결과 2

이번에는 사원급을 제외한, 부장/차장/과장급까지만 출력해 보자. 레벨이 2이므로, 간단히 'WHERE empLevel < 2'만 <쿼리문2> 부분에 추가해 주면 된다.

```
WITH empCTE(empName, mgrName, dept, empLevel)
AS
(
 ( SELECT emp, manager, department , 0
       FROM empTbl
       WHERE manager = '없음' ) -- 상관이 없는 사람이 바로 사장
```

```
    UNION ALL
    (SELECT empTbl.emp, empTbl.manager, empTbl.department, empCTE.empLevel+1
      FROM empTbl INNER JOIN empCTE
          ON empTbl.manager = empCTE.empName
      WHERE empLevel < 2)
  )
  SELECT CONCAT(RPAD('ㄴ', empLevel*2 + 1, 'ㄴ'), empName) AS "직원이름", dept AS "직원부서"
      FROM empCTE  ORDER BY dept, empLevel;
```

	⬦직원이름	⬦직원부서
1	나사장	없음
2	ㄴ이영업	영업부
3	ㄴㄴ한과장	영업부
4	ㄴ김재무	재무부
5	ㄴㄴ김부장	재무부
6	ㄴㄴ이부장	재무부
7	ㄴ최정보	정보부
8	ㄴㄴ윤차장	정보부

[그림 6-56] 재귀적 CTE 결과 3

CTE에 대한 것은 이 정도로 마치겠다. 개념이 좀 어렵기도 하고, 배우지 않은 내용까지 포함되어서 더욱 어렵게 느껴졌을 것이다. 그러나, SQL을 좀 더 익힌 후에 다시 본다면 그때는 훨씬 더 쉽게 여겨질 것이다.

이렇게 해서, 다음의 SELECT문의 기본 형식을 모두 살펴보았다. 처음 보았을 때는 무슨 암호(?)처럼 보였던 형식이 이제는 그렇게 생소하게 보이지는 않을 것이다.

```
형식 :
[ WITH <common_table_expression>]
SELECT select_list [ INTO new_table ]
[ FROM table_source ]
[ WHERE search_condition ]
[ GROUP BY group_by_expression ]
[ HAVING search_condition ]
[ ORDER BY order_expression [ ASC | DESC ] ]
```

SELECT문은 가장 많이 사용되는 쿼리문이며, 가장 쉬우면서도 동시에 가장 어려운 부분이기도 하다.

이 책에서 다룬 내용은 일부일 뿐이므로, 앞으로 실무에서 적용할 더욱 전문적인 고급 SQL을 익히기 위해서는 다른 SQL 책이나 도움말, 인터넷 등을 통해서 학습하기 바란다.

이쯤에서 SQL문의 분류에 대해서 짧게 살펴보고, 계속 기본 SQL문인 INSERT/UPDATE/DELETE를 익히자.

6.1.5 SQL의 분류

SQL문은 크게 DML, DDL, DCL로 분류한다.

DML

DML^{Data Manipulation Language: 데이터 조작 언어}은 데이터를 조작(선택, 삽입, 수정, 삭제)하는 데 사용되는 언어다. DML 구문이 사용되는 대상은 테이블의 행이다. 그러므로, DML을 사용하기 위해서는 꼭 그 이전에 테이블이 정의되어 있어야 한다.

SQL문 중에 SELECT, INSERT, UPDATE, DELETE가 DML문에 해당된다. 트랜잭션^{Transaction}이 발생하는 SQL도 DML이다.

트랜잭션이란 쉽게 표현하면 테이블의 데이터를 변경(입력/수정/삭제)할 때 실제 테이블에 완전히 적용하지 않고, 임시로 적용시키는 것을 말한다. 그래서, 만약 실수가 있었을 경우에 임시로 적용시킨 것을 취소시킬 수 있게 해준다. 트랜잭션을 완전히 적용하기 위해서는 COMMIT문을 사용하고, 트랜잭션을 취소시키기 위해서는 ROLLBACK문을 사용한다.

⚠ SELECT도 트랜잭션을 발생시키기는 하지만, INSERT/UPDATE/DELETE와는 조금 성격을 달리하므로 별도로 생각하는 것이 좋다.

DDL

DDL^{Data Definition Language: 데이터 정의 언어}은 데이터베이스, 테이블, 뷰, 인덱스 등의 데이터베이스 개체를 생성/삭제/변경하는 역할을 한다. 자주 사용하는 DDL은 CREATE, DROP, ALTER 등이다. DDL은 이번 장 이후부터 종종 나오게 될 것이므로 그때마다 다시 살펴보자. 한 가지 기억할 것은 DDL은 트랜잭션을 발생시키지 않는다는 것이다. 따라서 되돌림^{ROLLBACK}이나 완전적용^{COMMIT}을 시킬 수가 없다. 즉, DDL문은 실행 즉시 Oracle에 적용된다.

DCL

DCL^{Data Control Language: 데이터 제어 언어}은 사용자에게 어떤 권한을 부여하거나 빼앗을 때 주로 사용하는 구문으로, GRANT/REVOKE/ DENY 등이 이에 해당된다.

⚠ 사용자에게 권한을 부여하는 방법은 5장의 〈실습 5〉에서 학습했다.

6.2 데이터의 변경을 위한 SQL문

6.2.1 데이터의 삽입 : INSERT

INSERT문 기본

INSERT는 테이블에 데이터를 삽입하는 명령어이다. 어렵지 않고 간단하다. 기본적인 형식은 다음과 같다.

```
INSERT INTO 테이블[(열1, 열2, …)] VALUES (값1, 값2 …)
```

INSERT문은 별로 어려울 것이 없으며, 몇 가지만 주의하면 된다.

우선 테이블 이름 다음에 나오는 열은 생략이 가능하다. 하지만, 생략할 경우에 VALUE 다음에 나오는 값들의 순서 및 개수가 테이블이 정의된 열 순서 및 개수와 동일해야 한다.

```
CREATE TABLE testTBL1 (id  NUMBER(4), userName NCHAR(3), age NUMBER(2));
INSERT INTO testTBL1 VALUES (1, '홍길동', 25);
```

만약, 위의 예에서 id와 이름만을 입력하고 나이를 입력하고 싶지 않다면, 다음과 같이 테이블 이름 뒤에 입력할 열의 목록을 나열해줘야 한다.

```
INSERT INTO testTBL1(id, userName) VALUES (2, '설현');
```

이 경우 생략한 age에는 NULL 값이 들어간다.

열의 순서를 바꿔서 입력하고 싶을 때는 꼭 열 이름을 입력할 순서에 맞춰 나열해줘야 한다.

```
INSERT INTO testTBL1(userName, age, id) VALUES ('지민', 26,  3);
```

자동으로 증가하는 시퀀스

이번에는 값을 자동으로 증가시켜주는 시퀀스SEQUENCE 개체를 사용해 보자. 앞의 testTBL1와 비슷한 테이블을 만들어서 id 값이 자동으로 입력되는 방식을 사용해 보겠다.

⚠ 시퀀스와 비슷한 역할을 하는 것은 SQL Server의 IDENTITY, MySQL의 AUTO_INCREMENT 등이 있다. 사용법은 모두 약간씩 다르다.

우선 연습을 위해서 testTBL2를 생성하자. CREATE TABLE에서 DEFAULT 문장으로 기본 값을 설정해 놓았을 때, INSERT 사용 시 별도의 값을 입력하지 않고 지정해 놓은 디폴트 값을 그대로 사용하려면 값이 입력될 자리에 "DEFAULT"라고 써주면 된다.

```
CREATE TABLE testTBL2
    (id NUMBER(4),
     userName NCHAR(3),
     age NUMBER(2),
     nation NCHAR(4) DEFAULT '대한민국');
```

시퀀스를 생성하자. 시작값은 1로, 증가값도 1로 설정한다.

```
CREATE SEQUENCE idSEQ
    START WITH 1    -- 시작값
    INCREMENT BY 1 ;  -- 증가값
```

⚠ CREATE SEQUENCE에서 오류가 발생하면 기존 실습 중에 idSEQ를 이미 생성했기 때문이다. **DROP SEQUENCE idSEQ**문으로 삭제하고 다시 생성해 본다.

데이터를 입력한다. 시퀀스를 입력하려면 "시퀀스이름.NEXTVAL"을 사용하면 된다.

```
INSERT INTO testTBL2 VALUES (idSEQ.NEXTVAL, '유나' ,25 , DEFAULT);
INSERT INTO testTBL2 VALUES (idSEQ.NEXTVAL, '혜정' ,24 , '영국');
SELECT * FROM testTBL2;
```

	ID	USERNAME	AGE	NATION
1	1	유나	25	대한민국
2	2	혜정	24	영국

[그림 6-57] 쿼리 실행 결과

id 열의 값이 1부터 차례로 들어가는 것을 확인할 수 있다. 강제로 id 열에 다른 값을 입력하고 싶다면 그냥 원하는 값을 입력하면 된다. 그리고, 시퀀스의 시작값을 다시 설정해 주려면, 증가값을 새로운 시작값만큼 증가시킨 후에 다시 1로 변경하면 된다.

```
INSERT INTO testTBL2 VALUES (11, '쯔위' , 18, '대만');  -- 강제로 11 입력
ALTER SEQUENCE idSEQ
    INCREMENT BY  10; -- 증가값을 다시 설정(현재 자동으로 2까지 입력되었으므로, 10을 더하면
                         다음 값은 12가 됨)
INSERT INTO testTBL2 VALUES (idSEQ.NEXTVAL, '미나' , 21, '일본'); -- 12가 들어감
ALTER SEQUENCE idSEQ
    INCREMENT BY  1; -- 다시 증가값을 1로 변경 (이후는 13부터 들어감)
SELECT * FROM testTBL2;
```

	ID	USERNAME	AGE	NATION
1	1	유나	25	대한민국
2	2	혜정	24	영국
3	11	쯔위	18	대만
4	12	미나	21	일본

[그림 6-58] SEQUENCE 사용 결과

시퀀스의 현재 값을 확인하려면 다음과 같이 사용하면 된다. 다음 쿼리는 12를 반환할 것이다.

```
SELECT idSEQ.CURRVAL FROM DUAL;
```

⚠ DUAL 테이블은 Oracle에 내장된 가상의 테이블이다. 용도는 SELECT가 특별히 테이블을 조회할 필요가 없더라도, 구문의 형식상 FROM이 반드시 있어야 하므로 FROM절 뒤에 그냥 써준다고 생각하면 된다. 예로 100*100의 결과를 보고 싶을 때 **SELECT 100*100 FROM DUAL**문으로 사용하면 된다.

시퀀스의 활용을 하나 더 살펴보면, 특정 범위의 값이 계속 반복되어서 입력되도록 할 수도 있다.

예로 100, 200, 300이 반복되어 입력되도록 CYCLE과 NOCACHE문을 사용해서 다음과 같이 설정할 수도 있다.

```
CREATE TABLE testTBL3 (id  NUMBER(3));
CREATE  SEQUENCE cycleSEQ
  START WITH 100
  INCREMENT BY 100
  MINVALUE 100    -- 최소값
  MAXVALUE 300    -- 최대값
  CYCLE           -- 반복 설정
  NOCACHE ;       -- 캐시 사용 안 함
INSERT INTO testTBL3 VALUES  (cycleSEQ.NEXTVAL);
INSERT INTO testTBL3 VALUES  (cycleSEQ.NEXTVAL);
INSERT INTO testTBL3 VALUES  (cycleSEQ.NEXTVAL);
INSERT INTO testTBL3 VALUES  (cycleSEQ.NEXTVAL);
SELECT * FROM testTBL3;
```

	ID
1	100
2	200
3	300
4	100

[그림 6-59] SEQUENCE 활용

대량의 샘플 데이터 생성

이번에는 샘플 데이터를 입력하는 경우를 생각해보자. 지금까지 했던 방식으로 직접 키보드로 입력하려면 많은 시간이 걸릴 것이다. 이럴 때 INSERT INTO… SELECT 구문을 사용할 수 있다. 이는 다른 테이블의 데이터를 가져와서 대량으로 입력하는 효과를 낸다.

```
형식 :
INSERT INTO 테이블이름 (열 이름1, 열 이름2, …)
    SELECT문  ;
```

물론, SELECT문의 결과 열의 개수는 INSERT를 할 테이블의 열 개수와 일치해야 한다.

HR.employees의 데이터를 가져와서 입력해 보자.

```
CREATE TABLE testTBL4 (empID NUMBER(6), FirstName VARCHAR2(20),
    LastName VARCHAR2(25), Phone VARCHAR2(20));
INSERT INTO testTBL4
  SELECT EMPLOYEE_ID, FIRST_NAME, LAST_NAME, PHONE_NUMBER
    FROM HR.employees ;
```

```
결과 메시지:
107개 행 이(가) 삽입되었습니다.
```

이렇듯 기존의 대량의 데이터를 샘플 데이터로 사용할 때 INSERT INTO … SELECT문은 아주 유용하다.

아예, 테이블의 정의까지 생략하고 싶다면 앞에서 배웠던 CREATE TABLE … SELECT 구문을 다음과 같이 사용할 수도 있다.

```
CREATE TABLE testTBL5 AS
    (SELECT EMPLOYEE_ID, FIRST_NAME, LAST_NAME, PHONE_NUMBER
        FROM HR.employees) ;
```

지금까지 입력한 내용을 적용하고 싶다면 **COMMIT** 명령을 실행한다.

6.2.2 데이터의 수정 : UPDATE

기존에 입력되어 있는 값을 변경하기 위해서는 UPDATE문을 다음과 같은 형식으로 사용한다.

```
UPDATE 테이블이름
    SET 열1=값1, 열2=값2 …
    WHERE 조건 ;
```

UPDATE도 사용법은 간단하지만, 주의할 사항이 있다. WHERE절은 생략이 가능하지만 WHERE절을 생략하면 테이블 전체의 행이 변경된다.

다음 예는 'David'의 Phone을 '없음'으로 변경하는 예다. 3건이 변경될 것이다.

```
UPDATE testTBL4
    SET Phone = '없음'
    WHERE FirstName = 'David' ;
```

만약, 실수로 WHERE절을 빼먹고 **UPDATE testTBL4 SET Phone = '없음'** 문을 실행했다면, 전체 행의 Phone이 모두 '없음'으로 변경된다. 실무에서도 이러한 실수가 종종 일어날 수 있으므로 주의가 필요하다. 아직 커밋을 시키지 않았다면 ROLLBACK 명령으로 되돌릴 수 있지만, COMMIT을 수행한 후라면 원상태로 복구하기 위해서는 많은 복잡한 절차가 필요할 뿐만 아니라, 다시 되돌릴 수 없는 경우도 있다.

가끔은 전체 테이블의 내용을 변경하고 싶을 때 WHERE를 생략할 수도 있는데, 예로 구매 테이블에서 현재의 단가가 모두 1.5배 인상되었다면, 다음과 같이 사용할 수 있다.

```
UPDATE buyTBL SET price = price * 1.5 ;
```

6.2.3 데이터의 삭제 : DELETE FROM

DELETE도 UPDATE와 거의 비슷한 개념이다. DELETE는 행 단위로 삭제하는데, 형식은 다음과 같다.

```
형식 :
DELETE FROM 테이블이름 WHERE 조건 ;
```

만약, WHERE문이 생략되면 전체 데이터를 삭제한다.

testTBL4에서 'Peter' 사용자가 필요 없다면 다음과 같은 구문을 사용하면 된다. ('Peter'라는 이름의 사용자는 3명 있다.)

```
DELETE FROM testTBL4 WHERE FirstName = 'Peter';
```

이 예에서는 3건의 행이 삭제될 것이다.

만약 3건의 'Peter'를 모두 지우는 것이 아니라, 'Peter' 중에서 중상위 2건만 삭제하려면 ROWNUM 을 활용하면 된다. 다음은 'Peter' 중에서 상위 2건만 삭제된다.

```
ROLLBACK; -- 앞에서 지운 'Peter'를 되돌림
DELETE FROM testTBL4 WHERE FirstName = 'Peter' AND ROWNUM <= 2;
```

이번에는 대용량 테이블의 삭제에 대해서 생각해 보자. 만약 대용량의 테이블이 더 이상 필요 없다면 어떻게 삭제하는 것이 좋을까? 실습을 통해서 효율적인 삭제가 어떤 것인지 확인하자. 또, 트랜잭션의 개념도 함께 살펴보자.

실습4

대용량의 테이블을 삭제하자.

step 1

약 50만 건의 대용량의 테이블을 3개 생성하자.

1-1 다음 코드는 bigTBL1을 생성하는데, bigID에는 1부터 50만까지 순차번호를, numData에는 1~50만까지의 임의의 숫자를 입력한다. (관련 함수는 나중에 다시 다루겠다. 지금은 50만 건의 데이터가 생성된다고만 알아두자.)

```
CREATE TABLE bigTBL1 AS
    SELECT  level AS bigID,
        ROUND(DBMS_RANDOM.VALUE(1, 500000),0) AS  numData
    FROM DUAL
    CONNECT BY level <= 500000;
```

1-2 위 코드에서 bigTBL1을 bigTBL2로 고쳐서 실행하자.

1-3 다시 bigTBL2를 bigTBL3으로 고쳐서 실행하자.

step 2

SQL Developer 쿼리 창에서 먼저 DELETE, DROP, TRUNCATE문으로 3개 테이블의 데이터를 삭제한다.

2-1 먼저 DELETE로 삭제하자, DELETE는 DML문이어서 커밋시켜줬다.

```
DELETE FROM bigTbl1;
COMMIT;
```

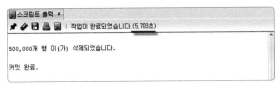

[그림 6-60] DELETE로 데이터 삭제

필자는 시간이 약 5~6초 정도 걸렸다. 상당히 오랜 시간이 걸린 것이다.

2-2 DROP으로 테이블을 삭제하자. DROP은 테이블 자체를 삭제한다.

```
DROP TABLE bigTbl2;
```

[그림 6-61] DROP으로 테이블 자체를 삭제

굉장히 짧은 시간에 테이블이 삭제되었을 것이다.

2-3 TRUNCATE로 테이블을 삭제하자. TRUNCATE는 DELETE와 효과가 동일하다.

```
TRUNCATE TABLE bigTbl3;
```

[그림 6-62] TRUNCATE로 데이터 삭제

역시 DROP과 비슷하게 짧은 시간에 데이터가 제거되었을 것이다.

DML문인 DELETE는 트랜잭션 로그를 기록하는 작업 때문에 삭제하는데 오래 걸린다. 수백만 건 또는 수천만 건의 데이터를 삭제할 경우에 한참 동안 삭제할 수도 있다. DDL문인 DROP문은 테이블 자체를 삭제한다. 그리고, DDL은 트랜잭션을 발생시키지 않는다고 했다. 역시 DDL문인 TRUNCATE문의 효과는 DELETE와 동일하지만, 트랜잭션 로그를 기록하지 않아서 속도가 무척 빠르다. 그러므로, 대용량의 테이블 전체 내용을 삭제할 때는 테이블 자체가 필요 없을 경우에는 DROP으로 삭제하고, 테이블의 구조는 남겨놓고 싶다면 TRUNCATE로 삭제하는 것이 효율적이다.

6.2.4 조건부 데이터 변경 : MERGE

MERGE문은 하나의 문장에서 경우에 따라서 INSERT, UPDATE, delete를 수행할 수 있는 구문이다. MERGE문의 원형은 다음과 같다.

```
형식 :
MERGE [ hint ]
    INTO [ schema. ] { table | view } [ t_alias ]
    USING { [ schema. ] { table | view }
           | subquery
           } [ t_alias ]
    ON ( condition )
    [WHEN MATCHED THEN
       UPDATE SET column = { expr | DEFAULT }
             [, column = { expr | DEFAULT } ]...
       [ where_clause ]
       [ DELETE where_clause ]]
    [WHEN NOT MATCHED THEN
       INSERT [ (column [, column ]...) ]
        VALUES ({ expr [, expr ]... | DEFAULT })
       [ where_clause ]]
    [LOG ERRORS
       [ INTO [schema.] table ]
       [ (simple_expression) ]
       [ REJECT LIMIT { integer | UNLIMITED } ]] ;
```

역시 별로 간단해 보이지 않는다. 간단한 사례의 실습을 통해서 그 사용법을 익히자.

이번 예의 간단한 시나리오는 다음과 같다. 멤버 테이블(memberTBL)에는 기존 회원들이 존재하는데, 이 멤버 테이블은 중요한 테이블이라서 실수를 하면 안되므로 직접 INSERT, DELETE, UPDATE를 사용하면 안 된다. 그래서, 회원의 가입, 변경, 탈퇴가 생기면 변경 테이블(changeTBL)에 INSERT문으로 회원의 변경사항을 입력한다. 변경 테이블의 변경사항은 신규가입/주소변경/회원탈퇴 3가지의 경우가 있다.

변경 테이블에 쌓인 내용은 1주일마다, MERGE 구문을 사용해서 멤버 테이블에 적용시킨다. 변경 테이블의 각 행이 적용되는 조건은 멤버 테이블에 없는 회원이라면 새로 회원을 등록해 주고, 멤버 테이블에 있는 회원이라면 멤버 테이블의 주소를 변경한다. 하지만 멤버 테이블에 있으나, 변경사유가 '회원탈퇴'라면 멤버 테이블에서 해당 회원을 삭제한다. 이와 같은 시나리오가 작동되도록 SQL 문을 작성하자.

위 시나리오 대로 MERGE 구문의 활용을 연습하자.

step 1

우선 멤버 테이블(memberTBL)을 정의하고, 데이터를 입력하자. 지금은 연습 중이므로 기존 userTBL에서 아이디, 이름, 주소만 가져와서 간단히 만들겠다. 앞에서 배운 CREATE TABLE… AS문을 활용하면 된다.

```
CREATE TABLE memberTBL AS
    (SELECT userID, userName, addr FROM userTbl ) ;
SELECT * FROM memberTBL;
```

	USERID	USERNAME	ADDR
1	LSG	이승기	서울
2	KBS	김범수	경남
3	KKH	김경호	전남
4	JYP	조용필	경기
5	SSK	성시경	서울
6	LJB	임재범	서울
7	YJS	윤종신	경남
8	EJW	은지원	경북
9	JKW	조관우	경기
10	BBK	바비킴	서울

[그림 6-63] 멤버 테이블

step 2

변경 테이블(changeTBL)을 정의하고 데이터를 입력하자. 1명의 신규가입, 2명의 주소변경, 2명의 회원 탈퇴가 있는 것으로 가정하자. 이런 방식으로 계속 변경된 데이터를 누적해 가면 된다.

```
CREATE TABLE changeTBL
( userID CHAR(8) ,
  userName NVARCHAR2(10),
  addr NCHAR(2),
  changeType NCHAR(4) -- 변경 사유
  );
INSERT INTO changeTBL VALUES('TKV', '태권브이', '한국', '신규가입');
INSERT INTO changeTBL VALUES('LSG', null, '제주', '주소변경');
INSERT INTO changeTBL VALUES('LJB', null, '영국', '주소변경');
INSERT INTO changeTBL VALUES('BBK', null, '탈퇴', '회원탈퇴');
INSERT INTO changeTBL VALUES('SSK', null, '탈퇴', '회원탈퇴');
```

1주일이 지났다고 가정하고, 이제는 변경사유(chageType) 열에 의해서 기존 멤버 테이블의 데이터를 변경한다. 이 예에서 5개 행이 영향을 받을 것이다.

```
MERGE INTO memberTBL M   -- 변경될 테이블 (target 테이블)
    -- 변경할 기준이 되는 테이블 (source 테이블)
    USING (SELECT changeType, userID, userName, addr FROM changeTBL)  C
    ON (M.userID = C.userID)   -- userID를 기준으로 두 테이블을 비교한다.
    -- target 테이블에 source 테이블의 행이 있으면 주소를 변경한다.
    WHEN MATCHED  THEN
        UPDATE SET M.addr = C.addr
        -- target 테이블에 source 테이블의 행이 있고, 사유가 '회원탈퇴'라면 해당 행을 삭제한다.
        DELETE WHERE C.changeType = '회원탈퇴'
    -- target 테이블에 source 테이블의 행이 없으면 새로운 행을 추가한다.
    WHEN NOT MATCHED  THEN
        INSERT (userID, userName,  addr)  VALUES(C.userID, C.userName,  C.addr) ;
```

멤버 테이블을 조회해 보자. 계획대로 1개 행이 추가되고, 2개 행은 주소가 변경되고, 2개 행은 삭제되었다.

```
SELECT * FROM memberTBL;
```

[그림 6-64] 변경된 멤버 테이블

 비타민 퀴즈 6-3

SQL Developer에서 Linux의 Oracle 서버에 접속한 후, 〈실습 5〉를 진행하자.

이상으로 Oracle에서 사용되는 필수적인 SQL문에 대해서 살펴봤다. 다음 장에서는 추가로 고급 용도의 SQL문에 대한 좀 더 심도있는 내용을 다뤄보겠다.

chapter

07

PL/SQL 고급

6장에서 SQL의 기본 내용을 살펴보았다. 이번에는 Oracle에서 제공하는 데이터 형식과 변수의 사용, 대용량 데이터의 저장 방식, 그리고 Oracle 프로그래밍을 하기 위한 내용을 살펴보겠다.

이 장의 핵심 개념

7장은 SQL문의 데이터 형식 및 변수, 대용량 데이터의 저장에 대해서 학습한다. 추가적으로 Oracle PL/SQL 프로그래밍을 학습한다. 7장의 핵심 개념은 다음과 같다.

1. Oracle은 숫자, 문자, 날짜 등의 다양한 데이터 형식을 지원한다.

2. 대용량 데이터의 저장과 추출을 위해서는 CLOB, BLOB의 데이터 형식을 사용한다.

3. Oracle도 변수를 사용할 수 있는데, DELARE문과 함께 선언된다.

4. Oracle은 문자열 함수, 숫자 및 수학 함수, 날짜/시간 함수, 형 변환 함수, 분석 함수, 확장 함수, 기타 함수 등 다양한 내장 함수를 제공한다.

5. 두 개 이상의 테이블을 묶는 조인은 내부 조인, 외부 조인 등이 있다.

6. Oracle은 일반 프로그래밍 언어와 비슷한 프로그래밍 문법을 지원한다.

이 장의 학습 흐름

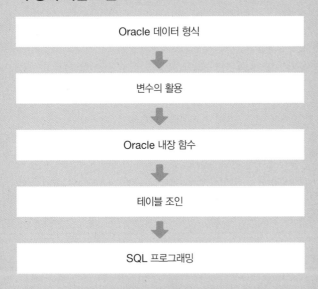

Oracle 데이터 형식

↓

변수의 활용

↓

Oracle 내장 함수

↓

테이블 조인

↓

SQL 프로그래밍

7.1 Oracle의 데이터 형식

앞에서 SELECT/INSERT/UPDATE/DELETE문에 대해서 살펴보았다. 6장의 내용 정도만 충분히 숙지해도 기본적인 SQL문은 만들 수 있다. 이제는 지금까지 은연 중에 계속 사용했지만 특별히 얘기하지 않았던 Oracle의 데이터 형식Data Types에 대해서 살펴보겠다. 원래 이 부분이 SQL문을 배우기 전에 나오는 것이 순서라고 생각되나 처음에 그냥 나열만 해서는 이해하기 어렵고 또 별 흥미도 느끼지 못할 것 같아서 SQL문이 어느 정도 익숙해진 지금에서야 소개한다.

영문 용어인 Data Type은 데이터 형식, 데이터형, 자료형, 데이터 타입 등 다양하게 불릴 수 있다. SELECT문을 더욱 잘 활용하고 테이블의 생성을 효율적으로 하기 위해서는 데이터 형식에 대한 이해가 반드시 필요하다.

7.1.1 Oracle에서 지원하는 데이터 형식의 종류

Oracle에서 데이터 형식의 종류는 30개 가까이 된다. 이를 모두 외우는 것은 무리이며 거의 쓰이지 않는 것도 있으니 그럴 필요도 없다. 또한, 각각의 바이트 수나 숫자의 범위를 외우는 것도 당장 Oracle을 학습하는 데 큰 도움이 되는 것은 아니다. (필요 없다는 얘기가 아니라, 당장 모두 외울 필요가 없다는 의미다.)

우선은 꼭 필요한 것만 눈으로 한번 익히는 시간을 갖도록 하자. 잘 사용하지 않는 것은 추후에 다시 이 부분을 참조하거나 도움말을 찾아 보는 것이 좋겠다. 자주 사용되는 것은 이름 앞에 별표(★)를 해 놓았으니 유심히 살펴보자.

숫자 데이터 형식

숫자형 데이터 형식은 정수, 실수 등의 숫자를 표현하는데 주로 NUMBER 데이터 형식을 사용한다.

데이터 형식	바이트 수	숫자 범위	설명
BINARY_FLOAT	4		32bit 부동 소수점
BINARY_DOUBLE	8		64bit 부동 소수점
★NUMBER(p,[o])	6 ~ 21	p : 1 ~ 38 s : 84 ~ 127	전체 자릿수(p)와 소수점 이하 자릿수(s)를 가진 숫자형. 예) NUMBER(5,2)는 전체 자릿수를 5자리로 하되, 그 중 소수점 이하를 2자리로 하겠다는 의미

[표 7-1] 숫자 데이터 형식

NUMBER 데이터 형식은 양수의 범위를 1×10^{-130}부터 $9.99...9 \times 10^{125}$까지 표현하고, 유효숫자는 38자리까지 표현된다. 음수는 동일한 범위에 마이너스만 붙는다. 거의 무한대에 가까운 큰 수를 저장할 수 있다.

예로 NUMBER 데이터 형식으로 1234567.89 값은 다음과 같이 저장된다.

- NUMBER → 1234567.89(그대로 표현)
- NUMBER(9) → 1234568(소수점 아래서 반올림)
- NUMBER(9,2) → 1234567.89(소수점 아래 2자리까지 표현)
- NUMBER(9,1) → 1234567.9(소수점 아래 2자리에서 반올림)
- NUMBER(*,1) → 1234567.9(*는 전체 표현 자릿수 P의 위치이므로 38과 동일)
- NUMBER(7, -2) → 1234600(소수점 위로 2자리에서 반올림)
- NUMBER(6) → 오류. 최소 7자리 이상이어야 함

⚠ 값이 저장되는 형식을 SQL로 확인하려면 다음과 같이 입력하면 된다.

```
SELECT CAST(1234567.89 AS NUMBER(9,1)) FROM DUAL;
```

문자 데이터 형식

데이터 형식	바이트 수	설명
★CHAR[(n)]	1~2,000	고정길이 문자형. n을 1부터 2,000까지 지정. character의 약자. 숫자없이 CHAR만 사용하면 CHAR(1)과 동일.
★NCHAR[(n)]	2~2,000	유니코드 고정길이 문자형. 고정길이 문자형. n을 1부터 1,000까지 지정. 한글을 저장할 수 있으므로, 한 글자당 2Byte가 사용됨. National character의 약자. 숫자없이 NCHAR만 사용하면 NCHAR(1)과 동일.
★VARCHAR2(n)	1~4,000	가변길이 문자형. n은 1~4,000까지 크기를 지정. Variable character의 약자.
★NVARCHAR2(n)	2~4,000	유니코드 가변길이 문자형. n은 1~2,000까지 크기를 지정. 한글을 저장할 수 있으므로, 한 글자당 2Byte가 사용됨. National Variable character의 약자.
★CLOB	최대 128TB	대용량 텍스트의 데이터 타입(영문). Character Long OBject의 약자.
★NCLOB	최대 128TB	대용량 텍스트의 유니코드 데이터 타입(한글, 일본어, 한자 등). National CLOB의 약자.

[표 7-2] 문자 데이터 형식

CHAR, NCHAR 형식은 고정길이 문자형으로 자릿수가 고정되어 있다. 예를 들어, CHAR(100)에 'ABC' 3글자만 저장해도, 100자리를 모두 확보한 후에 앞에 3자리를 사용하고 뒤의 97자리는 낭비하게 되는 결과가 나온다. VARCHAR2, NVARCHAR2 형식은 가변길이 문자형으로 VARCHAR2(100)에 'ABC' 3글자를 저장할 경우에 3자리만 사용하게 된다. 그래서 공간을 효율적으로 운영할 수 있다. 하지만, CHAR 형식으로 설정하는 것이 INSERT/UPDATE 시에 일반적으로 더 좋은 성능을 발휘한다.

한글(유니코드)을 저장하기 위해서는 NCHAR나 NVARCHAR2 형식을 사용하면 된다. 이 데이터 형식은 한글뿐 아니라 다른 나라 언어의 문제까지 해결해 준다. 예를 들어, NCHAR(3)으로 지정하면 한글, 중국어, 일본어, 프랑스어, 영어 등 모든 언어를 무조건 3글자 저장할 수 있어서 더 단순하고 명확하게 문자 데이터를 입력할 수 있다.

하지만, 만약 한글(유니코드)을 저장하지 않고 영어만 저장할 것이 확실하다면 NCHAR/NVARCHAR2보다 CHAR/VARCHAR2가 더 공간을 적게 차지해서 성능 향상에 도움이 된다. 예로 회원의 아이디는 영어로만 작성하는 것이 대부분이므로 CHAR/VARCHAR2로 지정하는 것이 바람직하겠다. 특히, 대용량 데이터베이스에서는 더욱 그렇다.

2,000글자(한글 1,000글자)가 넘는 데이터를 저장하려면 CLOB이나 NCLOB을 사용하면 된다. 최대 128TB까지 저장되는데, 거의 무한대로 저장된다고 보면 된다.

이진 데이터 형식

데이터 형식	바이트 수	설명
★BLOB	최대 128TB	대용량 이진(Binary) 데이터를 저장할 수 있는 데이터 타입. Binary LOB의 약자.
BFILE	운영체제에서 허용하는 크기(대개 4GB)	대용량 이진(Binary) 데이터를 파일 형태로 저장함. Oracle 내부에 저장하지 않고, 운영체제에 외부 파일 형태로 저장됨. Binary FILE의 약자.

[표 7-3] 이진 데이터 형식

BLOB이나 BFILE은 주로 이미지, 동영상, 음악, 지도 데이터 등을 저장하기 위한 데이터 형식이다. 차이점이라면 BLOB은 파일을 Oracle 내부에 저장하지만, BFILE은 운영체제에 파일 형태로 저장하고 파일의 위치Locator만 Oracle 내부에 저장된다. 그래서 BFILE은 읽기 전용으로만 가능하며, 파일의 무결성/보안 등에 관한 사항은 모두 운영체제가 관리한다.

⚠ CLOB, NCLOB, BLOB, BFILE을 모두 합쳐서 LOB 데이터 형식이라고 부른다. 이외에도 하위 버전의 Oracle과 호환성을 위해서 LONG, RAW, LONG RAW 데이터 형식이 있는데 가능하면 사용하지 않는 것이 좋다. LONG 대신에 CLOB이나 NCLOB을, RAW/LONG RAW 대신에 BLOB이나 BFILE을 사용하면 된다.

날짜와 시간 데이터 형식

데이터 형식	바이트 수	설명
★DATE	7	날짜는 기원전 4712년 1월 1일부터 9999년 12월 31일까지 저장되며 저장되는 값은 연, 월, 일, 시, 분, 초가 저장됨.
TIMESTAMP	11	DATE와 같으나 밀리초 단위까지 저장됨.
TIMESTAMP WITH TIME ZONE	13	날짜 및 시간대 형태의 데이터 형식
TIMESTAMP WITH LOCAL TIME ZONE	11	날짜 및 시간대 형태의 데이터 형식. 단 조회 시에는 클라이언트의 시간대로 보여짐.

[표 7-4] 날짜/시간 데이터 형식

날짜 형식은 주로 DATE 형식을 사용하면 된다.

```
SELECT SYSDATE FROM DUAL ; -- 현재 날짜
SELECT TO_CHAR(SYSDATE, 'YYYY/MM/DD HH24:MI:SS') "현재 날짜" FROM DUAL;
SELECT TO_DATE('20201231235959', 'YYYYMMDDHH24MISS') "날짜 형식" FROM DUAL;
```

⊕ 현재 날짜	⊕ 현재 날짜(변환)	⊕ 날짜 형식
1 17/10/12	1 2017/10/12 05:10:11	1 20/12/31

[그림 7-1] 날짜형과 시간형 데이터 비교

1행은 SYSDATE로 현재 날짜를 출력한 것이고, 2행은 현재 날짜를 형식에 맞춰서 출력했다. 3행은 문자열을 날짜 형식으로 변환한 결과다.

기타 데이터 형식

데이터 형식	바이트 수	설명
RAWID	10	행의 물리적인 주소를 저장하기 위한 데이터 형식으로 모든 행에 자동으로 RAWID 열이 생성됨. ROW IDentity의 약자.
XMLType	N/A	XML 데이터를 저장하기 위한 데이터 형식
URIType	N/A	URL 형식의 데이터를 저장하기 위한 데이터 형식

[표 7-5] 기타 데이터 형식

ROWID를 다음 예로 확인해 보자. 각 행마다 고유의 물리적인 주소를 확인할 수 있다. 물론 이 값을 직접 사용할 일은 많지 않다. ROWID는 9장에서 잠깐 다시 살펴보겠다.

```
SELECT ROWID, userName FROM userTBL;
```

	ROWID	USERNAME
1	AAAFA5AAEAAAAX7AAA	이승기
2	AAAFA5AAEAAAAX7AAB	김범수
3	AAAFA5AAEAAAAX7AAC	김경호
4	AAAFA5AAEAAAAX7AAD	조용필
5	AAAFA5AAEAAAAX7AAE	성시경
6	AAAFA5AAEAAAAX7AAF	임재범
7	AAAFA5AAEAAAAX7AAG	윤종신
8	AAAFA5AAEAAAAX7AAH	은지원
9	AAAFA5AAEAAAAX7AAI	조관우
10	AAAFA5AAEAAAAX7AAJ	바비킴

[그림 7-2] 쿼리 실행 결과

CLOB, BLOB

Oracle은 LOB^{Large Object: 대량의 데이터}을 저장하기 위해서 CLOB, BLOB의 데이터 형식을 지원한다. 지원되는 데이터 크기는 최대 128TB 크기의 파일을 하나의 데이터로 저장할 수 있다. 예로 장편소설과 같은 큰 텍스트 파일이라면, 그 내용을 전부 CLOB 형식으로 지정된 하나의 컬럼에 넣을 수 있고, 동영상 파일과 같은 큰 바이너리 파일이라면, 그 내용을 전부 BLOB 형식으로 지정된 하나의 컬럼에 넣을 수 있다. 예로 [그림 7-3]과 같은 구성이 가능하다.

영화사이트 데이터베이스

영화 테이블

영화id	영화 제목	감독	주연배우	CLOB 영화 대본	BLOB 영화 동영상
0001	쉰들러리스트	스필버그	리암 니슨	#####	#####
0002	쇼생크탈출	프랭크다라본트	팀 로빈스	#####	#####
0003	라스트모히칸	마이클 만	다니엘 데이 루이스	#####	#####

영화 대본 / 파일 내용이 통째로 들어 있음 / 영화 동영상

[그림 7-3] CLOB, BLOB 데이터 형식의 활용 예

[그림 7-3]을 보면 영화 대본 열에는 영화 대본 전체가 들어가고, 영화 동영상 열에는 실제 영화 파일 전체가 들어갈 수 있다. 실무에서는 이러한 방식도 종종 사용되니 잘 기억해 놓으면 도움이 된다. CLOD, DLOD의 대강 데이터를 입력하는 실습은 이번 장의 (실습 5)에서 진행하겠다.

유니코드 데이터

문자 데이터를 저장하고 관리할 경우, 각 국가별 코드 페이지가 달라서 서로 호환되지 않는 문제점이 있다. 즉, 데이터베이스에 한국어만 사용할 경우에는 별 문제가 없지만, 한국어/중국어/일본어를 동시에 사용할 경우에는 코드 페이지가 서로 달라서 많은 문제점을 일으키게 된다.

이러한 문제점을 갖고 있는 데이터 형식이 CHAR, VARCHAR2, CLOB이다. 방금 얘기했듯이 한 국가의 언어만을 처리하는 데는 이 데이터 형식이 전혀 문제 없지만, 여러 언어를 처리한다면 NCHAR, NVARCHAR2, NCLOB 형식을 사용하는 것이 좋다. 여기서 N은 National의 약자로 유니코드를 의미한다. 이 데이터 형식을 사용하면, 전 세계의 어느 언어를 저장하든지 서로 충돌하는 상황이 발생하지 않는 장점이 있다. 유니코드 데이터 형식인 NCHAR, NVARCHAR2, NCLOB은 CHAR, VARCHAR2, CLOB과 동일하게 사용하면 되지만, 다음의 몇 가지 차이점이 있다.

- 유니코드 문자 저장 시에는 내부적으로 더 넓은 공간이 필요하다. 즉, CHAR(4)는 4바이트지만 NCHAR(4)는 8바이트를 내부적으로 차지한다.
- NCHAR의 열의 최대 크기는 2,000이 아닌 그의 절반인 1,000이다. 이유는 유니코드는 2바이트의 공간을 요구하기 때문이다.
- 유니코드의 상수를 지정하기 위해서는 원칙적으로 N '문자열'과 같은 형식을 사용한다.
- 유니코드는 문자에만 관련된 얘기이며, 숫자/날짜 등에서는 전혀 신경 쓸 필요가 없다.

데이터베이스를 다른 국가의 언어와 호환할 예정이 아니라면 유니코드와 관련된 내용은 무시해도 된다. 간단히 정리하면 유니코드는 다양한 국가의 문자를 동시에 저장할 때 사용된다. 그래서, NCHAR 또는 NVARCHAR2 형식에 문자를 입력할 때 N '문자열' 형식을 취하는 것을 권장하는 것이며, N을 생략해도 한글 운영체제에서 한글/영문만 입력하는데 별 문제는 없다.

유니코드와 관련해서 혼란스럽고 어렵게 생각하지 말자. 간단하게 필드에 한글/중국어/일본어 데이터가 입력될 것이라면 NCHAR, NVARCHAR2 형식으로 데이터 형식을 지정하고, 영어 및 기호(키보드에서 사용되는 0~9, @, #, $, % 등의 기호)만 들어갈 예정이라면 CHAR, VARCHAR2 형식으로 지정하도록 한다는 정도만 기억하고 있으면 된다. 다음은 좋은 예이다.

```
CREATE TABLE person (          -- 사용자 테이블
    userId   NUMBER(5),        -- 사용자 ID
    korName  NVARCHAR2(10),    -- 한글 이름(한글 사용)
    engName  VARCHAR2(20),     -- 영문 이름(영어만 사용)
    email    VARCHAR2(30)      -- 이메일 주소(영어 및 기호만 사용)
);
```

7.1.2 변수의 사용

Oracle PL/SQL도 다른 일반적인 프로그래밍 언어처럼 변수^{Variable}를 선언하고 사용할 수 있다. 이러한 변수를 바인드^{Bind} 변수라고 부른다. 바인드 변수의 선언과 값의 대입은 다음의 형식을 따른다.

```
DECLARE
    변수이름1 데이터형식;
    변수이름2 데이터형식;
BEGIN
    변수이름1 := 값;
    SELECT 열 이름 INTO 변수이름2 FROM 테이블;
END ;
```

변수는 PL/SQL 프로시저인 BEGIN~END 사이에서만 실행하는 순간에만 유지되며, 프로시저 실행이 종료되면 소멸된다. 예제를 통해서 확인해 보자.

⚠ PL/SQL 프로시저는 이번 장의 후반부와 10장에서 자세히 살펴보겠다.

간단히 변수의 사용을 실습하자.

먼저 sqlDB 스키마를 초기화하자.

⚠ 6장의 〈실습 2〉에서 저장해 놓은 C:\SQL\sqlDB.sql 파일을 사용해서 초기화할 것이다. 만약 저장해 놓지 않았다면 책의
자료실(http://cafe.naver.com/thisisOracle)에서 다운로드해서 C:\SQL\ 폴더에 저장해 놓자.

0-1 SQL Developer를 종료하고 다시 실행한 후, [로컬-SYSTEM]에 연결하고 워크시트를 연다. (만약
명령 프롬프트가 열려 있어도 모두 종료한다.)

0-2 다음 쿼리문으로 sqlDB 사용자(=스키마)를 삭제한 후, 다시 sqlDB 사용자(=스키마)를 만들고 권한
도 부여하자.

```
DROP USER sqlDB CASCADE; -- 기존 사용자 삭제
CREATE USER sqlDB IDENTIFIED BY 1234 -- 사용자 이름: sqlDB, 비밀번호: 1234
    DEFAULT TABLESPACE USERS
    TEMPORARY TABLESPACE TEMP;
GRANT connect, resource, dba TO sqlDB; -- 권한 부여


결과 메시지:
User SQLDB이(가) 삭제되었습니다.
User SQLDB이(가) 생성되었습니다.
Grant을(를) 성공했습니다.
```

0-3 SQL Developer의 열려 있는 모든 워크시트를 닫는다.

0-4 SQL Developer 메뉴의 [파일] 〉〉 [열기]를 선택한 후, C:\SQL\sqlDB.sql 파일을 선택하고 〈열기〉
를 클릭한다.

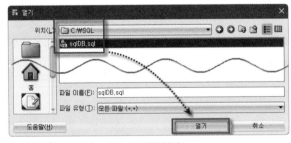

[그림 7-4] C:\SQL\sqlDB.sql 파일 열기

0-5 워크시트가 열리면 오른쪽의 연결 부분을 [로컬-sqlDB]로 선택한 후, 〈스크립트 실행〉 아이콘을 클릭하거나 F5를 눌러서 SQL 문장을 모두 실행한다.

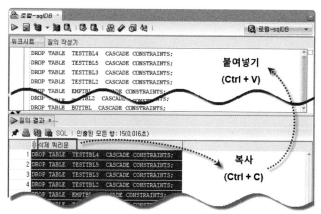

[그림 7-5] 쿼리 실행하기

0-6 [스크립트 출력] 창의 제일 아래 부분에 '12개의 행이 선택되었습니다'라는 메시지가 나오면 정상적으로 초기화가 된 것이다.

0-7 [sqlDB.sql]의 워크시트를 닫는다.

---

step 1

[로컬-sqlDB]의 연결에서 워크시트를 하나 열자. 변수를 몇 개 지정하고, 변수에 값을 대입한 후에 출력해 본다.

1-1 화면 출력을 위해서 DBMS_OUTPUT 패키지를 사용하려면, 먼저 SERVEROUTPUT 값을 ON으로 설정해야 한다.

⚠ 패키지Package란 서로 연관되는 PL/SQL 프로시저, 함수 등의 집합을 말한다. 패키지를 사용할 때는 '패키지이름.프로시저이름' 형식으로 호출하면 된다. Oracle에서는 많은 내장된 패키지를 제공하는데, 그 종류가 상당히 많기 때문에 필요할 때마다 소개하도록 하겠다. 패키지에 대해서는 10장에서 상세히 다루겠다.

```
SET SERVEROUTPUT ON;
```

1-2 변수에 값을 대입해고 출력해 보자.

```
1  DECLARE
2      myVar1 NU MBER(3) ;
3      myVar2 NUMBER(5,2) := 3.14 ;
4      myVar3 NVARCHAR2(20) := '이승기 키 -->' ;
5  BEGIN
6      myVar1 := 5;
```

```
 7    DBMS_OUTPUT.PUT_LINE(myVar1);
 8    DBMS_OUTPUT.PUT_LINE(myVar1 + myVar2);
 9    SELECT height INTO myVar1 FROM userTbl WHERE userName = '이승기' ;
10    DBMS_OUTPUT.PUT_LINE(myVar3 || TO_CHAR(myVar1));
11  END ;
```

```
결과 메시지:
5
8.14
이승기 키 —>182
PL/SQL 프로시저가 성공적으로 완료되었습니다
```

2~4행은 변수를 선언했다. 2행처럼 변수만 선언해도 되고, 3~4행처럼 변수 선언과 동시에 값을 대입해도
된다. 변수에 값을 대입할 때는 :=를 사용해서 대입해야 한다. 6행의 본문에서 변수의 값을 변경할 수 있다.
7~8행은 변수의 값을 출력했다. 9행의 'SELECT열 INTO 변수'는 조회된 열의 값을 변수에 대입한다. 10
행에서 TO_CHAR()로 숫자형을 문자형으로 바꾼 후에 ||로 문자열을 이어서 출력했다.

이에 대한 활용은 이번 장의 끝부분에서 다시 다뤄보겠다.

비타민 퀴즈 7-1

Linux 가상머신의 명령어 모드에서 앞 〈실습 1〉을 진행해 보자.

힌트 한글이 입력되지 않으므로 userName 열 대신에 userID 열의 'LSG'를 사용하자.

7.1.3 데이터 형식과 형 변환

데이터 형식과 관련된 함수는 자주 사용되므로 잘 기억하자.

데이터 형식 변환 함수

가장 일반적으로 사용되는 데이터 형식 변환과 관련해서는 CAST() 함수를 사용한다. 그 외에도
TO_CHAR(), TO_NUMBER(), TO_DATE() 함수도 사용된다.

```
형식:
CAST ( expression AS 데이터 형식)
```

데이터 형식 중에서 가능한 것은 BINARY_FLOAT, BINARY_DOUBLE, CHAR, VARCAHR2, NUMBER, DATETIME, NCHAR, NVARCAHR2 등이다.

사용 예를 보면 좀 더 쉽게 이해가 갈 것이다. 다음은 sqlDB의 구매 테이블(buyTbl)에서 평균 구매개수를 구하는 쿼리문이다.

```
SELECT AVG(amount) AS "평균 구매 개수" FROM buyTBL ;
```

결과는 2.9166666666666666666666666666666666667개가 나왔다.

	평균 구매 개수
1	2.9166666666666666666666666666666666667

[그림 7-6] 쿼리 실행 결과

그런데, 개수이므로 정수로 보기 위해서 다음과 같이 CAST() 함수나 CONVERT() 함수를 사용할 수 있다.

```
SELECT CAST(AVG(amount) AS NUMBER(3)) AS "평균 구매 개수" FROM buyTBL ;
```

	평균 구매 개수
1	3

[그림 7-7] 쿼리 실행 결과

[그림 7-7]의 결과를 보면 반올림한 정수의 결과를 확인할 수 있다.

다음과 같이 다양한 구분자를 날짜 형식으로 변경할 수 있다.

```
SELECT CAST('2020$12$12' AS DATE) FROM DUAL;
SELECT CAST('2020/12/12' AS DATE) FROM DUAL;
SELECT CAST('2020%12%12' AS DATE) FROM DUAL;
SELECT CAST('2020@12@12' AS DATE) FROM DUAL;
```

	CAST('2020$12$12'ASDATE)
1	20/12/12

[그림 7-8] 쿼리 실행 결과(4개 모두 동일)

쿼리의 결과를 보기 좋도록 처리할 때도 사용된다. 단가price와 수량amount을 곱한 실제 입금액을 표시하는 쿼리는 다음과 같이 사용할 수 있다.

```
SELECT CAST(price AS CHAR(5)) || 'X' || CAST(amount AS CHAR(4)) || '=' AS "단가X수량",
    price*amount AS "구매액"
  FROM buyTbl ;
```

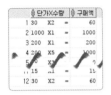

[그림 7-9] 쿼리 실행 결과

TO_CHAR(숫자, '형식')은 숫자를 다양한 문자 형식으로 변환할 수 있다.

```
SELECT TO_CHAR(12345, '$999,999') FROM DUAL;
SELECT TO_CHAR(12345, '$000,999') FROM DUAL;
SELECT TO_CHAR(12345, 'L999,999') FROM DUAL;
SELECT TO_CHAR(SYSDATE, 'YYYY/MM/DD HH:MM:SS') FROM DUAL;
```

'$12,345', '$012,345', '\12,345', '2017/11/13 06:10:29'(현재 시간)가 반환되었을 것이다.

'형식'의 9는 숫자에 대응하며, 0은 비어 있을 경우에 앞을 0으로 채운다. $는 달러 화폐를, L은 지역 화폐를 붙여준다. 마지막은 전에 다뤄봤지만, 현재 날짜/시간을 문자열 형식으로 변환하는 내용이다.

TO_CHAR()는 10진수를 16진수로 변환하는데도 사용된다.

```
SELECT TO_CHAR(10, 'X'), TO_CHAR(255, 'XX') FROM DUAL;
```

A와 FF가 반환되었을 것이다. 'X'는 16진수 변환하는 형식인데, 출력될 16진수의 자릿수만큼 반복해서 써주면 된다.

반대로 16진수를 10진수로 변환하려면 TO_NUMBER(문자, '형식')을 사용한다.

```
SELECT TO_NUMBER('A', 'X'), TO_NUMBER('FF', 'XX') FROM DUAL;
```

10과 255가 반환되었을 것이다.

하지만, 대부분 사용하는 TO_NUMBER(문자)의 용도는 단순히 10진수 형태의 문자를 숫자로 변환하는데 사용된다.

```
SELECT TO_NUMBER('0123'), TO_NUMBER('1234.456') FROM DUAL;
```

숫자 123과 1234.456이 반환되었을 것이다.

암시적인 형 변환

형 변환 방식에는 명시적인 변환과 암시적인 변환, 두 가지가 있다. 명시적인 변환Explicit conversion이란 위에서 한 CAST(), TO_CHAR(), TO_NUMBER() 등의 함수를 이용해서 데이터 형식을 변환하는 것을 말한다. 암시적인 변환Implicit conversion이란 CAST(), TO_CHAR(), TO_NUMBER() 등의 함수를 사용하지 않고 형이 변환되는 것을 말한다. 다음의 예를 보자.

```
SELECT '100' + '200' FROM DUAL; -- 문자와 문자를 더함(정수로 변환되서 연산됨)
SELECT CONCAT('100', '200') FROM DUAL; -- 문자와 문자를 연결(문자로 처리)
SELECT 100 || '200' FROM DUAL; -- 정수와 문자를 연결(정수가 문자로 변환되서 처리)
SELECT price  FROM buyTBL WHERE price >= '500'; -- 정수 500으로 변환
```

	'100'+'200'		CONCAT('100','200')		100||'200'		PRICE
1	300	1	100200	1	100200	1	1000

[그림 7-10] 쿼리 실행 결과

첫 번째 결과인 문자열+문자열은 더하기 연산자 때문에 문자열이 숫자로 변경되어서 계산되었다. 두 번째는 문자열을 연결해주는 CONCAT() 함수이기에 문자열이 그대로 문자열로 처리되었다. 세 번째도 ||는 문자열을 연결해주므로, 숫자는 문자열로 변환되어 처리되었다. 네 번째 price 열은 숫자형인데 문자열과 비교하니 문자열이 숫자로 변환되어 처리되었다.

⚠ 다른 DBMS에서는 암시적인 형 변환의 결과가 Oracle과 다를 수 있다. 예로 어떤 DBMS에서 **SELECT '100' + '200'** **FROM DUAL**문의 결과가 '100200' 문자열로 처리되기도 한다.

7.1.4 Oracle 내장 함수

Oracle은 많은 내장 함수를 포함하고 있다. 내장 함수는 크게 문자열 함수, 숫자 및 수학 함수, 날짜/시간 함수, 형 변환 함수, 분석 함수, 확장 함수, 기타 함수 등으로 나눌 수 있다. 전체 함수의 개수는 수백 개가 넘으며, 이 중 일부는 이미 책의 중간중간에 사용해 왔다. 지금까지 다루지 않았던 내장 함수 중에서 자주 사용되는 것을 소개하겠다. 각각 소개된 함수의 예를 직접 워크시트에서 실행해 보기 바란다. 그러면, 이해가 더 빨리 될 것이다.

문자열 함수

문자열을 조작한다. 활용도가 높으므로 잘 알아두자.

• ASCII(영문자), CHR(숫자), ASCIISTR(한글), UNISTR('유니코드 값')

ASCII()는 한 문자의 아스키 코드값을 돌려주고, CHR()은 숫자의 아스키 코드값에 해당하는 문자를 돌려준다. ASCIISTR()은 유니코드(한글 등)를 입력하면 해당하는 유니코드 값을 16진수로 돌려준다.

```
SELECT ASCII('A'), CHR(65), ASCIISTR('한'), UNISTR('\D55C') FROM DUAL;
```

65, 'A', '\D55C', '한'을 반환한다.

• LENGTH(문자열), LENGTHB(문자열)

문자열의 길이를 반환한다. LENGTH(문자열)는 문자열의 길이를, LENGTHB(문자열)는 문자열에 할당된 Byte 수를 , LENGTHC(문자열)는 유니코드 문자열의 크기를 반환한다.

```
SELECT LENGTH('한글'), LENGTH('AB'), LENGTHB('한글'), LENGTHB('AB') FROM DUAL;
```

LENGTHB('한글')만 6을 반환하고 나머지는 모두 2를 반환한다. '한글' 글자는 내부적으로 6Byte를 할당한 것을 확인할 수 있다.

⚠ LENGTH() 관련 함수는 Oracle 클라이언트의 문자세트 설정에 따라서 다른 값이 나올 수 있다. 지금은 SQL Developer를 사용해서 한글 문자 세트가 설정되어서 위와 같은 결과가 나왔다.

• CONCAT(문자열1, 문자열2) 또는 ||

문자열을 이어준다. CONCAT()은 2개의 문자열만 이어준다. 여러 개의 문자열을 잇고 싶다면 ||를 사용하면 된다.

```
SELECT CONCAT('이것이', 'Oracle이다'), '이것이' || ' ' || 'Oracle이다'  FROM DUAL;
```

"이것이 Oracle이다"를 반환한다.

• INSTR(기준_문자열, 부분_문자열, 찾을_시작_위치), INSTRB(기준_문자열, 부분_문자열, 찾을_시작_위치)

기준_문자열에서 부분_문자열을 찾아서 문자열이 시작하는 위치를 반환한다. 찾을_시작_위치를 생략하면 1을 써준 것과 동일하다. INSTRB()는 Byte 단위로 세서 위치를 반환한다.

```
SELECT INSTR('이것이 Oracle이다. 이것도 오라클이다', '이것') FROM DUAL;
SELECT INSTR('이것이 Oracle이다. 이것도 오라클이다', '이것', 2) FROM DUAL;
SELECT INSTRB('이것이 Oracle이다. 이것도 오라클이다', '이것', 2) FROM DUAL;
```

1, 15, 25를 반환한다.

• LOWER(문자열), UPPER(문자열), INITCAP(문자열)

LOWER()는 소문자를 대문자로, UPPER()는 대문자를 소문자로 변경한다. INITCAP()은 첫 글자를 모두 대문자로 변환한다.

```
SELECT LOWER('abcdEFGH'), UPPER('abcdEFGH'), INITCAP('this is oracle') FROM
    DUAL;
```

'abcdefgh', 'ABCDEFGH', 'This Is Oracle'을 반환한다.

• REPLACE(문자열, 원래_문자열, 바꿀_문자열)

문자열에서 원래_문자열을 찾아서 바꿀_문자열로 바꿔준다.

```
SELECT REPLACE ('이것이 Oracle이다', '이것이' , 'This is') FROM DUAL;
```

'This is Oracle이다'를 반환한다.

• TRANSLATE(문자열, 원래_문자열, 바꿀_문자열)

REPLACE()는 바꿀_문자열을 통째로 바꿔주지만 TRANSLATE()는 한 글자씩 찾아서 바꿔준다.

```
SELECT TRANSLATE('이것이 Oracle이다', '이것' , 'AB') FROM DUAL;
```

'ABA OracleA다'를 반환한다. '이' 글자는 모두 'A'로 바뀌고, '것' 글자는 모두 'B'로 바뀌었다.

• SUBSTR(문자열, 시작_위치, 길이)

시작_위치부터 길이만큼 문자를 반환한다. 길이가 생략되면 문자열의 끝까지 반환한다.

```
SELECT SUBSTR('대한민국만세', 3, 2) FROM DUAL;
```

'민국'을 반환한다.

• REVERSE(문자열)

문자열의 순서를 거꾸로 만든다.

```
SELECT REVERSE('Oracle') FROM DUAL;
```

'elcarO'를 반환한다.

• LPAD(문자열, 길이, 채울_문자열), RPAD(문자열, 길이, 채울_문자열)

문자열을 길이만큼 늘린 후에, 빈 곳을 채울_문자열로 채운다. 길이는 Byte 단위로 크기를 지정해야 한다.

```
SELECT LPAD('이것이', 10, '##'), RPAD('이것이', 10, '##') FROM DUAL;
```

'####이것이'와 '이것이####'를 반환한다.

• LTRIM(문자열, 제거할_문자), RTRIM(문자열, 제거할_문자)

문자열의 왼쪽/오른쪽의 제거할_문제를 제거한다. 중간의 문자는 제거되지 않는다. 제거할_문자를 생략하면 공백을 제거한다.

```
SELECT LTRIM('   이것이'), RTRIM('이것이$$$', '$') FROM DUAL;
```

둘다 공백 또는 제거할_문자가 제거된 '이것이'를 반환한다.

• TRIM(제거할_방향 제거할_문자 FROM 문자열)

TRIM(문자열)만 사용하면 앞뒤 공백을 제거한다. 제거할_방향은 LEADING(앞), BOTH(양쪽), TRAILING(뒤)이 나올 수 있다.

```
SELECT TRIM('   이것이   '), TRIM(BOTH 'ㅋ' FROM 'ㅋㅋㅋ재밌어요.ㅋㅋㅋ') FROM DUAL;
```

'이것이'와 '재밌어요.'를 반환한다.

• REGEXP_COUNT(문자열, 문자)

문자열에서 문자의 개수를 센다.

```
SELECT REGEXP_COUNT('이것이 오라클이다.', '이') FROM DUAL;
```

'이'의 글자 수 3을 반환한다.

숫자 및 수학 함수

다양한 숫자 관련 및 수학 함수도 제공된다.

• ABS(숫자)

숫자의 절대값을 계산한다.

```
SELECT ABS(-100) FROM DUAL;
```

절대값인 100을 반환한다.

• ACOS(숫자), ASIN(숫자), ATAN(숫자), ATAN2(숫자1, 숫자2), SIN(숫자), COS(숫자), TAN(숫자)

삼각 함수와 관련된 함수를 제공한다.

• CEIL(숫자), FLOOR(숫자), ROUND(숫자)

올림, 내림, 반올림을 계산한다.

```
SELECT CEIL(4.7), FLOOR(4.7), ROUND(4.7) FROM DUAL;
```

5, 4, 5를 반환한다.

• EXP(숫자), LN(숫자), LOG(밑수, 숫자)

지수, 로그와 관련된 함수를 제공한다.

• MOD(숫자1, 숫자2)

숫자1을 숫자2로 나눈 나머지 값을 구한다.

```
SELECT MOD(157, 10) FROM DUAL;
```

모두 157을 10으로 나눈 나머지값 7을 반환한다.

• POWER(숫자1, 숫자2), SQRT(숫자)

거듭제곱값 및 제곱근을 구한다.

```
SELECT POWER(2,3), SQRT(9) FROM DUAL;
```

2의 3제곱과 루트9의 값을 반환한다.

• SIGN(숫자)

숫자가 양수, 0, 음수인지를 구한다. 결과는 1, 0, −1 셋 중에 하나를 반환한다.

```
SELECT SIGN(100), SIGN(0), SIGN(-100.123) FROM DUAL;
```

1, 0, −1을 반환한다.

• TRUNC(숫자, 정수)

숫자를 소수점을 기준으로 정수 위치까지 구하고 나머지는 버린다.

```
SELECT TRUNC(12345.12345, 2), TRUNC(12345.12345, -2) FROM DUAL;
```

12345.12와 12300을 반환한다.

날짜 및 시간 함수

날짜 및 시간을 조작하는 다양한 함수를 사용할 수 있다.

• ADD_MONTHS(날짜, 개월)와 +/=

ADD_MONTHS()는 날짜를 기준으로 개월을 더하거나 뺀 결과를 구한다. 일자를 더하려면 +를 사용하면 된다.

```
SELECT ADD_MONTHS('2020-01-01', 5), ADD_MONTHS(SYSDATE, -5)  FROM DUAL;
SELECT TO_DATE('2020-01-01') + 5,  SYSDATE - 5  FROM DUAL;
```

2020년 1월 1일의 5개월 후와 오늘 날짜의 5개월 전을 반환하고, 2020년 1월 1일의 5일 후와 오늘 날짜의 5일 전을 반환한다.

• CURRENT_DATE, SYSDATE, CURRENT_TIMESTAMP

CURRENT_DATE와 SYSDATE는 '연/월/일' 형식으로 현재 날짜를 구하고, CURRENT_TIMESTAMP는 '연/월/일 시:분:초 지역' 형식으로 현재 날짜를 구한다.

```
SELECT CURRENT_DATE, SYSDATE, CURRENT_TIMESTAMP FROM DUAL;
```

• EXTRACT(형식 FROM DATE '날짜')

날짜에서 연, 월, 일, 시, 분, 초를 구한다. 형식은 YEAR, MONTH, DAY, HOUR, MINUTE, SECOND 등이 올 수 있다.

```
SELECT EXTRACT(YEAR FROM DATE '2020-12-25'), EXTRACT(DAY FROM SYSDATE) FROM
    DUAL;
```

2020과 현재 일자를 반환한다.

• LAST_DAY(날짜)

주어진 날짜의 마지막 날짜를 구한다. 주로 그 달이 몇 일까지 있는지 확인할 때 사용한다.

```
SELECT LAST_DAY('2020-02-01') FROM DUAL;
```

'20/02/29'를 반환한다.

• NEXT_DAY(날짜, 요일)

주어진 날짜의 다음에 오는 요일의 날짜를 구한다.

```
SELECT NEXT_DAY('2020-02-01', '월요일'), NEXT_DAY(SYSDATE, '일요일')  FROM DUAL;
```

2020년 2월 1일 이후에 오는 가장 가까운 월요일 날짜와 오늘 이후에 오는 일요일을 반환한다. (당일은 반영되지 않는다.)

• MONTHS_BETWEEN(날짜1, 날짜2)

두 날짜 사이의 개월 수를 계산해서 소수점 단위까지 반환한다. 날짜1-날짜2를 계산한다.

```
SELECT MONTHS_BETWEEN (SYSDATE, '1988-09-17') FROM DUAL;
```

1988년 9월 17일부터 오늘까지 몇 개월이 지났는지 반환한다.

- **이 외에도 ROUND(날짜), TRUNC(날짜) 등이 있지만 활용도는 높지 않다.**

형 변환 함수

• BIN_TO_NUM(2진수)

주어진 2진수를 10진수로 변경한다. 2진수 숫자는 콤마로 구분해서 입력한다.

```
SELECT BIN_TO_NUM(1,0), BIN_TO_NUM(1,1,1,1)  FROM DUAL;
```

2진수 10의 값 2와 2진수 1111의 값 15를 반환한다.

• NUMTODSINTERVAL(숫자, '표현식')

숫자가 몇 일에 해당하는지 반환한다. 표현식에는 DAY, HOUR, MINUTE, SECOND 등이 올 수 있다.

```
SELECT NUMTODSINTERVAL(48, 'HOUR'), NUMTODSINTERVAL(360000, 'SECOND') FROM
    DUAL;
```

48시간에 해당하는 2일과 360000초에 해당하는 4일 4시간이 반환된다.

• NUMTOYMINTERVAL(숫자, '표현식')

숫자가 몇 년 몇 개월에 해당하는지 반환한다. 표현식에는 MONTH, YEAR 등이 올 수 있다.

```
SELECT NUMTOYMINTERVAL(37, 'MONTH'), NUMTOYMINTERVAL(1.5, 'YEAR') FROM DUAL;
```

37개월에 해당하는 3년 1개월과 1.5년에 해당하는 1년 6개월이 반환된다.

• 기타 변환 함수

TO_CHAR(), TO_DATE(), TO_CLOB(), TO_NCLOB(), TO_NUMBER() 등이 있는데, 다루지 않은 함수는 추후 나올 때 다시 언급하겠다.

분석 함수/순위 함수

Oracle은 분석/순위 함수로 CORR(), COVAR_POP(), COVAR_SAMP(), CUME_DIST(), DENSE_RANK(), FIRST_VALUE(), LAG(), LAST_VALUE(), LEAD(), LISTAGG(), NTH_VALUE(), RANK(), STDDEV(), VAR_POP(), VAR_SAMP(), VARIANCE() 등을 제공한다.

집계 함수는 GROUP BY절에서 이미 설명하였으므로, 이번에는 먼저 순위 함수를 알아보자. Oracle에서 RANK(), NTILE(), DENSE_RANK(), ROW_NUMBER() 등 4가지 순위 함수를 사용하면 유용하다. 이 기능은 순번을 처리하기 위해서 필요했던 복잡한 과정들을 단순화시켜서 쿼리의 작성 시간을 단축시켜 준다. 잘 알아두면 유용하게 사용할 수 있을 것이다.

순위 함수는 한마디로 결과에 순번 또는 순위(등수)를 매기는 역할을 한다. 순위 함수의 형식은 다음과 같다.

```
<순위함수이름>() OVER(
   [PARTITION BY <partition_by_list>]
   ORDER BY <order_by_list>)
```

순위 함수의 가장 큰 장점은 구문이 단순하다는 것이다. 단순한 구문은 코드를 명확하게 만들고, 수정을 쉽게 한다. 또한, 효율성(성능)도 뛰어나다. 즉, Oracle에 부하를 최소화하면서 순위를 매기는 결과를 준다. 직접 실습을 통해서 사용법을 익히자.

실습2

순위 함수를 실습해 보자.

step 0

sqlDB 스키마를 사용하겠다. sqlDB는 그 구조가 간단하여 순위 함수를 쉽게 이해하는 데 도움을 준다. 6장 [그림 6-11]에 그 구조가 나와 있으며, 6장 〈실습 2〉에서 스키마 및 테이블을 만들었다.

0-1 [로컬-sqlDB]에 연결하고 워크시트를 하나 연다.

회원 테이블(userTbl)에서 키가 큰 순으로 순위를 정하고 싶을 경우에는 ROW_NUMBER() 함수를 사용하면 된다.

```
SELECT ROW_NUMBER() OVER(ORDER BY height DESC) "키큰순위", userName, addr, height
    FROM userTBL ;
```

	키큰순위	USERNAME	ADDR	HEIGHT
1	1	성시경	서울	186
2	2	임재범	서울	182
3	3	이승기	서울	182
4	4	김경호	전남	177
5	5	바비킴	서울	176
6	6	은지원	경북	174
7	7	김범수	경남	173
8	8	조관우	경기	172
9	9	윤종신	경남	170
10	10	조용필	경기	166

[그림 7-11] 쿼리 실행 결과

그런데, 동일한 키의 경우에는 특별한 출력 순서를 지정하지 않았다. 키가 동일할 경우에는 이름 가나다순으로 정렬하도록 수정하자.

```
SELECT ROW_NUMBER() OVER(ORDER BY height DESC, userName ASC) "키큰순위", userName,
        addr, height
    FROM userTbl ;
```

	키큰순위	USERNAME	ADDR	HEIGHT
1	1	성시경	서울	186
2	2	이승기	서울	182
3	3	임재범	서울	182
4	4	김경호	전남	177
5	5	바비킴	서울	176
6	6	은지원	경북	174
7	7	김범수	경남	173
8	8	조관우	경기	172
9	9	윤종신	경남	170
10	10	조용필	경기	166

[그림 7-12] 쿼리 실행 결과

이번에는 전체 순위가 아닌 각 지역별로 순위를 주고 싶은 경우를 생각해 보자. 즉, 경기별, 경남별 등 지역으로 나눈 후에 키 큰 순위를 매기는 경우이다. 이 경우에는 PARTITION BY절을 사용하면 된다.

```
SELECT addr, ROW_NUMBER() OVER(PARTITION BY addr ORDER BY height DESC, userName
    ASC) "지역별키큰순위", userName, height
    FROM userTbl ;
```

	ADDR	지역별키큰순위	USERNAME	HEIGHT
1	경기	1	조관우	172
2	경기	2	조용필	166
3	경남	1	김범수	173
4	경남	2	윤종신	170
5	경북	1	은지원	174
6	서울	1	성시경	186
7	서울	2	이승기	182
8	서울	3	임재범	182
9	서울	4	바비킴	176
10	전남	1	김경호	177

[그림 7-13] 쿼리 실행 결과

경기, 경남, 서울의 경우에는 각 지역별로 별도의 순위가 매겨져 있다. 데이터의 개수가 작아서 그리 효과적이지 않은 듯 하지만, 대량의 데이터에서는 큰 효과를 느낄 수 있다.

step 3

이번에는 전체 순위 결과를 다시 살펴보도록 하자.

앞 **step 1** 의 결과를 보면 '임재범'과 '이승기'는 키가 같은 182인데도 키 순위가 2등과 3등으로 나뉘어져 있다. 같은 키인데도 3등이 된 사람의 입장에서는 상당히 불공평하게 느껴질 것이다. 이럴 경우에, 두 개의 데이터를 동일한 등수로 처리하는 함수가 DENSE_RANK() 함수이다.

```
SELECT DENSE_RANK() OVER(ORDER BY height DESC)"키큰순위", userName, addr, height
   FROM userTbl ;
```

	키큰순위	USERNAME	ADDR	HEIGHT
1	1	성시경	서울	186
2	2	임재범	서울	182
3	2	이승기	서울	182
4	3	김경호	전남	177
5	4	바비킴	서울	176
6	5	은지원	경북	174
7	6	김범수	경남	173
8	7	조관우	경기	172
9	8	윤종신	경남	170
10	9	조용필	경기	166

[그림 7-14] 쿼리 실행 결과

step 4

위의 결과가 만족스러울 수도 있겠지만, 2등이 두 명 나온 후에 3등(김경호)이 나왔다. 어떤 경우에는 2등이 두 명이라면 2등, 2등, 4등 식으로 3등을 빼고 4등부터 순위를 매길 필요도 있다. 이럴 때는 RANK() 함수를 사용하면 된다.

```
SELECT RANK() OVER(ORDER BY height DESC)"키큰순위", userName, addr, height
   FROM userTbl ;
```

[그림 7-15] 쿼리 실행 결과

이번에는 전체 인원을 키순으로 세운 후에, 몇 개의 그룹으로 분할하고 싶은 경우이다. 예를 들면 10명의 사용자를 키순으로 세운 후에, 2개의 반으로 분반하고 싶은 경우가 이런 경우이다. 이럴 때는 단순히 5명씩 나눠지면 된다. 이때 사용하는 함수가 NTILE(나눌 그룹 개수) 함수다.

```
SELECT NTILE(2) OVER(ORDER BY height DESC) "반번호", userName, addr, height
    FROM userTbl;
```

[그림 7-16] 쿼리 실행 결과

그런데, 반을 3개로 분리하면 어떻게 될까? 답부터 얘기하면 우선 동일하게 나눈 후에, 나머지 인원을 처음 그룹부터 하나씩 배당하게 된다. 이 예에서는 1반 3명, 2반 3명, 3반 3명으로 한 후에 남는 1명을 처음인 1반에 할당한다. 만약, 4개로 분리하면 1반 2명, 2반 2명, 3반 2명, 4반 2명으로 나눈 후에, 남는 2명을 1반과 2반에 한 명씩 할당한다. 결국 1반 3명, 2반 3명, 3반 2명, 4반 2명으로 배정된다.

```
SELECT NTILE(4) OVER(ORDER BY height DESC) "반번호", userName, addr, height
    FROM userTbl;
```

[그림 7-17] 쿼리 실행 결과

이상으로 순위 함수를 소개하였다. 유용하게 사용될 수 있으므로 사용법을 잘 기억하자.

분석 함수인 분석 함수는 지계 함수와 같이 행 그룹을 기반으로 계산되지만, 여러 개의 행을 반환할 수 있다. 분석 함수를 이용하면 이동 평균, 백분율, 누계 등의 결과를 계산할 수 있다. 분석 함수의 종류로는 CUME_DIST(), LEAD(), FIRST_VALUE(), PERCENTILE_CONT(), LAG(), PERCENTILE_DISC(), LAST_VALUE(), PERCENT_RANK() 등이 있다. 역시 실습을 통해 그 용도를 익히자.

실습3

분석 함수를 실습해 보자.

step 1

회원 테이블(userTbl)에서 키가 큰 순서로 정렬한 후에, 다음 사람과 키 차이를 미리 알리면 LEAD() 함수를 사용할 수 있다.

```
SELECT  userName, addr, height AS "키",
    height - (LEAD(height, 1, 0) OVER (ORDER BY height DESC)) AS "다음 사람과 키 차이"
    FROM userTbl ;
```

	USERNAME	ADDR	키	다음 사람과 키 차이
1	성시경	서울	186	4
2	임재범	서울	182	0
3	이승기	서울	182	5
4	김경호	전남	177	1
5	바비킴	서울	176	2
6	은지원	경북	174	1
7	김범수	경남	173	1
8	조관우	경기	172	2
9	윤종신	경남	170	4
10	조용필	경기	166	166

[그림 7-18] 쿼리 실행 결과

LEAD() 함수에서 사용되는 인자는 열 이름, 다음 행 위치, 다음 행이 없을 경우 값을 지정할 수 있다. 여기서는 height 열을 사용했고, 다음 1번째 행(즉, 바로 다음 행)을 비교 대상으로 했다. 또, 다음 행이 없는 경우에는 0을 출력한다. 그래서 마지막 조용필은 다음 행이 없으므로 키 차이는 (height − 0)인 자신의 키가 출력되었다. OVER절에서는 키 순서로 정렬했다.

거의 같은 용도로 LAG() 함수를 사용할 수 있는데, LEAD()가 다음 행과의 차이라면 LAG()는 이전 행과의 차이를 구하는 것만 다를 뿐이다.

이번에는 지역별로 가장 키가 큰 사람과의 차이를 알고 싶다면 FIRST_VALUE()를 활용하면 된다. 예로 바비킴의 경우 자신이 속한 지역(서울)의 가장 큰 키인 성시경의 키 186cm와 자신이 몇 cm 차이가 나는지 출력할 수 있다.

```
SELECT addr, userName, height AS "키",
       height - ( FIRST_VALUE(height) OVER (PARTITION BY addr ORDER BY height DESC))
            AS "지역별 최대키와 차이"
    FROM userTbl ;
```

	ADDR	USERNAME	키	지역별 최대키와 차이
1	경기	조관우	172	0
2	경기	조용필	166	-6
3	경남	김범수	173	0
4	경남	윤종신	170	-3
5	경북	은지원	174	0
6	서울	성시경	186	0
7	서울	이승기	182	-4
8	서울	임재범	182	-4
9	서울	바비킴	176	-10
10	전남	김경호	177	0

[그림 7-19] 쿼리 실행 결과

OVER 문장의 PARTITION BY addr에 의해서 지역별로 그룹화한다. 또, ORDER BY height DESC에 의해서 키로 내림차순 정렬한 후에, FIRST_VALUE(height)로 각 지역별 첫 번째 값(즉, 가장 큰 키)을 추출한다. 서울 지역의 결과를 보면 이해가 갈 것이다.

누적 합계를 내보자. 예로 현 지역에서 자신보다 키가 같거나 큰 인원의 백분율을 구할 수 있다. CUME_DIST() 함수를 사용해 보자.

```
SELECT  addr, userName, height AS "키",
       (CUME_DIST() OVER (PARTITION BY addr ORDER BY height DESC)) * 100 AS "누적인원
            백분율%"
    FROM userTbl ;
```

	ADDR	USERNAME	키	누적인원 백분율%
1	경기	조관우	172	50
2	경기	조용필	166	100
3	경남	김범수	173	50
4	경남	윤종신	170	100
5	경북	은지원	174	100
6	서울	성시경	186	25
7	서울	이승기	182	75
8	서울	임재범	182	75
9	서울	바비킴	176	100
10	전남	김경호	177	100

[그림 7-20] 쿼리 실행 결과

경기의 결과를 보면 조관우는 전체 경기 인원 2명 중에서 자신보다 키가 크거나 같은 사람이 1명(자신 포함)이므로 50%가 된다. 또, 조용필은 2명 중에서 자신보다 키가 크거나 같은 사람이 2명이므로 100%가 출력되었다.

지금 필자가 든 예는 기존 테이블을 사용하므로 좀 부자연스럽게 느껴지겠지만, 다른 예로 직원별 연봉이 소속 부서 중에서 몇 퍼센트 안에 드는지 확인하는 경우에는 유용하게 사용될 수 있다. 또, PERCENT_RANK()도 CUME_DIST()와 유사한 기능을 한다.

step 4

이번에는 각 지역별로 키의 중앙값을 계산하고 싶다면 PERCENTILE_CONT()문을 사용할 수 있다.

```
SELECT  DISTINCT addr,
    PERCENTILE_CONT(0.5) WITHIN GROUP (ORDER BY height) OVER (PARTITION BY addr)
            AS "지역별 키의 중앙값"
    FROM userTbl ;
```

	ADDR	지역별 키의 중앙값
1	전남	177
2	경기	169
3	경남	171.5
4	경북	174
5	서울	182

[그림 7-21] 쿼리 실행 결과

PERCENTILE_CONT()의 인자로는 0.0~1.0 사이의 백분율 값이 올 수 있다. 이 예에서는 0.5를 입력했으므로 정확히 중앙값에 해당된다. WITHIN GROUP에는 정렬할 열을 지정한다. 예에서는 키로 정렬한 후에 그 중앙값(0.5)을 찾게 된다. PERCENTILE_DISC()도 동일한 용도로 사용할 수 있지만, PERCENTILE_CONT()가 적절한 값을 보간하여 결과를 반환하는 반면, PERCENTILE_DISC()는 정확한 위치값(중위수)을 추출하는데 사용된다. 즉, 반환값은 항상 열의 값 중 하나가 된다.

이상으로 Oracle에서 제공하는 내장 함수에 대해서 알아봤다. 모든 내장 함수를 다루지는 않았지만, 지금 소개한 내장 함수들을 잘 알아두면 상당히 유용하게 사용될 것이다. 다루지 않은 내장 함수 중에서 추가로 알아야 할 함수는 앞으로 필요할 때마다 다시 언급하겠다.

피벗의 구현

피벗Pivot은 한 열에 포함된 여러 값을 출력하고, 이를 여러 열로 변환하여 테이블 반환 식을 회전하고 필요하면 집계까지 수행하는 것을 말한다. 다음 예를 보자.

[그림 7-22] 피벗 테이블 사례

왼쪽은 판매자 이름, 판매 계절, 판매 수량으로 구성된 테이블이다. 이를 각 판매자가 계절별로 몇 개 구매했는지 표로 나타내고 싶을 때 SUM( )과 PIVOT( ) 함수를 활용해서 피벗 테이블을 만들 수 있다.

실습4

간단한 피벗 테이블을 실습하자.

step 1

[그림 7-22]와 같은 샘플 테이블을 만든다.

```
CREATE TABLE pivotTest
  (  uName NCHAR(3),
      season NCHAR(2),
      amount NUMBER(3));
```

step 2

[그림 7-22]의 왼쪽과 동일하게 데이터를 9건 입력한다.

```
INSERT  INTO  pivotTest VALUES ('김범수' , '겨울',  10) ;
INSERT  INTO  pivotTest VALUES ('윤종신' , '여름',  15) ;
INSERT  INTO  pivotTest VALUES ('김범수' , '가을',  25) ;
INSERT  INTO  pivotTest VALUES ('김범수' , '봄',    3) ;
INSERT  INTO  pivotTest VALUES ('김범수' , '봄',   37) ;
INSERT  INTO  pivotTest VALUES ('윤종신' , '겨울',  40) ;
INSERT  INTO  pivotTest VALUES ('김범수' , '여름',  14) ;
INSERT  INTO  pivotTest VALUES ('김범수' , '겨울',  22) ;
INSERT  INTO  pivotTest VALUES ('윤종신' , '여름',  64) ;
SELECT * FROM pivotTest;
```

SUM()과 PIVOT() 함수, 그리고 GROUP BY를 활용해 보자. [그림 7-22]의 오른쪽과 같은 결과가 나오다

```
SELECT * FROM pivotTest
    PIVOT ( SUM(amount)
            FOR season
            IN ('봄','여름','가을','겨울') )   ;
```

간단한 예이므로 별로 어렵지 않았을 것이다. 피벗 테이블은 한 눈에 테이블 내용을 파악할 수 있는 장점이 있으므로 종종 유용하게 사용된다.

CLOB, BLOB 데이터 타입에 대용량 데이터의 입력

CLOB과 BLOB의 용도에 대해서는 이번 장의 앞부분에서 살펴봤다. 이번에는 243쪽 [그림 7-3]에 나온 '영화사이트 데이터베이스'를 구현해 보자. 대용량 데이터를 입력하기 위해서는 Oracle에서 제공되는 SQL*Loader 유틸리티를 활용하는 것이 편리하다. 실습을 통해서 확인하자.

실습5

[그림 7-3]의 영화사이트 데이터베이스를 구축하자.

step 0

대용량 텍스트 파일과 대용량 동영상 파일을 준비하자.

0-1 이번 장을 실습하기 위해서는 [그림 7-3]에 나오는 영화 대본 파일 3개와 영화 동영상 파일 3개가 필요하다. 영화 대본 파일은 TXT 파일로 아무 글자나 적혀 있으면 되고, 영화 동영상 파일은 MP4 등의 파일이면 된다. 적당한 파일이 없으면 책의 사이트(http://cafe.naver.com/thisisOracle)에서 다운로드하자. 파일은 모두 C:\SQL\Movies\ 폴더에 저장해 놓자.

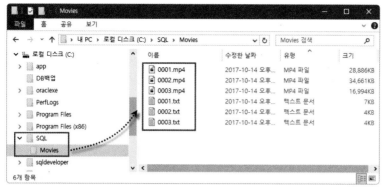

[그림 7-23] 영화 동영상 3개와 영화 대본 3개

0-2 모든 워크시트를 닫고, [로컬-sqlDB]의 접속에서 워크시트를 하나 연다.

---

step 1

[그림 7-3]의 영화 테이블(movieTBL)을 만들자.

```
CREATE TABLE movieTBL
    (movie_id          NUMBER(4),
     movie_title       NVARCHAR2(30),
     movie_director    NVARCHAR2(20),
     movie_star        NVARCHAR2(20),
     movie_script      CLOB,
     movie_film        BLOB
);
```

---

step 2

[그림 7-3]에 나온 데이터를 movieRecords.txt 파일로 생성해 놓자. 메모장을 실행해서 다음 내용을 채운 후, C:\SQL\Movies\movieRecords.txt 파일로 저장해 놓자. 주의할 점은 콤마(,) 앞뒤에는 공백이 없어야 한다. 또 제일 아래에 빈 줄도 없도록 한다.

```
0001,쉰들러리스트,스필버그,리암 니슨,0001.txt,0001.mp4
0002,쇼생크탈출,프랭크다라본트,팀 로빈스,0002.txt,0002.mp4
0003,라스트모히칸,마이클 만,다니엘 데이 루이스,0003.txt,0003.mp4
```

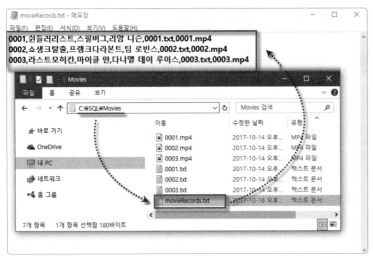

[그림 7-24] 입력할 데이터 파일

`step 3`

다시 메모장을 실행해서 다음 내용을 채운 후, C:\SQL\Movies\movieLoader.txt 파일로 저장해 놓자.
이 파일은 이어서 SQL*Loader에서 사용할 것인데, 이 파일을 SQL*Loader의 '컨트롤Control 파일'이라고
부른다.

```
LOAD DATA
INFILE 'movieRecords.txt'
  INTO TABLE movieTBL
  FIELDS TERMINATED BY ','
  ( movie_id        CHAR(4),
    movie_title     CHAR(30),
    movie_director  CHAR(20),
    movie_star      CHAR(20),
    scriptFname     FILLER CHAR(80),
    filmFname       FILLER CHAR(80),
    movie_script    LOBFILE(scriptFname) TERMINATED BY EOF,
    movie_film      LOBFILE(filmFname) TERMINATED BY EOF
  )
```

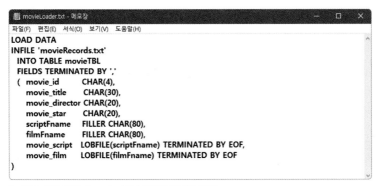

[그림 7-25] SQL*Loader에서 사용할 컨트롤 파일

2행은 입력할 파일명을 지시하고, 3행은 테이블명을 나타낸다. 4행은 콤마(,)로 열이 구분된 것을 지정했다. 5~12행은 movieTBL 테이블의 열을 의미하는데, 실제 테이블의 형식과 달리 적당한 크기의 CHAR로 지정해야 한다. 주의할 점은 9, 10행의 scriptFname과 filmFname인데 movieTBL에 존재하는 열은 아니고 11, 12행에서 입력할 파일을 지정한 것이다. 11, 12행은 해당하는 movieRecords.txt 파일에 지정된 파일을 영화 대본 열과 영화 동영상 열에 통째로 입력한다.

step 4

SQL*Loader로 설정한 파일을 작동하자.

4-1 명령 프롬프트를 열고 **CD C:\SQL\Movies** 명령으로 폴더를 이동한다.

4-2 다음 명령으로 SQL*Loader를 실행해서 설정한 movieLoader.txt 내용을 적용시키자. 제일 마지막에 숫자 3이 출력되면 movieRecords.txt 파일에 설정한 3개 행이 입력된 것이다.

```
SQLLDR  sqlDB/1234@XE  control=movieLoader.txt
```

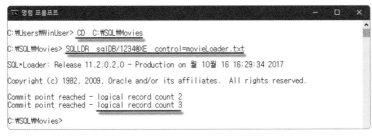

[그림 7-26] 입력할 데이터 파일

워크시트에서 확인해 보자.

5-1 SELECT * FROM movieTBL 따나문으로 조회해 보자. [그림 7-27]처럼 CLOB 및 BLOB 데이터가 입력된 것을 확인할 수 있을 것이다.

[그림 7-27] 입력할 데이터 파일

5-2 movie_script 열의 결과값 중 하나를 더블클릭한 후, 오른쪽의 모양의 아이콘을 클릭하면 전체 내용을 확인할 수 있다.

[그림 7-28] CLOB 내용의 확인

5-3 movie_film 열은 동영상 파일이므로 볼 수는 없지만, 다운로드할 수 있다. 〈다운로드〉를 클릭한 후, 적당한 폴더에 파일이름을 지정해서 다운로드하면 된다. 필자는 '쉰들러.mp4'로 저장했다.

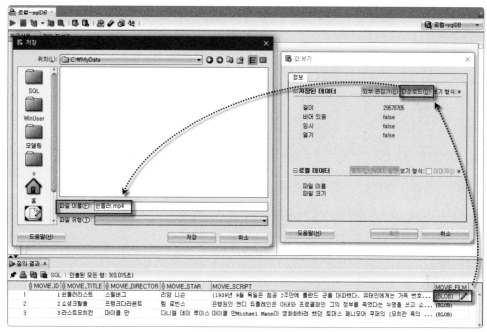

[그림 7-29] BLOB 내용의 확인

5-4 다운로드한 동영상 파일을 적당한 동영상 플레이어로 확인하면 된다.

[그림 7-30] 다운로드 받은 대용량 동영상 파일

지금 진행한 〈실습 5〉는 대용량 파일을 Oracle에 저장하기 위한 간편한 방법 중 하나이므로 잘 기억해 놓자.

7.2 조인

지금까지 우리는 대개 하나의 테이블을 다루는 작업을 위주로 수행했다. 이를 기반으로 해서 지금부터는 두 개 이상의 테이블이 서로 관계되어 있는 상태를 고려해 보자.

조인Join이란 두 개 이상의 테이블을 서로 묶어서 하나의 결과 집합으로 만들어 내는 것을 말한다.

지금부터 나오는 것은 1장에서 이미 나온 얘기도 있지만 조인을 이해하기 위해서 꼭 필요한 개념이므로 복습을 겸해서 다시 살펴보자.

데이터베이스의 테이블은 중복과 공간 낭비를 피하고 데이터의 무결성을 위해서 여러 개의 테이블로 분리하여 저장한다. 그리고, 이 분리된 테이블들은 서로 관계Relation를 맺고 있다. 그 중에서 간단하지만 가장 많이 사용되는 보편적인 관계가 6장 [그림 6-11]에 나타난 sqlDB의 userTbl과 buyTbl의 관계인 '1대다'의 관계이다. 이 데이터베이스는 간단한 가상의 쇼핑몰에서 운영하는 데이터베이스라고 가정한 것이며 [그림 6-11]은 그 중에서 회원의 기본 정보(userTbl)와 회원이 구매한 구매 정보(buyTbl)만 표시한 것이다. '1대다 관계'란 한쪽 테이블에는 하나의 값만 존재해야 하지만, 다른 쪽 테이블에는 여러 개가 존재할 수 있는 관계다. [그림 6-11]을 계속 보면서 살펴보자.

먼저 회원 테이블(userTbl)을 보자. 김범수 사용자는 회원 가입 시에 ID를 KBS로 생성했다. 그런데, 만약 이 'KBS'를 다른 사람도 사용할 수 있을까? 아이디 열은 Primary Key로 지정되어 있으므로 절대 동일한 아이디를 사용할 수가 없다. 그래서 KBS는 하나만 존재한다. 이것이 1대다(One-to-Many) 관계에서 '1'이다.

이번에는 구매 테이블(buyTbl)을 살펴보자. 만약, 구매 테이블의 아이디 열을 회원 테이블과 동일하게 Primary Key로 지정한다면 어떻게 될까? 그럴 경우에는 Primary Key는 한 번만 들어갈 수 있으므로 KBS라는 아이디를 가진 사람은 물건을 한 번 구매한 이후에는, 두 번 다시 이 가상의 쇼핑몰에서 물건을 살 수가 없다. 그래서, 한 명의 회원이 당연히 여러 건의 구매를 할 수 있도록 설정되어야 한다. 이러한 설정이 바로 1대다 관계의 설정이다. 그래서, 회원 테이블의 아이디는 Primary Key로 지정한 것이며, 구매 테이블의 아이디는 Primary Key와 관련되는 Foreign Key로 지정한 것이다.

이러한 1대다 관계는 많은 현실의 업무에서 발견할 수 있다. 회사원 테이블과 급여 테이블도 마찬가지다. 회사원은 한 명이 여러 번의 급여를 받아야 하므로 1대다 관계이다. 또, 학생과 학점 테이블의 관계도 마찬가지이다. 학생 한 명이 여러 과목의 학점을 받아야 하므로 1대다 관계로 설정된다.

아무튼, 직접 조인을 다루기 위한 SQL문은 [그림 6-11]의 관계를 기준으로, 두 테이블을 조인Join해서 결과를 추출하는 방법을 통해 익혀보겠다.

7.2.1 INNER JOIN(내부 조인)

INNER JOIN은 조인 중에서 가장 많이 사용되는 조인이다. 대개의 업무에서 조인은 INNER JOIN을 사용한다. 일반적으로 JOIN이라고 얘기하는 것이 INNER JOIN을 지칭하는 것이다.

INNER JOIN을 사용하기 위한 경우를 생각해 보자. 지금 구매 테이블을 보면, 물건을 구매한 사용자의 아이디와 물건 등의 정보만 나타난다. 그런데, 이 물건을 배송하기 위해서는 구매한 회원의 주소를 알아야 한다. 이 회원의 주소 정보를 알기 위해 주소 정보가 있는 회원 테이블과 결합하는 조인이 INNER JOIN이다. 우선, 형식을 살펴보자.

```
SELECT <열 목록>
FROM <첫 번째 테이블>
        INNER JOIN <두 번째 테이블>
        ON <조인될 조건>
[WHERE 검색조건]
```

위의 형식에서 INNER JOIN을 그냥 JOIN이라고만 써도 INNER JOIN으로 인식한다.

구매 테이블 중에서 JYP라는 아이디를 가진 사람이 구매한 물건을 발송하기 위해서, 이름/주소/연락처 등을 조인해서 검색하려면 다음과 같이 사용하면 된다.

```
SELECT *
    FROM buyTbl
      INNER JOIN userTbl
        ON buyTbl.userID = userTbl.userID
    WHERE buyTbl.userID = 'JYP';
```

	IDNUM	USERID	PRODNAME	GROUPNAME	PRICE	AMOUNT	USERID_1	USERNAME	BIRTHYEAR	ADDR	MOBILE1	MOBILE2	HEIGHT	MDATE
1	3 JYP	모니터	전자	200	1 JYP	조용필		1950 경기	011	44444444	166 09/04/04

[그림 7-31] INNER JOIN 결과 1

⚠ ON 구문과 WHERE 구문에는 '테이블이름.열 이름'의 형식으로 되어 있다. 그렇게 해야 하는 이유는 두 개의 테이블 (buyTbl, userTbl)에 동일한 열 이름이 모두 존재하기 때문이다. 그래서, 두 개 테이블을 결합하는 경우에 동일한 열 이름 이 있다면 꼭 '테이블명.열 이름' 형식으로 표기해줘야 한다.

위 결과를 생성하기 위해서 [그림 7-32]와 같은 과정을 거친다.

우선, 구매 테이블의 userID(buyTbl.userID)인 'JYP'를 추출한다. 그리고, 'JYP'와 동일한 값을 판매 테이블의 userID(userTbl.userID) 열에서 검색한 후, 'JYP'라는 아이디를 찾으면 구매 테이블과 판매 테이블의 두 행을 결합JOIN한다.

[그림 7-32] INNER JOIN의 작동

만약, **WHERE buyTbl.userID = 'JYP'**를 생략하면, buyTbl의 모든 행에 대해서 위와 동일한 방식 으로 반복하게 된다. WHERE를 뺀 결과는 [그림 7-33]과 같다.

	IDNUM	USERID	PRODNAME	GROUPNAME	PRICE	AMOUNT	USERID_1	USERNAME	BIRTHYEAR	ADDR	MOBILE1	MOBILE2	HEIGHT	MDATE
1	6 BBK	메모리	전자	80	10 BBK	바비킴	1973 서울	010	00000000	176 13/05/05
2	10 BBK	운동화	(null)	30	2 BBK	바비킴	1973 서울	010	00000000	176 13/05/05
3	12 BBK	운동화	(null)	30	2 BBK	바비킴	1973 서울	010	00000000	176 13/05/05
4	4 BBK	모니터	전자	200	5 BBK	바비킴	1973 서울	010	00000000	176 13/05/05
5	11 EJW	책	서적	15	1 EJW	은지원	1972 경북	011	88888888	174 14/03/03
6	8 EJW	책	서적	15	2 EJW	은지원	1972 경북	011	88888888	174 14/03/03
7	9 EJW	청바지	의류	50	2 EJW	은지원	1972 경북	011	88888888	174 14/03/03
8	3 JYP	모니터	전자	200	1 JYP	조용필	1950 경기	011	44444444	166 09/04/04
9	5 KBS	청바지	의류	50	3 KBS	김범수	1979 경남	011	22222222	173 12/04/04
10	2 KBS	노트북	전자	1000	1 KBS	김범수	1979 경남	011	22222222	173 12/04/04
11	1 KBS	운동화	(null)	30	2 KBS	김범수	1979 경남	011	22222222	173 12/04/04
12	7 SSK	책	서적	15	5 SSK	성시경	1979 서울	(null)	(null)	186 13/12/12

[그림 7-33] INNER JOIN 결과 2

열의 항목이 너무 많은 것 같아서 복잡해 보이므로, 이번에는 필요한 열만 추출해 보자. 아이디/이름/구매물품/주소/연락처만 추출하자.

```
SELECT userID, userName, prodName, addr, mobile1 || mobile2 AS "연락처"
    FROM buyTbl
      INNER JOIN userTbl
        ON buyTbl.userID = userTbl.userID ;
```

```
오류 메시지:
ORA-00918: column ambiguously defined
00918. 00000 -  "column ambiguously defined"
```

열 이름 userID가 불확실하기 때문에 오류 메시지가 나왔다. userID의 경우에는 두 테이블 모두에 들어 있어서 어느 테이블의 userID를 추출할지 명시해 줘야 한다. 이 경우에는 어느 테이블의 userID를 추출할지 선택해야 한다. 동일한 값이지만 지금은 buyTbl을 기준으로 하는 것이므로, buyTbl의 userID가 더 정확하다.

```
SELECT buyTbl.userID, userName, prodName, addr, mobile1 || mobile2 AS "연락처"
    FROM buyTbl
      INNER JOIN userTbl
        ON buyTbl.userID = userTbl.userID ;
```

⚠ 다음과 같은 WHERE 구문으로도 INNER JOIN을 표현할 수도 있다. 하지만, 호환성 등의 문제로 별로 권장하지 않는 방식이다. 개발자에 따라서 다음의 방식으로 조인하는 경우도 있으니 알아둘 필요는 있다.

```
SELECT buyTbl.userID, userName, prodName, addr, mobile1 || mobile2
    FROM buyTbl, userTbl
      WHERE buyTbl.userID = userTbl.userID ;
```

	USERID	USERNAME	PRODNAME	ADDR	연락처
1	BBK	바비킴	메모리	서울	01000000000
2	BBK	바비킴	운동화	서울	01000000000
3	BBK	바비킴	운동화	서울	01000000000
4	BBK	바비킴	모니터	서울	01000000000
5	EJW	은지원	책	경북	01188888888
6	EJW	은지원	책	경북	01188888888
7	EJW	은지원	청바지	경북	01188888888
8	JYP	조용필	모니터	경기	01144444444
9	KBS	김범수	청바지	경남	01122222222
10	KBS	김범수	노트북	경남	01122222222
11	KBS	김범수	운동화	경남	01122222222
12	SSK	성시경	책	서울	(null)

[그림 7-34] INNER JOIN 결과 3

예상대로 구매 테이블의 12건에 대해서, 각각의 구매자 이름/주소/연락처 등을 조회할 수 있었다.

코드를 좀더 명확히 하기 위해서 SELECT 다음의 컬럼 이름(열 이름)에도 모두 '테이블이름.열 이름'의 형식으로 붙여주자.

```
SELECT buyTbl.userID, userTbl.userName, buyTbl.prodName, userTbl.addr,
       userTbl.mobile1 || userTbl.mobile2  AS "연락처"
    FROM buyTbl
      INNER JOIN userTbl
        ON buyTbl.userID = userTbl.userID;
```

각 열이 어느 테이블에 속한 것인지는 명확해졌지만, 코드가 너무 길어져 오히려 복잡해 보인다. 이를 간편하게 하기 위해서 다음과 같이 각 테이블에 별칭Alias을 줄 수 있다. 다음 코드는 위와 동일하지만 훨씬 간결하다.

```
SELECT B.userID, U.userName, B.prodName, U.addr, U.mobile1 || U.mobile2 AS "연락처"
    FROM buyTbl B
      INNER JOIN userTbl U
        ON B.userID = U.userID;
```

테이블에 별칭을 주기 위해서는 간단히 FROM절에 나오는 테이블의 이름 뒤에 별칭을 붙여주면 된다. 앞으로는 여러 개의 테이블이 관련되는 조인에서는 이러한 방식을 사용할 것을 적극 권장한다.

[그림 7-32]에서 JYP 아이디의 사용자가 구매했던 것과 조인한 것을 다시 생각해보자. 같은 결과이지만, 다음과 같이 아이디/이름/물품/주소/연락처만 출력되도록 하고, 코드도 간결하게 수정했다.

```
SELECT B.userID, U.userName, B.prodName, U.addr, U.mobile1 || U.mobile2 AS "연락처"
    FROM buyTbl B
      INNER JOIN userTbl U
        ON B.userID = U.userID
      WHERE B.userID = 'JYP';
```

	USERID	USERNAME	PRODNAME	ADDR	연락처
1	JYP	조용필	모니터	경기	01144444444

[그림 7-35] 구매 테이블 기준의 조회 결과

구매 테이블의 JYP라는 아이디가 구매한 물품을 배송하기 위해서 회원 테이블에서 JYP에 해당하는 이름/주소/연락처를 가져온 것이다. 이를 반대로 생각해 보자. 이번에는 회원 테이블(userTbl)을 기준으로 JYP라는 아이디가 구매한 물건의 목록을 보자.

```
SELECT U.userID, U.userName, B.prodName, U.addr, U.mobile1 || U.mobile2 AS "연락처"
    FROM userTbl U
      INNER JOIN buyTbl B
        ON U.userID = B.userID
    WHERE B.userID = 'JYP';
```

구매 테이블을 기준으로 한 것에서 순서 정도만 바꾸었을 뿐, 큰 차이는 없다. 결과도 [그림 7-35]와 동일하다.

이번에는 전체 회원들이 구매한 목록을 모두 출력해 보자. 지금 필자가 '전체 회원들'이라고 얘기한 것에 주목하자. 위의 쿼리문에서 WHERE 조건만 빼면 된다. 그리고, 결과를 보기 쉽게 회원ID 순으로 정렬하도록 하자.

```
SELECT U.userID, U.userName, B.prodName, U.addr, U.mobile1 || U.mobile2 AS "연락처"
    FROM userTbl U
      INNER JOIN buyTbl B
        ON U.userID = B.userID
    ORDER BY U.userID;
```

	USERID	USERNAME	PRODNAME	ADDR	연락처
1	BBK	바비킴	메모리	서울	01000000000
2	BBK	바비킴	운동화	서울	01000000000
3	BBK	바비킴	운동화	서울	01000000000
4	BBK	바비킴	모니터	서울	01000000000
5	EJW	은지원	책	경북	01188888888
6	EJW	은지원	책	경북	01188888888
7	EJW	은지원	청바지	경북	01188888888
8	JYP	조용필	모니터	경기	01144444444
9	KBS	김범수	청바지	경남	01122222222
10	KBS	김범수	노트북	경남	01122222222
11	KBS	김범수	운동화	경남	01122222222
12	SSK	성시경	책	서울	(null)

[그림 7-36] 전체 회원의 구매 목록 조회

어차피 구매 테이블의 목록이 12건이었으므로, 이상 없이 잘 나왔다.

[그림 7-36]의 결과는 아무런 이상이 없기는 하지만, 필자가 조금 전에 말했던 '전체 회원들'과는 차

이가 있다. [그림 7-36]은 '전체 회원들'이 아닌 '구매한 기록이 있는 회원들'의 결과이다.

[그림 7-36]에서 한 번도 구매하지 않은 회원인 이승기, 김경호, 임재범, 윤종신, 조관우는 나타나기 않았다. 여기서는 구매한 회원이 기록도 나오면서 더불어 구매하지 않았어도 회원의 이름/주소 등은 나오도록 조인할 필요도 있을 수 있다. 이렇게 조인해주는 방식이 OUTER JOIN이다. 결국, INNER JOIN은 양쪽 테이블에 모두 내용이 있는 것만 조인되는 방식이고, OUTER JOIN은 INNER JOIN과 마찬가지로 양쪽에 내용이 있으면 당연히 조인되고, 한쪽에만 내용이 있어도 그 결과가 표시되는 조인 방식이다. OUTER JOIN은 잠시 후에 상세히 알아보겠다.

앞의 INNER JOIN이 한쪽에는 없는 목록만 나오기 때문에 유용한 경우도 있다. 예를 들어, "쇼핑몰에서 한 번이라도 구매한 기록이 있는 우수회원들에게 감사의 안내문을 발송하도록 하자"의 경우에는 다음과 같이 DISTINCT문을 활용해서 회원의 주소록을 뽑을 수 있다.

```
SELECT DISTINCT U.userID, U.userName,  U.addr
  FROM userTbl U
    INNER JOIN buyTbl B
       ON U.userID = B.userID
  ORDER BY U.userID ;
```

	USERID	USERNAME	ADDR
1	BBK	바비킴	서울
2	EJW	은지원	경북
3	JYP	조용필	경기
4	KBS	김범수	경남
5	SSK	성시경	서울

[그림 7-37] 구매한 적이 있는 회원 조회

서브 쿼리와 EXISTS문을 사용해서도 [그림 7-37]과 같이 동일한 결과를 얻을 수 있다.

```
SELECT U.userID, U.userName,  U.addr
  FROM userTbl U
  WHERE EXISTS (
    SELECT *
    FROM buyTbl B
    WHERE U.userID = B.userID );
```

이번에는 세 개 테이블의 조인을 살펴보자.

세 개의 테이블을 테스트하기 위한 예를 보자. 학생과 동아리의 관계를 생각해 보자. 한 학생은 여러 개의 동아리에 가입해서 활동을 할 수 있고, 하나의 동아리에는 여러 명의 학생이 가입할 수 있으므로 두 개는 서로 '다대다'(Many-to-Many)의 관계라고 표현할 수 있다. 다대다 관계는 논리적으로는 구성이 가능하지만, 이를 물리적으로 구성하기 위해서는 두 테이블의 사이에 연결 테이블을 둬서 이 연결 테이블과 두 테이블이 일대다 관계를 맺도록 구성해야 한다.

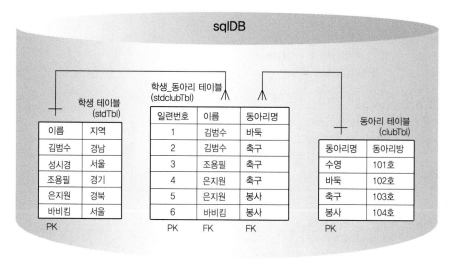

[그림 7-38] 세 개의 테이블 샘플

[그림 7-38]의 구조는 테이블의 복잡성을 없애려고, 학생의 이름 및 동아리명을 Primary Key로 설정했다.

⚠ 실제로는 학생 이름으로 Primary Key를 설정하지 않는다. 왜냐하면, 이름이 같은 학생이 있다면 한 명만 빼고 나머지는 자퇴해야 하는 웃지 못할 상황이 생길 수 있다.

이 구조를 보면 학생 테이블과 동아리 테이블은 서로 직접적인 관련이 없다. 하지만, 중간의 학생_동아리 테이블이 두 테이블의 연관관계를 맺어주고 있다.

세 개 테이블의 조인을 실습해 보자.

「그림 7-38」을 보면서 세 개 테이블을 정의하고 데이터를 입력하자, 연습을 위해서 187쪽 6장 [그림 6-11]을 만들 때 사용한 쿼리문을 참조해서, 독자가 다음의 쿼리문을 보지 않고 [그림 7-38]을 정의해 보자. 테이블 생성은 8장에서 배우지만, 미리 좋은 연습이 될 것이다.

테이블을 생성하고, 데이터를 입력하는 쿼리문을 작성하자.

```
CREATE TABLE stdTBL
( stdName   NCHAR(5) NOT NULL PRIMARY KEY,
  addr          NCHAR(2) NOT NULL
);
CREATE TABLE clubTBL
( clubName   NCHAR(5) NOT NULL PRIMARY KEY,
  roomNo      NCHAR(4) NOT NULL
);
CREATE SEQUENCE stdclubSEQ;
CREATE TABLE stdclubTBL
(  idNum    NUMBER(5) NOT NULL PRIMARY KEY,
   stdName   NCHAR(5) NOT NULL,
   clubName NCHAR(5) NOT NULL,
FOREIGN KEY(stdName) REFERENCES stdTBL(stdName),
FOREIGN KEY(clubName) REFERENCES clubTBL(clubName)
);
INSERT INTO stdTBL VALUES('김범수','경남');
INSERT INTO stdTBL VALUES('성시경','서울');
INSERT INTO stdTBL VALUES('조용필','경기');
INSERT INTO stdTBL VALUES('은지원','경북');
INSERT INTO stdTBL VALUES('바비킴','서울');
INSERT INTO clubTBL VALUES('수영','101호');
INSERT INTO clubTBL VALUES('바둑','102호');
INSERT INTO clubTBL VALUES('축구','103호');
INSERT INTO clubTBL VALUES('봉사','104호');
INSERT INTO stdclubTBL VALUES(stdclubSEQ.NEXTVAL,'김범수','바둑');
INSERT INTO stdclubTBL VALUES(stdclubSEQ.NEXTVAL,'김범수','축구');
INSERT INTO stdclubTBL VALUES(stdclubSEQ.NEXTVAL,'조용필','축구');
INSERT INTO stdclubTBL VALUES(stdclubSEQ.NEXTVAL,'은지원','축구');
INSERT INTO stdclubTBL VALUES(stdclubSEQ.NEXTVAL,'은지원','봉사');
INSERT INTO stdclubTBL VALUES(stdclubSEQ.NEXTVAL,'바비킴','봉사');
```

학생 테이블, 동아리 테이블, 학생동아리 테이블을 이용해서 학생을 기준으로 학생 이름/지역/가입한 동아리/동아리 이름을 출력하자.

```
SELECT S.stdName, S.addr, C.clubName, C.roomNo
    FROM stdTBL S
        INNER JOIN stdclubTBL SC
            ON S.stdName = SC.stdName
        INNER JOIN clubTBL C
            ON SC.clubName = C.clubName
    ORDER BY S.stdName;
```

	STDNAME	ADDR	CLUBNAME	ROOMNO
1	김범수	경남	축구	103호
2	김범수	경남	바둑	102호
3	바비킴	서울	봉사	104호
4	은지원	경북	봉사	104호
5	은지원	경북	축구	103호
6	조용필	경기	축구	103호

[그림 7-39] 세 개 테이블 조인 결과

이 쿼리문은 학생동아리 테이블과 학생 테이블의 일대다 관계를 INNER JOIN하고, 또한 학생동아리 테이블과 동아리 테이블의 일대다 관계를 INNER JOIN한다.

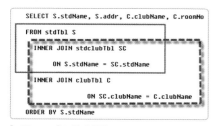

[그림 7-40] 조인의 묶음

[그림 7-40]에 나와 있듯이 세 개의 테이블이 조인되는 쿼리를 만드는 순서는, 처음에 실선 박스로 표시된 stdTBL과 stdclubTBL이 조인되고, 그 후에 점선 박스로 표시된 stdclubTBL과 clubTBL이 조인되는 형식으로 쿼리문을 작성하면 된다.

이번에는 동아리를 기준으로 가입한 학생의 목록을 출력하자.

```
SELECT C.clubName, C.roomNo, S.stdName, S.addr
    FROM  stdTBL S
```

```
        INNER JOIN stdclubTBL SC
            ON SC.stdName = S.stdName
        INNER JOIN clubTBL C
            ON SC.clubName = C.clubName
    ORDER BY C.clubName;
```

	CLUBNAME	ROOMNO	STDNAME	ADDR
1	바둑	102호	김범수	경남
2	봉사	104호	은지원	경북
3	봉사	104호	바비킴	서울
4	축구	103호	은지원	경북
5	축구	103호	김범수	경남
6	축구	103호	조용필	경기

[그림 7-41] 동아리 기준 결과

특별한 것은 없다. 그냥 출력 차례만 바꾸고 정렬되는 기준만 동아리 이름으로 바꾼 것뿐이다.

비타민 퀴즈 7-2

Linux 가상머신의 명령어 모드에서 앞 〈실습 6〉을 진행해 보자. 한글이 입력되지 않으므로 모두 영문으로 사용한다.

7.2.2 OUTER JOIN(외부 조인)

OUTER JOIN은 조인의 조건에 만족되지 않는 행까지도 포함시키는 것이라고 얘기했다. 자주 사용되지는 않지만, 가끔 유용하게 사용되는 방식이므로 알아둘 필요가 있다.

구문은 다음의 형식을 가진다.

```
SELECT 〈열 목록〉
FROM 〈첫 번째 테이블(LEFT 테이블)〉
    〈LEFT | RIGHT | FULL〉 OUTER JOIN 〈두 번째 테이블(RIGHT 테이블)〉
        ON 〈조인될 조건〉
[WHERE 검색조건] ;
```

좀 복잡한 것 같지만, "전체 회원의 구매 기록을 보자. 단, 구매 기록이 없는 회원도 출력되어야 한다."의 쿼리문을 통해 살펴보자.

```
SELECT U.userID, U.userName, B.prodName, U.addr, U.mobile1 ¦¦ U.mobile2 AS "연락처"
    FROM userTbl U
        LEFT OUTER JOIN buyTbl B
            ON U.userID = B.userID
    ORDER BY U.userID;
```

LEFT OUTER JOIN문의 의미를 "왼쪽 테이블(userTbl)의 것은 모두 출력되어야 한다" 정도로 해석하면 기억하기 쉬울 것이다. 또, LEFT OUTER JOIN을 줄여서 LEFT JOIN이라고만 써도 된다.

	USERID	USERNAME	PRODNAME	ADDR	연락처
1	BBK	바비킴	메모리	서울	0100000000
2	BBK	바비킴	운동화	서울	0100000000
3	BBK	바비킴	운동화	서울	0100000000
4	BBK	바비킴	모니터	서울	0100000000
5	EJW	은지원	책	경북	01188888888
6	EJW	은지원	책	경북	01188888888
15	LJW	이승기	청바지 (null)	경북	01111...888888
16	SSK	성시경	책	서울	(null)
17	YJS	윤종신	(null)	경남	(null)

[그림 7-42] LEFT OUTER JOIN의 결과

[그림 7-42]와 동일한 결과를 얻기 위해서 구문을 RIGHT OUTER JOIN으로 바꾸려면 단순히 왼쪽과 오른쪽 테이블의 위치만 바꿔주면 된다.

```
SELECT U.userID, U.userName, B.prodName, U.addr, U.mobile1 ¦¦ U.mobile2 AS "연락처"
    FROM buyTbl B
        RIGHT OUTER JOIN userTbl U
            ON U.userID = B.userID
    ORDER BY U.userID;
```

INNER JOIN의 활용 중에서, 구매한 기록이 있는 우수 회원들의 목록만을 뽑는 것을 해 보았다. 이번에는 한 번도 구매한 적이 없는 유령(?)회원의 목록을 뽑아보자.

```
SELECT U.userID, U.userName, B.prodName, U.addr, U.mobile1 || U.mobile2 AS "연락처"
    FROM userTbl U
        LEFT  JOIN buyTbl B
            ON U.userID = B.userID
    WHERE B.prodName IS NULL
    ORDER BY U.userID;
```

	USERID	USERNAME	PRODNAME	ADDR	연락처
1	JKW	조관우	(null)	경기	01899999999
2	KKH	김경호	(null)	전남	01933333333
3	LJB	임재범	(null)	서울	0166666666
4	LSG	이승기	(null)	서울	01111111111
5	YJS	윤종신	(null)	경남	(null)

[그림 7-43] 구매 기록이 없는 회원의 명단

이번에는 FULL OUTER JOIN(전체 조인 또는 전체 외부 조인)에 대해서 살펴보자. FULL OUTER JOIN은 LEFT OUTER JOIN과 RIGHT OUTER JOIN이 합쳐진 것이라고 생각하면 된다. 그냥 줄여서 FULL JOIN이라고 부른다.

즉, 한쪽을 기준으로 조건과 일치하지 않는 것을 출력하는 것이 아니라, 양쪽 모두에 조건이 일치하지 않는 것을 모두 출력하는 개념이다. 활용도는 낮으므로 다음 실습에서 간단히 확인만 해 두면 된다. 다음 실습에서는 3개 테이블의 LEFT/RIGHT/FULL OUTER JOIN 방식을 위주로 파악하자.

실습7

LEFT/RIGHT/FULL OUTER JOIN을 실습하자.
앞의 〈실습 6〉에서 세 개의 테이블을 가지고 INNER JOIN했던 결과를 OUTER JOIN으로 고려하자. 또 두 개의 조인을 고려한 FULL JOIN을 테스트하자.

step 1

앞에서 했던 〈실습 6〉 step 2 의 학생을 기준으로 출력된 결과를 보면, 동아리에 가입하지 않은 학생 성시경은 출력이 안됐다. OUTER JOIN으로 동아리에 가입하지 않은 학생도 출력되도록 수정하자.
간단히 INNER JOIN을 LEFT OUTER JOIN으로 변경하면 된다.

```
SELECT S.stdName, S.addr, C.clubName, C.roomNo
    FROM stdTBL S
        LEFT OUTER JOIN stdclubTBL SC
            ON S.stdName = SC.stdName
        LEFT OUTER JOIN clubTBL C
```

```
        ON SC.clubName = C.clubName
    ORDER BY S.stdName;
```

	STDNAME	ADDR	CLUBNAME	ROOMNO
1	김범수	경남	바둑	102호
2	김범수	경남	축구	103호
3	바비킴	서울	봉사	104호
4	성시경	서울	(null)	(null)
5	은지원	경북	봉사	104호
6	은지원	경북	축구	103호
7	조용필	경기	축구	103호

[그림 7-44] 쿼리 실행 결과

step 2

이번에는 동아리를 기준으로 가입된 학생을 출력하되, 가입 학생이 하나도 없는 동아리도 출력되게 하자.

```
    SELECT C.clubName, C.roomNo, S.stdName, S.addr
        FROM  stdTBL S
            LEFT OUTER JOIN stdclubTBL SC
                ON SC.stdName = S.stdName
            RIGHT OUTER JOIN clubTBL C
                ON SC.clubName = C.clubName
        ORDER BY C.clubName;
```

클럽을 기준으로 조인을 해야 하므로 두 번째 조인은 RIGHT OUTER JOIN으로 처리해서 clubTBL이 조인의 기준이 되도록 설정하면 된다.

	CLUBNAME	ROOMNO	STDNAME	ADDR
1	바둑	102호	김범수	경남
2	봉사	104호	바비킴	서울
3	봉사	104호	은지원	경북
4	수영	101호	(null)	(null)
5	축구	103호	조용필	경기
6	축구	103호	김범수	경남
7	축구	103호	은지원	경북

[그림 7-45] 쿼리 실행 결과

step 3

위의 두 결과를 하나로 합쳐보자. 즉, 동아리에 가입하지 않은 학생도 출력되고 학생이 한 명도 없는 동아리도 출력되게 하자. 앞의 두 쿼리를 UNION으로 합쳐주면 된다.

```
    SELECT S.stdName, S.addr, C.clubName, C.roomNo
        FROM stdTBL S
            LEFT OUTER JOIN stdclubTBL SC
                ON S.stdName = SC.stdName
            LEFT OUTER JOIN clubTBL C
```

```
                ON SC.clubName = C.clubName
    UNION
    SELECT S.stdName, S.addr, C.clubName, C.roomNo
       FROM   stdTBL S
          LEFT OUTER JOIN stdclubTBL SC
                ON SC.stdName = S.stdName
          RIGHT OUTER JOIN clubTBL C
                ON SC.clubName = C.clubName;
```

	STDNAME	ADDR	CLUBNAME	ROOMNO
1	김범수	경남	바둑	102호
2	김범수	경남	축구	103호
3	바비킴	서울	봉사	104호
4	성시경	서울	(null)	(null)
5	은지원	경북	봉사	104호
6	은지원	경북	축구	103호
7	조용필	경기	축구	103호
8	(null)	(null)	수영	101호

[그림 7-46] 쿼리 실행 결과

결과를 보면 동아리에 가입하지 않은 성시경 학생과 가입한 학생이 없는 수영 동아리가 모두 출력되었다.

 비타민 퀴즈 7-3

Linux 가상머신의 명령어 모드에서 앞의 〈실습 7〉을 진행해 보자. 한글 입출력이 되지 않는 것은 그냥 무시하자.

7.2.3 CROSS JOIN(상호 조인)

CROSS JOIN은 한쪽 테이블의 모든 행들과 다른 쪽 테이블의 모든 행을 조인시키는 기능을 한다. 그래서 CROSS JOIN의 결과 개수는 두 테이블 개수를 곱한 개수가 된다.

[그림 7-47]과 같은 조인이 발생한다. 회원 테이블의 첫 행이 구매 테이블의 모든 행과 조인되고, 그것을 회원 테이블의 모든 행이 반복하는 것이다. 그러므로, 회원 테이블의 개수인 10개와 구매 테이블의 개수인 12개가 곱해져서 120개의 결과가 된다. 이러한 CROSS JOIN을 '카티션곱Cartesian Product'이라고도 부른다.

회원 테이블(userTbl)

아이디	이름	생년	지역	국번	전화번호	키	가입일
LSG	이승기	1987	서울	011	11111111	182	2008.8.8
KBS	김범수	1979	경남	011	22222222	173	2012.4.4
KKH	김경호	1971	전남	019	33333333	177	2007.7.7
JYP	조용필	1950	경기	011	44444444	166	2009.4.4
SSK	성시경	1979	서울			186	2013.12.12
LJB	임재범	1963	서울	016	66666666	182	2009.9.9
YJS	윤종신	1969	경남			170	2005.5.5
EJW	은지원	1978	경북	011	88888888	174	2014.3.3
JKW	조관우	1965	경기	018	99999999	172	2010.10.10
BBK	바비킴	1973	서울	010	00000000	176	2013.5.5

PK

구매 테이블(buyTbl)

순번	아이디	물품명	분류	단가	수량
1	KBS	운동화		30	2
2	KBS	노트북	전자	1000	1
3	JYP	모니터	전자	200	1
4	BBK	모니터	전자	200	5
5	KBS	청바지	의류	50	3
6	BBK	메모리	전자	80	10
7	SSK	책	서적	15	5
8	EJW	책	서적	15	2
9	EJW	청바지	의류	50	1
10	BBK	운동화		30	2
11	EJW	책	서적	15	1
12	BBK	운동화		30	2

PK FK

[그림 7-47] CROSS JOIN(상호 조인) 방식

회원 테이블과 구매 테이블의 CROSS JOIN 구문은 다음과 같다.

```
SELECT *
  FROM buyTbl
    CROSS JOIN userTbl;
```

⚠ CROSS JOIN을 하려면 위와 동일한 구문으로 WHERE 구문 없이 FROM절에 테이블 이름들을 나열해도 된다.
이 역시 별로 권장하는 바는 아니다.

```
SELECT *
  FROM buyTbl, userTbl ;
```

CROSS JOIN에는 ON 구문을 사용할 수 없다. CROSS JOIN의 용도는 테스트로 사용할 많은 용량의 데이터를 생성할 때 주로 사용한다. 예를 들어, HR 스키마에 107건이 있는 employees 테이블과 25건이 있는 countries 테이블을 CROSS JOIN시키면, 107×25=2675건의 데이터를 생성할 수 있다. 만약 100만 건이 있는 두 테이블을 CROSS JOIN시키면 100만×100만=1조 건의 데이터를 생성할 수 있다.

```
SELECT  COUNT(*) AS "데이터 개수"
  FROM HR.employees
    CROSS JOIN HR.countries,
```

[그림 7-48] 쿼리 실행 결과

⚠ 큰 샘플테이블을 실제로 생성하고자 한다면 **CREATE TABLE ... AS (SELECT...)** 문과 함께 사용하면 된다.

비타민 퀴즈 7-4

Linux 가상머신의 명령어 모드에서 sqlDB의 두 테이블을 CROSS JOIN시켜서 새로운 테이블 crossTBL을 생성해 보자. 그리고, 데이터 행이 몇 건이 생성되었는지 확인해 보자.

7.2.4 SELF JOIN

SELF JOIN(자체 조인)은 별도의 구문이 있는 것이 아니라 자기 자신과 자기 자신이 조인한다는 의미이다. 이런 것을 사용하는 경우의 대표적인 예가 6장 〈실습 3〉에서 생성했던 empTbl이다.

6장 [그림 6-53]의 간단한 조직도를 다시 살펴보자. 그리고 [표 6-3]을 보자. 이부장을 보면 이부장은 직원이므로 직원 이름 열에 존재한다. 그러면서 동시에 우대리와 지사원의 상관이어서 상관 이름 열에도 존재한다.

이렇듯, 하나의 테이블에 같은 데이터가 존재하되 의미는 다르게 존재하는 경우에는 두 테이블을 서로 SELF JOIN시켜서 정보를 확인할 수 있다. 만약, 우대리의 상관의 부서를 확인하고 싶다면 다음과 같이 사용할 수 있다.

⚠ 지금 샘플로 사용하는 empTbl에는 직원의 전화번호, 주소 등에 대한 정보를 생략했지만, 실무에서는 우대리 상관의 연락처를 알고 싶다거나, 주소를 알고 싶을 때 같은 방식으로 사용할 수 있다.

그런데 독자는 [그림 7-49]의 쿼리가 실행되지 않을 것이다. 7장 〈실습 1〉에서 sqlDB를 초기화시켰기 때문에, 6장 〈실습 3〉에서 생성한 empTbl이 없을 것이다. [그림 7-49]의 쿼리를 수행하기 전에 6장 〈실습 3〉의 step 0 을 먼저 수행해야 한다.

```
SELECT A.emp AS "부하직원" , B.emp AS "직속상관", B.department AS "직속상관부서"
    FROM empTbl A
        INNER JOIN empTbl B
            ON A.manager = B.emp
        WHERE A.emp = '우대리';
```

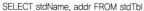

부하직원	직속상관	직속상관부서
1 우대리	이부장	재무부

[그림 7-49] 쿼리 실행 결과

7.2.5 UNION / UNION ALL / NOT IN / IN

앞에서 확인해 봤지만, UNION은 두 쿼리의 결과를 행으로 합치는 것을 말한다. [그림 7-50]을 보면 쉽게 이해가 될 것이다.

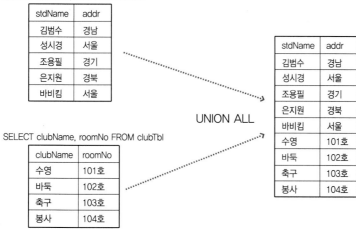

SELECT stdName, addr FROM stdTbl

stdName	addr
김범수	경남
성시경	서울
조용필	경기
은지원	경북
바비킴	서울

SELECT clubName, roomNo FROM clubTbl

clubName	roomNo
수영	101호
바둑	102호
축구	103호
봉사	104호

UNION ALL

stdName	addr
김범수	경남
성시경	서울
조용필	경기
은지원	경북
바비킴	서울
수영	101호
바둑	102호
축구	103호
봉사	104호

[그림 7-50] UNION의 결합과정

형식과 사용 예는 다음과 같다.

```
SELECT 문장1
    UNION [ALL]
SELECT 문장2
```

대신 SELECT 문장1과 SELECT 문장2의 결과 열의 개수가 같아야 하고, 데이터 형식도 각 열 단위로 같거나 서로 호환되는 데이터 형식이어야 한다. 당연히 문장1의 결과는 INT인데, 문장2의 결과는 CHAR이라거나 분류가 발생할 서버나 수하 억 이름은 그림 7-51에 표현되어 있듯이 문장1의 열 이름을 따른다. UNION만 사용하면 중복된 열은 제거가 되고 데이터가 정렬되어 나오며, UNION ALL을 사용하면 중복된 열까지 모두 출력된다.

```
SELECT stdName, addr FROM stdTBL
    UNION ALL
SELECT clubName, roomNo FROM clubTBL;
```

STDNAME	ADDR
1 김범수	경남
2 성시경	서울
3 조용필	경기
4 은지원	경북
5 바비킴	서울
6 수영	101호
7 바둑	102호
8 축구	103호
9 봉사	104호

[그림 7-51] 쿼리 실행 결과

NOT IN은 첫 번째 쿼리의 결과 중에서, 두 번째 쿼리에 해당하는 것을 제외하기 위한 구문이다. 예로, sqlDB의 사용자를 모두 조회하되, 전화가 없는 사람을 제외하고자 한다면, 다음과 같이 사용하면 된다.

```
SELECT userName, CONCAT(mobile1, mobile2) AS "전화번호" FROM userTbl
    WHERE userName NOT IN ( SELECT userName FROM userTbl WHERE mobile1 IS NULL);
```

USERNAME	전화번호
1 은지원	01188888888
2 조관우	01899999999
3 이승기	01111111111
4 김경호	01933333333
5 조용필	01144444444
6 바비킴	01000000000
7 임재범	01666666666
8 김범수	01122222222

[그림 7-52] 쿼리 실행 결과

NOT IN과 반대로 첫 번째 쿼리의 결과 중에서, 두 번째 쿼리에 해당되는 것만 조회하기 위해서는 IN을 사용하면 된다. 예로 전화가 없는 사람만 조회하고자 할 때 다음과 같이 사용한다.

```
SELECT userName, CONCAT(mobile1, mobile2) AS "전화번호" FROM userTbl
    WHERE userName IN ( SELECT userName FROM userTbl WHERE mobile1 IS NULL);
```

USERNAME	전화번호
1 성시경	(null)
2 윤종신	(null)

[그림 7-53] 쿼리 실행 결과

7.3 PL/SQL 프로그래밍

이번에 소개할 내용은 C, C++, C#, Java 등의 프로그래밍 언어를 공부한 경험이 있는 독자라면 비교적 반가운 부분이 될 것이다. 지금 익히는 것은 특히 10장에서 배우는 스토어드 프로시저, 함수, 커서 및 11장 트리거 부분의 기본이 되므로 잘 알아두자. SQL에서도 다른 프로그래밍 언어와 비슷한 분기, 흐름 제어, 반복의 기능이 있다. 이러한 기능을 전에 소개했던 변수와 함께 잘 활용한다면 강력한 SQL 프로그래밍이 가능하다.

이번 장의 앞쪽에서도 다뤘지만 다시 살펴보면, Oracle의 PL/SQL 프로시저는 다음과 같은 형태를 가진다.

```
DECLARE
    변수이름1 데이터형식;
    변수이름2 데이터형식;
BEGIN
    /* 이 부분에 프로그래밍 */
END ;
```

7.3.1 IF…ELSE…

조건에 따라 분기한다. 한 문장 이상이 처리되어야 할 때는 BEGIN… END와 함께 묶어줘야만 하며, 습관적으로 실행할 문장이 한 문장이라도 BEGIN… END로 묶어주는 것이 좋다.

```
    형식:
    IF <부울 표현식> THEN
            사용할 명령들1..
    ELSE
            사용할 명령들2..
    END IF;
```

간단한 구조다. 〈부울 표현식〉(Boolean Expression) 부분이 참[True]이라면 '사용할 명령들1'을 수행하고, 거짓[False]이라면 '사용할 명령들2'를 수행한다. 거짓[False]일 경우이면서 아무것도 할 것이 없다면 ELSE는 생략하면 된다.

⚠ 이번 실습도 모두 [로컬-sqlDB]에 연결해서 사용하자. 그리고, 코드들은 한 번에 마우스로 드래그해서 선택한 후 실행해야 한다.

```
 1   -- 화면 출력을 허용함(접속을 끊기 전에는 1회만 수행하면 됨)
 2   SET SERVEROUTPUT ON;
 3   DECLARE
 4       var1 NUMBER(5) ; -- 변수 선언
 5   BEGIN
 6       var1 := 100; -- 변수에 값 대입
 7       IF  var1 = 100 THEN  -- 만약 var1이 100이라면
 8           DBMS_OUTPUT.PUT_LINE('100입니다');
 9       ELSE
10           DBMS_OUTPUT.PUT_LINE('100이 아닙니다');
11       END IF;
12   END ;
```

```
    결과 값:
    100입니다
```

위의 간단한 사용 예를 통해 쉽게 이해가 되었을 것이다. 변수에 값을 대입할 때는 :=을 사용해서 대입해야 한다. 그냥 =는 같다는 비교의 의미다.

이번에는 HR 스키마의 employees 테이블을 사용해 보자. 열에는 입사일(hire_date) 열이 있는데, 사번(employee_id)이 200번에 해당하는 직원의 입사일이 5년이 넘었는지를 확인해 보자.

```
 1  DECLARE
 2      hireDate DATE ; -- 입사일
 3      curDate DATE ; -- 오늘
 4      wDays    NUMBER(5) ; -- 근무한 일수
 5  BEGIN
 6      SELECT hire_date INTO hireDate -- hire_date 열의 결과를 hireDATE에 대입
 7          FROM HR.employees
 8          WHERE employee_id = 200;
 9      curDate := CURRENT_DATE(); -- 현재 날짜
10      wDays :=   curDate - hireDate; -- 날짜의 차이(일 단위)
11      IF (wDays/365) >= 5 THEN -- 5년이 지났다면
12          DBMS_OUTPUT.PUT_LINE('입사한지 ' || wdays ||
13                          '일이나 지났습니다. 축하합니다!');
14      ELSE
15          DBMS_OUTPUT.PUT_LINE('입사한지 ' || wdays ||
16                          '일밖에 안되었네요. 열심히 일하세요.');
17      END IF;
18  END ;
```

결과 값:
입사한지 5168일이나 지났습니다. 축하합니다!

⚠ 전에 설명했지만, **SELECT 열 이름 INTO 변수이름 FROM 테이블이름** 구문은 조회된 열의 결과 값을 변수에 대입한다.

7.3.2 CASE

IF 구문은 2중 분기라는 용어를 종종 사용한다. 즉, 참 아니면 거짓 두 가지만 있기 때문이다. 점수와 학점을 생각해 보자. 90점 이상은 A, 80점 이상은 B, 70점 이상은 C, 60점 이상은 D, 60점 미만은 F로 분할할 수 있다. 이때 5가지의 경우에 따라 각각 달라지므로 '다중 분기' 라는 용어를 사용한다. IF… ELSIF… ELSE…문으로 작성해 보자.

```
1   DECLARE
2       pNumber NUMBER(3) ; -- 점수
3       credit CHAR(1) ; -- 학점
4   BEGIN
5       pNumber := 77;
6       IF pNumber >= 90 THEN
7           credit := 'A';
8       ELSIF pNumber >= 80 THEN
9           credit := 'B';
10      ELSIF pNumber >= 70 THEN
11          credit := 'C';
12      ELSIF pNumber >= 60 THEN
13          credit := 'D';
14      ELSE
15          credit := 'F';
16      END IF;
17      DBMS_OUTPUT.PUT_LINE('취득점수==>' || pNumber || ', 학점==>' || credit);
18  END ;
```

```
결과 값:
취득점수==>77, 학점==>C
```

IF문을 사용해서 학점 계산 프로그램을 만들었다. 위 IF문을 CASE문으로 변경할 수도 있다.

```
1   DECLARE
2       pNumber NUMBER(3) ; -- 점수
3       credit CHAR(1) ; -- 학점
4   BEGIN
5       pNumber := 77;
6       CASE
7           WHEN pNumber >= 90 THEN
8               credit := 'A';
9           WHEN pNumber >= 80 THEN
10              credit := 'B';
11          WHEN pNumber >= 70 THEN
12              credit := 'C';
13          WHEN pNumber >= 60 THEN
14              credit := 'D';
```

```
15              ELSE
16                  credit := 'F';
17          END CASE;
18      DBMS_OUTPUT.PUT_LINE('취득점수==>' || pNumber || ', 학점==>' || credit);
19  END ;
```

CASE문은 혹시 조건에 맞는 WHEN이 여러 개더라도 먼저 조건이 만족하는 WHEN이 처리된다. 그리고 CASE를 종료한다. CASE문의 활용은 SELECT문에서 더 많이 사용된다.

실습8

CASE문을 활용하는 SQL 프로그래밍을 작성하자.

sqlDB의 내용이 기억나지 않는다면, 6장의 [그림 6–11]을 다시 보면서 실습하자.

sqlDB의 구매 테이블(buyTbl)에 구매액(price*amount)이 1,500원 이상인 고객은 '최우수 고객', 1000원 이상인 고객은 '우수고객', 1원 이상인 고객은 '일반고객'으로 출력하자. 또, 전혀 구매 실적이 없는 고객은 '유령고객'이라고 출력하자. 이번 실습의 최종 결과를 먼저 보면 [그림 7–54]와 같다.

	USERID	USERNAME	총구매액	고객등급
1	BBK	바비킴	1920	최우수고객
2	KBS	김범수	1210	우수고객
3	JYP	조용필	200	일반고객
4	EJW	은지원	95	일반고객
5	SSK	성시경	75	일반고객
6	YJS	윤종신	(null)	유령고객
7	JKW	조관우	(null)	유령고객
8	LJB	임재범	(null)	유령고객
9	LSG	이승기	(null)	유령고객
10	KKH	김경호	(null)	유령고객

[그림 7–54] 고객등급의 분류 결과

step 0

먼저 7장 〈실습 1〉의 step 0 을 참조해서 sqlDB를 초기화한다. 독자가 스스로 한다.

step 1

[로컬-sqlDB]의 워크시트에서 작업한다. 먼저, buyTbl에서 구매액(price*amount)을 사용자 아이디 (userID)별로 그룹화한다. 또, 구매액이 높은 순으로 정렬한다.

```
SELECT userID, SUM(price*amount) AS "총구매액"
    FROM buyTbl
    GROUP BY userID
    ORDER BY SUM(price*amount) DESC;
```

	⊕ USERID	⊕ 총구매액
1	BBK	1920
2	KBS	1210
3	JYP	200
4	EJW	95
5	SSK	75

[그림 7-55] 쿼리 실행 결과

step 2

사용자 이름이 빠졌으므로, userTbl과 조인해서 사용자 이름도 출력하자.

```
SELECT B.userID, U.userName, SUM(price*amount) AS "총구매액"
    FROM buyTbl B
        INNER JOIN userTbl U
            ON B.userID = U.userID
    GROUP BY B.userID, U.userName
    ORDER BY SUM(price*amount) DESC;
```

	⊕ USERID	USERNAME	⊕ 총구매액
1	BBK	바비킴	1920
2	KBS	김범수	1210
3	JYP	조용필	200
4	EJW	은지원	95
5	SSK	성시경	75

[그림 7-56] 쿼리 실행 결과

step 3

그런데, buyTbl에서 구매한 고객의 명단만 나왔을 뿐, 구매하지 않은 고객의 명단은 나오지 않았다. 오른쪽 테이블(userTbl)의 내용이 없더라도 나오도록 하기 위해 RIGHT OUTER JOIN으로 변경한다. 또한 정렬할 때 NULL 값을 뒤쪽으로 보내려면 정렬할 때 NULLS LAST문을 붙여주면 된다.

```
SELECT B.userID, U.userName, SUM(price*amount) AS "총구매액"
    FROM buyTbl B
        RIGHT OUTER JOIN userTbl U
            ON B.userID = U.userID
    GROUP BY B.userID, U.userName
    ORDER BY SUM(price*amount) DESC NULLS LAST;
```

	USERID	USERNAME	총구매액
1	BBK	바비킴	1920
2	KBS	김범수	1210
3	JYP	조용필	200
4	EJW	은지원	95
5	SSK	성시경	75
6	(null)	조관우	(null)
7	(null)	김경호	(null)
8	(null)	임재범	(null)
9	(null)	윤종신	(null)
10	(null)	이승기	(null)

[그림 7-57] 쿼리 실행 결과

step 4

그런데 결과를 보니 name은 제대로 나왔으나, 구매한 기록이 없는 고객은 userID 부분이 null로 나왔다.
이유는 SELECT절에서 B.userID를 출력하기 때문이다. buyTbl에는 윤종신, 김경호 등이 구매한 적이 없
으므로 아예 해당 아이디가 없다. userID의 기준을 buyTbl에서 userTbl로 변경하자.

```
SELECT U.userID, U.userName, SUM(price*amount) AS "총구매액"
    FROM buyTbl B
        RIGHT OUTER JOIN userTbl U
            ON B.userID = U.userID
    GROUP BY U.userID, U.userName
    ORDER BY SUM(price*amount) DESC NULLS LAST;
```

	USERID	USERNAME	총구매액
1	BBK	바비킴	1920
2	KBS	김범수	1210
3	JYP	조용필	200
4	EJW	은지원	95
5	SSK	성시경	75
6	YJS	윤종신	(null)
7	JKW	조관우	(null)
8	LJB	임재범	(null)
9	LSG	이승기	(null)
10	KKH	김경호	(null)

[그림 7-58] 쿼리 실행 결과

step 5

이제는 총구매액에 따른 고객 분류를 처음에 제시했던 대로 CASE문만 따로 고려해 보자. (다음은 실행하
지 말자.)

```
CASE
        WHEN (SUM(price*amount)  >= 1500) THEN  '최우수고객'
        WHEN (SUM(price*amount)  >= 1000) THEN  '우수고객'
        WHEN (SUM(price*amount)  >= 1 ) THEN '일반고객'
        ELSE '유령고객'
END
```

작성한 CASE 구문을 SELECT에 추가한다. 최종 쿼리는 다음과 같다.

```
SELECT U.userID, U.userName, SUM(price*amount) AS "총구매액"
        CASE
            WHEN (SUM(price*amount)  >= 1500) THEN  '최우수고객'
            WHEN (SUM(price*amount)  >= 1000) THEN  '우수고객'
            WHEN (SUM(price*amount) >= 1 ) THEN '일반고객'
            ELSE '유령고객'
        END AS "고객등급"
    FROM buyTbl B
        RIGHT OUTER JOIN userTbl U
            ON B.userID = U.userID
    GROUP BY U.userID, U.userName
    ORDER BY SUM(price*amount) DESC NULLS LAST;
```

이로써 처음에 원했던 결과인 [그림 7-54]가 나오는 쿼리문을 작성했다. 무조건 제일 마지막의 쿼리문을 만들려고 하면 좀 어려울 수도 있으나, 하나씩 해결하면서 만들어가면 그리 어렵지 않을 것이다.

☼ **비타민 퀴즈 7-5**

SQL Developer에서 Linux 가상머신에 접속해서 〈실습 8〉을 진행해 보자.

7.3.3 WHILE LOOP, FOR LOOP와 CONTINUE, EXIT

WHILE문은 다른 프로그래밍 언어의 WHILE과 동일한 개념이다. 해당 〈부울 식〉이 참인 동안에는 계속 반복되는 반복문이다.

```
형식:
WHILE <부울 식>
LOOP
     명령문들…
END LOOP;
```

1에서 100까지의 값을 모두 더하는 간단한 기능을 구현해 보자.

```
 1  SET SERVEROUTPUT ON;
 2  DECLARE
 3      iNum NUMBER(3) ; -- 1에서 100까지 증가할 변수
 4      hap NUMBER(5) ; -- 더한 값을 누적할 변수
 5  BEGIN
 6      iNum := 1;
 7      hap := 0;
 8      WHILE iNum <= 100
 9      LOOP
10          hap := hap + iNum; -- hap에 iNum를 누적시킴
11          iNum := iNum + 1; -- iNum을 1 증가시킴
12      END LOOP;
13      DBMS_OUTPUT.PUT_LINE(hap);
14  END ;
```

```
결과 값:
5050
```

1행은 출력을 위해서 1회 수행해 줘야 한다. 3, 4행에서 변수 2개를 준비하고, 8~12행까지 반복한다. iNum이 1부터 100까지 변하므로 결국 10행은 1+2+3+⋯+100의 값이 누적된다.

WHILE LOOP와 비슷한 용도로 FOR LOOP를 사용할 수도 있다. 시작값~끝값까지 변수에 대입되어서 반복된다.

```
형식:
FOR 변수 IN 시작값 .. 끝값
LOOP
    명령문들…
END LOOP;
```

동일하게 1에서 100까지의 값을 모두 더하는 간단한 기능을 FOR LOOP로 구현해 보자. iNum을 별도로 초기화하거나 증가시키는 구문은 필요 없으며, FOR문에서 해결이 된다.

```
 1  DECLARE
 2      iNum NUMBER(3) ; -- 1에서 100까지 증가할 변수
 3      hap NUMBER(5) ; -- 더한 값을 누적할 변수
 4  BEGIN
 5      hap := 0;
 6      FOR iNum IN 1 .. 100
 7      LOOP
 8          hap := hap + iNum; -- hap에 iNum를 누적시킴
 9      END LOOP;
10      DBMS_OUTPUT.PUT_LINE(hap);
11  END ;
```

WHILE LOOP와 FOR LOOP는 사용법만 약간 다를 뿐 동일한 결과를 낼 수 있다. 어떤 것을 사용해도 된다. 그런데, 1에서 100까지 합계에서 7의 배수는 합계에서 제외시키려면 어떻게 할까? 즉 1+2+3+4+5+6+8+9+⋯100의 합계를 구하고 싶다. 또, 더하는 중간에 합계가 1,000이 넘으면 더하는 것을 그만두고, 출력을 하고 싶다면? 그럴 경우에는 CONTINUE문과 EXIT문을 사용할 수 있다. 다음 코드를 보자.

```
 1  DECLARE
 2      iNum NUMBER(3) ; -- 1에서 100까지 증가할 변수
 3      hap NUMBER(5) ; -- 더한 값을 누적할 변수
 4  BEGIN
 5      iNum := 1;
 6      hap := 0;
 7      WHILE iNum <= 100
 8      LOOP
 9          IF MOD(iNum, 7) = 0 THEN
10              iNum := iNum + 1;
11              CONTINUE;
12          END IF;
13          hap := hap + iNum; -- hap에 iNum를 누적시킴
14          IF hap > 1000 THEN
15              EXIT;
16          END IF;
17          iNum := iNum + 1; -- iNum을 1 증가시킴
18      END LOOP;
19      DBMS_OUTPUT.PUT_LINE(hap);
20  END ;
```

```
결과 값:
1029
```

9~12행은 iNum을 7로 나눈 나머지 값이 0이면 iNum을 1 증가시킨 후, CONTINUE문을 만나서 바로 7행의 WHILE문으로 이동해서 비교(iNum 〈= 100)를 다시 한다. 14~16행에서 hap이 1,000을 넘으면 EXIT문을 만나면 WHILE문을 빠져 나와서 19행으로 간다.

7.3.4 GOTO

GOTO문을 만나면 지정한 위치로 무조건 이동하게 된다. 위치는 〈〈 라벨 이름 〉〉으로 지정해 놓을 수 있다. GOTO문은 프로그램 자체의 논리의 흐름을 깨는 것이므로 꼭 필요할 때 외에는 사용하지 않는 것이 바람직하다. 어떤 프로그래밍 언어는 GOTO문 자체가 아예 없는 것도 있다. 즉, GOTO 문 없이도 프로그래밍에 아무런 문제가 없다는 뜻이다.

앞의 예에서 EXIT 대신에, GOTO를 써서 동일한 결과를 얻을 수 있다.

```
 1    … (중간 생략)
 2         hap := hap + iNum; -- hap에 iNum를 누적시킴
 3         IF hap > 1000 THEN
 4             GOTO  my_goto_location;
 5         END IF;
 6         iNum := iNum + 1; -- iNum을 1 증가시킴
 7     END LOOP;
 8     ≪ my_goto_location ≫
 9     DBMS_OUTPUT.PUT_LINE(hap);
10  END ;
```

8행에서 라벨을 지정했다. 3~5행에서 hap이 100을 넘으로 4행이 실행되어 8행으로 바로 이동한다.

비타민 퀴즈 7-6

1부터 1,000까지의 숫자 중에서 3의 배수 또는 8의 배수만 더하는 프로시저를 만들어 보자. 즉, 3+6+8+9+12+15+16……만 더해지도록 한다.

7.3.5 일시정지를 위한 DBMS_LOCK.SLEEP()

코드의 실행을 일시정지하기 위해서 DBMS_LOCK.SLEEP(초) 패키지를 사용할 수 있다.
다음은 일시 정지를 위한 간단한 예다.

```
1    BEGIN
2        DBMS_LOCK.SLEEP(5);
3        DBMS_OUTPUT.PUT_LINE('5초간 멈춘후 진행되었음');
4    END ;
```

```
결과 값:
5초간 멈춘후 진행되었음
```

종종 사용되는 경우가 있으니 기억해 두자.

7.3.6 예외 처리

Oracle은 예외 상황(=오류)이 발생할 경우, 몇 가지 방식으로 예외 처리Exception Handling하는 방법을
제공한다. 예외의 종류는 다음과 같이 분류할 수 있다.

- Oracle 예외 : Oracle 내부에 이미 정의된 예외로 자동으로 발생한다.
- 사용자 정의 예외 : 사용자가 예외를 직접 정의한다.

Oracle 예외 처리

Oracle에서 내부에 정의된 예외 중 PL/SQL에서 자주 발생하는 것은 약 20여 가지 있다. 다음은
자주 발생되는 오류에 대한 예외 이름, Oracle 오류 번호, SQLCODE에 대한 요약이다. 모두 외울
필요는 없지만, [표 7-6]의 예외는 Oracle을 사용하다 보면 자주 보게 되므로, 눈에 익혀두는 것이
좋다.

예외 이름	Oracle 오류 번호	SQLCODE	설명
ACCESS_INTO_NULL	ORA-06530	-6530	정의되지 않은 개체에 값을 대입하려 할 때
CASE_NOT_FOUND	ORA-06592	-6592	CASE문의 WHEN절에 해당되는 조건이 없고 ELSE절도 없을 경우
COLLECTION_IS_NULL	ORA-06531	-6531	선언되지 않은 컬렉션에 EXISTS 이외의 메소드를 사용했을 때
CURSOR_ALREADY_OPENED	ORA-06511	-6511	이미 열린 커서를 다시 열려고 시도했을 때
DUP_VAL_ON_INDEX	ORA-00001	-1	유일 인덱스에 중복값을 입력했을 경우
INVALID_CURSOR	ORA-01001	-1001	커서의 조작을 잘못한 경우
INVALID_NUMBER	ORA-01722	-1722	문자를 숫자로 변환 시 실패될 때
NO_DATA_FOUND	ORA-01403	+100	SELECT문이 0건을 반환했을 경우
PROGRAM_ERROR	ORA-06501	-6501	PL/SQL 내부적인 문제가 발생한 경우
ROWTYPE_MISMATCH	ORA-06504	-6504	커서 변수와 PL/SQL 커서 변수의 데이터 형이 불일치할 때
STORAGE_ERROR	ORA-06500	-6500	메모리가 부족 또는 메모리에 문제가 일어났을 때
SUBSCRIPT_BEYOND_COUNT	ORA-06533	-6533	컬렉션의 요소 개수보다 더 큰 첨자 값으로 참조한 경우
SUBSCRIPT_OUTSIDE_LIMIT	ORA-06532	-6532	-1 등과 같이 컬렉션의 첨자 범위를 벗어난 참조가 일어났을 때
SYS_INVALID_ROWID	ORA-01410	-1410	문자열을 ROWID로 변환할 때 무효한 문자열의 표현일 경우
TOO_MANY_ROWS	ORA-01422	-1422	SELECT문이 두 건 이상의 행을 반환했을 때
VALUE_ERROR	ORA-06502	-6502	산술, 변환, 절삭, 크기 제약 등의 오류가 발생할 때
ZERO_DIVIDE	ORA-01476	-1476	0으로 나누는 시도를 할 때

[표 7-6] Oracle에서 자주 발생되는 예외(출처: Oracle)

예외 처리를 PL/SQL에서 처리하는 형식은 다음과 같다.

```
형식 :
EXCEPTION
WHEN 예외1 [OR 예외2 …] THEN   -- 최소 1개의 예외 처리 필요
    처리할 문장들;
[WHEN 예외3 [OR 예외4 …] THEN -- 필요한 수만큼 예외 처리를 반복하면 됨
    처리할 문장들; ]
…
[WHEN OTHERS THEN -- 모든 예외에 해당하지 않을 때
    처리할 문장들; [
```

예제를 통해서 확인해 보자.

```
1   DECLARE
2       -- 테이블 열의 데이터 타입과 동일하게 변수 타입을 설정
3       v_userName userTBL.userName%TYPE;
4   BEGIN
5       SELECT userName INTO v_userName FROM userTBL
6               WHERE userName LIKE ('김%'); -- 김범수, 김경호 2명
7       DBMS_OUTPUT.PUT_LINE ('김씨 고객 이름은 ' ||v_userName|| '입니다.') ;
8       EXCEPTION
9           WHEN NO_DATA_FOUND THEN
10              DBMS_OUTPUT.PUT_LINE ('김씨 고객이 없습니다.') ;
11          WHEN TOO_MANY_ROWS THEN
12              DBMS_OUTPUT.PUT_LINE ('김씨 고객이 너무 많네요.') ;
13  END ;
```

```
결과 값:
김씨 고객이 너무 많네요.
```

3행에서 '테이블이름.열 이름%TYPE'은 해당 열과 동일하게 데이터 타입을 지정한다. 8~12행은 예
외 처리를 위해서 추가한 행이다. 5, 6행의 SELECT가 실행될 때 데이터 건수가 0이면 9행의 예외
처리가 실행되고, 데이터 건수가 2 이상이면 11행의 예외 처리가 수행된다. 지금의 경우에는 2건이
므로 11, 12행이 실행되었다.

사용자 정의 예외 처리

사용자 정의^{User-defined} 예외 처리란 오류가 발생하면 오류 메시지를 변경해서 출력할 때 사용한다. 형식은 주로 다음과 같이 사용한다.

```
형식 :
DECLARE
    예외변수 EXCEPTION;
    PRAGMA EXCEPTION_INIT(예외변수, SQLCODE);
BEGIN
    명령들;
    EXCEPTION
        WHEN 예외변수 THEN
            처리할 문장들;
END;
```

예외변수를 미리 준비해 놓고 PROGMA 예약어로 예외를 등록해 놓는다. 여기서는 SQLCODE를 사용해야 하는데, [표 7-1]에 대응되는 SQLCODE를 수록해 놓았다. 앞 코드를 사용자 정의 예외 처리로 변경해 보자.

```
 1  DECLARE
 2      v_userName userTBL.userName%TYPE;
 3      userException EXCEPTION;
 4      PRAGMA EXCEPTION_INIT(userException, -1422);
 5  BEGIN
 6      SELECT userName INTO v_userName FROM userTBL
 7              WHERE userName LIKE ('김%'); ─ 김범수, 김경호 2명
 8      DBMS_OUTPUT.PUT_LINE ('김씨 고객 이름은 ' ||v_userName|| '입니다.') ;
 9      EXCEPTION
10          WHEN NO_DATA_FOUND THEN
11              DBMS_OUTPUT.PUT_LINE ('김씨 고객이 없습니다.') ;
12          WHEN userException THEN
13              DBMS_OUTPUT.PUT_LINE ('김씨 고객이 너무 많네요.') ;
14  END ;
```

```
결과 값:
김씨 고객이 너무 많네요.
```

3, 4행에서 사용자 정의 예외를 준비했다. [표 7-1]을 보면 TOO_MANY_ROWS의 SQLCODE 는 -1422로 나와 있다. 12행에서 사용자 정의 예외를 사용해서 오류를 처리했다. 결과는 동일하게 나온다.

그런데, 이와 같은 사용자 정의 예외는 굳이 만들 필요가 별로 없다. Oracle 오류 코드로도 충분히 처리할 수 있기 때문이다. 사용자 정의 예외는 Oracle 오류 코드가 없는 경우에 만드는 것이 더욱 유용한다.

예로 고객을 삭제할 때, 삭제된 데이터가 없어도 PL/SQL은 오류를 발생시키지 않는다. 이것을 사용자 정의 예외로 만들고 강제로 예외가 발생하도록 할 수 있다.

```
 1  DECLARE
 2      v_userName userTBL.userName%TYPE;
 3      zeroDelete EXCEPTION;
 4  BEGIN
 5      v_userName := '무명씨';
 6      DELETE FROM userTBL WHERE userName=v_userName;
 7      IF SQL%NOTFOUND THEN
 8          RAISE zeroDelete;
 9      END IF;
10      EXCEPTION
11          WHEN zeroDelete THEN
12              DBMS_OUTPUT.PUT_LINE (v_userName || ' 데이터 없음. 확인 바래요^^') ;
13  END ;
```

```
결과 값:
무명씨 데이터 없음. 확인 바래요^^
```

5, 6행의 DELETE문은 0건을 지운다. Oracle은 이것은 오류가 아니지만, 오류로 처리하기 위해서 3행에서 zeroDelete라고 예외 처리를 준비했다. 7행의 'SQL'은 Oracle에 내장된 커서 이름을 지칭하는데, 우선은 앞 쿼리의 결과를 의미한다고 생각하자. 'SQL' 뒤에는 %FOUND, %NOTFOUND, %ROWCOUNT, %BULK_ROWCOUNT 등이 올 수 있다.

현재 7행은 %NOTFOUND를 사용했으므로, '무명씨'가 없다면 8행이 실행된다. 8행은 강제로 예외를 발생시켜서 해당하는 예외 이름인 11행으로 분기해서 12행이 출력된 것이다.

필요하다면 RAISE_APPLICATION_ERROR(새로운_오류번호, '메시지')를 사용해서 원래 Oracle의 오류가 있던 것처럼 처리할 수도 있다. 새로운_오류번호는 -20000부터 -20999까지 할 당할 수 있다.

```
1  DECLARE
2      v_userName userTBL.userName%TYPE;
3  BEGIN
4      v_userName := '무명씨';
5      DELETE FROM userTBL WHERE userName=v_userName;
6      IF   SQL%NOTFOUND   THEN
7          RAISE_APPLICATION_ERROR(-20001, '데이터 없음 오류 발생!!');
8      END IF;
9  END ;
```

```
결과 값:
오류 보고 -
ORA-20001: 데이터 없음 오류 발생!!
ORA-06512: at line 7
```

7행에서 오류를 강제로 발생시켰다. 결과를 보면 Oracle에 내장된 오류처럼 처리되었다. 이 코드에서 예외처리 변수는 필요없다.

7.3.7 동적 SQL

EXECUTE IMMEDIATE문은 SQL 문장을 실행시켜 주는 기능을 한다. 먼저 다음의 간단한 문장을 실행해 보자. 다음은 userID가 'EJW'인 사람의 키를 확인하는 코드다.

```
1  DECLARE
2      v_sql VARCHAR2(100); -- SQL 문장을 저장할 변수
3      v_height userTBL.height%TYPE;  -- 반환될 키를 저장할 변수
4  BEGIN
5      v_sql := 'SELECT height FROM userTBL WHERE userid = ''EJW'' ' ;
6      EXECUTE IMMEDIATE v_sql INTO v_height;
7      DBMS_OUTPUT.PUT_LINE (v_height) ;
8  END ;
```

2행에서 SQL문을 저장할 변수를 준비하고, 5행에서 변수에 SQL문을 저장했다. 그리고 6행에서 변수에 저장된 SQL문이 비로소 실행된 것이다. 결과는 v_height 변수에 들어가고 7행에서 출력했다.

이렇게 미리 쿼리문을 준비한 후에 나중에 실행하는 것을 '동적 SQL'이라고도 부른다. 이 동적 SQL은 종종 유용하게 사용될 수 있다.

예로 테이블을 생성해야 하는데, 테이블의 이름이 'myTBL현재연_월_일'로 항상 만들어져야 하는 경우를 가정해 보자. 즉, 오늘이 2019년 12월 31일이면 테이블이름은 "myTBL2019_12_31"로, 2020년 1월 18일이라면 "myTBL2020_1_18"과 같이 실행시킬 때마다 다른 이름의 테이블이 생성되어야 한다면, 동적 SQL을 활용할 수 있다.

```
1   DECLARE
2       v_year CHAR(4);
3       v_month CHAR(2);
4       v_day   CHAR(2);
5       v_sql VARCHAR2(100);
6       v_height userTBL.height%TYPE;
7   BEGIN
8       v_year := EXTRACT(YEAR FROM SYSDATE);
9       v_month := EXTRACT(MONTH FROM SYSDATE);
10      v_day := EXTRACT(DAY FROM SYSDATE);
11      v_sql := 'CREATE TABLE myTBL' || v_year || '_' || v_month || '_' ||
12               v_day || ' (idNum  NUMBER(5), userName NVARCHAR2(10))';
13      EXECUTE IMMEDIATE v_sql;
14      DBMS_OUTPUT.PUT_LINE ('테이블 생성됨');
15  END;
```

2~4행에서 연, 월, 일을 저장할 변수를 준비했다. 8~10행은 이번 장 앞에서 배웠던 내장 함수를 활용해서 연, 월, 일을 추출했다. 11행에서 문자열을 이어서 CREATE문을 생성하고 13행에서 생성된 CREATE문을 실행했다. 결국 전체 구문은 **CREATE TABLE myTBL2019_12_31 (idNum NUMBER(5), userName NVARCHAR2(10))**과 같은 형식의 SQL을 실행한 것과 마찬가지다. 하지만, 항상 실행시킬 때마다 실행한 날짜에 따라서 테이블 이름이 변하게 될 것이다.

(당연히 같은 날에 두 번 실행하면 이미 테이블이 생성된 상태이므로 오류가 발생한다.)

이상으로 Oracle의 프로그래밍 기능을 살펴보았다. 지금 학습한 내용은 10장의 스토어드 프로시저, 11장의 트리거에서 적극적으로 활용될 내용이므로 잘 기억해 놓자.

Oracle 고급

Oracle의 중요한 데이터베이스 개체인 테이블, 뷰, 인덱스, 스토어드 프로시저, 트리거 등을 학습한다.

테이블과 뷰

DBMS를 사용한다는 것은 결국 어떠한 정보를 스키마에 저장시켜 놓고 필요할 경우에 꺼내서 사용하는 것이라고 볼 수 있다. 이러한 정보를 넣기 위한 개체가 바로 '테이블Table'이다. 즉, 테이블은 스키마를 구성하는 가장 기본적인 개체이며, 핵심이다.

테이블은 행과 열로 구성되어 있다. 이 행을 로우row나 레코드record라고 부르며, 열은 컬럼column 또는 필드field라고 부른다. 마이크로소프트 엑셀Excel을 사용해 봤다면, 테이블은 이 엑셀의 시트Sheet와 거의 비슷한 구조로 되어 있다는 것을 눈치챌 수 있을 것이다.

뷰View는 테이블과 거의 똑같은 모양을 가진다. 뷰를 한마디로 정의하자면 '가상의 테이블'이라고 부를 수 있다. 그래서 뷰를 '뷰 테이블'이라고 부르기도 하지만 정확히 얘기하면 올바른 표현은 아니다. 뷰는 실체가 없지만, 마치 실체가 있는 것처럼 보인다.

뷰를 '뷰 테이블'이라고 부르는 이유는 데이터베이스를 단순 목적으로 사용하는 일반 사용자나 어플리케이션의 입장에서는 뷰나 테이블이 똑같이 보이기 때문이다. 즉, 일반 사용자는 지금 조회하고자 하는 것이 뷰이던지 테이블이던지 중요하지 않고, 단지 자신이 원하는 결과만 나오면 되기 때문이다. 단, 데이터베이스 개발자나 관리자의 입장에서는 테이블과 뷰를 명확히 구분하고 사용해야 한다.

이 장의 핵심 개념

8장에서는 데이터베이스의 핵심 개체인 테이블에 대해서 상세히 살펴보고, 가상의 테이블인 뷰에 대해서도 함께 알아본다. 8장의 핵심 개념은 다음과 같다.

1. 테이블은 SQL Developer의 그래픽 환경 및 SQL문을 사용한 텍스트 환경 모두에서 생성할 수 있다.

2. 제약 조건Constraint이란 데이터의 무결성을 지키기 위한 제한된 조건을 의미한다.

3. 제약 조건의 종류로는 기본 키, 외래 키, Unique, Check, Default, Null 제약 조건 등이 있다.

4. Oracle은 임시 테이블 기능을 지원한다.

5. 뷰란 한마디로 '가상의 테이블'이라고 생각하면 된다.

6. 구체화된 뷰는 실체가 있는 뷰다.

이 장의 학습 흐름

테이블의 생성

⬇

제약 조건 : 기본 키, 외래 키 등

⬇

임시 테이블의 활용

⬇

뷰의 개념과 장단점

⬇

구체화된 뷰

8.1 테이블

테이블의 생성 및 사용은 지금까지 계속 반복해 왔다. 별다른 설명을 하지 않아도 사용에 별로 어려움을 느끼지 못했을 것이다. 다시 한번 복습하는 차원에서 간단히 테이블을 생성해 보고 제약 조건 Constraint 및 테이블의 수정에 대해서 자세히 알아보자.

8.1.1 테이블 만들기

SQL Developer에서 테이블 생성

3장에서 SQL Developer를 이용해서 테이블을 만들어 봤다. 즉, SQL Developer에서 테이블을 만드는 방법은 별로 어렵지가 않았다.

테이블은 만드는 방법이 중요한 것이 아니라 테이블을 어떻게 모델링(설계)했느냐가 훨씬 중요하다. 테이블을 만드는 것은 설계에 따라서 SQL 문법이나 SQL Developer의 사용법에만 맞춰서 생성하면 된다. 데이터베이스 모델링은 4장에서 알아보았으니 이번 장은 단지 테이블을 생성하고 관리하는 것에만 초점을 맞추도록 하자.

6장에서 실습했던 sqlDB와 동일한 형식의 tableDB를 만들자. 구조도는 [그림 8-1]과 같다.

tableDB

회원 테이블(userTbl)

아이디	이름	생년	지역	국번	전화번호	키	가입일
LSG	이승기	1987	서울	011	11111111	182	2008.8.8
KBS	김범수	1979	경남	011	22222222	173	2012.4.4
KKH	김경호	1971	전남	019	33333333	177	2007.7.7
JYP	조용필	1950	경기	011	44444444	166	2009.4.4
SSK	성시경	1979	서울			186	2013.12.12
LJB	임재범	1963	서울	016	66666666	182	2009.9.9
YJS	윤종신	1969	경남			170	2005.5.5
EJW	은지원	1978	경북	011	88888888	174	2014.3.3
JKW	조관우	1965	경기	018	99999999	172	2010.10.10
BBK	바비킴	1973	서울	010	00000000	176	2013.5.5

PK

구매 테이블(buyTbl)

순번	아이디	물품명	분류	단가	수량
1	KBS	운동화		30	2
2	KBS	노트북	전자	1000	1
3	JYP	모니터	전자	200	1
4	BBK	모니터	전자	200	5
5	KBS	청바지	의류	50	3
6	BBK	메모리	전자	80	10
7	SSK	책	서적	15	5
8	EJW	책	서적	15	2
9	EJW	청바지	의류	50	1
10	BBK	운동화		30	2
11	EJW	책	서적	15	1
12	BBK	운동화		30	2

PK   FK

[그림 8-1] 샘플로 사용할 tableDB

SQL Developer에서 테이블을 생성하고, 데이터를 입력하자.

먼저 tableDB 스키마(=사용자)를 생성하고 [로컬-tableDB] 접속도 생성해 보자.

0-1 SQL Developer를 종료하고 다시 실행하자. 그리고 [로컬-SYSTEM]으로 연결해서 워크시트를 연다.

0-2 스키마(=사용자)를 만들자.

```
CREATE USER tableDB IDENTIFIED BY 1234 -- 사용자 이름: tableDB, 비밀번호: 1234
    DEFAULT TABLESPACE USERS
    TEMPORARY TABLESPACE TEMP;
```

```
결과 메시지:
User TABLEDB이(가) 생성되었습니다.
```

0-3 사용자에게 connect, resource, dba 등 3가지 역할을 부여하자.

```
GRANT connect, resource, dba TO tableDB ;
```

```
결과 메시지:
Grant을(를) 성공했습니다.
```

0-4 [로컬-SYSTEM]의 워크시트를 닫는다.

0-5 왼쪽 [접속] 창의 〈새 접속〉 아이콘을 클릭하고, 접속 이름은 [로컬-tableDB]로 하고, 사용자 이름은 tableDB, 비밀번호는 "1234"를 입력하고 〈저장〉과 〈접속〉을 클릭해서 연결하자.

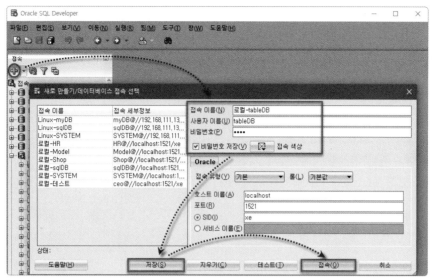

[그림 8-2] [로컬-tableDB] 접속의 생성

---

step 1

SQL Developer의 그래픽 환경에서 테이블을 생성해 보자.

1-1 [접속] 》 [로컬-tableDB]를 확장하고 [테이블(필터링됨)]에서 마우스 오른쪽 버튼 클릭한 후 [새 테이블]을 선택한다.

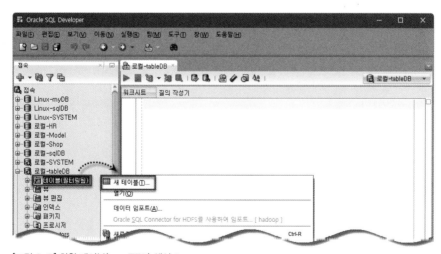

[그림 8-3] 회원 테이블(userTBL) 생성 1

1-2 [그림 8-1]의 회원 테이블을 다음과 동일하게 입력한다. USERID 열의 앞 'PK' 부분을 클릭해서 기본키$^{Primary Key}$로 설정해 준다. (열을 추가/삭제하려면 오른쪽 〈+〉나 〈x〉를 클릭하면 된다.) 〈확인〉을 클릭한다.

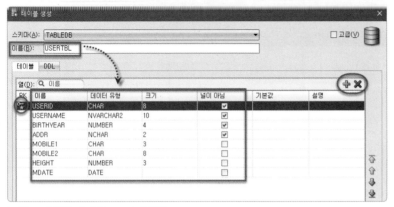

[그림 8-4] 회원 테이블(userTBL) 생성 2

1-3 회원 테이블과 같은 방식으로 구매 테이블(buyTBL)을 생성한다. num을 기본키$^{Primary Key}$로 설정해 준다. 외래 키 제약 조건을 추가해야 하므로, 아직 〈확인〉을 클릭하지 말자.

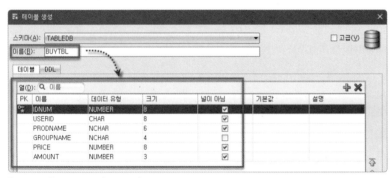

[그림 8-5] 구매 테이블(buyTBL) 생성 1

1-4 오른쪽 위 〈고급〉을 체크하고 [제약 조건]을 선택한 후, 〈+〉를 클릭해서 [새 외래 키 제약 조건]을 선택한다.

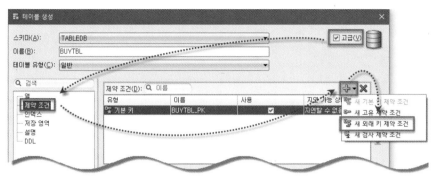

[그림 8-6] 구매 테이블(buyTBL) 생성 2

1-5 [참조된 제약 조건] 부분의 스키마는 〈TABLEDB〉로, 테이블은 〈USERTBL〉로, 제약 조건은 〈USERTBL_PK〉를 선택하자. 그러면 오른쪽 [연관]에 로컬 및 참조된 열에 모두 USERID가 생성된다. 〈확인〉을 클릭해서 테이블 생성을 완료하자.

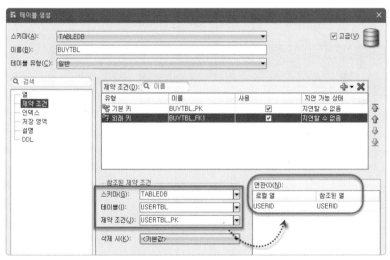

[그림 8-7] 구매 테이블(buyTBL) 생성 3

1-6 [접속] 창에서 테이블을 확인할 수 있다.

[그림 8-8] 테이블 확인

이번에는 SQL Developer에서 데이터를 입력하자.

2-1 [접속] 창의 [USERTBL] 테이블을 클릭하면 테이블의 속성이 열린다. [데이터] 탭을 클릭하고 〈행 삽입〉 아이콘을 클릭하거나 Ctrl + I를 눌러서 [그림 8-1]의 값을 3개 행만 입력한다. 입력이 완료되었으면 〈변경사항 커밋〉 아이콘을 클릭하거나 F11을 눌러 커밋시킨다. [USERTBL] 탭을 닫는다.

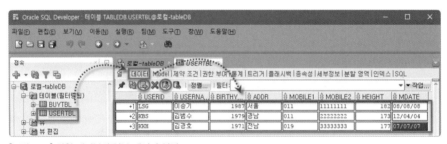

[그림 8-9] 회원 테이블의 일부 데이터 입력

2-2 구매 테이블(buyTBL)의 일련 번호 열은 자동으로 숫자가 입력되어야 한다. 시퀀스를 생성하자. [접속] 창의 [시퀀스]에서 마우스 오른쪽 버튼을 클릭한 후 [새 시퀀스]를 선택한다.

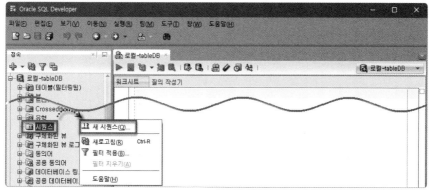

[그림 8-10] 시퀀스 생성 1

2-3 시퀀스의 이름은 "IDSEQ"로 입력하고 시작값과 증분을 모두 "1"로 입력한다. 〈확인〉을 클릭한다.

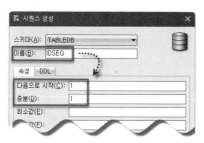

[그림 8-11] 시퀀스 생성 2

2-4 이번에는 [접속] 창의 [BUYTBL] 테이블을 클릭한다. 그런데 BUYTBL의 일련 번호(idNum)는 자동으로 입력되어야 하므로, [열] 탭에서 〈편집〉 아이콘을 클릭해서 IDNUM 열의 [ID 열]의 유형을 〈열 시퀀스〉로 변경한다. 그리고 시퀀스는 앞에서 생성한 〈IDSEQ〉를 선택한 후 〈확인〉을 클릭한다.

⚠ 지금 IDSEQ를 자동으로 입력되도록 설정하면 트리거Trigger도 자동으로 생성된다. (트리거에 대한 설명은 3장에서 했다.) 지금은 buyTBL에 INSERT 작업이 일어나면 IDNum 열에 자동으로 번호를 부여하는 기능을 한다. 트리거에 대한 상세한 내용은 11장에서 살펴보겠다.

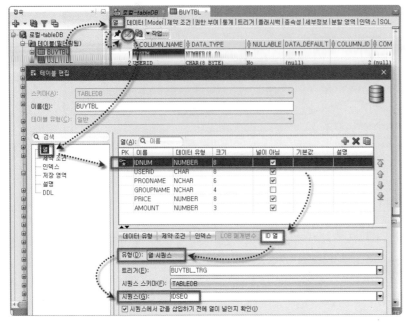

[그림 8-12] 구매 테이블의 IDNum 열에 IDSEQ 시퀀스 연결

2-5 [데이터] 탭을 클릭하고 [그림 8-1]의 3개 행만 입력하자. 입력 시에 IDNum 열은 비워두면 된다.

[그림 8-13] 구매 테이블의 일부 데이터 입력

2-6 3개 행을 입력하여 완료되었으면 〈변경사항 커밋〉 아이콘이나 F11을 눌러 커밋시킨다. 그런데, 오류가
발생했을 것이다.

[그림 8-14] 오류 메시지

이 오류는 [그림 8-1]에 나와 있듯 회원 테이블과 구매 테이블은 외래 키로 연결되어 있으므로, 구매 테이블의 USERID의 값은 반드시 회원 테이블의 USERID로 존재해야 한다는 의미다. 우리는 회원 테이블에서 JYP(조용필)라는 회원은 아직 입력을 하지 않았기 때문에 생기는 문제다. (이것은 회원 가입을 하지 않고 물건을 구매하지 못하도록 업무 프로세스를 설정한 것과 동일하다.)

2-7 3번째 JYP 행을 선택하고 〈선택된 행 삭제〉 아이콘이나 Ctrl + D 를 눌러서 행을 제거하자. 행이 빨간색으로 변경되었을 것이다.

[그림 8-15] 행 삭제

2-8 다시 〈변경사항 커밋〉 아이콘이나 F11 을 눌러 커밋시킨다. 이번에는 2건이 잘 입력될 것이다.
2-9 [BUYTBL] 탭을 닫는다.

☼ **비타민 퀴즈 8-1**

Windows의 SQL Developer로 Linux 가상머신에 접속해서 tableDB를 생성하자. 이번에는 데이터도 모두 정상적으로 입력해 놓자.

기억할 것은, 구매 테이블(buyTBL)의 외래 키로 설정된 userID에 데이터가 입력되기 위해서는, 그 데이터가 회원 테이블(userTBL)의 userID 열에 미리 존재해야 한다는 점이다.

이 정도로 SQL Developer의 GUI 환경에서 테이블 생성 및 데이터를 입력하는 방법을 마치고, 이번에는 SQL로 테이블을 생성하고 데이터를 입력해 보자. 앞으로 필자가 권장하는 방법은 SQL Developer GUI가 아닌 텍스트로 입력하는 SQL 방법을 권장한다. SQL Developer GUI는 편리하고 직관적이기는 하지만, Oracle이 아닌 다른 DBMS에서는 통용되는 방법이 아니므로 SQL을 사용하는 것이 더 바람직하다. 초보자의 경우에는 SQL Developer GUI가 편리하게 느껴질 수도 있으니, 이느 정도 Oracle에 익숙해진다면 오히려 SQL이 더 편리하고 유연하게 느껴질 것이다.

SQL로 테이블 생성

6장에서 sqlDB를 SQL로 생성한 기억이 날 것이다. 물론, 시간이 조금 되었으므로 잊어버렸어도 상관없다. 처음부터 다시 SQL을 이용해서 테이블을 생성해 보자.

Oracle 도움말에 나오는 테이블을 생성하는 기본적인 형식은 다음과 같다. (너무 길어서 일부만 표현했다.)

```
형식 :
CREATE [ GLOBAL TEMPORARY ] TABLE [ schema. ]table
    [ (relational_properties) ]
    [ ON COMMIT { DELETE ¦ PRESERVE } ROWS ]
    [ physical_properties ]
    [ table_properties ] ;

(relational_properties) :
    { column_definition
    ¦ { out_of_line_constraint
      ¦ out_of_line_ref_constraint
      ¦ supplemental_logging_props
      }
    }
      [, { column_definition
          ¦ { out_of_line_constraint
            ¦ out_of_line_ref_constraint
            ¦ supplemental_logging_props
            }
          ]...

physical_properties :
    { segment_attributes_clause
      [ table_compression ]
    ¦ ORGANIZATION
        { HEAP
            [ segment_attributes_clause ]
            [ table_compression ]
        ¦ INDEX
            [ segment_attributes_clause ]
            index_org_table_clause
        ¦ EXTERNAL
            external_table_clause
```

```
          }
      | CLUSTER cluster (column [, column ]...)
      }

  table_properties :
     [ column_properties ]
     [ table_partitioning_clauses ]
     [ CACHE | NOCACHE ]
     [ parallel_clause ]
     [ ROWDEPENDENCIES | NOROWDEPENDENCIES ]
     [ enable_disable_clause ]
       [ enable_disable_clause ]...
     [ row_movement_clause ]
     [ AS subquery ]
```

각각의 항목에 대한 설명까지 추가하면 형식만으로도 100여 줄이 훨씬 넘는다. 너무 복잡해 보이는 것은 다양한 옵션이 모두 표현되었을 뿐, 실제로 많이 사용되는 것은 그렇게 복잡하지는 않다.

지금까지 실습에서 아주 간단한 테이블을 만들 경우에는 다음과 같이 사용했다.

```
CREATE TABLE test (idNum NUMBER(5));
```

아주 간단하다. 이러한 간단한 것에 살(?)을 잘 붙이기만 하면 테이블을 생성하는 훌륭한 SQL문이 된다. 실습을 통해서 테이블을 생성하는 SQL문을 하나씩 익히자.

실습2

SQL을 이용해서 테이블을 생성하자.

step 0

열린 워크시트를 모두 닫는다. [로컬-tableDB]의 워크시트를 하나 열고 〈실습 1〉에서 사용한 테이블, 시퀀스, 트리거를 삭제하자.

```
DROP TABLE buyTBL;
DROP TABLE userTBL;
DROP SEQUENCE idSEQ;
DROP TRIGGER buyTBL_trg;
```

[그림 8-1]을 보면서 하나씩 생성하자. 우선은 기본 키, 외래 키, NULL 값 등을 고려하지 말고 테이블의 기본적인 틀만 구성하자. 열 이름은 [그림 8-4]와 [그림 8-5]를 참조하자.

```
CREATE TABLE userTBL -- 회원 테이블
( userID        CHAR(8),  -- 사용자 아이디(PK)
  userName      NVARCHAR2(10), -- 이름
  birthYear     NUMBER(4),  -- 출생년도
  addr          NCHAR(2), -- 지역(경기, 서울, 경남 식으로 2글자만 입력)
  mobile1       CHAR(3), -- 휴대폰의 국번(010, 011, 016, 017, 018, 019 등)
  mobile2       CHAR(8), -- 휴대폰의 나머지 전화번호(하이픈 제외)
  height        NUMBER(3),  -- 키
  mDate         DATE  -- 회원 가입일
);
CREATE TABLE buyTBL -- 회원 구매 테이블
(  idNum        NUMBER(8), -- 순번(PK)
   userID       CHAR(8), -- 아이디(FK)
   prodName     NCHAR(6), --  물품명
   groupName    NCHAR(4), -- 분류
   price        NUMBER(8), -- 단가
   amount       NUMBER(3) -- 수량
);
```

간단하다. 1개의 열을 가진 테이블을 만들던, 100개의 열을 가진 테이블을 만들던 그냥 열 이름과 데이터 형식만 지정한 후, 콤마(,)로 분리해서 계속 나열해 주면 된다. 즉, 테이블 설계서만 있으면 테이블을 만드는 건 아주 쉬운 일이다.

추가적인 옵션을 줘서 테이블을 다시 생성하자.

2-1 NULL 및 NOT NULL을 지정해서 테이블을 다시 생성한다. 아무것도 지정하지 않으면 디폴트로 NULL 허용으로 된다. 하지만, 혼란스러울 수도 있으니 직접 NULL이나 NOT NULL을 모두 써주도록 하자.

⚠ NULL은 빈 값을 허용한다는 의미이고, NOT NULL은 반드시 값을 넣어야 한다는 의미다.

```
DROP TABLE buyTBL;
DROP TABLE userTBL;
CREATE TABLE userTBL
( userID        CHAR(8) NOT NULL,
  userName      NVARCHAR2(10) NOT NULL,
```

```
    birthYear      NUMBER(4) NOT NULL,
    addr           NCHAR(2) NOT NULL,
    mobile1        CHAR(3) NULL,
    mobile2        CHAR(8) NULL,
    height         NUMBER(3) NULL,
    mDate          DATE   NULL
);
CREATE TABLE buyTBL
(  idNum          NUMBER(8)  NOT NULL,
   userID         CHAR(8)   NOT NULL,
   prodName       NCHAR(6)   NOT NULL,
   groupName      NCHAR(4)   NULL,
   price          NUMBER(8) NULL,
   amount         NUMBER(3)  NOT NULL
);
```

2-2 이번에는 각 테이블에 기본 키를 설정해 보자. 기본 키로 설정하기 위해서는 'PRIMARY KEY' 문을 붙여주면 된다.

```
DROP TABLE buyTBL;
DROP TABLE userTBL;
CREATE TABLE userTBL
( userID    CHAR(8) NOT NULL PRIMARY KEY,
  -- 중간 생략 --
);
CREATE TABLE buyTBL
(  idNum    NUMBER(8)  NOT NULL  PRIMARY KEY,
   -- 중간 생략 --
);
```

기본 키로 설정된 열은 당연히 NULL 값이 허용되지 않는다. 그러므로 'NOT NULL'을 빼도 관계 없다.

2-3 [그림 8-1]처럼 구매 테이블의 아이디 열을 회원 테이블의 아이디 열의 외래 키로 설정해 보자. 마지막 열의 뒤에 콤마(,)를 입력한 후 관련 문장을 써줘야 한다.

```
DROP TABLE buyTBL;
CREATE TABLE buyTBL
(  idNum    NUMBER(8)  NOT NULL  PRIMARY KEY,
   userID   CHAR(8)  NOT NULL,
   -- 중간 생략 --
   , FOREIGN KEY(userID) REFERENCES userTBL(userID)
);
```

FOREIGN KEY(userID) REFERENCES userTBL(userID) 문의 의미는 '이 테이블의 userID열, userTBL 테이블의 userID 열과 외래 키 관계를 맺어라' 정도로 이해하면 된다. (외래 키에 대해서는 잠시 후에 상세 히 알아보겠다.) 이렇게 해서 [그림 8-1]의 테이블 구조가 완성되었다.

2-4 구매 테이블의 idNum 열에서 사용할 시퀀스도 만들어 놓자.

```
CREATE SEQUENCE idSEQ;
```

`step 3`

이제는 데이터를 몇 건씩 입력하자.

3-1 먼저 회원 테이블에 3건만 입력하자.

```
INSERT INTO userTBL VALUES('LSG', '이승기', 1987, '서울', '011', '1111111', 182, '2008-8-8');
INSERT INTO userTBL VALUES('KBS', '김범수', 1979, '경남', '011', '2222222', 173, '2012-4-4');
INSERT INTO userTBL VALUES('KKH', '김경호', 1971, '전남', '019', '3333333', 177, '2007-7-7');
```

3-2 구매 테이블에 3건을 입력하자.

```
INSERT INTO buyTBL VALUES(idSEQ.NEXTVAL, 'KBS', '운동화', NULL, 30, 2);
INSERT INTO buyTBL VALUES(idSEQ.NEXTVAL, 'KBS', '노트북', '전자', 1000, 1);
INSERT INTO buyTBL VALUES(idSEQ.NEXTVAL, 'JYP', '모니터', '전자', 200, 1);

오류 메시지:
명령의 9 행에서 시작하는 중 오류 발생 -
INSERT INTO buyTBL VALUES(idSEQ.NEXTVAL, 'JYP', '모니터', '전자', 200, 1)
오류 보고 -
ORA-02291: integrity constraint (TABLEDB.SYS_C007512) violated - parent key not found
```

SQL Developer에서 했던 것과 동일하게, 두 개의 행은 잘 들어가고 세 번째 JYP(조용필)는 아직 회원 테 이블에 존재하지 않아서 오류가 발생했다.

3-3 userTBL에 나머지 데이터를 먼저 입력한 후, 구매 테이블의 3번째 데이터부터 다시 입력하자. 독자가 직접 한다.

3-4 COMMIT 명령어로 입력한 내용을 커밋한다.

지금까지 〈실습 1〉에서는 SQL Developer GUI로, 〈실습 2〉에서는 텍스트 기반의 SQL문으로 동 일한 작업을 수행했다. 둘 다 똑같은 설정을 할 수 있지만, 독자는 되도록 SQL 방법을 우선 익히도 록 하고 부가적으로 SQL Developer GUI에서 하는 방법을 익히는 것이 좋겠다.

8.1.2 제약 조건

제약 조건Constraint이란 데이터의 무결성을 지키기 위한 제한된 조건을 의미한다. 즉, 특정 데이터를 입력할 때 무조건적으로 입력되는 것이 아닌, 어떠한 조건을 만족했을 때 입력되도록 제약할 수 있다.

간단한 예로, 인터넷 쇼핑몰에 회원 가입을 해본 경험이 있을 것이다. 만약 여러분이 다른 사람과 동일한 Email로 다시 회원 가입을 하면 회원 가입이 안 될 것이다. 그 이유는 Email 열은 동일한 것이 들어갈 수 없는 제약 조건이 설정되어 있기 때문이다.

이 외에도 제약 조건은 여러 종류가 있으며, 지금까지 실습 중에 하나 둘씩 나왔었다. 이제는 그것들을 체계적으로 정리해 보자.

대부분의 DBMS는 데이터의 무결성을 위해서 다음의 6가지의 제약 조건을 제공한다.

- PRIMARY KEY 제약 조건
- FOREIGN KEY 제약 조건
- UNIQUE 제약 조건
- CHECK 제약 조건
- DEFAULT 정의
- NULL 값 허용

기본 키 제약 조건

테이블에 존재하는 많은 행의 데이터를 구분할 수 있는 식별자를 '기본 키Primary Key'라고 부른다. 예로, 회원 테이블의 '회원 아이디', 학생 테이블의 '학번', 직원 테이블의 '사번' 등이 이에 해당된다.

기본 키에 입력되는 값은 중복될 수 없으며, NULL 값이 입력될 수 없다. 인터넷 쇼핑몰에 회원 가입한 것을 기억하자. 대부분의 인터넷 쇼핑몰에서는 회원 테이블의 기본 키를 회원 아이디로 설정해 놓았을 것이다.

⚠ 설계 방법에 따라서 회원 아이디가 기본 키가 아닐 수도 있다. 그리고, 지금 필자가 얘기하는 것은 보편적인 경우다. 회원 아이디가 아닌 Email 또는 휴대폰 번호로 회원을 구분하는 사이트도 종종 있다.

회원 가입 시에 생성하는 회원 아이디가 중복된 것을 본 적이 있는가? 또, 회원 아이디 없이 회원 가입이 되는가? 아마도 없을 것이다. 이는 회원 아이디가 대부분 기본 키로 설정되어 있기 때문이다.

기본 키는 테이블에서 중요한 의미를 갖는다. 우선, 기본 키로 생성한 것은 자동으로 인덱스가 생성된다. (인덱스에 대한 얘기는 9장에서 살펴보겠다.) 또한, 테이블에서는 기본 키를 하나 이상의 열에 설정될 수 있다. 즉, 회원 아이디와 같이 하나의 열에만 기본 키를 설정할 수도 있고, 두 개의 열을 합쳐서 기본 키로 설정할 수도 있다.

대부분의 테이블은 기본 키를 가져야 한다. 물론, 기본 키가 없이도 테이블의 구성이 가능하지만 실무적으로는 대부분의 테이블에는 기본 키를 설정해줘야 한다고 생각하자.

기본 키를 생성하는 방법은 앞에서 실습했던 CREATE TABLE문에 PRIMARY KEY라는 예약어를 넣어주면 된다.

```
CREATE TABLE userTBL
( userID      CHAR(8) NOT NULL PRIMARY KEY ,
  userName    NVARCHAR2(10) NOT NULL ,
 --- 중간 생략 ---
```

이렇게 설정함으로 회원 아이디(userID)는 회원 테이블(userTBL)의 기본 키가 되었으며, 앞으로 입력되는 회원 아이디는 당연히 중복될 수도 없고, 비어(NULL)있을 수도 없다.

그런데 모든 제약 조건은 이름을 가지게 되는데, 이렇게 CREATE TABLE 구문 안에서 기본 키를 지정하면 제약 조건의 이름은 Oracle이 알아서 설정해 준다. 일반적으로 PRIMARY KEY의 이름을 알 필요는 없으며 'userTBL 테이블에 Primary Key로 지정된 것' 정도로 파악이 충분히 가능할 것이다.

예로 tableDB 스키마의 userTBL 테이블에 설정된 Primary Key 정보를 보기 위해서는 다음 SQL문를 사용하면 된다.

```
SELECT * FROM USER_CONSTRAINTS   -- 키 정보가 등록된 테이블
    WHERE OWNER='TABLEDB' AND
          TABLE_NAME='USERTBL'  AND
          CONSTRAINT_TYPE='P';  -- P는 기본 키, R은 외래 키, C는 NOT NULL 또는 CHECK
```

	OWNER	CONSTRAINT_NAME	CONSTRAINT_TYPE	TABLE_NAME	SEARCH_CONDITION	R_OWNEI
1	TABLEDB	SYS_C007522	P	USERTBL	(null)	(null)

[그림 8-16] 제약 조건 확인 1

제약 조건의 이름은 Oracle이 'SYS_C00xxxx'로 임의로 지어준 것을 확인할 수 있다. 필요하다면 PRIMARY KEY를 지정하면서 키의 이름까지 직접 지어줄 수가 있다. 예로 PK_userTBL_userID 와 같은 이름을 붙여 주면, 이름만으로도 'PK가 userTBL 테이블의 userID 열에 지정됨'을 읽을 수 있다. 그러기 위해서는 다음과 같이 사용하면 된다.

```
DROP TABLE userTBL CASCADE CONSTRAINTS; -- 외래 키 제약 조건이 있어도 삭제
CREATE TABLE userTBL
( userID      CHAR(8) NOT NULL CONSTRAINT PK_userTBL_userID PRIMARY KEY ,
  userName    NVARCHAR2(10) NOT NULL ,
  -- 중간 생략 --
);
```

다시 제약 조건 정보를 확인하면 제약 조건의 이름이 바뀌어 있을 것이다.

OWNER	CONSTRAINT_NAME	CONSTRAINT_TYPE	TABLE_NAME	SEARCH_CONDITION	R_OWNEI
1 TABLEDB	PK_USERTBL_USERID	P	USERTBL	(null)	(null)

[그림 8-17] 제약 조건 확인 2

제약 조건의 이름을 지정하는 다른 방법으로 모든 열을 정의한 후에 제일 아래에 기본 키를 정의할 수도 있다. 다른 DBMS에서도 잘 적용되는 호환성이 좋은 방법이다.

```
DROP TABLE userTBL CASCADE CONSTRAINTS;
CREATE TABLE userTBL
( userID      CHAR(8) NOT NULL ,
  --- 중간 생략 ---
  mDate       DATE  NULL
, CONSTRAINT PK_userTBL_userID PRIMARY KEY (userID)
);
```

위의 구문에서 CONSTRAINT는 생략해도 된다. 기본 키의 이름을 지정할 필요가 없다면 제일 마지막 행에 간단히 **PRIMARY KEY(userID)**문만 써줘도 된다.

제약 조건을 설정하는 또 다른 방법은 이미 만들어진 테이블을 수정하는 ALTER TABLE 구문을 사용하는 것이다. 다음과 같이 사용할 수 있다

```
DROP TABLE userTBL CASCADE CONSTRAINTS;
CREATE TABLE userTBL
( userID     CHAR(0) NOT NULL ,
  --- 중간 생략 ---
  mDate      DATE  NULL
);
ALTER TABLE userTBL
    ADD CONSTRAINT PK_userTBL_userID
    PRIMARY KEY (userID);
```

CREATE TABLE 안에 PRIMARY KEY문으로 설정한 것과 나중에 ALTER TABLE로 PRIMARY KEY를 지정하는 것은 동일하다.

쉽게 알 수 있겠지만 해석하면

- **ALTER TABLE userTBL**
  : userTBL을 변경하자.

- **ADD CONSTRAINT PK_userTBL_userID**
  : 제약 조건을 추가하자. 추가할 제약 조건 이름은 'PK_userTBL_userID' 이다.

- **PRIMARY KEY(userID)**
  : 추가할 제약 조건은 기본 키 제약 조건이다. 그리고, 제약 조건을 설정할 열은 userID 열이다.

정도로 해석할 수 있겠다.

기본 키는 각 테이블 별로 하나만 존재해야 하지만, 기본 키를 하나의 열로만 구성해야 하는 것은 아니다. 필요에 따라서 두 개 또는 그 이상의 열을 합쳐서 하나의 기본 키로 설정하는 경우도 종종 있다. 예로 [표 8-1]과 같이 간단한 '제품 테이블'을 생각해 보자.

제품 코드	제품 일련 번호	제조일자	현 상태
AAA	0001	2019.10.10	판매완료
AAA	0002	2019.10.11	매장진열
BBB	0001	2019.10.12	재고창고
CCC	0001	2019.10.13	판매완료
CCC	0002	2019.10.14	매장진열

[표 8-1] 제품 테이블 샘플

만약 제품 코드 AAA가 냉장고, BBB가 세탁기, CCC가 TV라고 가정한다면 현재 제품 코드만으로는 중복이 될 수밖에 없으므로, 기본 키로 설정할 수가 없다. 또한, 제품 일련 번호도 마찬가지로 각 제품 별로 0001번부터 부여하는 체계라서 기본 키로 설정할 수 없다.

이러한 경우에는 '제품 코드 + 제품일련번호'를 합친다면 유일한 값이 될 수 있으므로 기본 키로 사용할 수 있다.

```
CREATE TABLE prodTbl
( prodCode CHAR(3) NOT NULL,
  prodID   CHAR(4)  NOT NULL,
  prodDate DATE  NOT NULL,
  prodCur  CHAR(10) NULL
);
ALTER TABLE prodTbl
    ADD CONSTRAINT PK_prodTbl_proCode_prodID
    PRIMARY KEY (prodCode, prodID) ;
```

또는 CREATE TABLE 구문 안에 직접 사용할 수도 있다. 마지막 열 이후에 콤마(,)로 분리하고 제약 조건을 직접 지정하면 된다.

```
DROP TABLE prodTbl;
CREATE TABLE prodTbl
( prodCode CHAR(3) NOT NULL,
  prodID   CHAR(4)  NOT NULL,
  prodDate DATE NOT NULL,
  prodCur  CHAR(10) NULL
, CONSTRAINT PK_prodTbl_prodCode_prodID PRIMARY KEY (prodCode, prodID)
);
```

[접속] 창의 [로컬-tableDB] 〉〉 [인덱스] 〉〉 [PK_PRODTBL_PRODCODE_PRODID]를 클릭하면 두 열이 합쳐져서 하나의 기본 키 제약 조건을 설정하고 있는 것을 확인할 수 있다.

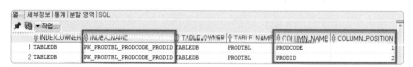

[그림 8-18] 두 열을 하나의 기본 키로 설정한 상태 확인 1

또한 [접속] 창의 [로컬-tableDB] 》 [테이블] 》 [PRODTBL]에서 마우스 오른쪽 버튼을 클릭한 후 [편집]을 클릭해도 열쇠 모양이 2개인 것이 확인된다.

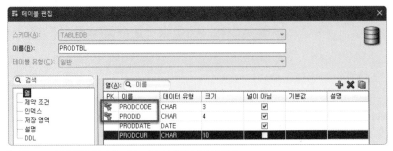

[그림 8-19] 두 열을 하나의 기본 키로 설정한 상태 확인 2

실무에서도 종종 발생되는 형태이므로 잘 기억해 두자.

외래 키 제약 조건

외래 키Foreign Key 제약 조건은 두 테이블 사이의 관계를 선언함으로써, 데이터의 무결성을 보장해 주는 역할을 한다. 외래 키 관계를 설정하면 하나의 테이블이 다른 테이블에 의존하게 된다.

초보자의 경우에 외래 키를 정의하는 테이블과 외래 키가 참조하는 테이블을 가끔 혼동하는 경우가 있다.

[그림 8-1]의 예를 가지고 이해하자. 쉽게 외래 키를 정의하는 테이블인 buyTBL을 '외래 키 테이블'이라고 부르고, 외래 키에 의해서 참조가 되는 테이블인 userTBL을 '기준 테이블'이라고 부르면 좀더 직관적으로 이해할 수 있을 것이다.

우선, 외래 키 테이블에 데이터를 입력할 때는 꼭 기준 테이블을 참조해서 입력하므로, 기준 테이블에 이미 데이터가 존재해야 한다. 앞의 실습에서 buyTBL에 JYP(조용필)가 입력이 안되던 것을 확인했다. 이것은 외래 키 제약 조건을 위반했기 때문이다.

또, 외래 키 테이블이 참조하는 기준 테이블의 열은 반드시 Primary Key이거나, Unique 제약 조건이 설정되어 있어야 한다. Unique 제약 조건은 잠시 후에 살펴보겠다.

외래 키를 생성하는 방법은 CREATE TABLE 내부에 REFERENCES 키워드로 설정하는 방법이 있다.

```
DROP TABLE buyTBL;
DROP TABLE userTBL;
CREATE TABLE userTBL
(  userID    CHAR(8) NOT NULL PRIMARY KEY ,
   --- 중간 생략 ---
);
CREATE TABLE buyTBL
(  idNum     NUMBER(8)  NOT NULL  PRIMARY KEY,
   userID    CHAR(8)  NOT NULL  REFERENCES userTBL(userID),
   prodName  NCHAR(6)  NOT NULL,
   --- 중간 생략 ---
   amount    NUMBER(3)  NOT NULL
);
```

위의 예에서 보면 외래 키 테이블(buyTBL)의 열(userID)이 참조^{references}하는 기준 테이블 (userTBL)의 열(userID)은 기본 키로 설정되어 있는 것이 확인된다. 만약, 기준 테이블이 Primary Key 또는 Unique가 아니라면 외래 키 관계는 설정되지 않는다.

직접 외래 키의 이름을 지정하기 위해서는 다음과 같이 사용하면 된다.

```
DROP TABLE buyTBL;
CREATE TABLE buyTBL
(  idNum     NUMBER(8)  NOT NULL  PRIMARY KEY,
   userID    CHAR(8)  NOT NULL
         CONSTRAINT FK_userTBL_buyTBL   REFERENCES userTBL(userID),
   --- 중간 생략 ---
   amount    NUMBER(3)  NOT NULL
);
```

마찬가지로 마지막 행에서 콤마(,)로 분리한 후에 제일 아래에 다음과 같이 써줘도 된다.

```
DROP TABLE buyTBL;
CREATE TABLE buyTBL
(  idNum      NUMBER(8)  NOT NULL  PRIMARY KEY,
   userID     CHAR(8)  NOT NULL,
   --- 중간 생략 ---
   amount     NUMBER(3)  NOT NULL
   , CONSTRAINT FK_userTBL_buyTBL FOREIGN KEY(userID) REFERENCES userTBL(userID)
);
```

만약 외래 키의 이름을 지정할 필요가 없다면 제일 마지막 행에 간단히 **FOREIGN KEY(userID)**
REFERENCES userTBL(userID)만 써줘도 된다.

⚠ 참고로, 이 예에서는 기준 테이블의 열 이름(userID)과 외래 키 테이블의 열 이름(userID)이 동일하지만 반드시 그래야 하
는 것은 아니며 달라도 관계는 없다. 즉, buyTBL의 userID 열의 이름이 myID 등으로 기준 테이블의 userID와 이름이 달
라도 상관없다.

또, 다른 방법으로는 ALTER TABLE 구문을 이용하는 것이다.

```
DROP TABLE buyTBL;
CREATE TABLE buyTBL
(  idNum      NUMBER(8)  NOT NULL  PRIMARY KEY,
   userID     CHAR(8)  NOT NULL,
   --- 중간 생략 ---
   amount     NUMBER(3)  NOT NULL
);
ALTER TABLE buyTbl
    ADD CONSTRAINT FK_userTbl_buyTbl
    FOREIGN KEY (userID)
    REFERENCES userTBL(userID) ;
```

설명을 덧붙이자면,

- **ALTER TABLE buyTBL**
  : buyTBL을 수정한다.

- **ADD CONSTRAINT FK_userTBL_buyTBL**
  : 제약 조건을 더한다. 제약 조건 이름은 'FK_userTBL_buyTBL'로 명명한다.

- **FOREIGN KEY (userID)**

  : 외래 키 제약 조건을 buyTBL의 userID에 설정한다.

- **REFERENCES userTBL (userID)**

  : 참조할 기준 테이블은 userTBL 테이블의 userID 열이다.

정도로 해석하면 되겠다.

설정된 외래 키 제약 조건은 [접속] 창의 [로컬-tableDB] 〉〉 [테이블(필터링됨)] 〉〉 [BUYTBL]에서 마우스 오른쪽 버튼을 클릭한 후 [편집]을 클릭한 후, [제약 조건] 〉〉 [외래 키]를 선택하면 확인된다.

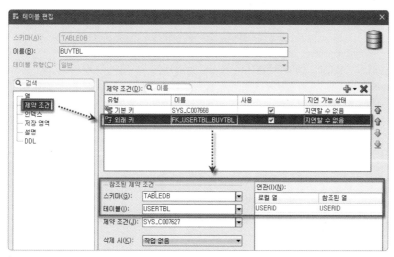

[그림 8-20] 외래 키 제약 조건 확인

외래 키의 옵션 중에 **ON DELETE CASCADE** 옵션이 있는데, 이는 기준 테이블의 데이터가 삭제되었을 때 외래 키 테이블의 데이터도 자동으로 삭제되도록 설정해 준다.

예로, **ON DELETE CASCADE**문이 설정되면 [그림 8-1]에서 회원 테이블의 김범수의 ID인 KBS가 삭제될 경우, 구매 테이블의 KBS도 자동 삭제된다.

```
ALTER TABLE buyTBL
    DROP CONSTRAINT FK_userTBL_buyTBL; -- 외래 키 제거
ALTER TABLE buyTBL
    ADD CONSTRAINT FK_userTBL_buyTBL
    FORFIGN KEY (userID)
    REFERENCES userTBL (userID)
    ON DELETE CASCADE ;
```

더 자세한 사용법은 잠시 후에 실습에서 확인하자.

UNIQUE 제약 조건

UNIQUE 제약 조건은 '중복되지 않는 유일한 값'을 입력해야 하는 조건이다. 이것은 PRIMARY
KEY와 거의 비슷하며 차이점은 UNIQUE는 NULL 값을 허용한다는 점이다. NULL은 여러 개가
입력되어도 상관 없다. 회원 테이블의 예를 든다면 주로 Email 주소를 Unique로 설정하는 경우가
많다.

다음은 기존의 회원 테이블에 E-Mail 열을 추가한 경우이다. 다음 세 방식은 모두 동일한 결과를
낸다.

```
DROP TABLE userTbl CASCADE CONSTRAINTS;
CREATE TABLE userTBL
(  userID     CHAR(8) NOT NULL ,
   --- 중간 생략 ---
   mDate      DATE   NULL,
   email      CHAR(30) NULL   UNIQUE
);

DROP TABLE userTbl CASCADE CONSTRAINTS;
CREATE TABLE userTBL
(  userID     CHAR(8) NOT NULL ,
    --- 중간 생략 ---
   mDate      DATE   NULL,
   email      CHAR(30) NULL
   , CONSTRAINT AK_email UNIQUE (email)
);

DROP TABLE userTbl CASCADE CONSTRAINTS;
CREATE TABLE userTBL
(  userID     CHAR(8) NOT NULL ,
   --- 중간 생략 ---
   mDate      DATE   NULL,
   email      CHAR(30) NULL
);
ALTER TABLE USERTBL
    ADD CONSTRAINT AK_EMAIL UNIQUE (EMAIL);
```

위의 두 번째 방법은 모든 열의 정의가 끝난 상태에서 별도로 Unique 제약 조건을 추가했다. 그래서, email 정의가 끝난 후에 콤마(,)로 구분되어 있다. (가끔 혼동하는 경우가 있어서 다시 설명했다.)

CHECK 제약 조건

CHECK 제약 조건은 입력되는 데이터를 점검하는 기능을 한다. 예로 '마이너스 값이 들어올 수 없다' 등의 조건을 지정한다. 간단한 사용 예를 몇 가지 보면 쉽게 이해가 될 것이다.

```
-- 키는 0 이상이어야 함.
ALTER TABLE userTbl
    ADD CONSTRAINT CK_height
    CHECK   (height >= 0) ;
```

```
-- 휴대폰 국번 체크
ALTER TABLE userTbl
    ADD CONSTRAINT CK_mobile1
    CHECK   (mobile1 IN ('010','011','016','017','018','019')) ;
```

CHECK 제약 조건을 설정한 후에는, 제약 조건에 위배되는 값은 입력이 안 된다. CHECK에 들어오는 조건은 SELECT문의 WHERE 구문에 들어오는 조건과 거의 비슷한 것들이 들어오면 된다.

ALTER TABLE 옵션 중에 'ENABLE NOVALIDATE' 옵션이 있는데, 이는 기존에 입력된 데이터가 CHECK 제약 조건에 맞지 않을 경우에 무시하고 넘어간다.

예로, userTbl의 mobile1 열에 이미 012(오래전 무선호출기 번호)가 입력된 사용자가 이미 있다면, 이 값을 무시하고 '전화번호 국번 체크' 제약 조건을 만들 것인지를 결정할 수 있다. 만약 이미 입력된 012가 새로운 '전화번호 국번 체크' 제약 조건에 위배되지만, 무시하고 넘어가려면 다음과 같이 제약 조건을 생성한다.

```
-- 휴대폰 국번 체크 (기존 무시)
ALTER TABLE userTbl
    ADD CONSTRAINT CK_mobile1_new
    CHECK   (mobile1 IN ('010','011','016','017','018','019'))
    ENABLE NOVALIDATE ;
```

더 자세한 사용법은 잠시 후 실습을 통해서 이해하자.

DEFAULT 정의

DEFAULT는 값을 입력하지 않았을 때, 자동으로 입력되는 기본 값을 정의하는 방법이다.

예로, 출생년도를 입력하지 않으면 "–1"을 입력하고, 주소를 특별히 입력하지 않았다면 '서울'이 입력되며, 키를 입력하지 않으면 170이라고 입력되도록 하고 싶다면 다음과 같이 정의할 수 있다.

```
DROP TABLE userTbl CASCADE CONSTRAINTS;
CREATE TABLE userTBL
( userID      CHAR(8) NOT NULL PRIMARY KEY ,
  userName    NVARCHAR2(10) NOT NULL ,
  birthYear   NUMBER(4) DEFAULT -1 NOT NULL ,
  addr        NCHAR(2) DEFAULT '서울' NOT NULL ,
  mobile1     CHAR(3) NULL,
  mobile2     CHAR(8) NULL,
  height      NUMBER(3) DEFAULT 170 NULL,
  mDate       DATE  NULL
);
```

또는 ALTER TABLE을 사용 시에 열에 DEFAULT를 지정하기 위해서 MODIFY문을 사용한다.

```
DROP TABLE userTbl CASCADE CONSTRAINTS;
CREATE TABLE userTBL
( userID     CHAR(8) NOT NULL PRIMARY KEY ,
  userName   NVARCHAR2(10) NOT NULL ,
  birthYear  NUMBER(4) NOT NULL ,
  addr       NCHAR(2) NOT NULL ,
  mobile1    CHAR(3) NULL,
  mobile2    CHAR(8) NULL,
  height     NUMBER(3) NULL,
  mDate      DATE  NULL
);
ALTER TABLE userTBL
    MODIFY birthYear DEFAULT -1;
ALTER TABLE userTBL
    MODIFY addr DEFAULT '서울';
ALTER TABLE userTBL
    MODIFY height DEFAULT 170;
```

디폴트가 설정된 열에는 다음과 같은 방법으로 데이터를 입력할 수 있다.

```
-- default문은 DEFAULT로 설정된 값을 자동 입력한다.
INSERT INTO userTBL VALUES ('LHL', '이혜리', DEFAULT, DEFAULT, '011', '1234567',
DEFAULT, '2019.12.12');
-- 열 이름이 명시되지 않으면 DEFAULT로 설정된 값을 자동 입력한다.
INSERT INTO userTBL(userID, userName) VALUES('KAY', '김아영');
-- 값이 직접 명기되면 DEFAULT로 설정된 값은 무시된다.
INSERT INTO userTBL VALUES ('WB', '원빈', 1982, '대전', '019', '9876543', 176,
'2020.5.5');
SELECT * FROM userTBL;
```

	⊕ USERID	⊕ USERNAME	⊕ BIRTHYEAR	⊕ ADDR	⊕ MOBILE1	⊕ MOBILE2	⊕ HEIGHT	⊕ MDATE
1	LHL	이혜리	-1	서울	011	1234567	170	19/12/12
2	KAY	김아영	-1	서울	(null)	(null)	170	(null)
3	WB	원빈	1982	대전	019	9876543	176	20/05/05

[그림 8-21] DEFAULT 확인

NULL 값 허용

계속 실습에서 나왔으므로, 이미 이해하고 있을 것이다. NULL 값을 허용하려면 NULL을, 허용하지 않으려면 NOT NULL을 사용하면 된다. 하지만 PRIMARY KEY가 설정된 열에는 NULL 값이 있을 수 없으므로, 생략하면 자동으로 NOT NULL로 인식된다.

NULL 값은 '아무 것도 없다'라는 의미이다. 즉, Space를 누른 공백(' ')이나 0과 같은 값과는 다르다는 점에 주의해야 한다. 주의할 점은 Oracle은 CHAR, NCHAR, VARCHAR2, NVARCHAR2에 아무것도 없는 문자(")를 입력할 경우 NULL을 입력하는 것과 동일하게 취급한다. 즉, 다음 코드에서 마징가와 메칸더의 mobile1 열에 NULL 값이 입력되지만, 짱가는 공백 문자가 들어간다.

```
INSERT INTO userTBL(userID, userName, mobile1) VALUES('MGG', '마징가', NULL);
INSERT INTO userTBL(userID, userName, mobile1) VALUES('MKD', '메칸더', '');
INSERT INTO userTBL(userID, userName, mobile1) VALUES('JJK', '짱가', ' ');
```

8.1.3 임시 테이블

임시 테이블은 이름처럼 임시로 잠깐 사용되는 테이블이다. 우선 임시 테이블을 생성하는 형식은 다음과 같다.

```
형식 :
CREATE GLOBAL TEMPORARY TABLE 테이블이름
(  열 정의 … )
[ON COMMIT DELETE ROWS 또는 ON COMMIT PRESERVE ROWS]
```

구문 중에서 TABLE 위치에 **GLOBAL TEMPORARY TABLE**이라고 써주는 것 외에는 테이블과 정의하는 것이 동일하다. 결국 임시 테이블은 정의하는 구문만 약간 다를 뿐, 나머지 사용법 등은 일반 테이블과 동일하게 사용할 수 있다. 단, 임시 테이블의 데이터는 세션Session 내에서만 존재하며, 세션이 닫히면 자동으로 데이터가 삭제된다.

임시 테이블은 메모리 상에 생성되기 때문에 속도가 상당히 빠르다. 임시 테이블을 사용하는 주 목적은 임시로 데이터를 저장해 놓고 빠르게 접근하기 위해서 사용된다. 옵션 중에서 **ON COMMIT DELETE ROWS**문은 입력된 데이터가 COMMIT되면 자동으로 삭제되고, **ON COMMIT PRESERVE ROWS**문은 세션이 종료되면 삭제된다. 옵션을 생략하면 기본 값은 **ON COMMIT DELETE ROWS**문이다. 잠시 후 실습에서 확인해 보자. 임시 테이블을 삭제할 때는 일반 테이블과 동일하게 **DROP TABLE**문으로 삭제할 수 있다.

실습3

임시 테이블을 사용하자.

step 0

워크시트를 2개 준비하자. SQL Developer를 종료하고 다시 실행하자.

0-1 [로컬-tableDB]에서 워크시트를 2개 열자. 각각을 워크시트1, 워크시트2라 부르겠다.

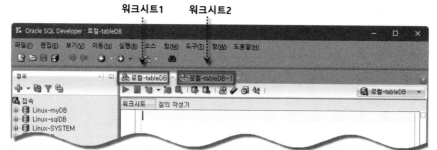

워크시트1   **워크시트2**

[그림 8-22] 2개의 워크시트

---

step 1

(워크시트 1) 임시 테이블을 사용해 보자.

1-1 임시 테이블 2개를 생성하자. 두 번째는 기존의 employees 테이블과 동일한 이름으로 생성해 보자.

```
CREATE GLOBAL TEMPORARY TABLE tempTBL (id CHAR(8), uName NCHAR(10));
```

1-2 [접속] 창에서 테이블을 확인하면 아이콘이 다른 테이블과 약간 다른 것이 확인된다.

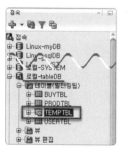

[그림 8-23] 임시 테이블 확인 1

1-3 SQL문으로는 **SELECT TABLE_NAME, TEMPORARY FROM USER_TABLES;** 문으로 확인할 수 있다. TEMPORARY 열이 'Y'로 표시된 것이 임시 테이블이다.

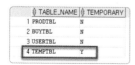

[그림 8-24] 임시 테이블 확인 2

1-4 데이터를 입력하고, 확인해 보자.

```
INSERT INTO tempTBL VALUES('Thomas', '토마스');
INSERT INTO tempTBL VALUES('James', '제임스');
SELECT * FROM tempTBL;
```

ID	UNAME
1 Thomas	토마스
2 James	제임스

[그림 8-25] 쿼리 실행 결과

1-5 커밋하고 다시 확인해 보자.

```
COMMIT;
SELECT * FROM tempTBL;
```

ID	UNAME

[그림 8-26] 쿼리 실행 결과

데이터가 아무것도 보이지 않았다. 커밋을 하면 임시 테이블의 내용을 삭제된다. 임시 테이블을 생성할 때 옵션을 주지 않으면 **ON COMMIT DELETE ROWS**문이 기본 값으로 사용되는 것을 확인했다.

step 2

(워크시트 2) 옵션을 변경해서 임시 테이블을 생성해 보자.

2-1 ON COMMIT PRESERVE ROWS문을 붙여서 새로운 임시 테이블을 생성하자. 그리고, 간단한 데이터를 2건 입력하자.

```
CREATE GLOBAL TEMPORARY TABLE tempTBL2 (id CHAR(8), uName NCHAR(10))
    ON COMMIT PRESERVE ROWS;
INSERT INTO tempTBL2 VALUES('Arthur', '아서');
INSERT INTO tempTBL2 VALUES('Murdoch', '머독');
```

2-2 커밋하고 데이터가 있는지 확인하자.

2-3 커밋하고 다시 확인해 보자. 이번에는 데이터가 잘 보일 것이다.

```
COMMIT;
SELECT * FROM tempTBL2;
```

ID	UNAME
1 Arthur	아서
2 Murdoch	머독

[그림 8-27] 쿼리 실행 결과

(워크시트 1) 워크시트 1에서 생성한 테이블에 접근해 보자.

```
SELECT * FROM tempTBL2;
```

글로벌 임시 테이블이므로 잘 보일 것이다.

연결을 종료하고 임시 테이블을 확인해 보자.

4-1 SQL Developer를 종료하고 다시 실행하자.

4-2 [로컬−tableDB]에서 워크시트를 하나 열고, 앞에서 생성했던 임시 테이블을 확인해 보자.

```
SELECT * FROM tempTBL2;
```

데이터가 보이지 않는 것을 확인할 수 있을 것이다. 세션의 연결이 끊겼다가 다시 연결되면 데이터가 삭제되는 것을 확인할 수 있다.

임시 테이블을 삭제하자. 일반 테이블과 동일하게 삭제된다.

```
DROP TABLE tempTBL;
DROP TABLE tempTBL2;
```

> **비타민 퀴즈 8-2**
>
> Linux 가상머신에 접속해서 텍스트 모드에서 〈실습 3〉을 진행해 보자.
>
> **힌트 1** 2개의 워크시트 대신에 2개의 터미널을 사용해서 접속해 본다.
>
> **힌트 2** 터미널 사이의 이동은 Ctrl + Alt + F1과 Ctrl + Alt + F2를 이용하면 된다.

8.1.4 테이블 삭제

테이블 삭제는 간단히 다음과 같은 형식을 사용한다.

```
DROP TABLE 테이블이름 [CASCADE CONSTRAINTS];
```

단, 주의할 사항은 외래 키^{FOREIGN KEY} 제약 조건의 기준 테이블은 원칙적으로 삭제할 수가 없다. 먼저, 외래 키가 생성된 외래 키 테이블을 삭제해야 한다. [그림 8-1]의 경우에 구매 테이블(buyTBL)이 이미 존재하기 때문에 회원 테이블(userTBL)을 삭제할 수 없다. 먼저 구매 테이블(buyTBL)을 삭제한 후에 회원 테이블(userTBL)을 삭제해야 한다.

만약 외래 키 관계를 무시하고 기준 테이블을 강제로 삭제하려면 **CASCADE CONSTRAINTS**문을 뒤에 붙여주면 되지만, 외래 키 테이블의 데이터는 기준 테이블이 없다면 의미가 없어지므로 권장하지 않는다.

8.1.5 테이블 수정

테이블의 수정은 ALTER TABLE문을 사용한다. 앞에서 제약 조건을 추가할 경우에 ALTER TABLE문을 사용해 왔는데, 이미 생성된 테이블에 무엇인가를 추가/변경/수정/삭제하는 것은 모두 ALTER TABLE문을 사용한다.

Oracle 도움말에 나오는 형식은 다음과 같다.

```
ALTER TABLE [ schema. ] table
  [ alter_table_properties
  | column_clauses
  | constraint_clauses
  | alter_table_partitioning
  | alter_external_table_clauses
  | move_table_clause
  ]
  [ enable_disable_clause
  | { ENABLE | DISABLE } { TABLE LOCK | ALL TRIGGERS }
  ] ...
  ;
```

세부적인 내용까지 모두 기술하면 몇 백 줄이 넘기 때문에 자주 사용되는 것을 위주로 예제로 익히는 것이 좋겠다.

열의 추가

[그림 8-1]의 회원 테이블(userTBL)에 회원의 홈페이지 주소를 추가하려면 다음과 같이 사용한다.

```
ALTER TABLE userTBL
    ADD homepage VARCHAR(30)  -- 열 추가
     DEFAULT 'http://www.hanbit.co.kr' -- 디폴트값
     NULL; -- Null 허용함
```

열을 추가하면 가장 뒤에 추가된다. 여러 개의 열을 추가하려면 다음과 같이 사용한다.

```
ALTER TABLE userTBL
    ADD (homeAddr  NVARCHAR2(20), postNum VARCHAR(5) );
```

열의 삭제

열을 삭제하려면 다음과 같이 사용한다.

```
ALTER TABLE userTBL
    DROP COLUMN homeAddr;
```

그런데, homeAddr 열은 특별한 제약 조건이 없기 때문에 삭제에 별 문제가 없지만, 제약 조건이 걸린 열을 삭제할 경우에는 제약 조건을 먼저 삭제한 후에 열을 삭제해야 한다.

이는 잠시 후 실습을 통해서 확인하자.

여러 개의 열을 삭제하려면 다음과 같이 한다. DROP COLUMN이 아니라 DROP만 사용한다.

```
ALTER TABLE userTBL
    DROP (homepage, postNum);
```

열의 이름 변경

[그림 8-1]의 회원 이름(userName)의 열 이름을 uName으로 변경하려면 다음과 같이 사용한다.

```
ALTER TABLE userTBL
    RENAME COLUMN userName TO uName;
```

userName은 기존 이름, uName은 새 이름이다. 그런데, 마찬가지로 제약 조건이 걸려있는 열은 좀 문제가 있을 수 있으므로, 열 이름 변경에 신중해야 한다.

열의 데이터 형식 변경

[그림 8-1]의 addr 열의 데이터 형식을 NVARCHAR2(10)으로 변경하고, NULL 값도 허용하려면 다음과 같이 사용한다.

```
ALTER TABLE userTBL
    MODIFY (addr NVARCHAR2(10) NULL);
```

열의 제약 조건 추가 및 삭제

열의 제약 조건을 추가하는 것은 앞에서 여러 번 확인했다. 제약 조건을 삭제하는 것도 간단하다. 기본 키를 삭제하려면 다음과 같이 한다.

```
ALTER TABLE userTBL
    DROP PRIMARY KEY;
```

그런데, 오류가 발생할 것이다. (만약 오류가 발생하지 않으면, 앞 실습 중에 FK를 설정하지 않았기 때문이다.) 현재 userTBL의 기본 키인 userID 열은 buyTBL에 외래 키(FK)로 연결되어 있기 때문이다. 그러므로, 먼저 다음과 같이 외래 키를 제거한 후에 다시 기본 키를 제거해야 한다.

```
ALTER TABLE buyTBL
    DROP CONSTRAINT SYS_C007801; -- 외래 키 이름을 다를 수 있음
```

여기서 외래 키의 이름은 [접속]에서 [로컬-tableDB] 〉〉 [테이블(필터링됨)] 〉〉 [BUYTBL]을 클릭하고 [제약 조건] 탭을 클릭하면 확인할 수 있다.

지금까지 익힌 테이블의 제약 조건 및 수정 방법을 실습을 통해서 익히자.

모든 워크시트를 닫고, [로컬−tableDB]에서 워크시트를 하나 연다.

모든 제약 조건을 제외하고 [그림 8−1]의 테이블을 다시 만들자. 단, 구매 테이블(buyTBL)의 idNum 열
만 PRIMARY KEY 속성을 준다.

```
DROP TABLE buyTbl;
DROP TABLE userTbl;
CREATE TABLE userTBL
( userID        CHAR(8),
  userName      NVARCHAR2(10),
  birthYear     NUMBER(4),
  addr          NCHAR(2),
  mobile1       CHAR(3),
  mobile2       CHAR(8),
  height        NUMBER(3),
  mDate         DATE
);
CREATE TABLE buyTBL
(  idNum        NUMBER(8) PRIMARY KEY,
   userID       CHAR(8),
   prodName     NCHAR(6),
   groupName    NCHAR(4),
   price        NUMBER(8),
   amount       NUMBER(3)
);
DROP SEQUENCE idSEQ;
CREATE SEQUENCE idSEQ;
```

먼저 각각의 테이블에 데이터를 테이블당 4건씩만 입력하자. 입력 시에 김범수의 출생년도는 모르는 것으로 NULL 값을 넣고, 김경호의 출생년도는 1871년으로 잘못 입력해 보자.

```
INSERT INTO userTBL VALUES('LSG', '이승기', 1987, '서울', '011', '1111111', 182, '2008-8-8');
INSERT INTO userTBL VALUES('KBS', '김범수', NULL, '경남', '011', '2222222', 173, '2012-4-4');
INSERT INTO userTBL VALUES('KKH', '김경호', 1871, '전남', '019', '3333333', 177, '2007-7-7');
INSERT INTO userTBL VALUES('JYP', '조용필', 1950, '경기', '011', '4444444', 166, '2009-4-4');
INSERT INTO buyTBL VALUES(idSEQ.NEXTVAL, 'KBS', '운동화', NULL , 30,  2);
INSERT INTO buyTBL VALUES(idSEQ.NEXTVAL,'KBS', '노트북', '전자', 1000, 1);
INSERT INTO buyTBL VALUES(idSEQ.NEXTVAL,'JYP', '모니터', '전자', 200,  1);
INSERT INTO buyTBL VALUES(idSEQ.NEXTVAL,'BBK', '모니터', '전자', 200,  5);
```

아직 FOREIGN KEY 제약 조건이 설정된 것이 아니므로, userTBL에 BBK(바비킴) 회원이 없지만, 입력은 잘 되었다. 또 NULL이 기본적으로 모두 허용되어 있어서 NULL 값도 모두 들어갔다.

제약 조건을 생성하자.

3-1 우선 [그림 8-1]의 기본 키 제약 조건을 생성하자.

```
ALTER TABLE userTBL
    ADD CONSTRAINT PK_userTBL_userID
    PRIMARY KEY (userID);
```

잘 설정되었다. 그런데 PRIMARY KEY로 설정하려면 당연히 NOT NULL이어야 하지만, NULL인 열에 PRIMARY KEY를 설정하면 자동으로 NOT NULL까지 설정된다.

3-2 테이블의 기본 키를 확인해 보자. 또 DESCRIBE문으로 확인하면 userID 열이 NOT NULL로 설정된 것을 확인할 수 있다.

```
SELECT * FROM USER_CONSTRAINTS
    WHERE OWNER='TABLEDB' AND TABLE_NAME='USERTBL' AND CONSTRAINT_TYPE='P';
DESCRIBE userTBL;
```

OWNER	CONSTRAINT_NAME	CONSTRAINT_TYPE	TABLE_NAME	SEARCH_CONDITION
1 TABLEDB	PK_USERTBL_USERID	P	USERTBL	null)

[그림 8-28] 쿼리 실행 결과

외래 키를 설정해 보자.

4-1 이번에는 [그림 8-1]의 외래 키 테이블 buyTBL의 userID 열에 외래 키를 설정하자. 기준 테이블 userTBL의 userID를 기준으로 한다.

```
ALTER TABLE buyTBL
    ADD CONSTRAINT FK_userTBL_buyTBL
    FOREIGN KEY (userID)
    REFERENCES userTBL (userID);
```

오류 메시지:
```
ORA-02298: cannot validate (TABLEDB.FK_USERTBL_BUYTBL) - parent keys not found
02298. 00000 - "cannot validate (%s.%s) - parent keys not found"
*Cause:    an alter table validating constraint failed because the table has
           child records.
*Action:   Obvious
```

오류가 발생했다. 그 이유는 buyTBL에는 BBK(바비킴)의 구매 기록이 있는데, 이 BBK 아이디가 userTBL 에는 존재하지 않기 때문이다.

4-2 일단 문제가 되는 buyTBL의 BBK 행을 삭제하고, 다시 외래 키를 설정하자. 이번에는 잘 될 것이다.

```
DELETE FROM buyTBL WHERE userID = 'BBK';
ALTER TABLE buyTBL
    ADD CONSTRAINT FK_userTBL_buyTBL
    FOREIGN KEY (userID)
    REFERENCES userTBL (userID);
```

4-3 [그림 8-1]에서 buyTBL의 네 번째 데이터를 다시 입력해 보자.

```
INSERT INTO buyTBL VALUES(idSEQ.NEXTVAL,'BBK', '모니터', '전자', 200,  5);
```

오류 메시지:
```
ORA-02291: integrity constraint (TABLEDB.FK_USERTBL_BUYTBL) violated - parent key
not found
```

외래 키가 연결되어 활성화된 상태이므로 새로 입력하는 데이터는 모두 외래 키 제약 조건을 만족해야 한다. BBK가 아직 userTBL에 없기 때문에 나오는 오류이다.

물론, 여기서도 userTBL에 BBK를 입력한 후에, 다시 buyTBL에 입력해도 되지만, 어떤 경우에는 대량의 buyTBL을 먼저 모두 입력해야 하는 경우도 있을 것이다. 그 건수는 수백만 건 이상의 대용량일 수도 있다. 이럴 때는 buyTBL에 데이터를 입력하는 동안에 잠시 외래 키 제약 조건을 비활성화시키고, 데이터를 모두 입력한 후에 다시 외래 키 제약 조건을 활성화시키면 된다.

```
ALTER TABLE buyTBL
    DISABLE CONSTRAINT FK_userTBL_buyTBL;
INSERT INTO buyTBL VALUES(idSEQ.NEXTVAL, 'BBK', '모니터', '전자', 200,  5);
INSERT INTO buyTBL VALUES(idSEQ.NEXTVAL, 'KBS', '청바지', '의류', 50,   3);
INSERT INTO buyTBL VALUES(idSEQ.NEXTVAL, 'BBK', '메모리', '전자', 80,  10);
INSERT INTO buyTBL VALUES(idSEQ.NEXTVAL, 'SSK', '책'    , '서적', 15,   5);
INSERT INTO buyTBL VALUES(idSEQ.NEXTVAL, 'EJW', '책'    , '서적', 15,   2);
INSERT INTO buyTBL VALUES(idSEQ.NEXTVAL, 'EJW', '청바지', '의류', 50,   1);
INSERT INTO buyTBL VALUES(idSEQ.NEXTVAL, 'BBK', '운동화', NULL  , 30,   2);
INSERT INTO buyTBL VALUES(idSEQ.NEXTVAL, 'EJW', '책'    , '서적', 15,   1);
INSERT INTO buyTBL VALUES(idSEQ.NEXTVAL, 'BBK', '운동화', NULL  , 30,   2);
ALTER TABLE buyTBL
    ENABLE NOVALIDATE CONSTRAINT FK_userTBL_buyTBL;
```

잘 입력이 되었을 것이다. 주의할 점은 마지막에 **ENABLE NOVALIDATE CONSTRAINT**문은 외래 키를 다시 활성화시키지만, 기존에 입력되어 있는 데이터는 체크하지 않고, 이후에 입력되는 데이터만 체크한다는 의미다. 그냥 **ENABLE CONSTRAINT**문만 사용하면 기존의 데이터도 체크하기 때문에 지금의 경우에는 오류가 발생할 것이다.

step 5

이번에는 userTBL의 출생년도를 1900 ~ 2017까지만 설정하도록 CHECK 제약 조건을 설정하자.

```
ALTER TABLE userTBL
    ADD CONSTRAINT CK_birthYear
    CHECK  (birthYear >= 1900 AND birthYear <= 2017)
    ENABLE;
```

제일 뒤의 ENABLE 옵션은 기본 값이므로 생략해도 된다. 그런데 위 구문은 오류가 발생한다. 이제는 오류의 원인을 알 수 있을 것이다. 입력 시에 김범수의 출생년도는 모르는 것으로 NULL 값을 넣고, 김경호의 출생년도는 1871년으로 잘못 입력했기 때문이다. 당연히 몇 십만 건의 데이터에서 이러한 오류를 잡아내는 것은 무리이므로 그냥 무시하고 CHECK 제약 조건을 설정하도록 하자.

```
ALTER TABLE userTBL
    ADD CONSTRAINT CK_birthYear
    CHECK  (birthYear >= 1900 AND birthYear <= 2017)
    ENABLE NOVALIDATE ;
```

ENABLE NOVALIDATE 옵션은 제약 조건을 생성할 때 기존의 데이터를 검사하는 것을 무시하는 것이지, 설정한 후에는 당연히 제약 조건이 작동된다.

나머지 userTBL의 데이터도 입력하자.

```
INSERT INTO userTBL VALUES('SSK', '성시경', 1979, '서울', NULL  , NULL , 186, '2013-12-12');
INSERT INTO userTBL VALUES('LJB', '임재범', 1963, '서울', '016', '6666666', 182, '2009-9-9');
INSERT INTO userTBL VALUES('YJS', '윤종신', 1969, '경남', NULL  , NULL , 170, '2005-5-5');
INSERT INTO userTBL VALUES('EJW', '은지원', 1972, '경북', '011', '8888888', 174, '2014-3-3');
INSERT INTO userTBL VALUES('JKW', '조관우', 1965, '경기', '018', '9999999', 172, '2010-10-10');
INSERT INTO userTBL VALUES('BBK', '바비킴', 1973, '서울', '010', '0000000', 176, '2013-5-5');
```

이제부터는 정상적으로 운영하면 된다.

이번에는 바비킴(BBK)이 회원을 탈퇴하면 (= 회원 테이블에서 삭제되면) 구매한 기록도 삭제되는지 확인하자.

8-1 회원 테이블에서 바비킴(BBK) 회원을 삭제하자.

```
DELETE FROM userTBL WHERE userID = 'BBK';
```

오류 메시지:
ORA-02292: integrity constraint (TABLEDB.FK_USERTBL_BUYTBL) violated - child record found

역시 외래 키 제약 조건 때문에 삭제가 되지 않았다. 이런 경우에는 기준 테이블의 행 데이터를 삭제할 때, 외래 키 테이블과 연관된 행 데이터도 함께 삭제되도록 설정할 필요가 있다. 즉, 회원이 탈퇴하면 구매한 기록도 함께 삭제되도록 설정하자.

8-2 외래 키 제약 조건을 삭제한 후에 다시 **ON DELETE CASCADE**문을 함께 설정한다.

```
ALTER TABLE buyTBL
    DROP CONSTRAINT FK_userTBL_buyTBL;
ALTER TABLE buyTBL
    ADD CONSTRAINT FK_userTBL_buyTBL
            FOREIGN KEY (userID)
            REFERENCES userTBL (userID)
            ON DELETE CASCADE;
```

8-3 다시 삭제한 후에 buyTBL에도 따라서 삭제되었는지 확인해 보자.

```
DELETE FROM userTBL WHERE userID = 'BBK';
SELECT * FROM buyTBL ;
```

	⊕ IDNUM	⊕ USERID	⊕ PRODNAME	⊕ GROUPNAME	⊕ PRICE	⊕ AMOUNT
1	1 KBS	운동화	(null)	30	2
2	2 KBS	노트북	전자	1000	1
3	3 JYP	모니터	전자	200	1
4	7 KBS	청바지	의류	50	3
5	9 SSK	책	서적	15	5
6	10 EJW	책	서적	15	2
7	11 EJW	청바지	의류	50	1
8	13 EJW	책	서적	15	1

[그림 8-29] 쿼리 실행 결과

바비킴(BBK)이 구매한 기록 4건은 삭제되고, 전체 8건만 남아 있음을 확인할 수 있다.

⚠ 다른 DBMS에서는 ON UPDATE CASCADE문도 제공된다. ON UPDATE CASCADE로 설정하면 [그림 8-1]에서 회원 테이블의 김범수의 ID인 KBS가 Kim으로 변경될 경우에, 구매 테이블의 KBS도 Kim으로 자동 변경된다. Oracle에서는 ON UPDATE CASCADE문의 효과를 내려면 별도의 트리거나 프로시저를 만들어야 한다.

`step 9`

이번에는 userTBL에서 CHECK 제약 조건이 걸린 출생년도birthYear 열을 삭제해 보자.

9-1 ALTER TABLE로 삭제하자.

```
ALTER TABLE userTBL
    DROP COLUMN birthYear ;
```

잘 삭제된다. 다른 DBMS에서는 CHECK 제약 조건이 설정된 열은 체크 제약 조건과 함께 삭제된다.

이상으로 테이블의 제약 조건에 대한 실습을 마치겠다. 이번 실습으로 충분히 제약 조건의 개념과 사용법에 대해서 익혔을 것이다.

8.2 뷰

뷰View는 일반 사용자 입장에서는 테이블과 동일하게 사용하는 개체이다. 뷰는 한 번 생성해 놓으면 테이블이라고 생각하고 사용해도 될 정도로 사용자들의 입장에서는 테이블과 거의 동일한 개체로 여겨진다.

8.2.1 뷰의 개념

워크시트에서 SELECT문을 수행해서 나온 결과를 생각해 보자.

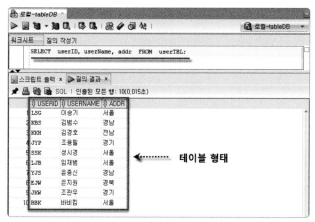

[그림 8-30] 테이블의 쿼리와 그 결과

SELECT에서 아이디, 이름, 주소를 가져와서 출력한 결과다. 그런데, 출력된 결과를 보니 SELECT 의 결과가 결국 테이블의 모양을 가지고 있는 것이 확인된다.

즉, 위에서 나온 결과를 userID, userName, addr의 3개의 열을 가진 테이블로 봐도 무방하지 않을까?

뷰는 바로 이러한 개념이다. 그래서, 뷰의 실체는 SELECT문이 되는 것이다. 위의 예를 보면 **SELECT userID, userName, addr FROM userTBL**문의 결과를 v_userTBL이라고 부른다면, 앞으로는 v_userTBL을 그냥 테이블이라고 생각하고 접근하면 될 것 같다.

이렇게 뷰를 생성하는 구문은 다음과 같다.

```
CREATE VIEW v_userTBL
AS
    SELECT userID, userName, addr FROM userTBL;
```

⚠ CREATE VIEW는 기존에 뷰가 있으면 오류가 발생하지만, CREATE OR REPLACE VIEW는 기존에 뷰가 있어도 덮 어쓰는 효과를 내기 때문에 오류가 발생하지 않는다. 즉, DROP VIEW와 CREATE VIEW를 연속으로 쓴 효과를 갖는다.

이제는 뷰를 새로운 테이블로 생각하고 접근하면 된다.

```
SELECT * FROM v_userTBL;  -- 뷰를 테이블이라고 생각해도 무방
```

USERID	USERNAME	ADDR
1 LSG	이승기	서울
2 KBS	김범수	경남
3 KKH	김경호	전남
4 JYP	조용필	경기
5 SSK	성시경	서울
6 LJB	임재범	서울
7 YJS	윤종신	경남
8 EJW	은지원	경북
9 JKW	조관우	경기
10 BBK	바비킴	서울

[그림 8-31] 뷰의 쿼리 결과

뷰를 생성한 후에는, 생성한 뷰를 그냥 테이블처럼 생각하고 접근하니 원래의 테이블에 접근한 것과 동일한 결과를 얻을 수 있었다. 이를 그림으로 나타내면 [그림 8-32]와 같다.

[그림 8-32] 뷰의 작동 방식

[그림 8-32]에서 사용자는 뷰를 그냥 테이블이라고 생각하고 접근하면 Oracle이 나머지는 알아서 처리해 준다.

그렇다면, 뷰는 수정이 가능할까? 뷰는 기본적으로 '읽기 전용'으로 많이 사용되지만, 뷰를 통해서 원 테이블의 데이터를 수정하는 것도 가능하다. 뷰를 통해서 테이블의 데이터를 수정하는 것이 그다지 바람직하지는 않지만, 꼭 필요한 경우도 있을 수 있으니 어떠한 제한이 있는지 알아 둘 필요는 있다. 이 내용은 잠시 후에 살펴보자.

8.2.2 뷰의 장점

그렇다면 뷰를 사용하는 이유는 무엇일까? 뷰를 사용해서 얻을 수 있는 장점은 여러 가지가 있다.

보안에 도움이 된다

위의 예에서 뷰 v_userTBL에는 사용자의 이름과 주소만이 있을 뿐, 사용자의 중요한 개인 정보인

출생년도, 연락처, 키, 가입일 등의 정보는 들어 있지 않다.

예를 들어 아르바이트생을 고용해서 회원의 이름과 주소를 확인하는 작업을 시킨다고 가정하자. 그런데, 이 아르바이트생에게 테이블 userTBL을 접근하도록 한다면, 사용자의 중요 개인 정보(키, 가입일 등)까지 모두 볼 수 있을 것이다.

이를 방지하기 위해서 테이블의 데이터를 열로 분할할 수도 있겠지만, 데이터의 일관성 및 관리가 무척 복잡해져서 배보다 배꼽이 커지는 결과를 낳을 수도 있다.

이런 경우 위 예와 같이 아이디, 이름, 주소만 보이는 뷰를 생성해서, 아르바이트생은 userTBL에 접근하지 못하도록 권한을 제한하고 뷰에만 접근 권한을 준다면 이러한 문제가 쉽게 해결될 수 있다.

복잡한 쿼리를 단순화시켜줄 수 있다

다음은 물건을 구매한 회원들에 대한 쿼리이다.

```
SELECT U.userID, U.userName, B.prodName, U.addr, U.mobile1 ¦¦ U.mobile2 AS "연락처"
FROM userTBL U
   INNER JOIN buyTBL B
      ON U.userID = B.userID ;
```

좀 복잡하다. 만약 이 쿼리를 자주 사용해야 한다면, 사용자들은 매번 위와 같은 복잡한 쿼리를 입력해야 할 것이다. 이를 뷰로 생성해 놓고 사용자들은 해당 뷰만 접근하면 간단히 해결된다.

```
CREATE OR REPLACE VIEW v_userbuyTBL
AS
   SELECT U.userID, U.userName, B.prodName, U.addr, U.mobile1 ¦¦ U.mobile2 AS "연락처"
   FROM userTBL U
     INNER JOIN buyTBL B
        ON U.userID = B.userID ;
```

뷰에 접근할 경우에는 v_userbuyTBL을 그냥 테이블이라 생각하고 접근하면 된다. WHERE절도 사용할 수 있다. '김범수'의 구매 기록을 알고 싶다면 다음과 같이 사용하면 된다.

```
SELECT * FROM v_userbuyTBL WHERE userName = '김범수';
```

	USERID	USERNAME	PRODNAME	ADDR	연락처
1	KBS	김범수	청바지	경남	0112222222
2	KBS	김범수	노트북	경남	0112222222
3	KBS	김범수	운동화	경남	0112222222

[그림 8-33] 뷰의 쿼리 실행

실습5

뷰를 생성해서 활용하자.

step 0

7장 〈실습 1〉의 **step 0** 을 참조해서 sqlDB를 초기화한다. 독자가 스스로 한다.

step 1

[로컬-sqlDB]에서 워크시트를 열고 기본적인 뷰를 생성한다. 뷰의 생성 시에 뷰에서 사용될 열의 이름을 변경할 수도 있다.

```
CREATE OR REPLACE VIEW v_userbuyTBL
AS
    SELECT U.userID AS "USER ID", U.userName AS "USER NAME", B.prodName AS "PRODUCT NAME",
            U.addr, CONCAT(U.mobile1, U.mobile2) AS "MOBILE PHONE"
      FROM userTBL U
    INNER JOIN buyTBL B
      ON U.userID = B.userID;

    SELECT "USER ID", "USER NAME" FROM v_userbuyTBL;
```

	USER ID	USER NAME
1	KBS	김범수
2	KBS	김범수
3	JYP	조용필
4	JYP	은지킴
10	BBK	바비님
11	EJW	은지원
12	BBK	바비킴

[그림 8-34] 쿼리 실행 결과

step 2

뷰의 수정은 생성 시와 마찬가지로 CREATE OR REPLACE VIEW 구문을 사용하면 된다. 한글의 열 이름도 가능하다. (호환성 문제로 별로 권장하지는 않는다.)

```
CREATE OR REPLACE VIEW v_userbuyTBL
AS
    SELECT U.userID AS "사용자 아이디", U.userName AS "이름", B.prodName AS "제품 이름",
```

```
                U.addr, CONCAT(U.mobile1, U.mobile2)  AS "전화 번호"
        FROM userTBL U
            INNER JOIN buyTBL B
                ON U.userID = B.userID ;
```

```
SELECT "이름","전화 번호" FROM v_userbuyTBL;
```

step 3

뷰의 삭제는 DROP VIEW를 사용하면 된다.

```
DROP VIEW v_userbuyTBL;
```

step 4

뷰에 대한 정보는 시스템 뷰인 USER_에, 딕셔너리 뷰인 USER_VIEWS에 들어 있다.

4-1 간단한 뷰를 다시 생성하자.

```
CREATE OR REPLACE VIEW v_userTBL
AS
    SELECT userID, userName, addr FROM userTBL;
```

4-2 이번에는 뷰의 정보를 확인해 보자.

```
SELECT * FROM USER_VIEWS;
```

VIEW_NAME	TEXT_LENGTH	TEXT	TYPE_TEXT_LENG
1 V_USERTBL	42	SELECT userID, userName, addr FROM userTBL	(nu

[그림 8-35] 뷰 소스 확인

step 5

뷰를 통해서 데이터를 변경해 보자.

5-1 v_userTBL 뷰를 통해 데이터를 수정해 보자.

```
UPDATE v_userTBL SET addr = '부산' WHERE userID='JKW';
```

수정이 성공적으로 수행된다.

5-2 데이터를 입력해 보자.

```
INSERT INTO v_userTBL(userID, userName  addr) VALUES('KBM','김병만','충북');
```

오류 메시지:
ORA-01400: cannot insert NULL into ("SQLDB"."USERTBL"."BIRTHYEAR"

v_userTBL이 참조하는 테이블 userTBL의 열 중에서 birthYear 열은 NOT NULL로 설정되어서 반드시 값을 입력해 주거나 DEFAULT가 지정되어 있으면 된다. 하지만 현재의 v_userTBL에서는 birthYear를 참조하고 있지 않으므로 값을 입력될 수 없다.

값을 v_userTBL을 통해서 입력하고 싶다면 v_userTBL에 birthYear를 포함하도록 재정의하거나, userTBL에서 birthYear를 NULL 또는 DEFAULT 값을 지정해야 한다.

5-3 만약 DML문(INSERT/UPDATE/DELETE) 자체를 사용하지 못하도록 하려면 **WITH READ ONLY** 문을 사용하면 된다.

```
CREATE OR REPLACE VIEW v_userTBL
AS
    SELECT userID, userName, addr FROM userTBL
    WITH READ ONLY;
```

5-4 다시 업데이트해 보자. 읽기 전용 뷰라는 오류가 발생할 것이다.

```
UPDATE v_userTBL SET addr = '태국' WHERE userID='SSK';
```

```
오류 메시지:
ORA-42399: cannot perform a DML operation on a read-only view
```

`step 6`

이번에는 그룹 함수를 포함하는 뷰를 정의해 보자.

6-1 SUM() 함수를 사용하는 뷰를 간단히 정의해 보자. 당연히 결과는 잘 나왔다.

```
CREATE OR REPLACE VIEW v_sum
AS
    SELECT userID , SUM(price*amount) AS "Total"
        FROM buyTBL GROUP BY userID;
```

```
SELECT * FROM v_sum;
```

	USERID	Total
1	BBK	1920
2	SSK	75
3	KBS	1210
4	EJW	95
5	JYP	200

[그림 8-36] 그룹 함수를 뷰에 포함시킴

6-2 v_sum 뷰를 통해서 데이터의 수정이 될까? 당연히 SUM( ) 함수를 사용한 뷰를 수정할 수는 없다. INSERT를 시도해 보자.

```
INSERT INTO v_sum VALUES('BAD', 1000);
```

오류 메시지:
ORA-01733: virtual column not allowed here

메시지대로 가상 열(Virtual Column, 여기서는 Total 열에 해당함)이 뷰를 통해서 데이터를 변경(INSERT, UPDATE, DELETE)할 수 없다. 이 외에도 뷰를 통해서 데이터의 수정이나 삭제를 할 수 없는 대표적인 경우는 다음과 같다.

- 집계 함수를 사용한 뷰(집계 함수는 6장에서 설명했다.)
- UNION ALL, JOIN 등을 사용한 뷰
- DISTINCT, GROUP BY, HAVING 등을 사용한 뷰

`step 7`

지정한 범위로 뷰를 생성하고 데이터를 입력하자.

7-1 키가 177 이상인 뷰를 생성하자.

```
CREATE OR REPLACE VIEW v_height177
AS
    SELECT * FROM userTBL WHERE height >= 177 ;

SELECT * FROM v_height177 ;
```

	USERID	USERNAME	BIRTHYEAR	ADDR	MOBILE1	MOBILE2	HEIGHT	MDATE
1	LSG	이승기	1987	서울	011	11111111	182	08/08/08
2	KKH	김경호	1971	전남	019	33333333	177	07/07/07
3	SSK	성시경	1979	서울	(null)	(null)	186	13/12/12
4	LJB	임재범	1963	서울	016	66666666	182	09/09/09

[그림 8-37] 범위를 지정한 뷰

7-2 v_height177 뷰에서 키가 177 이하인 데이터를 삭제하자.

```
DELETE FROM v_height177 WHERE height < 177 ;
```

결과 메시지:
0개 행이(가) 삭제되었습니다

당연히 v_height177 뷰에는 177 미만인 데이터가 없으므로 삭제될 것이 없다.

7-3 v_height177 뷰에서 키가 177 미만인 데이터를 입력해 보자.

```
INSERT INTO v_height177 VALUES('KBM', '김병만', 1977, '경기', '010', '5555555', 158,
    '2019-01-01') ;
```

결과 메시지:
1 행 이(가) 삽입되었습니다.

일단 입력은 된다. v_height177 뷰를 확인해 보면 입력된 값이 보이지 않을 것이다. 입력이 되더라도 입력된 값은 키가 177 미만이므로 v_height177 뷰에는 보이지 않는다. 직접 userTBL을 확인해야 김병만이 보인다.

7-4 그런데 키가 177 이상인 뷰를 통해서 158의 키를 입력한 것은 별로 바람직해 보이지 않는다. 즉, 예상치 못한 경로를 통해서 입력되지 말아야 할 데이터가 입력된 듯한 느낌이 든다. 키가 177 이상인 뷰이므로 177 이상의 데이터만 입력되는 것이 바람직할 듯하다. 이럴 때는 **WITH CHECK OPTION**문을 사용하면 된다.

```
CREATE OR REPLACE VIEW v_height177
AS
    SELECT * FROM userTBL WHERE height >= 177
    WITH CHECK OPTION ;

INSERT INTO v_height177 VALUES('WDT', '서장훈', 2006 , '서울', '010', '3333333', 155,
    '2019-3-3') ;
```

오류 메시지:
ORA-01402: view WITH CHECK OPTION where-clause violation

키가 177 미만은 이제는 입력되지 않고, 177 이상의 데이터만 입력될 것이다.

---

step 8

두 개 이상의 테이블이 관련되는 복합 뷰를 생성하고 데이터를 입력하자.

```
CREATE OR REPLACE VIEW v_userbuyTBL
AS
  SELECT U.userID, U.userName, B.prodName, U.addr, U.mobile1 || U.mobile2 AS mobile
  FROM userTBL U
      INNER JOIN buyTBL B
          ON U.userID = B.userID ;

INSERT INTO v_userbuyTBL VALUES('PKL','박경리','운동화','경기','00000000000');
```

오류 메시지:

```
ORA-01779: cannot modify a column which maps to a non key-preserved table
01779. 00000 -  "cannot modify a column which maps to a non key-preserved table"
*Cause:     An attempt was made to insert or update columns of a join view which
            map to a non-key-preserved table.
*Action:    Modify the underlying base tables directly.
```

두 개 이상의 테이블이 조인된 뷰는 업데이트할 수 없다.

---

step 9

뷰가 참조하는 테이블을 삭제해보자.

9-1 회원 테이블을 삭제한다.

```
DROP TABLE userTbl CASCADE CONSTRAINTS;
```

9-2 뷰를 다시 조회해 본다.

```
SELECT * FROM v_userbuyTBL;
```

```
오류 메시지:
ORA-04063: view "SQLDB.V_USERBUYTBL" has errors
04063. 00000 -  "%s has errors"
*Cause:     Attempt to execute a stored procedure or use a view that has
            errors. For stored procedures, the problem could be syntax errors
            or references to other, non-existent procedures. For views,
            the problem could be a reference in the view's defining query to
            a non-existent table.
            Can also be a table which has references to non-existent or
            inaccessible types.
*Action:    Fix the errors and/or create referenced objects as necessary.
82행, 15열에서 오류 발생
```

당연히 참조하는 테이블이 없기 때문에 조회할 수 없다는 메시지가 나온다.

 비타민 퀴즈 8-3

Linux 가상머신에 접속해서 텍스트 모드에서 〈실습 5〉를 진행해 보자. 한글의 열 이름은 지원
되지 않으므로 생략한다.

8.2.3 구체화된 뷰

기본적으로 뷰란 '가상의 테이블'이라고 했다. 즉, 뷰의 실체는 SELECT문뿐이며 그 안에 데이터는 없다. 뷰를 사용하는 경우 중에서 복잡한 쿼리를 뷰로 만들어 놓으면 이 뷰를 테이블이라 생각해서 쉽게 사용할 수가 있었다.

그런데, 이 '복잡한 쿼리'로 구성된 뷰를 조회한다는 것은, 다시 원래의 테이블에 접근하는 것이므로 그냥 테이블을 조회했을 경우보다 속도가 향상되지는 않을 것이다.

만약 어떤 뷰를 특별히 자주 사용할 때, 아예 뷰에 실제 데이터를 넣어 놓는다면 테이블까지 접근하지 않고 뷰에만 접근해도 결과를 얻을 수 있게 되어서 쿼리의 성능은 월등히 향상될 것이다.

이것이 '구체화된 뷰Materialized View, 약어로 MView'의 기본 개념이다. 구체화된 뷰를 한마디로 정의하면 '실제 데이터가 존재하는 뷰'라고 말할 수 있다. [그림 8-38]을 보자.

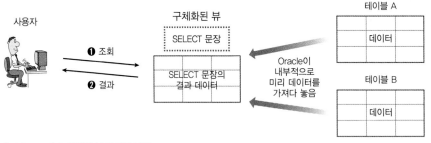

[그림 8-38] 구체화된 뷰의 작동 방식

[그림 8-38]에 나와 있듯이, 사용자는 구체화된 뷰에 접근했는데 거기에는 실제로 데이터가 존재하기 때문에 일반 뷰처럼 원래의 테이블에 접근할 필요가 없이 바로 데이터를 가져갈 수 있기 때문에 응답시간이 무척 빨라진다. 또, 구체화된 뷰는 생성하는 시점부터 Oracle이 알아서 테이블A, 테이블B의 데이터를 정의된 SELECT 문장에 의해서 구체화된 뷰에 가져다 놓도록 할 수 있다.

구체화된 뷰를 사용하기에 적합한 경우는 조회할 때마다 많은 계산비용이 드는 집계함수나 여러 테이블을 조인하는 결과 집합에 적합하다. 특히 네트워크가 분리된 데이터베이스에서 구체화된 뷰를 사용하면 네트워크 부하를 상당히 줄이는 효과를 얻을 수 있다. 구체화된 뷰를 잘 활용하면 일부 쿼리의 성능을 월등히 향상시킬 수는 있지만 다음 사항을 잘 고려해야 한다.

실제 테이블의 데이터가 변경된다면, 그 테이블의 데이터를 원본으로 하는 구체화된 뷰도 변경이 되어야 할지 잘 결정해야 한다. 예로 쇼핑몰에서 제품 재고량의 합계를 구체화된 뷰로 구현했다고 가정한다면, 아마도 쇼핑몰의 재고량이 거의 실시간으로 변경될 것이다. 이때 구체화된 뷰의 합계도 실시간으로 변경된다면 구체화된 뷰의 내용이 거의 실시간으로 업데이트되기 때문에 오히려 시스템의 부하가 더욱 커질 수 있다.

그래서 Oracle은 구체화된 뷰에 옵션을 설정할 수 있도록 하여 구체화된 뷰의 변경이 실시간으로 될지, 한꺼번에 모아서 될지, 변경하지 않을지 선택할 수 있도록 했다.

구체화된 뷰의 형식도 상당히 복잡하지만, 주요한 옵션은 다음과 같다.

```
형식 :
CREATE MATERIALIZED VIEW  뷰이름
[ BUILD { IMMEDIATE | DEFERRED }
 REFRESH {ON COMMIT | ON DEMAND} { FAST | COMPLETE | FORCE | NEVER }
 ENABLE QUERY REWRITE ]
AS
    SELECT 문장;
```

옵션 중 BUILD IMMEDIATE는 구체화된 뷰를 생성한 후 동시에 구체화된 내부에 데이터가 채워지고, BUILD DEFFERED는 나중에 채워진다. 관심있게 볼 옵션은 REFRESH ON COMMIT과 REFRESH ON DEMAND인데 ON COMMIT으로 설정되면 원본 테이블에 커밋이 발생될 때마다 구체화된 뷰의 내용이 변경되고, ON DEMAND는 직접 DBMS_MVIEW 패키지를 실행해서 구체화된 뷰의 내용을 변경한다. FAST | COMPLETE | FORCE | NEVER 옵션은 구체화된 뷰의 업데이트 방식을 지정한다. FAST와 FORCE는 원본 테이블에 변경된 데이터만 구체화된 뷰에 적용시키고, COMPLETE는 원본 테이블이 변경되면 전체를 구체화된 뷰에 적용시킨다. NEVER는 원본 테이블이 변경되어도 구체화된 뷰에는 적용시키지 않는다는 의미다.

어떤 SQL문이 지금 생성하는 구체화된 뷰를 사용하는 것이 성능이 더 좋을 경우에 ENABLE QUERY REWRITE 옵션을 설정하면 내부적으로 구체화된 뷰를 사용하도록 허용할 수 있다.

구체화된 뷰를 활용해 보자.

실습을 위해서 먼저 대용량 테이블을 준비하자. 약 30만 건의 데이터가 있는 bigEmployees 테이블을 HR 스키마에 생성하자.

0-1 책의 자료실(http://cafe.naver.com/thisisOracle)에서 bigEmployees.csv 파일을 다운로드해서 C:\SQL\ 폴더에 저장한다.

0-2 열려 있는 모든 워크시트를 닫는다. 그리고 [로컬-HR]로 접속해서 워크시트를 하나 연다.

0-3 bigEmployees 테이블을 만든다.

```
CREATE TABLE bigEmployees (
    emp_no   NUMBER(10) PRIMARY KEY,
    birth_date  DATE NOT NULL,
    first_name VARCHAR(20) NOT NULL,
    last_name VARCHAR(20) NOT NULL,
    gender   CHAR(1) NOT NULL,
    hire_date  DATE NOT NULL
);
```

0-4 생성된 BIGEMPLOYEES 테이블에서 마우스 오른쪽 버튼을 클릭한 후 [데이터 임포트]를 선택한다.

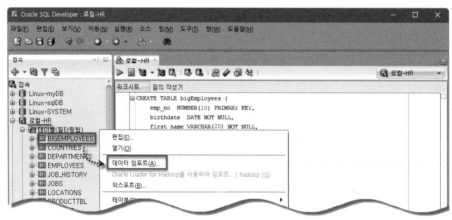

[그림 8-39] CSV 파일 임포트 1

0-5 [데이터 미리보기]에서 〈찾아보기〉를 클릭해서 다운로드한 bigEmployees.csv 파일을 선택한다. [임포트 데이터 필드 형식] 경고창이 나와도 무시하자. [파일 형식] 중에서 나머지는 다음 그림과 동일하게 하고 구분자를 세미콜론(;)으로 변경한다. 그러면 아래쪽 파일 내용이 표 형태로 보일 것이다. 〈다음〉을 클릭한다.

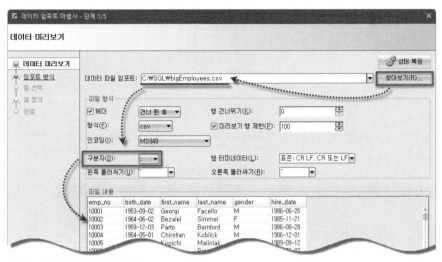

[그림 8-40] CSV 파일 임포트 2

0-6 [임포트 방식]에서 임포트 방식이 '삽입'으로 되어 있으면 된다. 테이블 이름은 BIGEMPLOYEES로 고정되어 있다. 그리고 〈SQL 워크시트로 생성 스크립트 전송〉의 체크는 끄자. 〈다음〉을 클릭한다.

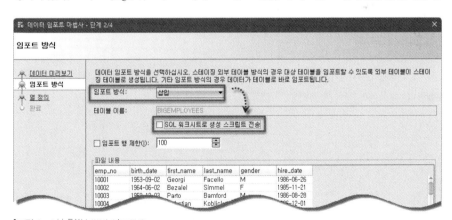

[그림 8-41] CSV 파일 임포트 3

0-7 [열 선택]에서는 자동으로 6개의 열이 [선택된 열]에 있을 것이다. 〈다음〉을 클릭한다.

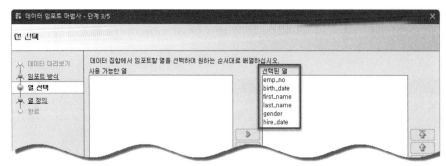

[그림 8-42] CSV 파일 임포트 4

0-8 [열 정의]에서 [소스 데이터 열]의 각 열을 한 번씩 클릭해서, [대상 테이블 열]에 이름대로 잘 매치가 되어 있는지 확인하자. 〈다음〉을 클릭한다.

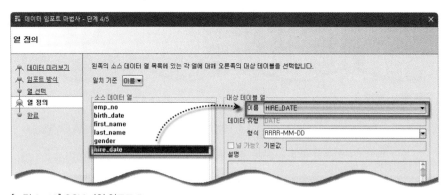

[그림 8-43] CSV 파일 임포트 5

0-9 [완료]에서 [선택된 필드]를 확장해서 6개의 열이 잘 매치가 되어있는지 확인하자. 〈완료〉를 클릭해서 임포트를 수행한다.

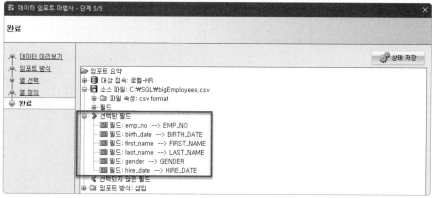

[그림 8-44] CSV 파일 임포트 6

0-10 약 30만 건의 임포트가 수행된다. 몇 분의 시간이 걸릴 수 있다.

[그림 8-45] CSV 파일 임포트 7

0-11 임포트가 성공적으로 완료했다는 메시지가 나오면 〈확인〉을 클릭한다.

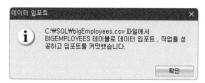

[그림 8-46] CSV 파일 임포트 8

0-12 bigEmployees 테이블의 행 개수를 확인해 보고 데이터도 몇 건 조회해 보자.

```
SELECT COUNT(*) FROM bigEmployees; -- 약 30만 건이 나오면 됨
SELECT * FROM bigEmployees WHERE ROWNUM <= 10;
```

	EMP_NO	BIRTH_DATE	FIRST_NAME	LAST_NAME	GENDER	HIRE_DATE
1	10666	64/10/03	Zhonghua	Reeker	M	89/05/20
2	10667	55/08/05	Makato	Cusworth	F	90/06/25
3	10668	59/03/20	Maren	Granlund	F	89/09/25
4	10669	56/05/30	Yurij	Iisaka	F	95/06/09
5	10670	62/04/23	Shunichi	McAffer	M	88/03/23
6	10671	53/06/12	Parviz	Neluint	M	87/01/08
7	10672	54/03/23	Bluma	Zeilberger	M	86/07/13
8	10673	59/12/26	Hyuckchul	Casperson	M	90/03/01
9	10674	61/03/03	Abdelaziz	Bisiani	M	88/09/16
10	10675	60/03/26	Ymte	Waschkowski	F	91/11/05

[그림 8-47] 데이터 확인

앞으로 대용량의 데이터가 필요할 때는 HR.bigEmployees 테이블을 복사해서 사용하겠다.

step 1

대용량의 테이블을 준비하자.

1-1 기존의 워크시트를 모두 닫고, [로컬-sqlDB]의 워크시트를 연다.

1-2 HR.bigEmployees 테이블과 HR.Employees 테이블을 복사하자.

```
CREATE TABLE bigTBL AS SELECT * FROM HR.bigEmployees;
CREATE TABLE smallTBL AS SELECT * FROM HR.Employees;
```

step 2

일반적인 집계 함수를 이용한 쿼리의 수행 시간을 확인하자.

2-1 bigTBL의 출생년도의 평균을 내는 쿼리를 수행하고 시간을 확인해 보자. 필자는 약 7초 정도 걸렸다.

```
SELECT ROUND(AVG(EXTRACT(YEAR FROM B.birth_date)), 0) AS "평균 출생년도"
    FROM bigTBL B
        CROSS JOIN smallTBL S; -- 일부러 시간이 걸리도록 추가한 구문
```

[그림 8-48] 일반 쿼리의 실행

2-2 동일한 구문으로 구체화된 뷰를 생성해 보자.

```
CREATE MATERIALIZED VIEW mv_AvgYear
AS
    SELECT ROUND(AVG(EXTRACT(YEAR FROM B.birth_date)), 0) AS "평균 출생년도"
    FROM bigTBL B
        CROSS JOIN smallTBL S;
```

시간이 좀 걸렸을 것이다. 이제부터 mv_AvgYear 구체화된 뷰에는 실제 데이터가 존재한다.

2-3 구체화된 뷰를 조회해서 수행 시간을 확인해 보자. 상당히 짧은 시간이 걸릴 것이다. [그림 8-49]와 같이 작동된 것을 확인할 수 있다.

```
SELECT * FROM mv_AvgYear;
```

[그림 8-49] 구체화된 뷰의 실행 1

2-4 구체화된 뷰를 생성할 때, 옵션을 지정해서 다양한 설정을 할 수 있다. BUILD { IMMEDIATE | DEFERRED } 옵션에서 기본은 BUILD IMMEDIATE문이어서 구체화된 뷰를 생성하는 즉시 데이터가 채워졌다. 옵션을 변경해서 다시 생성해 보자.

```
DROP MATERIALIZED VIEW mv_AvgYear;
CREATE MATERIALIZED VIEW mv_AvgYear
    BUILD DEFERRED
AS
    SELECT ROUND(AVG(EXTRACT(YEAR FROM B.birth_date)), 0) AS "평균 출생년도"
    FROM bigTBL B
        CROSS JOIN smallTBL S;

SELECT * FROM mv_AvgYear;
```

[그림 8-50] 구체화된 뷰의 실행 2

아무것도 나오지 않았다. 옵션에 의해서 구체화된 뷰에 데이터가 채워지지 않았다.

2-5 데이터를 강제로 채울 수 있다. DBMS_VIEW 패키지의 REFRESH() 프로시저를 실행하면 된다. LIST 옵션에 구체화된 뷰의 이름을 적어주면 된다.

```
EXECUTE DBMS_MVIEW.REFRESH(LIST =>'mv_AvgYear');
SELECT * FROM mv_AvgYear;
```

이제는 평균 출생년도가 보일 것이다.

---

step 3 ──────────────────────────────────────

이번에는 다른 예를 살펴보자. 원본 테이블의 데이터가 변경되었을 때, 구체화된 뷰의 값을 확인해 보자.

3-1 구매 테이블(buyTBL)의 가격price과 수량amount을 곱한 가상 열을 추가하자.

⚠ 가상 열Virtual Column은 실제 데이터가 존재하지는 않고 실시간으로 계산되는 열이다.

```
ALTER TABLE buyTBL
    ADD sales GENERATED ALWAYS AS (price * amount) ;
SELECT * FROM buyTBL;
```

	⊕ IDNUM	⊕ USERID	⊕ PRODNAME	⊕ GROUPNAME	⊕ PRICE	⊕ AMOUNT	⊕ SALES
1	21 KBS	운동화	(null)	30	2	60
2	22 KBS	노트북	전자	1000	1	1000
3	23 JYP	모니터	전자	200	1	200
4	24 BBK	모니터	전자	200	5	1000
5	25 KBS	청바지	의류	50	3	150
	26 BBK		전	800		800

[그림 8-51] 가상 열이 추가된 테이블

3-2 원본 테이블이 수정되면 즉시 변경되는 구체화된 뷰를 생성하자.

⚠ ON COMMIT 옵션은 제한사항이 많다. 집계 함수를 사용하려면 SUM( ), COUNT( )만 허용되며, 1개의 테이블만 사용해야 한다.

```
CREATE MATERIALIZED VIEW mv_SumSales
    BUILD IMMEDIATE
    REFRESH COMPLETE    -- 전체 뷰가 변경됨
    ON COMMIT           -- 원본 테이블이 COMMIT되는 즉시 변경됨
AS
    SELECT SUM(sales)
    FROM buyTBL;

SELECT * FROM mv_SumSales;
```

	⊕ SUM(SALES)
1	3500

3-3 원본 테이블의 가격을 2배 인상시킨 후에, 다시 구체화된 뷰를 확인하자. 즉시 반영된 것을 확인할 수 있다.

```
UPDATE buyTBL SET price = price*2;
COMMIT;
SELECT * FROM mv_SumSales;
```

	⊕ SUM(SALES)
1	7000

비타민 퀴즈 8-4

앞의 〈실습 6〉을 Linux 가상머신에 접속해서 텍스트 모드에서 진행해 보자.

힌트 〈실습 6〉 step 0 의 대용량 테이블의 생성은 Windows의 SQL Developer에서 Linux 가상머신으로 접속한 후, 진행하자.

이상으로 테이블과 뷰에 대한 내용을 마치겠다. 지금 소개된 테이블과 뷰를 잘 이해했다면 향후에 Oracle뿐 아니라 다른 DBMS에서도 거의 동일한 개념과 구문을 사용할 수 있을 것이다.

인덱스

이번 장에서 배울 인덱스는 데이터베이스에 존재하지 않더라도 지금까지의 데이터를 조회하고 변경하는데 아무런 문제가 되지는 않는다. 그럼에도 인덱스 자체는 데이터베이스의 성능에 아주 중요한 역할을 하기 때문에 없어서는 안될 중요한 데이터베이스 개체다.

인덱스가 하는 가장 중요한 역할은 데이터를 조회할 때(특히 SELECT) 빠르게 접근하도록 도와주는 것이다. 인덱스를 잘 사용한다면 데이터에 접근하는 시간이 놀랄 만큼 빨라질 수 있다.

인덱스를 생성하는 문법은 'CREATE INDEX …'의 형식만 갖추면 된다. 하지만, 이러한 문법을 잘 외워봐야 별 의미가 없으며, 오히려 인덱스의 개념과 특성을 잘 이해하지 못하고 무분별하게 인덱스를 사용한다면 인덱스를 사용하시 않는 것보다 못한 결과를 낼 수도 있다.

인덱스의 개념을 잘 파악하는 것은 매우 중요한 일이므로 필자는 몇 번 반복해서 비슷한 패턴을 설명하게 될 것이다. 처음에는 단순한 개념에서 점점 실제로 사용되는 것과 가까운 개념들을 설명할 것이다. 혹시, 비슷한 내용이 반복되더라도 확실한 개념 파악을 위한 것이므로 잘 읽거나 직접 실습해 보기 바란다.

이 장의 핵심 개념

9장에서는 데이터베이스의 성능을 위해 중요한 역할을 하는 인덱스에 대해서 살펴본다. 9장의 핵심 개념은 다음과 같다.

1. 인덱스를 생성하면 검색의 속도가 무척 빨라질 수 있다.

2. 인덱스의 종류로는 B-TREE 인덱스, BITMAP 인덱스, 함수 기반Function-Based 인덱스, 어플리케이션 도메인Application domain 인덱스 등이 있다.

3. Primary Key, Unique를 설정한 열에는 자동으로 인덱스가 생성된다.

4. 인덱스는 B-Tree 구조를 갖는다.

5. 인덱스의 생성, 삭제를 위해서는 CREATE INDEX/ DROP INDEX문을 사용할 수 있다.

6. 인덱스가 있다고 Oracle이 반드시 인덱스를 사용하는 것은 아니다.

이 장의 학습 흐름

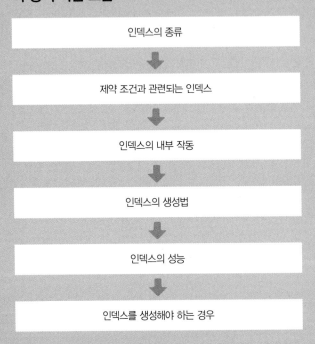

인덱스의 종류

⬇

제약 조건과 관련되는 인덱스

⬇

인덱스의 내부 작동

⬇

인덱스의 생성법

⬇

인덱스의 성능

⬇

인덱스를 생성해야 하는 경우

9.1 인덱스의 개념

인덱스의 개념을 설명할 때 가장 쉬운 것은 책의 예를 드는 것이다. 독자가 데이터베이스 이론에 관련된 책을 보고 있다고 가정해 보자.

필자가 "책에서 [폭포수모델]이라는 단어가 나온 부분을 찾아보세요."라고 했다면 독자는 어떻게 할 것인가?

어떤 독자는 책의 첫 페이지부터 찾아보겠지만, 조금 센스(?)가 있는 독자라면 책의 제일 뒤에 있는 〈찾아보기〉를 찾아볼 것이다. 책의 제일 뒤의 〈찾아보기〉는 가나다 순서로 이미 정렬되어 있어서 'ㅍ' 부분을 찾아보면 그 중에서 쉽게 '폭포수모델' 단어를 찾을 수 있을 것이다. 그리고 그 옆에 페이지 번호가 적혀 있어서 그 페이지를 바로 펼치면 빨리 원하는 내용을 찾을 수 있다.

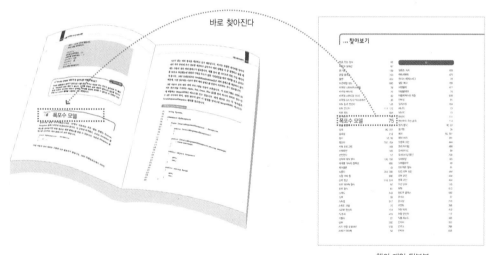

[그림 9-1] 책의 '찾아보기' 개념

그런데, 책의 뒷부분에 〈찾아보기〉가 없는 책들도 종종 있다. 그런 경우에는 어떻게 할까? 책을 첫 페이지부터 넘겨가며 확인해 보는 수밖에 없다. 혹시, 운이 좋아서 책의 앞부분에서 폭포수모델이라는 글자를 찾았다고 좋아할 필요는 없다. 폭포수모델이라는 글자가 꼭 한 번만 나온다는 보장이 없으므로, 혹시 앞에서 나왔어도 또 나올 수 있으므로 어차피 책의 끝페이지까지 계속 찾아봐야 한다.

〈찾아보기〉가 있는 책의 경우에는 혹시 몇 개의 페이지에 폭포수모델이 나와 있어도 그 몇 개 페이지가 모두 〈찾아보기〉에 표시되기 때문에 책을 몇 번만 왔다갔다하며 펼치면 해당 내용을 모두 찾을 수 있다.

지금 얘기한 〈찾아보기〉는 Oracle의 인덱스와 상당히 비슷한 개념이다.

지금까지 우리가 사용한 테이블은 인덱스를 별로 고려하지 않았다. 즉, 뒤쪽에 〈찾아보기〉가 없는 책과 마찬가지의 테이블을 사용해 왔다. 그런데도 별 문제가 되지 않은 이유는 데이터의 양이 적었기 때문에 꼭 인덱스를 만들지 않아도 성능에는 별 문제가 되지 않았다. 책으로 치면 2~3페이지 분량의 책이어서 〈찾아보기〉가 없어도 별 불편이 없는 것과 마찬가지다.

수천 페이지로 구성된 아주 두꺼운 책을 생각해 보자. 뒤에 〈찾아보기〉가 없다면 책에서 무엇을 하나 찾을 때 몇 시간씩 걸릴 수 있다. 그런데 만약 〈찾아보기〉가 있다면 몇 십 초 또는 몇 초 만에 원하는 것을 찾을 수 있을 것이다. 〈찾아보기〉가 몇 시간 걸릴 일을 몇 십 초 또는 몇 초로 줄여줬다.

실제 테이블에서도 이 정도의 성능 차이가 날 수 있다. 특히, 대용량의 테이블일 경우에는 더욱 그러하다. 이것이 인덱스를 사용하는 이유이다. 결국 인덱스는 '데이터를 좀 더 빠르게 찾을 수 있도록 해주는 도구' 정도로 생각하면 된다.

인덱스의 기본적인 개념은 이 정도면 이해했을 것이다. 여기서 인덱스의 문제점이 있다. 특히, 지금까지 설명한 정도로만 이해한 후에 인덱스를 만드는 것은 글로 운전을 배운 후에 자동차를 끌고 도로로 나가는 상황과 같다고 할 수 있다.

인덱스도 단점이 분명 존재한다. 그래서, 인덱스를 효율적으로 사용하는 것이 간단한 일은 아니다. 인덱스의 문제점도 개념적으로 우선 이해해 보자. 계속 책의 예를 들면 지금까지는 무조건 〈찾아보기〉를 보는 것이 좋을 것처럼 얘기했다. 하지만, 다른 경우를 생각해 보자. 지금 우리는 '데이터베이스 이론' 책을 보고 있다고 가정한다고 했다. 필자가 "책에서 [데이터베이스]라는 단어가 나온 곳을 찾아보세요."한다면 어떻게 될까? 만약, 이 책에 〈찾아보기〉가 있고 '데이터베이스'라는 단어에 대해서도 〈찾아보기〉가 만들어져 있다고 가정해 보자. 아마도 '데이터베이스'라는 단어는 거의 책의 모든 페이지에 나올 것이므로, 〈찾아보기〉의 '데이터베이스'라는 단어 옆에 페이지 번호는 수백 또는 수천 개가 연속해서 나올 것이다.

〈찾아보기〉란 책의 두께보다 한참 적어야 정상인데, 이 경우에는 오히려 〈찾아보기〉가 책의 페이지만큼 되거나 오히려 책의 내용보다 더 두꺼워질 수 있다.

또 〈찾아보기〉를 통해서 '데이터베이스'를 찾아보려고 하니, 〈찾아보기〉 한 번, 실제 페이지 한 번, 〈찾아보기〉 한 번, 실제 페이지 한 번……으로 계속 〈찾아보기〉와 실제 페이지를 왔다갔다하게 될 것이다. 이 얼마나 시간과 수고의 낭비인가? 차라리 책을 그냥 처음부터 넘기면서 찾아보는 것이 훨씬 빠르고 효율적일 것이다.

⚠ 이렇게 〈찾아보기〉를 사용하지 않고 책의 처음부터 끝까지 차례로 넘겨서 찾는 것을 Oracle은 '전체 테이블 검색Full Table Scan'이라고 한다.

만들지 않았어야 할 '데이터베이스' 단어의 〈찾아보기〉 때문에 책의 두께는 쓸데없이 두꺼워져서 무겁기만 하고, 또 〈찾아보기〉를 사용하더라도 단어를 찾는 시간이 〈찾아보기〉를 사용하지 않을 때보다 오히려 오래 걸렸다.

실제 데이터베이스에서도 이와 비슷한 일이 일어난다. 필요 없는 인덱스를 만드는 바람에 데이터베이스가 차지하는 공간만 더 늘어나고, 인덱스를 이용해서 데이터를 찾는 것이 전체 테이블을 찾아보는 것보다 훨씬 느려진다.

⚠ 실제로 데이터베이스에 인덱스를 생성해 놓아도, 인덱스를 사용하는 것이 빠르지 아니면 그냥 전체 테이블을 검색하는 것이 빠르지를 Oracle이 알아서 판단한다. 그렇더라도 쓸데 없는 인덱스를 만들어서 발생되는 문제점은 많이 있다.

인덱스는 튜닝Tuning에 즉각적인 효과를 내는 가장 빠른 방법 중에 한 가지다. 즉, 인덱스를 생성하고 인덱스를 사용하는 SQL을 만들어 사용한다면, 기존보다 아주 빠른 응답 속도를 얻을 수 있다. 또한 서버 입장에서는 적은 처리량으로 요청한 결과를 얻게 되므로, 다른 요청에 대해서도 많은 일을 할 수 있게 된다. 결과적으로 전체 시스템의 성능이 향상되는 효과도 얻게 된다.

먼저 인덱스를 만들어서 발생되는 장점과 단점을 살펴보자.

인덱스를 만들어서 발생되는 가장 큰 장점은 다음과 같다.

- 검색은 속도가 무척 빨라질 수 있다. (단, 항상 그런 것은 아니다.)
- 그 결과 해당 쿼리의 부하가 줄어들어서, 결국 시스템 전체의 성능이 향상된다.

단점은 다음과 같다.

- 인덱스가 데이터베이스 공간을 차지해서 추가적인 공간이 필요해지는데, 대략 데이터베이스 크기의 10% 정도의 추가 공간이 필요하다.
- 처음 인덱스를 생성하는데 시간이 많이 소요될 수 있다.
- 데이터의 변경 작업Insert, Update, Delete이 자주 일어날 경우에는 오히려 성능이 많이 나빠질 수도 있다.

지금 필자가 얘기한 것은 보편적인 경우를 얘기한 것이며, 예외적인 상황도 얼마든지 있다. 결국 인덱스는 잘 사용하면 검색(특히, Select)의 속도가 월등히 향상되고, 시스템의 성능이 좋아지는 반면에 잘못 사용하면 오히려 사용하지 않는 것보다 더 나쁜 결과를 초래할 수 있다.

9.2 인덱스의 종류와 자동 생성

9.2.1 Oracle에서 사용되는 인덱스의 종류

Oracle에서 사용되는 인덱스의 종류는 크게 B-TREE 인덱스, BITMAP 인덱스, 함수 기반Function-Based 인덱스, 어플리케이션 도메인Application domain 인덱스로 나뉘며, 특수한 테이블인 Index-Organized로 나뉜다. 가장 일반적인 인덱스는 B-TREE 인덱스인데 NORMAL 인덱스로도 부른다. 주로 OLTP 데이터베이스에서 사용된다. 그 외에 BITMAP 인덱스는 주로 OLAP 데이터베이스에서 사용된다.

이 책에서 다루는 인덱스는 모두 B-TREE 인덱스에 해당된다고 보면 된다.

여기서 잠깐

OLTPOn-Line Transaction Processing는 INSERT/UPDATE/DELETE가 실시간으로 자주 발생되므로, 꼭 필요한 인덱스만 최소로 생성하는 것이 바람직하다. 하지만, OLAPOn-Line Analytical Processing는 INSERT/UPDATE/DELETE가 별로 사용될 일이 없으므로 되도록 인덱스를 많이 만들어도 별 문제가 되지 않는다. 만약, 하나의 DB가 OLAP/OLTP 겸용으로 사용된다면 두 개를 분리하는 방법을 고려하는 것이 전반적인 시스템의 성능에 도움이 될 것이다. 이 책은 대부분 OLTP 데이터베이스라는 가정하에 설명되었다.

9.2.2 자동으로 생성되는 인덱스

앞에서 얘기한 인덱스의 개념과 장단점을 이해했다면 이제는 본격적으로 테이블에 적용되는 인덱스를 생각해 보자. 인덱스는 우선 테이블의 열(컬럼) 단위에 생성된다.

하나의 열에 인덱스를 생성할 수도 있고 여러 열에 하나의 인덱스를 생성할 수도 있다. 우선, 그냥 하나의 열당 기본적으로 하나의 인덱스를 생성할 수 있다고 생각하자.

sqlDB의 userTbl을 가지고, 인덱스를 생각해 보자.

회원 테이블(userTbl)

아이디	이름	생년	지역	국번	전화번호	키	가입일
LSG	이승기	1987	서울	011	11111111	182	2008.8.8
KBS	김범수	1979	경남	011	22222222	173	2012.4.4
KKH	김경호	1971	전남	019	33333333	177	2007.7.7
JYP	조용필	1950	경기	011	44444444	166	2009.4.4
SSK	성시경	1979	서울			186	2013.12.12
LJB	임재범	1963	서울	016	66666666	182	2009.9.9
YJS	윤종신	1969	경남			170	2005.5.5
EJW	은지원	1978	경북	011	88888888	174	2014.3.3
JKW	조관우	1965	경기	018	99999999	172	2010.10.10
BBK	바비킴	1973	서울	010	00000000	176	2013.5.5

PK

[그림 9-2] sqlDB의 회원 테이블

열 하나당 인덱스 하나를 생성하면, 이 테이블에는 우선 8개의 서로 다른 인덱스를 생성할 수 있다.

이 테이블을 정의할 때는 다음과 같이 SQL문을 사용했다. (기억이 안 나면 6장을 참조하자.)

```
CREATE TABLE userTbl
( userID   CHAR(8) NOT NULL PRIMARY KEY,
  userName    NVARCHAR2(10) NOT NULL,
  birthYear   NUMBER(4) NOT NULL,
  ......
```

userTbl의 정의 시에 userID를 Primary Key로 정의했다. 이렇게 Primary Key로 지정하면 자동으로 userID 열에 인덱스가 생성된다.

여기서 테이블 생성 시에 자동으로 생성되는 인덱스의 특징을 한 가지 더 짚고 넘어가자.

테이블 생성 시에 제약 조건 Primary Key 또는 Unique를 사용하면 자동으로 인덱스가 자동 생성된다.

잠깐 실습에서 확인하자.

실습1

제약 조건으로 자동 생성되는 인덱스를 확인해 보자.

step 0

246쪽 7장 〈실습 1〉의 **step 0** 을 참조해서 sqlDB를 초기화한다. 독자가 스스로 한다.

step 1

[로컬-sqlDB] 접속에서 워크시트를 하나 열고, 간단한 테이블을 만들어 보자.

1-1 다음 구문으로 테이블을 생성하자.

```
CREATE TABLE  tbl1
    (         a NUMBER(4) PRIMARY KEY,
              b NUMBER(4),
              c NUMBER(4)
    );
```

1-2 구성된 인덱스의 상태를 USER_INDEXS 뷰와 USER_IND_COLUMNS 뷰에서 확인하자.

```
SELECT I.INDEX_NAME, I.INDEX_TYPE, I.UNIQUENESS, C.COLUMN_NAME, C.DESCEND
    FROM USER_INDEXES I
        INNER JOIN USER_IND_COLUMNS C
        ON I.INDEX_NAME = C.INDEX_NAME
    WHERE I.TABLE_NAME='TBL1' ;
```

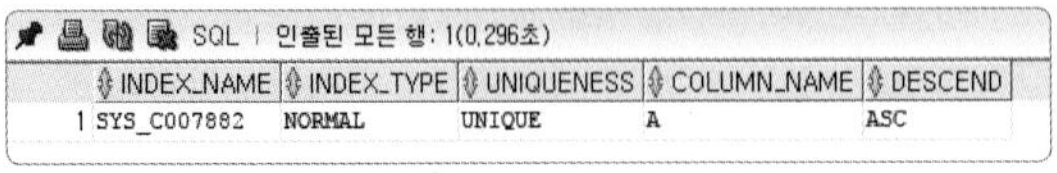

	INDEX_NAME	INDEX_TYPE	UNIQUENESS	COLUMN_NAME	DESCEND
1	SYS_C007882	NORMAL	UNIQUE	A	ASC

[그림 9-3] 인덱스 확인 1

예상대로 NORMAL 인덱스가 생성되어 있다. 생성된 인덱스는 유일한Unique 인덱스인데, 인덱스의 값에 중복된 값이 없다는 의미다. a열을 Primary Key로 지정했으므로 당연히 유일한Unique 인덱스가 생성되어 있다.

⚠ 다시 말해 INDEX_TYPE은 인덱스의 종류를 구성하는데, Oracle은 기본적으로 B-Tree의 구조를 가지며, NORMAL은 B-Tree 구조를 의미한다.

step 2

Primary Key와 함께 Unique 제약 조건도 생성해 보자. UNIQUE 제약 조건은 한 테이블에 여러 개 생성이 가능하다. 그리고 **1-2**에서 테이블 이름만 TBL2로 변경해서 조회해 보자.

```
CREATE TABLE   tbl2
    (        a NUMBER(4) PRIMARY KEY,
             b NUMBER(4) UNIQUE,
             c NUMBER(4) UNIQUE,
             d NUMBER(4)
    );
```

	INDEX_NAME	INDEX_TYPE	UNIQUENESS	COLUMN_NAME	DESCEND
1	SYS_C007883	NORMAL	UNIQUE	A	ASC
2	SYS_C007884	NORMAL	UNIQUE	B	ASC
3	SYS_C007885	NORMAL	UNIQUE	C	ASC

SQL | 인출된 모든 행: 3(0.25초)

[그림 9-4] 인덱스 확인 2

UNIQUE 제약 조건으로 설정해도 NORMAL 인덱스가 자동으로 생성되는 것을 확인할 수 있다. 역시 고유 Unique 인덱스가 설정되어 있다.

참고로 Primary Key나 Unique로 자동 생성된 인덱스를 삭제하기 위해서는 해당 제약 조건을 제거하는 수밖에 없다. 즉, **DROP INDEX**문으로 자동 생성된 인덱스를 삭제할 수 없다.

9.3 인덱스의 내부 작동

인덱스의 내부적인 작동을 이해하기 위해서는 우선 몇 가지 개념의 정립이 필요하다.

⚠ 이 책의 주요 대상 독자는 데이터베이스 입문자 또는 Oracle 입문자다. 그래서 인덱스의 개념을 쉽게 설명하기 위해서, 가능하면 대부분의 데이터베이스에서 공통되는 개념으로 설명을 진행할 것이다. 세부적인 내용까지 따진다면 Oracle과 내부적으로 조금 다를 수 있다는 점을 미리 알린다. 하지만, 인덱스의 개념과 특징을 이해하는 것이 더 중요하므로 세부적인 차이점은 그냥 넘어가도록 하자.

9.3.1 B-Tree(Balanced Tree, 균형 트리)

B-Tree는 '자료 구조'에 나오는 범용적으로 사용되는 데이터의 구조다. 이 구조는 주로 인덱스를 표현할 때와 그 외에서도 많이 사용된다. 이름에서도 알 수 있듯이 B-Tree는 균형이 잡힌 트리다. [그림 9-5]를 보자.

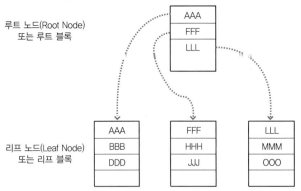

루트 노드(Root Node)
또는 루트 블록

리프 노드(Leaf Node)
또는 리프 블록

[그림 9-5] B-Tree의 기본 구조

노드Node란 트리 구조에서 데이터가 존재하는 공간을 말한다. 즉, 갈라지는 부분의 '마디'를 뜻한다. [그림 9-5]에서는 노드가 4개 있다. 루트 노드Root Node란 노드의 가장 상위 노드를 말한다. 모든 출발은 이 루트 노드에서 시작된다. 리프 노드Leaf Node, 잎 노드, 말단 노드는 제일 마지막에 존재하는 노드를 말한다. 그리고 [그림 9-5]에서는 두 단계의 레벨이 표현되었지만, 데이터가 많다면 세 단계나 그 이상으로 레벨이 깊어진다. 루트 노드와 리프 노드의 중간에 끼인 노드들은 그냥 '중간 노드' 또는 '가지 블록Branch Block'이라 부르겠다.

노드라는 용어는 개념적인 설명에서 주로 나오며, Oracle이 B-Tree를 사용할 때는 이 노드에 해당되는 것이 블록block이다. 블록이란 8Kbyte 크기의 최소한의 저장 단위이다. 아무리 작은 데이터를 한 개만 저장하더라도 한 개 블록(8Kbyte)을 차지하게 된다는 의미이다. 즉, 개념적으로 부를 때는 노드라 부르지만, Oracle에서는 노드가 블록이 되며 인덱스를 구현할 때 기본적으로 B-Tree 구조를 사용한다.

⚠ [그림 9-5]의 예에서는 블록당 데이터가 4개만 들어간다고 가정했다. 실제로는 훨씬 많은 데이터가 들어갈 것이다.

이 B-Tree 구조는 데이터를 검색할 때(=SELECT 구문을 사용할 때) 아주 뛰어난 성능을 발휘한다. [그림 9-5]에서 MMM이라는 데이터를 검색한다고 생각해보자. 만약, B-Tree 구조가 아니라면 루트 블록 및 그 연결은 존재하지 않고 그냥 리프 블록만 있을 것이다. MMM을 찾는 방법은 그냥 처음부터 검색하는 방법밖에는 없으므로 AAA부터 MMM까지 8건의 데이터(블록은 3개 블록)를 검색해야 그 결과를 알 수 있다.

⚠ 이렇게 데이터를 처음부터 끝까지 검색하는 것을 '전체 테이블 검색Full Table Search'이라고 부른다.

이번에는 [그림 9-5]에 나온 대로 B-Tree 구조라면 우선은 루트 블록을 검색하게 된다. 모든 데이터는 정렬이 되어 있으므로 AAA, FFF, LLL 세 개를 읽으니 MMM은 LLL 다음에 나오므로 세 번째 리프 블록으로 직접 이동하면 된다. 세 번째 리프 블록에서 LLL, MMM 두 개를 읽으니 찾고자 하는 MMM을 찾게 된다. 결국 루트 블록에서 AAA, FFF, LLL 세 개와 리프 블록에서 LLL, MMM 두 개를 합쳐서 5건의 데이터를 검색해서 원하는 결과를 찾았으며, 블록은 두 개 블록을 읽었다.

⚠ 지금 필자가 얘기한 방식은 개념적으로 설명한 것이며, 실제 작동에는 차이가 좀 있다. 하지만, 개념적인 이해를 해야 실제 작동을 쉽게 이해할 수 있으므로 우선은 개념적인 이해가 중요하다.

지금은 레벨이 2단계뿐이어서 그 효용성이 별로 크게 못 느껴질 수 있지만, 훨씬 많은 양의 데이터(깊은 레벨)의 경우에는 그 차이가 기하급수적으로 난다.

9.3.2 인덱스 분할

앞에서 데이터를 검색하는 데는 B-Tree가 효율적임을 확인했다. 이 말은 인덱스를 구성하면 SELECT의 속도가 급격히 향상될 수 있다는 것을 뜻한다.

⚠ 필자가 '향상된다'가 아닌 '향상될 수 있다'라고 표현한 이유를 알 것이다. 이 장의 앞부분에서 인덱스의 장단점을 설명할 때 인덱스가 항상 좋은 것은 아니라고 설명했었다.

그런데, 인덱스를 구성하면 데이터의 변경 작업(INSERT, UPDATE, DELETE) 시에 성능이 나빠지는 단점이 있다고 했다. 특히, INSERT 작업이 일어날 때 성능이 느려질 수 있다. 그 이유는 '인덱스 분할'이라는 작업이 발생되기 때문이다. 이 작업이 일어나면 Oracle이 느려지고 자주 일어나게 되면 성능에 큰 영향을 주게 된다.

[그림 9-5]에 III 데이터가 새로 INSERT되었다고 생각해 보자. 다음과 같이 변경될 것이다.

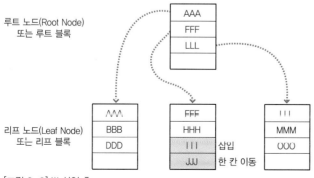

[그림 9-6] III 삽입 후

두 번째 리프 블록에는 다행히(?) 한 칸의 빈 공간이 있어서 JJJ가 아래로 한 칸 이동되고 III가 그 자리에 삽입되었다. 정렬이 되어야 하기 때문에 JJJ가 한 칸 이동했을 뿐 별로 큰 작업은 일어나지 않았다.

이번에는 GGG를 입력해 보자. 그런데 더 이상 두 번째 리프 블록에는 빈 공간이 없다. 이럴 때 드디어 '인덱스 분할' 작업이 일어난다. Oracle은 우선 비어있는 블록을 한 개 확보한 후에, 두 번째 리프 블록의 데이터를 적절히 나누게 된다.

⚠ 필자가 그림상에 설명을 쉽게 하기 위해서 블록이 꽉 차면 분할된다고 표현했지만, 내부적으로 PCTFREE로 설정된 값만큼 블록의 공간을 비워둔다. 일반적으로 PCTFREE는 20% 정도를 비워두므로 80% 정도가 차면 꽉 찬 것으로 판단한다.

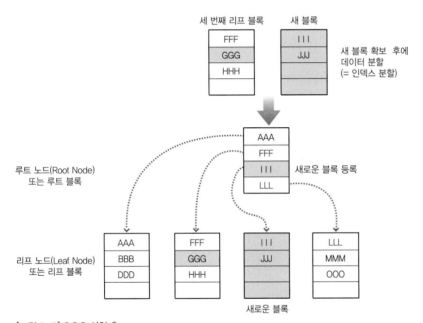

[그림 9-7] GGG 삽입 후

데이터를 한 개밖에 추가하지 않았는데 많은 작업이 일어났다. 우선, 블록을 확보한 후 인덱스 분할 작업이 1회 일어나고 루트 블록에도 새로 등록된 블록의 제일 위 데이터인 III가 등록되었다.

이번에는 PPP와 QQQ 두 개를 동시에 입력해 보도록 하자.

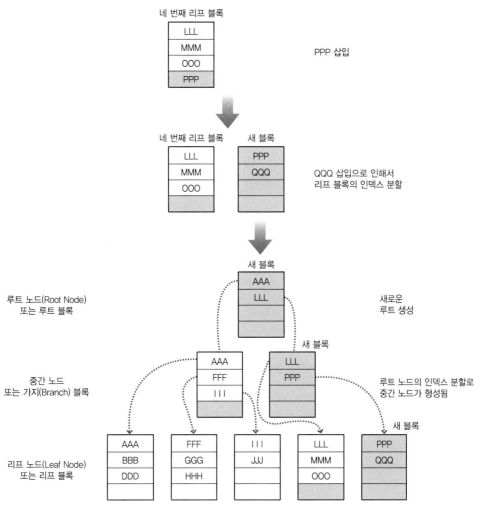

[그림 9-8] PPP, QQQ 삽입 후

[그림 9-8]을 보면, PPP를 입력하면 네 번째 리프 블록에 빈칸이 있으므로 제일 마지막에 추가하면
된다. 별 일이 일어나지 않았다. 이번에는 QQQ를 입력하자.

그런데, QQQ를 입력하려니 네 번째 리프 블록에는 빈칸이 없으므로 인덱스 분할 작업이 일어난
다. 그리고, 인덱스 분할 후에 추가된 다섯 번째 리프 블록을 루트 블록에 등록하려고 하니, 루트 블
록도 이미 꽉 차서 더 이상 등록할 곳이 없어서, 루트 블록도 다시 인덱스 분할을 해야 했다. 그리고,
루트 블록이 있던 곳은 더 이상 루트 블록이 아니라 중간 노드(=중간 블록)가 된다. 그리고 새로운
루트 블록을 또 할당해서 중간 노드를 가리키는 블록으로 구성된다.

결국, QQQ 하나를 입력하기 위해서 3개의 새로운 블록이 할당되고 2회의 인덱스 분할이 발생되었다.

이 예로써 인덱스를 구성하면 왜 데이터 변경(INSERT, UPDATE, DELETE) 작업이 느려지는지 (특히, INSERT) 확인할 수 있었다.

9.3.3 B-Tree 인덱스의 구조

이번에는 B-Tree 인덱스의 구조를 파악해 보자.

우선, 인덱스가 없이 테이블을 생성하고, 다음과 같이 데이터를 입력한 경우를 생각해 보자.

```
CREATE TABLE btreeTBL
( userID   CHAR(8) ,
  userName     NVARCHAR2(10)
);
INSERT INTO btreeTBL VALUES('LSG', '이승기');
INSERT INTO btreeTBL VALUES('KBS', '김범수');
INSERT INTO btreeTBL VALUES('KKH', '김경호');
INSERT INTO btreeTBL VALUES('JYP', '조용필');
INSERT INTO btreeTBL VALUES('SSK', '성시경');
INSERT INTO btreeTBL VALUES('LJB', '임재범');
INSERT INTO btreeTBL VALUES('YJS', '윤종신');
INSERT INTO btreeTBL VALUES('EJW', '은지원');
INSERT INTO btreeTBL VALUES('JKW', '조관우');
INSERT INTO btreeTBL VALUES('BBK', '바비킴');
```

만약, 블록당 4개의 행이 입력된다고 가정하면 이 데이터는 [그림 9-9]와 같이 구성되어 있을 것이다.

⚠ [그림 9-9]는 필자가 이해를 돕기 위해서 가정한 것이다. Oracle의 기본 블록의 크기는 8Kbyte이므로 훨씬 많은 행 데이터가 들어간다. 참고로 Oracle의 블록 크기는 **SHOW PARAMETER DB_BLOCK_SIZE**문으로 확인할 수 있다. 필요하다면 2KB, 4KB, 8KB, 16KB, 32KB 등으로 변경할 수 있다.

1000			1001			1002	
LSG	이승기		SSK	성시경		JKW	조관우
KBS	김범수		LJB	임재범		BBK	바비킴
KKH	김경호		YJS	윤종신			
JYP	조용필		EJW	은지원			

데이터 블록

[그림 9-9] 인덱스 없는 테이블의 내부 구성

데이터를 조회해 보자. 입력된 것과 동일한 순서로 보일 것이다.

⚠ 실제로는 데이터량이 적어서 한 개 블록에 모두 들어 있을 것이다.

```
SELECT rowid, userID, userName FROM btreeTBL;
```

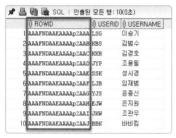

[그림 9-10] 쿼리 결과

ROWID 열을 일부러 출력해 봤다. ROWID 열은 각 행이 저장된 물리적인 주소로 보면 된다.

⚠ [그림 9-10]의 첫 번째 행(AAAFNDAAEAAAp2AAA)의 예로 ROWID를 세부적으로 나누면 앞 6자리(AAAFND)는 데이터 객체 번호다. 그 다음 3자리(AAE)는 파일 번호, 그 다음 6자리(AAAAp2)는 블록 번호, 마지막 3자리(AAA)는 행 번호를 의미한다.

이 테이블의 userID에 고유Unique 인덱스를 구성해 보자. 인덱스를 생성하는 구문에 대해서는 잠시 후에 살펴보고 userID를 Primary Key로 지정하면 고유Unique 인덱스가 구성된다고 앞에서 설명했었다.

```
ALTER TABLE btreeTBL
    ADD CONSTRAINT PK_btreeTBL_userID
      PRIMARY KEY (userID);
```

데이터를 다시 확인하자. 테이블 자체에는 변화가 없을 것이다.

```
SELECT rowid, userID, userName FROM btreeTBL;
```

하지만 내부적으로는 다음과 같이 구성되어 있을 것이다.

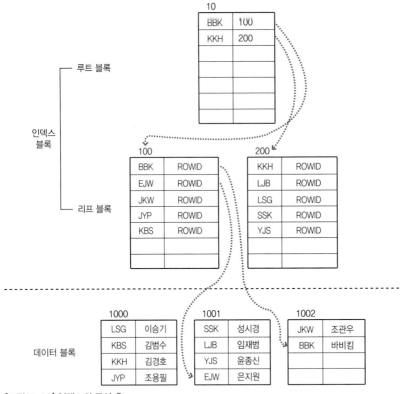

[그림 9-11] 인덱스의 구성 후

[그림 9-11]을 보면, 인덱스 블록은 데이터 블록과 별도의 장소에 생성된다. 우선, 인덱스 블록의 리프 블록에 인덱스로 구성한 열(이 예에서는 userID)을 정렬한다. 그리고, 데이터 위치 포인터를 생성한다. 데이터의 위치 포인트는 앞에서 확인한 각 행의 물리적인 위치인 ROWID가 기록되어, 바로 데이터가 저장된 위치를 가리킨다. BBK의 예를 들면 [그림 9-10]의 마지막에 있는 AAAFNDAAEAAAAp2AAJ 값이 기록된다. 그러므로 이 데이터 위치 포인터는 데이터가 위치한 고유한 값(ROWID)이 된다.

이제 데이터를 검색(SELECT문)해 보도록 하자.

[그림 9-11]에서 JKW 검색 시에 인덱스 블록의 루트 블록(10번), 리프 블록(100번) 그리고 데이터 블록(1002번)을 읽어 총 3개 블록을 읽게 된다. 지금은 데이터 량이 작아서 인덱스를 생성하기 전에 전체 테이블 검색한 것과 차이가 없어 보인다. 만약 블록이 10,000개인 대량의 데이터라면 [그

림 9–9]처럼 인덱스가 없을 때는 10,000개의 블록을 모두 읽어야 하지만, [그림 9–11]의 경우에는 10개 미만의 블록만 읽으면 충분할 것이다.

이번에는 [그림 9–11]에 새로운 데이터를 입력해 보자.

```
INSERT INTO btreeTBL VALUES('FNT', '푸니타');
INSERT INTO btreeTBL VALUES('KAI', '카아이');
```

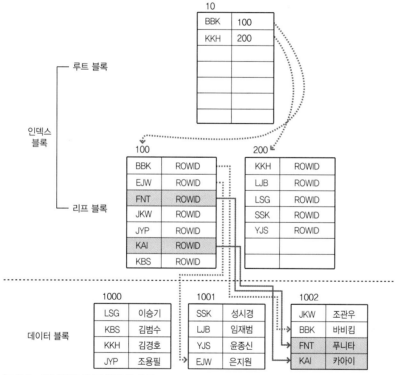

[그림 9–12] 인덱스에 두 행의 추가 후

데이터 블록의 뒤쪽 빈 부분에 데이터가 삽입된다. 그리고, 인덱스의 리프 블록에 약간의 위치가 조정되었다. 만약에 입력되는 데이터가 더 많았다면 데이터 블록이 추가될 뿐 아니라, 인덱스 분할이 일어날 것이다. 그러므로 인덱스가 없을 때보다 인덱스가 있다면 데이터 입력 시에 성능이 더 느릴 수밖에 없다.

지금까지 설명한 인덱스의 개념을 잘 이해했다면 인덱스의 특징을 살펴보자.

- 인덱스 생성 시에는 데이터 블록은 그냥 둔 상태에서 별도의 블록에 인덱스를 구성한다.
- 인덱스의 리프 블록은 데이터가 아니라, 데이터가 위치하는 주소값(ROWID)이다.
- 데이터의 입력/수정/삭제 시에는 인덱스가 없을 때보다 느리다.
- 인덱스는 여러 개 생성할 수가 있다. 하지만, 함부로 남용할 경우에는 오히려 시스템 성능을 떨어뜨리는 결과를 초래할 수 있으므로, 꼭 필요한 열에만 생성하는 것이 좋다.

여기서 한 가지 더 짚고 넘어가자.

- 인덱스를 검색하기 위한 일차 조건은 WHERE절에 해당 인덱스를 생성한 열의 이름이 나와야 한다. 물론, WHERE절에 해당 인덱스를 생성한 열 이름이 나와도 인덱스를 사용하지 않는 경우도 많다.

이에 대한 실습은 인덱스 생성 구문을 익힌 후에 다시 해보도록 하겠다.

9.4 인덱스 생성/변경/삭제

이제는 제약 조건에서 자동으로 생성되는 인덱스 외에 직접 인덱스를 생성하는 구문을 살펴보자.

9.4.1 인덱스 생성

Oracle 도움말에 나오는 인덱스를 생성하는 문법은 다음과 같다(일부만 표시함).

```
형식:
CREATE [ UNIQUE ¦ BITMAP ] INDEX [ schema. ]index
  ON { CLUSTER [ schema. ] cluster index_attributes
    ¦ [ schema. ]table [ t_alias ]
      (index_expr [ ASC ¦ DESC ]
        [, index_expr [ ASC ¦ DESC ] ]...)
      [ index_properties ]
    ¦ [ schema.]table
      ( [ [ schema. ]table. ¦ t_alias. ]column
        [ ASC ¦ DESC  ]
        [, [ [ schema. ]table. ¦ t_alias. ]column
          [ ASC ¦ DESC ]
        ]...
      )
      FROM [ schema. ]table [ t_alias ]
```

```
                  [, [ schema. ]table [ t_alias ]
               ]...
        WHERE condition
           [ local_partitioned_index ] index_attributes
    } ;
```

UNIQUE 옵션은 고유한 인덱스를 만들 것인지를 결정한다. 즉, UNIQUE로 지정된 인덱스는 동일한 데이터 값이 입력될 수 없다. 디폴트는 UNIQUE가 생략된(=중복이 허용되는) 인덱스다. ASC 및 DESC는 정렬되는 방식이다. ASC가 기본 값이며 오름차순으로 정렬되어서 인덱스가 생성된다. 그 외의 옵션은 자주 사용되지 않으므로 필요한 경우에 설명하겠다.

9.4.2 인덱스 제거

인덱스를 삭제하는 형식은 다음과 같다.

```
형식 :
DROP INDEX [ schema. ] index [ FORCE ] ;
```

간단하게 인덱스를 삭제하는 구문은 다음과 같이 사용한다.

```
DROP INDEX 인덱스이름;
```

인덱스를 많이 생성해 놓은 테이블은 인덱스의 용도를 잘 확인한 후에, 인덱스의 활용도가 떨어진다면 과감히 삭제해 줄 필요가 있다. 그렇지 않으면 전반적인 Oracle의 성능이 저하되는 문제를 야기시킬 수 있다. 한 달에 한 번 또는 일년에 한 번 사용될 인덱스를 계속 유지할 필요는 없다.

실습2

인덱스를 생성하고 사용하는 실습을 하자.

step 0

[로컬-sqlDB] 접속의 워크시트에서 진행하자. 우선 userTBL의 userID에 설정된 PK와 buyTBL의 userID에 설정된 FK를 삭제하고 확실한 이름을 지정해서 다시 설정하자.

0-1 userTBL의 PK를 삭제하고 다시 설정하자. 그리고, buyTBL의 FK도 다시 설정한다. 관련된 설명은 이번 실습 마지막에 다시 언급하겠다.

```
ALTER TABLE userTBL -- PK 제거하면서 관련된 FK도 제거
    DROP PRIMARY KEY CASCADE;
ALTER TABLE userTBL -- PK 생성
    ADD CONSTRAINT PK_userTBL_userID PRIMARY KEY(userID);
ALTER TABLE buyTbl -- FK 생성
    ADD CONSTRAINT FK_userTbl_buyTbl
    FOREIGN KEY (userID)
    REFERENCES userTBL(userID) ;
```

0-2 userTBL의 내용을 확인하자.

```
SELECT * FROM userTBL;
```

	USERID	USERNAME	BIRTHYEAR	ADDR	MOBILE1	MOBILE2	HEIGHT	MDATE
1	LSG	이승기	1987	서울	011	11111111	182	08/08/08
2	KBS	김범수	1979	경남	011	22222222	173	12/04/04
3	KKH	김경호	1971	전남	019	33333333	177	07/07/07
4	JYP	조용필	1950	경기	011	44444444	166	09/04/04
5	SSK	성시경	1979	서울	(null)	(null)	186	13/12/12
6	LJB	임재범	1963	서울	016	66666666	182	09/09/09
7	YJS	윤종신	1969	경남	(null)	(null)	170	05/05/05
8	EJW	은지원	1972	경북	011	88888888	174	14/03/03
9	JKW	조관우	1965	경기	018	99999999	172	10/10/10
10	BBK	바비킴	1973	서울	010	00000000	176	13/05/05

[그림 9-13] 쿼리 결과

step 1

우선, userTbl에 어떤 인덱스가 설정되어 있는지 확인해 보자.

1-1 먼저 인덱스의 이름을 확인해 보자.

```
SELECT I.INDEX_NAME, I.INDEX_TYPE, I.UNIQUENESS, C.COLUMN_NAME, C.DESCEND
    FROM USER_INDEXES I
        INNER JOIN USER_IND_COLUMNS C
        ON I.INDEX_NAME = C.INDEX_NAME
    WHERE I.TABLE_NAME='USERTBL' ;
```

	INDEX_NAME	INDEX_TYPE	UNIQUENESS	COLUMN_NAME	DESCEND
1	PK_USERTBL_USERID	NORMAL	UNIQUE	USERID	ASC

[그림 9-14] 쿼리 결과

이미 앞에서 얘기했지만, NORMAL은 B-Tree 인덱스를 의미한다. 현재 userTbl에는 userID 열에 고유 Unique 인덱스 1개만 설정되어 있다.

1-2 이번에는 인덱스의 몇 가지 정보를 확인해 보자.

```
SELECT INDEX_NAME, LEAF_BLOCKS, DISTINCT_KEYS, NUM_ROWS FROM  USER_INDEXES
    WHERE TABLE_NAME='USERTBL' ;
```

	INDEX_NAME	LEAF_BLOCKS	DISTINCT_KEYS	NUM_ROWS
1	PK_USERTBL_USERID	1	10	10

[그림 9-15] 쿼리 결과

결과 중에서 LEAF_BLOCKS를 보면 [그림 9-11]의 리프 블록에 1블록(=8KB)이 할당되어 있는 것을 확인할 수 있다. 실제로는 데이터의 내용이 8KB까지 필요 없지만, 할당하는 값의 최소 단위가 1블록이므로 1블록이 할당되어 있는 것이다. DISTINCT_KEYS는 서로 다른 데이터의 개수인데, 회원 테이블의 회원 아이디(userID) 열은 PK로 설정되어 있기 때문에 당연히 UNIQUE 인덱스가 생성되어 있으며 NUM_ ROWS와 같이 10개가 되어 있다.

1-3 쿼리를 실행하면 인덱스를 사용하는지 확인하자. 인덱스가 설정된 회원 아이디(userID)로 간단한 검색을 해보자. 다음을 실행한 후에 〈계획 설명〉 아이콘을 클릭하거나 F10을 눌러서 실행 계획을 확인해 보자.

```
SELECT * FROM userTBL WHERE userID='BBK';
```

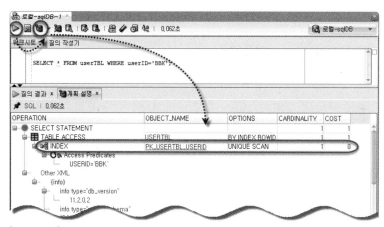

[그림 9-16] 인덱스를 사용

인덱스를 사용해서 검색(UNIQUE SCAN)한 것이 확인된다. 지금은 데이터 건수가 적어서 효과를 느낄 수 없으나, 대용량의 데이터라면 상당히 빠른 검색이 되었을 것이다.

1-4 인덱스가 없는 이름(userName) 열로 검색해 보자. 다음을 실행한 후에, 〈계획 설명〉 아이콘을 클릭하거나 F10을 눌러서 실행 계획을 확인해 보자.

```
SELECT * FROM userTBL WHERE userName='바비킴';
```

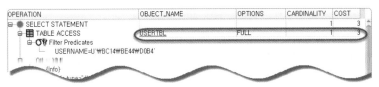

OPERATION	OBJECT_NAME	OPTIONS	CARDINALITY	COST
SELECT STATEMENT			1	3
TABLE ACCESS	USERTBL	FULL	1	3
Filter Predicates				
USERNAME=U'₩BC14₩BE44₩D0B4'				

[그림 9-17] 전체 테이블 검색

userName 열에는 인덱스가 없으므로 전체 테이블 검색Full Table Scan을 할 수밖에 없다. 아마도 대용량 데이터라면 시간이 오래 걸렸을 것이다.

`step 2`

추가로 인덱스를 생성해 보자.

2-1 이번에는 주소(addr)의 인덱스에 비 고유Non-Unique 인덱스를 직접 생성하자. 별다른 옵션이 없으면 비 고유 인덱스를 생성한다.

```
CREATE INDEX idx_userTbl_addr
    ON userTbl (addr);
```

2-2 앞 **1-1**의 쿼리를 다시 수행해서 생성된 인덱스 정보를 확인해 보자.

INDEX_NAME	INDEX_TYPE	UNIQUENESS	COLUMN_NAME	DESCEND
1 PK_USERTBL_USERID	NORMAL	UNIQUE	USERID	ASC
2 IDX_USERTBL_ADDR	NORMAL	NONUNIQUE	ADDR	ASC

[그림 9-18] 쿼리 결과

Unique 인덱스가 아닌 것을 확인할 수 있다.

2-3 앞 **1-2**의 쿼리를 다시 수행해서 인덱스의 추가 정보를 확인하자.

INDEX_NAME	LEAF_BLOCKS	DISTINCT_KEYS	NUM_ROWS
1 PK_USERTBL_USERID	1	10	10
2 IDX_USERTBL_ADDR	1	5	10

[그림 9-19] 쿼리 결과

주소(addr) 열의 데이터는 중복되지 않은 데이터의 종류가 총 5건인 것이 확인된다.

2-4 출생년도birthYear에 고유Unique 인덱스를 생성하자.

```
CREATE UNIQUE INDEX idx_userTbl_birtyYear
    ON userTbl (birthYear);
```

오류 메시지:
ORA-01452: cannot CREATE UNIQUE INDEX; duplicate keys found

김범수와 성시경이 1979년이기에 중복된 값이 있어서 출생년도에는 고유 인덱스를 생성할 수 없다.

2-5 이름(userName) 열에 고유 인덱스를 생성하자.

```
CREATE UNIQUE INDEX idx_userTbl_userName
    ON userTbl (userName);
```

앞 **1-1**과 **1-2**의 쿼리로 인덱스 정보를 확인하자.

	INDEX_NAME	INDEX_TYPE	UNIQUENESS	COLUMN_NAME	DESCEND
1	PK_USERTBL_USERID	NORMAL	UNIQUE	USERID	ASC
2	IDX_USERTBL_ADDR	NORMAL	NONUNIQUE	ADDR	ASC
3	IDX_USERTBL_USERNAME	NORMAL	UNIQUE	USERNAME	ASC

	INDEX_NAME	LEAF_BLOCKS	DISTINCT_KEYS	NUM_ROWS
1	PK_USERTBL_USERID	1	10	10
2	IDX_USERTBL_ADDR	1	5	10
3	IDX_USERTBL_USERNAME	1	10	10

[그림 9-20] 고유 인덱스 확인

2-6 이름(userName) 열에 생성은 잘 되었다. 이번에는 김범수와 이름이 같은 사람을 입력해 보자. 아이디는 다르게 GPS로 하자.

```
INSERT INTO userTbl VALUES('GPS', '김범수', 1983, '미국', NULL , NULL , 162, NULL);
```

```
오류 메시지:
ORA-00001: unique constraint (SQLDB.IDX_USERTBL_USERNAME) violated
```

조금 전에 생성한 고유Unique 인덱스로 인해서 중복된 값을 입력할 수 없다. (이것을 '무결성 제약 조건 오류' 라고 부른다.) 이렇게 이름이 중복된 사람을 허용하지 않는다면 실제 사용에는 문제가 발생할 수도 있다. 그러므로, 고유 인덱스는 현재 중복된 값이 없다고 무조건 설정하면 안 되며, 업무 절차상 절대로 중복되지 않을 경우(예로 주민등록번호, 학번, 이메일 주소 등)에만 인덱스 생성 시에 UNIQUE 옵션을 사용해야 한다.

2-7 이번에는 이름(userName) 열과 출생년도(birthYear) 열을 조합해서 인덱스를 생성해 보자. 그리고, 이름(userName) 열에 설정했던 idx_userTbl_name 인덱스는 삭제하자.

```
CREATE INDEX idx_userTbl_userName_birthYear
    ON userTbl (userName,birthYear);
DROP INDEX idx_userTbl_userName;
```

앞 **1-1**의 쿼리로 인덱스 정보를 확인하자.

	INDEX_NAME	INDEX_TYPE	UNIQUENESS	COLUMN_NAME	DESCEND
1	PK_USERTBL_USERID	NORMAL	UNIQUE	USERID	ASC
2	IDX_USERTBL_ADDR	NORMAL	NONUNIQUE	ADDR	ASC
3	IDX_USERTBL_USERNAME_BIRTHYEAR	NORMAL	NONUNIQUE	USERNAME	ASC
4	IDX_USERTBL_USERNAME_BIRTHYEAR	NORMAL	NONUNIQUE	BIRTHYEAR	ASC

[그림 9-21] 두 열에 설정된 인덱스 확인

두 열이 하나의 인덱스로 설정되어 있는 상태를 확인할 수 있다.

2-8 두 열이 조합된 조건문의 쿼리에도 해당 인덱스가 사용된다. 결과는 당연히 잘 나올 것이다. 다음을 실행한 후에, 〈계획 설명〉 아이콘을 클릭하거나 F10을 눌러서 실행 계획을 확인해 보자.

```
SELECT * FROM userTbl WHERE userName = '윤종신' and birthYear = '1969';
```

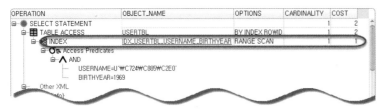

[그림 9-22] 인덱스 사용

생성한 인덱스인 idx_userTbl_userName_birthYear를 사용하고 있는 것을 확인할 수 있다. 위와 같이 userName 및 birthYear가 조합된 쿼리에서는 이 인덱스가 무척 유용하지만, 이러한 쿼리가 거의 사용되지 않는다면 이 인덱스는 오히려 Oracle의 성능에 나쁜 영향을 줄 수 있다.

2-9 앞 **2-7**에서 userName 열의 고유 인덱스는 삭제했었다. 이번에는 이름만 가지고 간단한 조회를 해보자. 다음을 실행한 후에 〈계획 설명〉 아이콘을 클릭하거나 F10을 눌러서 실행 계획을 확인해 보자.

```
SELECT * FROM userTbl WHERE userName = '윤종신';
```

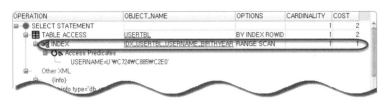

[그림 9-23] 인덱스 사용

userName 열에 인덱스는 없지만, 차선책으로 userName과 birthYear가 조합된 인덱스를 사용하는 것이 확인된다. 전체 테이블 검색보다는 조합된 인덱스를 사용하는 것이 더 효율적이기 때문이다.

2-10 휴대폰의 국번(mobile1) 열에 인덱스를 생성해 보자.

```
CREATE INDEX idx_userTbl_mobile1
    ON userTbl (mobile1);
```

생성이 당연히 잘 될 것이다. 그리고 다음의 쿼리를 생각해 보자.

```
SELECT * FROM userTbl WHERE mobile1 = '011';
```

결과도 잘 나올 것이다. 그런데, 이 인덱스는 없는 것이 나올 수 있다. 그 이유는 전화번호 국번에는 데이터의 종류가 얼마 되지 않기 때문이다. 즉, 데이터가 1,000만 건이라도 결국 010, 011, 016, 017, 018, 019
의 데이터만 존재할 것이기 때문이다. 이렇게 데이터의 종류가 적은 열에는 인덱스를 생성하지 않는 편이
낫다. 이를 '선택도Selectivity가 나쁜 데이터'라고도 얘기하는데, 잠시 후 다시 살펴보겠다.

step 3

인덱스를 삭제하자.

3-1 먼저 인덱스의 이름을 확인하자.

```
SELECT INDEX_NAME FROM  USER_INDEXES
    WHERE TABLE_NAME='USERTBL';
```

[그림 9-24] 인덱스 이름 확인

3-2 CREATE INDEX로 생성했던 IDX_USERTBL_ 이름의 인덱스를 삭제하자.

```
DROP INDEX idx_userTbl_addr;
DROP INDEX idx_userTbl_userName_birthYear;
DROP INDEX idx_userTbl_mobile1;
```

3-3 이번에는 Primary Key 지정으로 자동 생성된 인덱스를 삭제해 보자. DROP INDEX문으로 삭제해
보자. (필자와 인덱스 이름이 다를 수 있다.)

```
DROP INDEX PK_userTBL_userID;
```

```
오류 메시지 :
ORA-02429: cannot drop index used for enforcement of unique/primary key
```

오류가 발생했다. PK나 UNIQUE로 자동 생성된 인덱스는 DROP INDEX로 삭제할 수 없으며, 제약 조
건을 제거하는 방식을 사용해야 한다.

3-4 userTBL의 PK 제약 조건을 제거하자.

```
ALTER TABLE userTBL
    DROP PRIMARY KEY;
```

```
오류 메시지 :
ORA-02273: this unique/primary key is referenced by some foreign keys
```

다시 오류가 발생했다. 현재 userTBL의 기본 키인 userID 열은 buyTBL에 외래 키(FK)로 연결되어 있기 때문이다. 그러므로 먼저 외래 키를 제거한 후에 다시 기본 키를 제거하거나, CASCADE문을 추가해서 관련된 외래 키까지 제거되도록 한다.

3-5 buyTBL의 외래 키를 다시 확인하자. CONSTRAINT_TYPE이 R이면 외래 키다.

```
SELECT * FROM USER_CONSTRAINTS
    WHERE OWNER='SQLDB' AND TABLE_NAME='BUYTBL' AND CONSTRAINT_TYPE='R';
```

⊕ OWNER	⊕ CONSTRAINT_NAME	⊕ CONSTRAINT_TYPE	⊕ TABLE_NAME	SEARCH_CONDITION	⊕ R_OWNER	⊕ R_CON
1 SQLDB	FK USERTBL BUYTBL	R	BUYTBL	(null)	SQLDB	SYS_COO

[그림 9-25] 외래 키 이름 확인

3-6 PK 제약 조건을 제거하면서 관련된 FK 제약 조건도 제거하자.

```
ALTER TABLE userTBL
    DROP PRIMARY KEY CASCADE;
```

3-7 다시 **3-5**의 쿼리문으로 확인하면 외래 키도 제거된 것이 확인될 것이다.

☼ ── 비타민 퀴즈 9-1 ─────────────────────────────

　　　Windows의 SQL Developer로 Linux 가상머신에 접속해서 〈실습 2〉를 진행해 보자.

───

9.5 인덱스의 성능 비교

인덱스를 생성하고 삭제하는 방법에 대해서 익혔으니, 인덱스가 있을 때와 인덱스가 없을 때의 성능의 차이를 직접 확인하는 실습을 해보자.

이번 실습을 통해서 인덱스가 얼마나 성능이 좋은지 확인해 보자. 또한 인덱스가 있어도 인덱스를 사용하지 않는 것은 어떤 경우인지를 파악해 보자.

실습3

인덱스가 없을 때와 인덱스가 있을 때의 성능을 비교하자. 또한 인덱스의 특성과 장단점도 함께 이해해 보자.

step 0

[로컬-sqlDB] 접속에서 작업하자.

테스트를 위해서 어느 정도 데이터가 있는 테이블을 복사하자. HR 스키마의 bigEmployees 테이블을 Emp(인덱스 없는 테이블), Emp_idx(인덱스를 생성할 테이블) 두 개로 복사하자.

1-1 HR의 bigEmployees의 개수를 파악하자.

```
SELECT COUNT(*) FROM HR.bigEmployees;
```

약 30만 개가 나올 것이다. 테스트를 하기에 적절한 양이다.

1-2 테이블을 2개로 복사하자.

⚠ HR.bigEmployees는 emp_no로 대부분 정렬이 되어 있으므로, 복사하는 테이블의 순서를 무작위로 만들기 위해서 DBMS_RANDOM.VALUE로 정렬했다. 결과는 데이터가 무작위로 섞이는 효과를 갖는다.

```
CREATE TABLE Emp AS
    SELECT * FROM HR.bigEmployees ORDER BY DBMS_RANDOM.VALUE;
CREATE TABLE Emp_idx AS
    SELECT * FROM HR.bigEmployees ORDER BY DBMS_RANDOM.VALUE;
```

1-3 SELECT * FROM 테이블명문으로 확인해 보면 세 테이블의 순서가 뒤섞여 있음을 확인할 수 있다.

```
SELECT * FROM Emp WHERE ROWNUM <= 5;
SELECT * FROM Emp_idx WHERE ROWNUM <= 5;
```

	EMP_NO	BIRTH_DATE	FIRST_NAME	LAST_NAME	GENDER	HIRE_DATE
1	439117	7/07/29	Luerbio	Koshino	M	88/05/11
2	441976	2/12/18	Guoxiang	Thiria	M	89/05/15
3	483464	7/12/12	Fumiyo	Plumb	F	89/02/28
4	25736	8/12/29	Shigeaki	Przulj	F	89/02/16
5	295328	1/11/19	Insup	Thiria	F	93/04/17

	EMP_NO	BIRTH_DATE	FIRST_NAME	LAST_NAME	GENDER	HIRE_DATE
1	93986	4/10/27	Elzbieta	Perry	F	87/03/25
2	49736	8/09/24	Weiru	Poujol	M	90/05/04
3	12289	7/12/28	Serif	Strehl	M	93/09/22
4	408627	0/01/15	Douadi	Tsukune	M	86/09/01
5	53635	9/07/13	Saniya	Poehlman	F	88/06/27

[그림 9-26] 상위 5개 행 조회

1-4 테이블에 인덱스가 있는지 확인해 보자. 아직은 인덱스가 없을 것이다.

```
SELECT * FROM  USER_INDEXES
    WHERE TABLE_NAME='EMP';
```

CREATE TABLE… AS문은 PK, UNIQUE 등을 제외하고 단지 테이블의 데이터만 복사하는 기능을 한다. 그러므로, 두 테이블 모두 아직 인덱스는 없다.

Emp_idx에 인덱스를 생성해 보자.

2-1 인덱스를 생성한다.

```
CREATE INDEX idx_empIdx_emoNo ON Emp_idx(emp_no);
```

2-2 테이블의 인덱스를 확인해 보자.

```
SELECT INDEX_NAME, INDEX_TYPE, BLEVEL, LEAF_BLOCKS, DISTINCT_KEYS, NUM_ROWS FROM
    USER_INDEXES
  WHERE TABLE_NAME='EMP_IDX' ;
```

INDEX_NAME	INDEX_TYPE	BLEVEL	LEAF_BLOCKS	DISTINCT_KEYS	NUM_ROWS
1 IDX_EMPIDX_EMONO	NORMAL	1	669	300024	300024

[그림 9-27] 인덱스 생성 후

인덱스가 생성되었다. 몇 가지를 살펴보자. INDEX_TYPE의 NORMAL은 B-Tree 인덱스를 의미한다. BLEVEL(Branch Level)은 B-Tree를 검색할 때 거치는 단계를 알 수 있는데, 지금은 1단계만 거치면 된다. 즉, [그림 9-11]처럼 루트 블록 아래 리프 블록이 모두 달려있다고 보면 된다. LEAF_BLOCKS는 리프 블록의 개수를 나타내는데 1개 블록이 8KB이므로 약 5.2MB(=669×8KB)의 용량이 인덱스 공간으로 생성되었다고 보면 된다. DISTINCT_KEYS는 다른 데이터의 개수인데 직원 번호(emp_no)는 모두 다르기 때문에 NUM_ROWS의 개수와 동일하다.

이제는 테이블을 조회할 때 인덱스의 사용 여부에 따른 성능의 차이를 확인해 보자.

3-0 다음 명령으로 캐시를 비우자.

⚠ 테이블에 접근하면 결과가 캐시(Cache)에 남아서 필자와 결과가 많이 다를 수 있다. 그래서 각 쿼리를 실행하기 전에 캐시를 비우고 테스트해 보는 것이다.

```
ALTER SYSTEM FLUSH BUFFER_CACHE;
ALTER SYSTEM FLUSH SHARED_POOL;
```

3-1 인덱스가 없는 Emp 테이블의 직원 번호(emp_no)로 조회해 보자. 다음 코드를 선택한 후, 〈자동 추적〉 아이콘을 클릭하거나 F6을 눌러서 자동 추적을 확인해 보자.

```
SELECT * FROM Emp WHERE emp_no = 20000; -- 사원번호 20000인 사람 1명을 조회
```

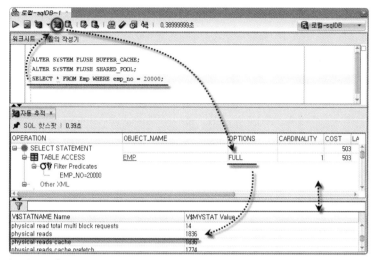

[그림 9-28] 인덱스가 없는 테이블의 자동 추적

⚠️ 읽을 블록의 수는 시스템의 상태나 기존에 사용했던 쿼리 등으로 인해서 숫자가 다르게 나올 수 있다. 정확한 블록의 숫자보다는 어느 쿼리에서 블록을 많이 읽거나, 혹은 적게 읽는 것을 위주로 확인하자.

아래쪽 통계값 창이 보이지 않으면 창을 늘려서 확인하자. Emp 테이블은 인덱스가 없으므로 전체 테이블 검색Full Table Scan을 할 수밖에 없다. 전체 테이블 검색의 의미는 전체 데이터 블록을 처음부터 끝까지 찾아본다는 의미라고 얘기했었다. 즉, 338쪽 [그림 9-9]와 같이 인덱스가 없으므로 전체 블록을 읽을 수밖에 없다. 아래쪽 통계값의 종류가 상당히 많지만 'physical reads'의 값에 주목하자. 필자는 1836이 나왔는데 이 값이 SELECT를 수행하는데 읽은 블록의 수라고 보면 된다. 인덱스가 없기 때문에 테이블의 전체 블록을 모두 읽은 것이다. 당연히 이 블록의 수가 적을수록 성능이 좋을 것이다.

3-2 다시 **3-1**을 실행해서 캐시를 비운다. 이번에는 인덱스가 있는 Emp_idx 테이블의 직원 번호(emp_no)로 조회해 보자. 다음 코드를 선택한 후, 〈자동 추적〉 아이콘을 클릭하거나 F6을 눌러서 자동 추적을 확인해 보자.

```
SELECT * FROM Emp_idx WHERE emp_no = 20000;
```

OPERATION	OBJECT_NAME	OPTIONS	CARDINALITY	COST	LA
SELECT STATEMENT				2	
TABLE ACCESS	EMP_IDX	BY INDEX ROWID	1	2	
INDEX	IDX_EMPIDX_EMONO	RANGE SCAN	1	1	
Access Predicates					
EMP_NO=20000					

V$STATNAME Name	V$MYSTAT Value
physical read total IO requests	37
physical reads	44
physical reads cache	44
physical reads cache prefetch	7

[그림 9-29] 인덱스가 있는 테이블의 자동 추적

44블록만 읽고 데이터를 찾아냈다. (필자와 블록의 개수는 차이가 있을 수 있다.) 앞에서 인덱스가 없이 테이블 검색 시에는 1836 블록을 읽었던 것과 비교해 보면 인덱스가 어느 정도로 유용한지 느낄 수 있을 것이다. 309쪽 [그림 9-10]에서 'JKW'를 찾기 위해 10, 100, 1002번 블록을 읽은 개념이다.

step 4

앞에서는 정확한 값(emp_no가 20000인 것) 하나를 조회되는 내부 방식을 확인해 보았다. 이번에는 범위로 조회해 보는 것을 확인해 보자.

4-1 인덱스가 없는 테이블을 범위로 조회해 보자. 다시 **3-1**을 실행해서 캐시를 비운다. 그리고 다음 코드를 선택한 후, ⟨자동 추적⟩ 아이콘을 클릭하거나 F6을 눌러서 자동 추적을 확인해 보자.

```sql
SELECT * FROM Emp WHERE emp_no < 10100;  -- 약 99건을 조회함
```

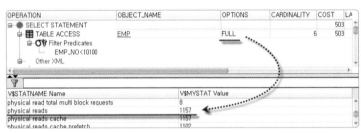

[그림 9-30] 인덱스가 없는 테이블의 자동 추적

어차피 Emp에는 인덱스가 없으므로, 전체 테이블 검색을 하고 상당히 많은 1157 블록 이상을 읽었다. 즉, 인덱스가 없다면 하나를 조회하든 범위로 조회하든 큰 차이가 없다.

4-2 인덱스 테이블을 범위로 조회해 보자. 다시 **3-1**을 실행해서 캐시를 비운다. 그리고 다음 코드를 선택한 후, ⟨자동 추적⟩ 아이콘을 클릭하거나 F6을 눌러서 자동 추적을 확인해 보자.

```sql
SELECT * FROM Emp_idx WHERE emp_no < 10100;
```

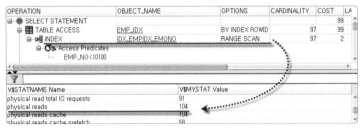

[그림 9-31] 인덱스가 있는 테이블의 자동 추적

30만 개 중에서 99건을 조회했는데, 블록은 104블록만 읽었다. 전체 테이블 검색을 한 것에 비하면 상당히 효율적으로 인덱스를 사용했다. 즉 [그림 9-32]와 같이 내부적으로 검색했을 것이다.

⚠ [그림 9-32]에서 숫자에는 연연하지 말자. 이해가 쉽도록 가정하여 지정한 것이 더 많다.

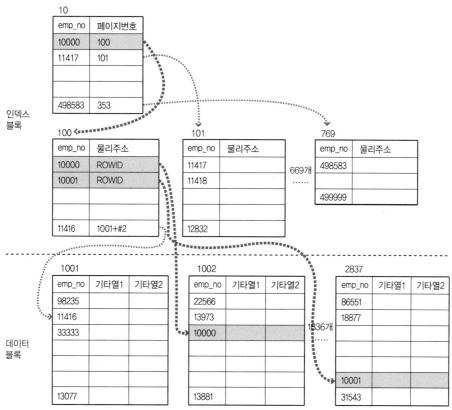

[그림 9-32] Emp_idx 테이블의 내부 구조(인덱스)

[그림 9-32]를 참조해서 인덱스에서 10000~10099까지 검색하는 것을 생각하면 루트 블록인 10번 블록과 인덱스 리프 블록인 100번 블록만 읽으면 999개의 데이터가 있는 데이터 블록의 주소를 알 수 있다. 이후로는 데이터 블록에서 직원의 정보를 접근하면 된다.

4-3 범위를 좀더 넓혀서 검색해 보자. Emp 테이블은 범위와 관계없이 어차피 전체 테이블 검색을 할 것이 므로, Emp_idx 테이블을 확인해 보자. 다시 **3-1**을 실행해서 캐시를 비운다. 그리고 다음 코드를 선택한 후, 〈자동 추적〉 아이콘을 클릭하거나 F6을 눌러서 자동 추적을 확인해 보자.

```
SELECT * FROM Emp_idx WHERE emp_no < 11000; -- 약 999건을 조회함
```

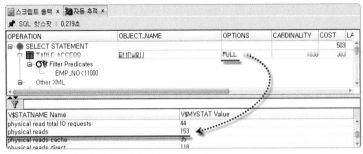

[그림 9-33] 인덱스가 있어도 전체 테이블 검색을 함

인덱스가 있는 Emp_idx 테이블을 조회했으므로 인덱스를 사용할 것으로 예상되었지만, 전체 테이블 검색을 했다. 왜일까? 만약, 인덱스를 사용했다면 다음과 같은 작동을 했을 것이다. [그림 9-32]를 보면서 다음 작동을 읽어보자.

- 루트 블록인 10번 블록을 읽어서 10000번 직원번호부터는 100번 블록에 있는 것을 알아 냈다.
- 인덱스의 리프 블록인 100번 블록에 가보니 10000~11416까지의 직원번호가 모두 있다.
- 직원번호 10000을 찾기 위해서 블록 1002번을 읽고, 세 번째의 데이터에 접근한다.
- 직원번호 10001을 찾기 위해서 블록 2837번을 읽고, 299번째의 데이터에 접근한다.
- 직원번호 10002을 찾기 위해서 … …
- … … (10999번까지 반복) … …

이렇게 많은 횟수를 인덱스 블록과 데이터 블록을 왔다갔다 하며 읽어야 한다. 이렇게 읽을 바에는 차라리 인덱스가 없는 것으로 치고 데이터 블록에서 처음부터 찾아보는 것이 더 빠르다. 그래서 Oracle에서 인덱스가 있더라도 사용하지 않고 전체 테이블 검색을 수행하게 된 것이다.

> **여기서 잠깐**
>
> ☼ **Oracle 힌트**
>
> SELECT문을 수행하면 Oracle의 옵티마이저^{Optimizer}가 SELECT를 분석한 후, 어떻게 처리하는 것이 가장 효율이 좋을지 계획을 세운 후에 SELECT를 수행한다. 예로 테이블에 인덱스가 있을 경우에 무조건 사용하는 것이 아니라 인덱스를 사용하는 것이 효율적일지 판단해서, 전체 테이블 검색이 더 효율적이라고 판단되면 인덱스를 무시하고 전체 테이블 검색을 한다. 이러한 옵티마이저의 작동을 하지 않고 직접 처리 방법을 지정하는 것을 'Oracle 힌트(또는 옵티마이저 힌트)'라고 부른다. 힌트의 형식은 다음과 같다. 아무거나 사용해도 된다.
>
> ```
> SELECT /*+ 힌트 */   열 이름 FROM ~~~
> SELECT --+ 힌트   열 이름 FROM ~~~
> ```

힌트의 종류로는 ALL_ROWS, FIRST_ROWS(n), CHOOSE, RULE, USE_CONCAT, NOREWRITE, MERGE, FACT, FULL, INDEX, NO_INDEX, ORDERED, USE_NL, USE_HASH 등 수십가지가 넘는다. 이 책에서는 전체 테이블 검색을 하는 FULL과 인덱스를 사용하는 INDEX 정도만 사용한다. 힌트에 대한 상세한 내용이 궁금하다면 https://docs.oracle.com/cd/E25178_01/server.1111/e16638/hintsref.htm 을 참조하도록 하자.

4-4 이번에는 강제로 인덱스를 사용하도록 힌트Hint를 줘서 조회해보자. 인덱스를 사용하도록 하는 힌트의 형식은 **/*+ INDEX (테이블이름 인덱스이름) */** 형식을 사용한다. 다시 **3-1**을 실행해서 캐시를 비운다. 그리고 다음 코드를 선택한 후, 〈자동 추적〉 아이콘을 클릭하거나 F6을 눌러서 자동 추적을 확인해 보자.

```
SELECT /*+ INDEX(Emp_idx IDX_EMPIDX_EMONO) */
    * FROM Emp_idx WHERE emp_no < 11000;
```

OPERATION	OBJECT_NAME	OPTIONS	CARDINALITY	COST	LA
⊟ ● SELECT STATEMENT				1102	
⊟ 🔢 TABLE ACCESS	EMP_IDX	BY INDEX ROWID	1098	1102	
⊟ INDEX	IDX_EMPIDX_EMONO	RANGE SCAN	1098	4	
⊟ 🔍 Access Predicates					
└ EMP_NO<11000					

V$STATNAME Name	V$MYSTAT Value
physical read total IO requests	87
physical reads	100
physical reads cache	100
physical reads cache prefetch	58

[그림 9-34] 강제로 인덱스 스캔을 함

인덱스 스캔을 시켰다. 약 100블록을 읽었다. 어차피 인덱스를 사용해도 전체 테이블 검색을 한 것과 별 차이가 없기에 Oracle이 테이블 스캔을 한 것이었다.

⚠ 여기서 오해할 만한 것은 필자의 경우 전체 테이블 검색은 153 블록을, 인덱스 스캔은 100 블록을 읽었으므로 인덱스 스캔이 더 효율적이라고 생각할 수 있지만, 블록 외에도 다양한 변수에 의해서 옵티마이저가 전체 테이블 검색을 선택한 것으로 생각할 수 있다. 즉, 읽은 블록 수만 가지고 전체 성능을 판단하지는 않는다.

4-5 이번에는 약 500건을 검색해 보자. 다시 **3-1**을 실행해서 캐시를 비운다. 그리고 다음 코드를 선택한 후, 〈자동 추적〉 아이콘을 클릭하거나 F6을 눌러서 자동 추적을 확인해 보자.

⚠ 500건이 전체 테이블 검색을 하는지 여부는 Oracle의 버전 및 시스템 상황마다 다를 수 있다. 500건이 인덱스를 사용한다면 600, 700 등으로 건수를 늘려서 조회해 보자.

```
SELECT * FROM Emp_idx WHERE emp_no < 10500; -- 약 499건을 조회함
```

[그림 9-35] 500건은 인덱스 사용하지 않음

인덱스 사용 여부만 확인해 보자. 약 500건 이상을 조회했더니 전체 테이블 검색을 했다.

4-6 이번에는 약 400건을 검색해 보자. 다시 **3-1**을 실행해서 캐시를 비운다. 그리고 다음 코드를 선택한 후, 〈자동 추적〉 아이콘을 클릭하거나 F6을 눌러서 자동 추적을 확인해 보자.

```
SELECT * FROM Emp_idx WHERE emp_no < 10400; -- 약 399건을 조회함
```

OPERATION	OBJECT_NAME	OPTIONS	CARDINALITY	COST
SELECT STATEMENT				433
TABLE ACCESS	EMP_IDX	BY INDEX ROWID	430	433
INDEX	IDX_EMPIDX_EMONO	RANGE SCAN	430	2
Access Predicates				
EMP_NO<10400				
Other XML				

[그림 9-36] 400건은 인덱스 사용함

인덱스를 사용해서 검색했다. 즉, 적정 수량의 데이터를 읽을 경우에는 Oracle이 알아서 인덱스를 사용한다. 여기서 인덱스를 사용해야 하는 중요한 핵심을 찾을 수 있다. 기존에 생성해 놓은 인덱스 중에서 전체 데이터 중 적정 수량 이상을 스캔하는 경우에는 Oracle이 인덱스를 사용하지 않고 테이블 검색을 실시한다는 것이다. 이건 이 테이블의 구성 상황에 따라서 많이 다르지만 대략 5% 이상을 조회할 때는 인덱스를 사용하지 않는다. 하지만 지금과 같이 1% 미만의 데이터를 검색해도 인덱스를 사용하지 않을 수도 있다.

만약에 응용프로그램이 주로 전체 데이터의 어느 정도 이상의 범위의 데이터를 검색SELECT하는 경우에는 차라리 인덱스를 만들지 않는 것이 시스템 성능에 도움이 된다. 이러한 사용하지 않는 인덱스는 데이터의 변경 작업(특히 INSERT)이 발생했을 때, 시스템의 성능을 나쁘게 만들 소지가 있다.

⚠ 어느 정도 범위 이상을 검색해야 인덱스를 사용하는지는 테이블 상황에 따라서 차이가 심하므로, 인덱스 사용 여부가 정확하지 않은 경우라면, 직접 지금 실습과 같이 어느 정도 숫자에서 인덱스를 사용하는지 확인해 본 후에 응용프로그램의 쿼리에 적용하는 것이 바람직하다.

`step 5`

이번에는 인덱스를 사용해야 하는데도, 쿼리문을 잘못 만들어 인덱스를 사용하지 않는 경우를 확인해 보자.

5-0 다음 쿼리문은 인덱스를 잘 사용했다. 이번 실습의 **3-2**에서 단 44개의 블록을 읽어서 데이터를 검색한 것을 확인했었다.

```
SELECT * FROM Emp_idx WHERE emp_no = 20000;
```

5-1 그런데, emp_no에 어떤 가공을 해보도록 하자. 1이란 숫자는 곱해도 그 값이 바뀌지 않으므로 다음과 같은 쿼리도 동일한 쿼리가 된다. 다시 **3-1**을 실행해서 캐시를 비운다. 그리고 다음 코드를 선택한 후, 〈자동 추적〉 아이콘을 클릭하거나 F6을 눌러서 자동 추적을 확인해 보자.

```
SELECT * FROM Emp_idx WHERE emp_no*1 = 20000;
```

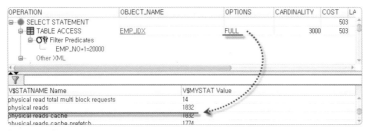

[그림 9-37] 인덱스 사용 안 함

이번 실습의 **3-2**와 달리 인덱스를 사용하지 않고 전체 테이블 검색을 수행했다. 44블록만 읽어서 찾았던 결과를, emp_no에 1을 곱하는 작업을 했을 뿐인데 무려 1832블록을 읽은 후에 찾았다.

5-2 만약, 위와 같은 경우라면 **emp_no * 1 = 200000** 부분에서 '* 1'을 우측으로 넘기면 된다. 더하기가 우측으로 넘어가면 빼기로 변하고, 곱하기가 우측으로 넘어가면 나누기로 바뀌므로, 다음과 같이 변경하면 Oracle은 다시 인덱스를 사용하게 될 것이다. 다시 **3-1**을 실행해서 캐시를 비운다. 그리고 다음 코드를 선택한 후, 〈자동 추적〉 아이콘을 클릭하거나 F6을 눌러서 자동 추적을 확인해 보자.

```
SELECT * FROM Emp_idx WHERE emp_no = 20000/1;
```

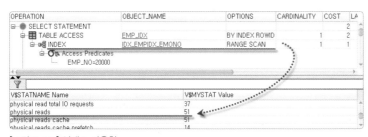

[그림 9-38] 인덱스 사용함

결과를 보니 기대한 대로 인덱스를 사용했고 블록도 51개만 읽어서 데이터를 찾아냈다. 이 예에서 보았듯이 인덱스가 생성된 열에 함수나 연산을 가하면, 인덱스를 사용하지 못할 수가 있으니 조심해야 한다. 즉, 인덱스가 생성된 WHERE에 사용된 열 이름에는 아무런 함수나 연산을 가하지 않아야 Oracle이 인덱스를 사용한다.

⚠️ 응용프로그램 개발자들이 이러한 실수를 잘 일으키는 경향이 있다. 이러한 이유로 응용프로그램 개발자도 SQL문을 공부해 야 한다. 또한, 최근 버전의 Oracle은 이전 버전에 비해서 많이 향상되어, 어떤 경우에는 열 이름에 함수가 적용되어도 인덱 스를 사용하기도 한다. 하지만, 위 사례와 같이 그렇지 못한 경우도 많다. 그러므로, 최대한 WHERE 조건에 사용된 열 이름 에는 아무런 가공을 하지 말아야 한다.

step 6

데이터의 중복도에 따라서 인덱스의 효용을 살펴보자.

6-0 SELECT * FROM Emp문을 실행해서 gender(성별) 열을 살펴보자. 남성인 'M'과 여성인 'F'외에 다 른 데이터가 입력되어 있지 않다.

	EMP_NO	BIRTH_DATE	FIRST_NAME	LAST_NAME	GENDER	HIRE_DATE
1	439117	57/07/29	Luerbio	Koshino	M	88/05/11
2	441976	62/12/18	Guoxiang	Thiria	M	89/05/15
3	483464	57/12/12	Fumiyo	Plumb	F	89/02/28
4	25736	58/12/29	Shigeaki	Przulj	F	89/02/16
5	295328	61/11/19	Insup	Thiria	F	93/04/17
6	281728	64/03/15	Sven	Vandervoorde	F	87/11/26
	109198	56/03	Gritta		M	89/10/06

[그림 9-39] 쿼리 실행 결과

⚠️ 데이터의 중복도란 데이터의 종류가 얼마나 분포되어 있는가를 말한다. 다른 용어로 Cardinality도 사용되는데, 지금의 예 로 gender가 2가지뿐이라면 Cardinality 수치가 상당히 높게 나온다. 즉, 남성 데이터를 검색하려면 같은 데이터의 개수 가 상당히 많기 때문이다. 반대로 Cardinality 수치가 낮은 데이터는 데이터의 종류가 상당히 넓게 분포되어 있다는 의미다. Primary Key나 Unique는 데이터가 중복되지 않으므로 Cardinality가 낮게(거의 1로) 나올 수밖에 없다.

6-1 인덱스를 만들지 않은 Emp 테이블의 gender(성별) 열에 인덱스를 생성해 보자. 그리고 인덱스 정보 를 확인하자.

```
CREATE INDEX idx_Emp_gender ON Emp (gender);
SELECT INDEX_NAME, LEAF_BLOCKS, DISTINCT_KEYS, NUM_ROWS FROM  USER_INDEXES
    WHERE TABLE_NAME='EMP' ;
```

	INDEX_NAME	LEAF_BLOCKS	DISTINCT_KEYS	NUM_ROWS
1	IDX_EMP_GENDER	544	2	300024

[그림 9-40] 인덱스 정보 확인

idx_Emp_gender의 NUM_ROWS는 30만 개인데, 종류인 DISTINCT_KEYS는 2개밖에 없다. 즉 중복 도가 상당히 높다는 의미다.

6-2 남성(M)을 조회하면, 18만 건의 데이터가 조회될 것이다. 다시 **3-1**을 실행해서 캐시를 비운다. 그리 고 다음 코드를 선택한 후, 〈자동 추적〉 아이콘을 클릭하거나 F6를 눌러서 자동 추적을 확인해 보자.

```
SELECT * FROM Emp WHERE gender = 'M';
```

OPERATION	OBJECT_NAME	OPTIONS	CARDINALITY	COST	LA
SELECT STATEMENT				505	
TABLE ACCESS	EMP	FULL	150012	505	
Filter Predicates					
GENDER='M'					
Other XML					

[그림 9-41] 인덱스 사용하지 않음

인덱스가 있어도 사용하지 않았다. 이렇게 중복도가 높은 열에는 B-Tree 인덱스를 만들어도 거의 사용하지 않으므로 인덱스를 만들지 않는 편이 낫다.

여기서 잠깐

☼ 비트맵 인덱스

B-Tree 인덱스는 데이터 값의 중복도가 낮을 때(=다양한 데이터 값이 존재할 때) 사용하는 것이 효율적이다. 예로 사원번호, 이름, 입사일 등에 다양한 값이 존재하기에 B-Tree 인덱스가 효율적이다. 비트맵Bitmap 인덱스는 비트Bit라는 최소 단위를 이용해서 데이터 값을 저장하기 때문에, 성별처럼 데이터의 중복도가 높은 경우에 사용하면 효율적이다. 비트맵 인덱스는 OLTP보다는 OLAP에서 더욱 많이 활용된다. 비트맵 인덱스에 대한 세부적인 내용은 이 책의 범위를 벗어나므로, 관심있는 독자는 https://docs.oracle.com/cd/B28359_01/server.111/b28313/indexes.htm 등의 Oracle 매뉴얼을 참조하도록 하자. 참고로 비트맵 인덱스는 Oracle Enterprise Edition에서만 기능이 지원된다.

☼ **비타민 퀴즈 9-2**

Windows의 SQL Developer로 Linux 가상머신에 접속해서 〈실습 3〉을 진행하자.

9.6 결론: 인덱스를 생성해야 하는 경우와 그렇지 않은 경우

이제는 인덱스에 대한 결론을 확인하자. 인덱스는 잘 사용할 경우에는 쿼리의 성능이 급격히 향상되지만 그렇지 않을 경우에는 오히려 쿼리의 성능이 떨어지며 전반적인 Oracle의 성능이 나빠질 수도 있다.

그럴 수밖에 없는 것이 인덱스를 만드는 딸내 기준이 있는 것이 아니라, '테이블의 데이터 구성이 어떻게 되었는지, 어떠한 조회를 많이 사용하는지' 등에 따라서 인덱스를 생성해야 하기 때문이다. 다음의 사항들은 이미 여러 번 나왔지만 잘 기억해 두는 것이 좋겠다.

• 인덱스는 열 단위에 생성된다

당연한 얘기다. 지금까지 실습에서 확인했다. 그리고, 하나의 열에만 생성되는 것이 아니라 두 개 이상의 열을 조합해서 인덱스를 생성할 수 있었다.

• WHERE절에서 사용되는 열에 인덱스를 만들어야 한다

테이블 조회 시에 인덱스를 사용하는 경우는 WHERE절의 조건에 해당 열이 나오는 경우에만 주로 사용된다.

sqlDB의 userTbl을 생각해 보자.

```
SELECT name, birthYear, addr FROM userTbl WHERE userID = 'KKH'
```

위에서 name, birthYear, addr 열에는 인덱스를 생성해 봤자 전혀 사용할 일이 없게 된다. WHERE절에 있는 userID 열에만 인덱스를 생성할 필요가 있다.

• WHERE절에 사용되더라도 자주 사용해야 가치가 있다

만약, 위의 쿼리에서 userID 열에 인덱스를 생성해서 효율이 아주 좋아진다고 하더라도, 위 SELECT문은 아주 가끔만 사용되고, userTbl 테이블에는 주로 INSERT 작업만이 일어난다면? 오히려 인덱스로 인해서 데이터를 입력하는 성능이 나빠질 것이다.

⚠ 이미 userTbl에 대용량의 데이터가 운영되고 있는 상태라고 가정하자. 그렇다면 이미 userID 열은 Primary Key로 지정해 놓았으므로 인덱스가 생성되어 있을 것이다. 만약 Primary Key를 제거해서 인덱스를 제거하는 것이 성능에 더 낫다고 판단될 수도 있다. 그렇지만, 이미 설정되어 있는 Primary Key를 제거하는 것도 다른 여러 쿼리문 등과 연관성 등을 신중하게 고려해야 한다.

얘기가 복잡해진다. 그러므로, 인덱스는 테이블을 정의하는 시점에 어디에 생성할 것인지를 잘 설계한 후에 지정하는 것이 가장 바람직하다. 이미 운영되고 있는 대용량의 테이블에서 인덱스를 변경하는 것은 쉽고 간단한 일이 아니다. 결국, 4 장에서 학습했던 '데이터베이스 모델링'을 잘하는 것이 성능에도 밀접한 영향이 있다.

• 데이터의 중복도가 높은 열은 인덱스를 만들어도 별 효과가 없다

〈실습 3〉의 마지막 부분에서 확인해 봤지만 HR.bigEmployees 테이블의 gender(성별) 열에는 데이터의 종류가 별로 없었다. 남성인 'M'과 여성인 'F' 두 가지 종류뿐이다. 결국, 거의 같은 데이터가 있는 열은 인덱스를 만들어도 Oracle이 사용하지 않거나 사용하더라도, 크게 성능 향상의 효과가 없는 경우가 있다. 오히려 인덱스의 관리에 대한 비용 때문에 인덱스가 없는 편이 나을 수도 있다. 그러므로, 데이터의 중복도가 높은 열에는 인덱스를 만들 것인지 신중하게 판단해야 한다.

⚠ Oracle Enterprise Edition을 사용한다면 gender(성별)와 같이 중복도가 높은 열에는 비트맵 인덱스를 생성하는 것을 고려해보는 것이 좋다.

• JOIN에 자주 사용되는 열에는 인덱스를 생성해 주는 것이 좋다

• INSERT/UPDATE/DELETE가 얼마나 자주 일어나는 지를 고려해야 한다

인덱스는 단지 읽기에서만 성능을 향상시키며, 데이터의 변경에서는 오히려 부담을 주게 된다. 인덱스를 많이 만들어도 성능에는 문제가 되지 않는 테이블은 INSERT 작업이 거의 발생되지 않는 테이블이다. 예로, '고전소설'에 대한 테이블을 생각해보자. 테이블의 열을 '일련번호, 제목, 지은이, 작성 연도, 주인공 이름, 발견한 사람, 보관된 장소, 기타'로 설계했을 때, 이 모든 열에 인덱스를 생성해도 디스크의 공간을 추가로 차지하는 것 외에는 Oracle의 성능에 별 나쁜 영향을 미치지는 않을 것이다. 고전소설의 경우에는 이미 데이터 구축이 완료된 후에는 특별히 변경될 일이 거의 없을 것이다. 즉, 이미 웬만한 고전소설은 다 발견되었기에 추가 발견은 잘 일어나지 않을 것이다.

결국 이 경우에는 INSERT/UPDATE/DELETE가 거의 일어나지 않으므로, 혹시 조회에서 사용하지 않는 열에 인덱스를 만들어 놓아도 별 문제가 되지 않는다. 이 외에도 OLAP 데이터베이스도 비슷한 경우이다.

하지만, 이러한 특별한 경우를 제외하고 대부분의 OLTP 데이터베이스는 데이터의 입력 및 갱신이 자주 일어나게 되므로 필요 없는 열에 인덱스를 생성하면 성능에 나쁜 영향을 미칠 수밖에 없다.

그러므로, 인덱스를 만들어서 SELECT의 성능을 높일 것인지, 만들지 않아서 INSERT/UPDATE/DELETE 시에 영향을 최소화할 것인지를 잘 결정해야 한다.

• 사용하지 않는 인덱스는 제거하자

운영되는 응용프로그램의 쿼리들을 분석해서 WHERE 조건에서 사용되지 않는 열의 인덱스는 제거할 필요가 있다. 그러면, 공간을 확보할 뿐 아니라 데이터의 입력 시에 발생되는 부하도 많이 줄일 수 있다.

이로써 인덱스의 내용을 살펴보았다. 다시 한번 얘기하지만, 인덱스는 Oracle의 성능에 아주 큰 영향을 미치게 되므로 잘 작성하고 활용해야 한다. 특히, 데이터베이스 모델링 시점에서 인덱스에 대한 설계를 잘 세워야만 실제로 운영되는 경우에 Oracle이 원활히 운영될 수 있을 것이다. 또한, 인덱스는 한 번 생성했다고 내버려 두는 것이 아니라 잘 활용되는 지를 살펴서, 활용이 되지 않는 인덱스라면 과감히 제거하고, 사용하는 인덱스는 주기적으로 **ALTER INDEX 인덱스이름 REBUILD**문으로 인덱스를 재구성해서 조각화를 최소화하는 것이 시스템의 성능을 최상으로 유지하는 방법이다.

스토어드 프로시저와 함수

지금까지 사용했던 일반적인 쿼리(이를 'Adhoc 쿼리'라고 부른다)를 계속 사용하다 보면 자주 사용되는 쿼리의 경우에는 매번 다시 입력해야 하는 불편함이 있다. 그래서, 자주 사용하는 복잡한 쿼리는 하나로 묶어서 이름을 지정한 후에, 간단히 그 이름만을 호출하면 쿼리가 실행되도록 설정하고 싶을 것이다.

스토어드 프로시저 및 함수는 바로 이러한 것이다. 하지만, 스토어드 프로시저 및 함수가 일반 쿼리를 묶어주는 것뿐 이니라, 프로그래밍 기능을 제공하고 나이가 시스템 성능향상에도 도움을 준다. 실제 현업에서도 일반적인 쿼리를 해 서 사용하기보다는 쿼리의 대부분을 스토어드 프로시저나 함수로 만들어서 사용하고 있다. 또, 많은 데이터베이스 개발자들이 스토어드 프로시저나 함수를 생성하는데 많은 시간을 보내는 경우도 많다. 그만큼 편리하며 많은 장점을 가지고 있는 개체이므로 잘 알아둘 필요가 있다.

이 장의 핵심 개념

10장에서는 Oracle 안에서 프로그래밍 언어의 기능과 비슷한 스토어드 프로시저 및 함수를 학습한다.

10장의 핵심 개념은 다음과 같다.

1. 스토어드 프로시저와 함수는 Oracle에서 제공하는 프로그래밍 기능이다.

2. 스토어드 프로시저는 매개변수도 사용이 가능하며, 호출은 EXECUTE문을 사용한다.

3. 함수는 반환하는 값이 반드시 있으며 주로 SELECT문 안에서 사용된다.

4. 테이블 형식을 반환하는 함수도 사용할 수 있다.

5. 커서는 일반 프로그래밍의 파일 처리와 비슷한 방법을 제공한다.

이 장의 학습 흐름

스토어드 프로시저 개요와 사용법

⬇

스토어드 프로시저의 특징

⬇

함수 개요와 사용법

⬇

테이블 반환 함수

⬇

커서 개요와 사용법

10.1 스토어드 프로시저

스토어드 프로시저^{Stored Procedure}란 Oracle에서 제공되는 프로그래밍 기능이라고 생각하면 된다. 이 것은 일반적인 프로그래밍과는 조금 차이가 있지만, Oracle 내부에서 사용하기 위해서는 아주 적절 한 방식을 제공해 준다.

10.1.1 스토어드 프로시저의 개요

스토어드 프로시저는 한마디로 쿼리문의 집합으로 어떠한 동작을 일괄 처리하기 위한 용도로 사용 된다. 자주 사용되는 일반적인 쿼리를 사용하는 것보다는 이것을 모듈화시켜서 필요할 때마다 호출 만 하면 훨씬 편리하게 Oracle을 운영할 수 있다.

⚠ CREATE PROCEDURE문을 사용해서 스키마 내부에 영구적으로 저장할 경우에 스토어드 프로시저^{Stored Procedure}라고 부른다. 7장 후반부에서 주로 사용했던 DECLARE ~ BEGIN ~ END문은 1회성으로 사용되며 매번 실행할 때마다 컴 파일이 수행되며, PL/SQL 프로시저 또는 Anonymous 프로시저(또는 Anonymous 블록)로 부르기도 한다. 하지만 일 반적으로 PL/SQL 프로시저, 스토어드 프로시저, 프로시저 모두 혼용해서 부르기도 한다.

스토어드 프로시저의 정의 형식

스토어드 프로시저를 정의하기 위해서는 Oracle 도움말에 다음과 같은 형식이 제시된다(일부만 표 현함).

```
형식 :
CREATE [ OR REPLACE ] PROCEDURE [ schema. ]procedure
   [ (argument [ { IN | OUT | IN OUT } ]
                [ NOCOPY ]
                datatype [ DEFAULT expr ]
      [, argument [ { IN | OUT | IN OUT } ]
                  [ NOCOPY ]
                  datatype [ DEFAULT expr ]
      ]...
    )
  ]
  [ invoker_rights_clause ]
  { IS | AS }  -- 동일한 단어이며, 아무거나 사용해도 됨.
  { pl/sql_subprogram_body | EXECUTE_spec } ;
```

형식이 좀 복잡해 보이지만, 실제로 사용하는 것은 그리 복잡하지 않다. 단지 실제 작동되는 pl/sql_subprogram_body 부분이 필요에 따라서 수십, 수백 줄이 될 수 있다.

좀더 간단한 형태로 살펴보자.

```
형식 :
CREATE OR REPLACE PROCEDURE 스토어드_프로시저_이름( 파라미터 ) AS
    변수 선언 부분
BEGIN
    이 부분에 PL/SQL 프로그래밍 코딩..
END [스토어드_프로시저_이름] ;
```

실행은 다음과 같이 EXECUTE문을 사용한다.

```
형식 :
EXECUTE 스토어드_프로시저_이름(); 또는 EXEC 스토어드_프로시저_이름();
```

상세한 내용은 실습을 통해서 계속 알아보고, 지금은 간단한 스토어드 프로시저의 생성 예를 보자. SSK가 아이디인 사람의 출생년도를 하나 증가시켜서 출력하는 예제다.

⚠ 스토어드 프로시저를 생성할 때는 CREATE부터 END;까지 마우스로 드래그해서 선택한 후에 〈명령문 실행〉 아이콘을 클릭하거나 Ctrl + Enter 를 눌러야 한다.

```
1    CREATE OR REPLACE PROCEDURE userProc AS
2      v_bYear NUMBER; -- 변수 선언
3    BEGIN
4        SELECT birthYear INTO v_bYear FROM userTbl
5            WHERE userID = 'SSK';  -- 쿼리 결과를 변수에 대입
6        v_byear := v_bYear + 1;  -- 변수에 1 증가
7        DBMS_OUTPUT.PUT_LINE (v_byear); -- 변수 값 출력
8    END userProc ;
```

8행은 그냥 END; 구문만 써도 되지만, 스토어드 프로시저의 이름을 붙여주면 좀 더 명확하게 스토어드 프로시저가 끝나는 것으로 구분이 된다. 생성한 스토어드 프로시저는 다음과 같이 실행하면 된다.

```
/* 화면 출력을 허용(접속이 끊기기 전까지 1회만 수행하면 됨) */
SET SERVEROUTPUT ON;
EXECUTE userProc();
```

```
출력 결과:
1980
```

스토어드 프로시저를 배우기 이전에는 SSK의 출생년도를 알고 싶을 때마다 SELECT… 'SSK'문을
반복해서 사용해 왔으나, 이제부터는 **EXECUTE userProc()**문으로 호출만 하면 된다. 추가로 출생
년도에 1을 더해서 반환하도록 만들었다. 지금의 예에서는 간단히 몇 줄짜리 쿼리만 스토어드 프로
시저에 포함되었지만, 실무에서는 몇 줄이 수백, 수천 줄이 될 수도 있다. 그렇게 아주 긴 스토어드
프로시저도 **EXECUTE 스토어드_프로시저_이름()**으로 호출하면 된다.

스토어드 프로시저의 수정과 삭제

스토어드 프로시저의 수정은 CREATE OR REPLACE PROCEDURE문을 다시 사용하면 되며,
삭제는 DROP PROCEDURE문을 사용하면 된다.

파라미터의 사용

스토어드 프로시저에는 실행 시에 입력 파라미터(Parameter, 매개 변수)를 지정할 수 있다. 입력
된 파라미터는 스토어드 프로시저의 내부에서 다양한 용도로 사용될 수 있다. 또한, 스토어드 프로
시저에서 처리된 결과를 출력 파라미터를 통해서 얻을 수도 있다.

입력 파라미터를 지정하는 형식은 다음과 같다.

```
입력_파라미터_이름 IN 데이터_형식 [:= 디폴트 값]
```

디폴트 값은 스토어드 프로시저의 실행 시에 파라미터에 값을 전달하지 않았을 때 사용된다. 입력
파라미터가 있는 스토어드 프로시저를 실행하기 위해서는 다음과 같이 사용한다.

```
EXECUTE 스토어드_프로시저_이름(전달 값);
```

출력 파라미터를 지정하기 위해서는 다음의 형식을 따른다.

```
출력_파라미터_이름 OUT 데이터_형식
```

출력 파라미터에 값을 대입하기 위해서는 주로 스토어드 프로시저 내부의 변수를 할당한다. 잠시 후 실습에서 확인해 보자. 출력 파라미터가 있는 스토어드 프로시저를 실행하기 위해서는 다음과 같이 사용한다.

```
DECLARE
    변수명  데이터형식;
BEGIN
    EXECUTE  스토어드_프로시저_이름(변수명);
    DBMS_OUTPUT.PUT_LINE(변수명);
END;
```

입출력 겸용의 파라미터도 사용할 수 있다. 형식은 다음과 같다.

```
입력_파라미터_이름 IN OUT 데이터_형식 [:= 디폴트 값]
```

입력, 출력, 입출력 파라미터의 데이터 형식은 주로 테이블의 열의 값을 전달받기 때문에 테이블의 열과 동일한 데이터 형식을 지정하는 것이 좋다. 그래서 데이터 형식은 '테이블이름.열 이름%TYPE'을 사용한다. 예로 회원 테이블의 회원 이름을 입력 파라미터로 받기 위해서는 다음과 같이 사용한다.

```
pi_userName IN userTBL.userName%TYPE;
```

또한 일반적인 데이터 형식인 CHAR, VARCAHR2, NCHAR, NVARCHAR2, NUMBER, DATE 등의 형식도 사용할 수 있지만, 크기는 별도로 지정하지 않는다.

```
pi_userName IN NCHAR;
```

실제 사용되는 것은 잠시 후의 실습에서 확인하겠다.

PL/SQL 변수의 종류

PL/SQL 변수 선언 부분에 사용할 수 있는 변수의 종류는 일반 변수, 상수, %TYPE, %ROWTYPE, 레코드, 컬렉션 등이 있다.

- **일반 변수**: 보통의 변수와 비슷하게 사용한다. 예는 다음과 같다.

```
v_userName NCHAR(8);
v_count NUMBER(3);
```

- **상수**: CONSTANT 키워드를 사용해서 초기값을 주면 된다. 추후 변경이 되지 않는다. 예는 다음과 같다.

```
v_myNum CONSTANT NUMBER(3) := 200;
v_myCHAR CONSTANT NVARCHAR2(10) := '가을단풍';
```

- **%TYPE**: 앞 파라미터 부분에서 설명했다.
- **%ROWTYPE**: %TYPE은 1개의 열의 데이터 형식을 접근하지만, %ROWTYPE은 여러 개의 열의 데이터 형식에 접근한다. 형식은 '테이블이름%ROWTYPE'을 사용한다. 예는 다음과 같다.

```
v_userData usertbl%ROWTYPE;
v_buyData buyTBL%ROWTYPE;
```

- **레코드(Record)**: %ROWTYPE은 테이블에서 전체 열의 데이터 형식을 한꺼번에 자동으로 가져오지만, RECORD는 여러 열에 직접 데이터 형식을 지정한다. 예는 다음과 같으며, 사용법이 좀 복잡하므로 잠시 후 실습에서 확인해 보겠다.

```
TYPE myRecordType IS RECORD (r_userName NVARCHAR2(20), r_addr NCHAR(2),
    r_height NUMBER(3));
v_record myRecordType;
```

- **컬렉션(Collection)**: 컬렉션은 프로그래밍 언어의 배열Array와 비슷한 형태로 사용된다. 컬렉션의 종류에는 VARRAY, 중첩 테이블Nested Table, 연관 배열Associative ARRAY 등 3가지가 있다. 사용 예는 다음과 같다.

```
    TYPE myVarrayType IS VARRAY(3) OF NUMBER(10);
    v_varray myVarrayType;
    TYPE myNestType IS TABLE OF NVARCHAR2(10);
    v_nest myNestType;
    TYPE myAssocType IS TABLE OF NUMBER(5) INDEX BY VARCHAR2(10);
    v_assoc myAssocType;
```

첫 번째는 숫자 배열 형식의 myVarrayType 타입을 정의하고, v_varray는 v_varray(1), v_varray(2), v_varray(3) 세 개의 변수가 생긴 것이다. 두 번째는 문자형 중첩 테이블 형식의 myNestType 타입을 정의했다. VARRAY와 비슷하지만 크기를 지정하지 않아서 필요한 만큼 입력할 수 있다. 변수의 접근은 VARRAY와 마찬가지로 v_nest(1), v_nest(2) … 식으로 사용하면 된다. 세 번째 연관 배열은 해쉬 함수Hash Function 또는 딕셔너리Dictionary로도 부르는데, 첨자를 숫자가 아닌 문자로도 지정할 수 있다. myAssocType 타입은 첨자를 VARCHAR2(10) 문자로 했고 값은 NUMBER형으로 지정했다. 예로 v_assoc('학번') = 1234 형식으로 지정할 수 있다. 자세한 사용은 잠시 후 실습에서 확인해 보자.

프로그래밍 기능

7장의 후반부에서 공부한 'PL/SQL 프로그래밍'의 대부분이 스토어드 프로시저에 적용될 수 있다. 그렇게 함으로써 더 강력하고 유연한 기능을 포함하는 스토어드 프로시저를 생성할 수 있다. 이 부분도 잠시 후의 실습에서 확인하겠다.

스토어드 프로시저 내의 예외 처리

스토어드 프로시저 내부에서 예외 상황(=오류)이 발생했을 경우에는 **EXCEPTION WHEN 예외 THEN 처리할_문장** 구문을 사용할 수 있다. 7장의 후반부에서 살펴봤었다.

이어지는 실습은 좀 길지만, 스토어드 프로시저에서 일반적으로 사용되는 형식과 내용이므로 잘 익혀야 한다.

스토어드 프로시저를 다양한 방식으로 실습하자.

7장 〈실습 1〉의 step 0 을 참조해서 sqlDB를 초기화한다. 독자가 스스로 한다.

0-1 [로컬-sqlDB]의 접속에서 워크시트를 하나 연다.

입력 파라미터가 있는 스토어드 프로시저를 생성하고 실행해 보자.

1-1 1개의 입력 파라미터가 있는 스토어드 프로시저를 생성하자.

```
1    CREATE OR REPLACE PROCEDURE userProc1 (
2       pi_userID IN USERTBL.USERID%TYPE
3    ) AS
4       v_uName VARCHAR(10);
5    BEGIN
6       SELECT userName INTO v_uName FROM userTbl
7           WHERE userID = pi_userID;
8       DBMS_OUTPUT.PUT_LINE (v_uName);
9    END ;

SET SERVEROUTPUT ON;
EXECUTE userProc1('JKW');

실행 결과:
조관우
```

⚠️ 변수 이름이 열 이름이나 테이블 이름과 혼란스러울 수 있으므로, 가능하면 구분되도록 변수 이름을 지어주는 것이 바람직하다. 필자는 입력 파라미터 변수는 pi_를, 출력 파라미터 변수는 po_를, 입출력 겸용 파라미터 변수는 pio_를 붙일 것이다. 그리고 일반 변수는 v_를 붙이겠다.

2행에서 입력 파라미터 변수 p_userID를 선언했다. 데이터 형식은 userTBL의 userID와 동일하다는 의미의 'USERTBL.USERID%TYPE'을 사용했다. 4행에서는 문자형으로 일반 변수를 v_uName으로 선언했다. 6행에서는 조회된 회원 이름(userName) 열의 값을 v_uName 변수에 대입했고, 7행의 조건식에서 userID가 입력받은 파라미터 변수 pi_userID가 같은 것을 조회했다. 실행은 EXECUTE userProc1('JKW')문에서 'JKW'를 입력 파라미터로 변수에 넘겼다. 결과는 8행에서 v_uName 변수의 값이 출력되었다.

1-2 2개의 입력 파라미터가 있는 스토어드 프로시저를 생성하자.

```
 1  CREATE OR REPLACE PROCEDURE userProc2 (
 2    pi_bYear IN USERTBL.BIRTHYEAR%TYPE,
 3    pi_height IN USERTBL.HEIGHT%TYPE
 4  ) AS
 5    v_uName VARCHAR(10);
 6  BEGIN
 7      SELECT userName INTO v_uName FROM userTbl
 8          WHERE birthYear = pi_bYear AND height = pi_height;
 9      DBMS_OUTPUT.PUT_LINE (v_uName);
10  END ;

    EXECUTE userProc2(1971, 177);
```

실행 결과:
김경호

2, 3행은 보기 좋게 하기 위해서 별도의 행에 표시한 것이다. 한 줄에 길게 이어서 써도 상관 없다. 실행할 때는 입력 파라미터를 2개 전달했다.

1-3 출력 파라미터를 설정해서 사용해 보자. 테스트로 사용할 테이블을 먼저 생성하고, 스토어드 프로시저를 생성하자.

```
 1  CREATE SEQUENCE userSEQ;
 2  CREATE TABLE testTbl (userId INT, txt NCHAR(10));
 3
 4  CREATE OR REPLACE PROCEDURE userProc3 (
 5    pi_txtValue IN NCHAR,
 6    po_outValue OUT NUMBER
 7  ) AS
 8      v_count VARCHAR(10);
 9  BEGIN
10    INSERT INTO testTBL VALUES(userSEQ.NEXTVAL, pi_txtValue);
11    SELECT MAX(userID) INTO po_outValue FROM testTBL;
12  END ;
```

1, 2행에서 미리 시퀀스와 테이블을 생성해 놓았다. 6행의 po_outValue는 출력용 파라미터로 준비했다. 11행에서 userID의 최대값을 po_outValue에 저장시켜 놓았다.

출력 파라미터의 사용은 주로 익명 프로시저Anonymous Procedure에서 변수를 준비해서 사용한다.

```
DECLARE
    outData NUMBER;
```

```
BEGIN
    userProc3('테스트값 1', outData);
    DBMS_OUTPUT.PUT_LINE (outData);
END;
```

메시지:
1

스토어드 프로시저를 호출하고 나면 outData에는 스토어드 프로시저에서 저장해 놓은 값이 들어간다. 계속 반복해서 실행하면 결과 값이 2, 3, 4… 로 증가하게 될 것이다.

step 2 ──

스토어드 프로시저 안에 PL/SQL 프로그래밍을 활용해 보자.

⚠ 혹, 이 부분이 잘 이해되지 않으면 7장 후반부의 PL/SQL 프로그래밍 부분을 함께 살펴보면 된다.

2-1 IF… ELSE문을 사용해 보자.

```
 1  CREATE OR REPLACE PROCEDURE ifElseProc (
 2    pi_userName IN USERTBL.USERNAME%TYPE
 3  ) AS
 4    v_bYear NUMBER; -- 출생년도를 저장할 변수
 5  BEGIN
 6    SELECT birthYear INTO v_bYear FROM userTbl
 7      WHERE userName = pi_userName;
 8    IF v_bYear >= 1980 THEN
 9      DBMS_OUTPUT.PUT_LINE ('아직 젊군요..');
10    ELSE
11      DBMS_OUTPUT.PUT_LINE ('나이가 지긋하시네요..');
12    END IF;
13  END ;
```

간단해서 별로 설명할 것은 없다. 여기서는 코드를 간단히 하기 위해서 DBMS_OUTPUT.PUT_LINE()을 사용했지만, 실제로는 이 부분에 주로 T-SQL이 들어오면 된다.

```
EXECUTE ifelseProc ('조용필');
```

메시지:
나이가 지긋하시네요..

2-2 CASE문을 사용해 보자.

```
1  CREATE OR REPLACE PROCEDURE caseProc (
2    pi_userName IN USERTBL.USERNAME%TYPE
3  ) AS
4    v_bYear NUMBER;
5    v_mod NUMBER; -- 나머지 값
6    v_tti NCHAR(3);   -- 띠
7  BEGIN
8    SELECT birthYear INTO v_bYear FROM userTbl
9        WHERE userName = pi_userName;
10   v_mod := MOD(v_bYear, 12) ;
11   CASE
12      WHEN (v_mod = 0) THEN    v_tti := '원숭이';
13      WHEN (v_mod = 1) THEN    v_tti := '닭';
14      WHEN (v_mod = 2) THEN    v_tti := '개';
15      WHEN (v_mod = 3) THEN    v_tti := '돼지';
16      WHEN (v_mod = 4) THEN    v_tti := '쥐';
17      WHEN (v_mod = 5) THEN    v_tti := '소';
18      WHEN (v_mod = 6) THEN    v_tti := '호랑이';
19      WHEN (v_mod = 7) THEN    v_tti := '토끼';
20      WHEN (v_mod = 8) THEN    v_tti := '용';
21      WHEN (v_mod = 9) THEN    v_tti := '뱀';
22      WHEN (v_mod = 10) THEN   v_tti := '말';
23      ELSE v_tti := '양';
24   END CASE;
25   DBMS_OUTPUT.PUT_LINE (pi_userName || '의 띠 ==>' || v_tti);
26 END ;
```

호출한 사람의 띠를 알려주는 스토어드 프로시저다. 10행에서 출생년도를 12로 나눈 나머지 값에 의해서 11~24행에서 띠를 결정한다.

```
EXECUTE caseProc ('김범수');
```

메시지:
김범수의 띠 ==>양

2-3 While문을 활용해 보자. 구구단을 문자열로 생성해서 테이블에 입력하는 스토어드 프로시저를 만들자. 이번 예제는 2중 반복문을 사용해야 한다.

```
1  CREATE TABLE guguTBL (txt VARCHAR(100)); -- 구구단 저장용 테이블
2
3  CREATE OR REPLACE PROCEDURE whileProc AS
```

```
4        v_str VARCHAR(100); -- 출생년도를 저장할 변수
5        v_i NUMBER; -- 구구단 앞자리
6        v_k NUMBER; -- 구구단 뒷자리
7 BEGIN
8     v_i := 2;  -- 2단부터 처리
9     WHILE (v_i < 10) LOOP  -- 바깥 반복문. 2단~9단까지.
10        v_str := ''; -- 각 단의 결과를 저장할 문자열 초기화
11        v_k := 1; -- 구구단 뒷자리는 항상 1부터 9까지.
12        WHILE (v_k < 10) LOOP
13            v_str := v_str || ' ' || v_i || 'x' || v_k || '=' || v_i*v_k; -- 문자열
                          만들기
14            v_k := v_k + 1; -- 뒷자리 증가
15        END LOOP;
16        v_i := v_i + 1; -- 앞자리 증가
17        INSERT INTO guguTBL VALUES(v_str); -- 각 단의 결과를 테이블에 입력
18     END LOOP;
19 END ;
```

각 행에 주석을 달아 놓아서 어렵지 않게 이해가 되었을 것이다. 일반 프로그래밍 언어와 비슷하게 스토어드 프로시저 안에도 반복문 프로그래밍이 가능한 것을 확인했다.

```
EXECUTE whileProc();
SELECT * FROM guguTBL;
```

	TXT
1	2x1=2 2x2=4 2x3=6 2x4=8 2x5=10 2x6=12 2x7=14 2x8=16 2x9=18
2	3x1=3 3x2=6 3x3=9 3x4=12 3x5=15 3x6=18 3x7=21 3x8=24 3x9=27
3	4x1=4 4x2=8 4x3=12 4x4=16 4x5=20 4x6=24 4x7=28 4x8=32 4x9=36
4	5x1=5 5x2=10 5x3=15 5x4=20 5x5=25 5x6=30 5x7=35 5x8=40 5x9=45
5	6x1=6 6x2=12 6x3=18 6x4=24 6x5=30 6x6=36 6x7=42 6x8=48 6x9=54
6	7x1=7 7x2=14 7x3=21 7x4=28 7x5=35 7x6=42 7x7=49 7x8=56 7x9=63
7	8x1=8 8x2=16 8x3=24 8x4=32 8x5=40 8x6=48 8x7=56 8x8=64 8x9=72
8	9x1=9 9x2=18 9x3=27 9x4=36 9x5=45 9x6=54 9x7=63 9x8=72 9x9=81

[그림 10-1] 구구단 결과

2-4 이번에는 출력 파라미터를 활용해서 스토어드 프로시저의 성공 여부를 확인해 보자.

```
1 CREATE OR REPLACE PROCEDURE returnProc (
2    pi_userName IN USERTBL.USERNAME%TYPE,
3    po_retValue OUT NVARCHAR2
4 ) AS
5     v_userID VARCHAR(10);
6 BEGIN
7    SELECT userID INTO v_userID FROM userTbl
8          WHERE userName = pi_userName;
9    IF v_userID = NULL THEN
```

```
10        po_retValue := '그런 사람 없어요 ㅠㅠ';  -- 실패일 경우
11    ELSE
12        po_retValue := '회원 입니다'; -- 성공일 경우
13    END IF;
14 END ;
```

이 프로시저는 입력된 사용자의 이름이 사용자 테이블(userTbl)에 있는지 확인하고, 있다면 '회원 입니다'를 돌려주고 그렇지 않으면 '그런 사람 없어요'를 돌려주는 기능을 한다.

```
DECLARE
    retData NVARCHAR2(30);
BEGIN
    returnProc('은지원', retData);
    DBMS_OUTPUT.PUT_LINE (retData);
END;
```

메시지:
회원 입니다

'은지원'은 사용자 중에 있을 것이므로 회원인 것이 확인되었다. 이번에는 '은지원' 대신에 없는 회원인 '나몰라'를 조회해 보자.

오류 메시지:
ORA-01403: no data found
ORA-06512: at "SQLDB.RETURNPROC", line 7

데이터가 없다는 오류 메시지가 나온다. 이것을 정상적으로 처리하려면 7장 후반부에서 배운 예외 처리를 사용하면 된다.

2-5 예외 처리를 위해서 EXCEPTION을 사용해 보자.

```
1  CREATE OR REPLACE PROCEDURE errorProc (
2    pi_userName IN USERTBL.USERNAME%TYPE,
3    po_retValue OUT NVARCHAR2
4  ) AS
5      v_userID VARCHAR(10);
6  BEGIN
7    SELECT userID INTO v_userID FROM userTbl
8            WHERE userName = pi_userName;
9    po_retValue := '회원 입니다'; -- 성공일 경우
10    EXCEPTION
11      WHEN NO_DATA_FOUND THEN
12          po_retValue := '그런 사람 없어요 ㅠㅠ' ;
13 END ;
```

7, 8행이 무사히 실행되면 9행이 수행되고, 7행에 데이터가 없는 예외가 발생되면 10~12행이 수행된다. 실행해 보자.

```
DECLARE
    retData NVARCHAR2(30);
BEGIN
    errorProc('나몰라', retData);
    DBMS_OUTPUT.PUT_LINE (retData);
END;;
```

메시지:
그런 사람 없어요 ㅠㅠ

정상적으로 실행될 것이다. 예외의 종류는 NO_DATA_FOUND 외에도 다양하다. 주요한 예외는 7장의 [표 7-1]에서 학습했었다.

2-6 앞 errorProc 파라미터를 1개만 사용하려면 IN OUT 겸용의 파라미터로 사용할 수 있다.

```
 1  CREATE OR REPLACE PROCEDURE errorProc2 (
 2    pio_userName IN OUT NVARCHAR2
 3  ) AS
 4     v_userID VARCHAR(10);
 5  BEGIN
 6    SELECT userID INTO v_userID FROM userTbl
 7         WHERE userName = pio_userName;
 8    pio_userName := '회원 입니다'; -- 성공일 경우
 9    EXCEPTION
10      WHEN NO_DATA_FOUND THEN
11          pio_userName := '그런 사람 없어요 ㅠㅠ' ;
12  END ;
```

2행에서 입출력 겸용으로 파라미터를 1개만 사용했다. 7행에서는 입력 파라미터로 사용했고, 8행과 11행은 출력 파라미터로 사용했다.

```
DECLARE
    retData NVARCHAR2(30) := '나몰라';
BEGIN
    errorProc2(retData);
    DBMS_OUTPUT.PUT_LINE (retData);
END;
```

메시지:
그런 사람 없어요 ㅠㅠ

호출할 때 미리 변수에 값을 넣어 놓은 후에 1개만 호출하면 된다. retData의 값이 실행 시에는 입력으로 사용되고, 스토어드 프로시저가 완료된 후에는 출력용으로 사용된다.

step 3

현재 저장된 프로시저의 이름 및 내용을 확인해 보자.

3-1 USER_OBJECTS 시스템 뷰를 조회하면 스토어드 프로시저의 이름을 확인할 수 있다. 타입(OBJECT_TYPE)이 'PROCEDURE'로 설정된 것이 스토어드 프로시저다.

```
SELECT * FROM USER_OBJECTS
    WHERE OBJECT_TYPE = 'PROCEDURE';
```

	OBJECT_NAME	SUBOBJECT_NAME	OBJECT_ID	DATA_OBJECT_ID	OBJECT_TYPE	CREATED	LAST_DDL_
1	USERPROC1	(null)	21546	(null)	PROCEDURE	17/10/31	17/10/31
2	USERPROC3	(null)	21552	(null)	PROCEDURE	17/11/01	17/11/02
3	USERPROC2	(null)	21551	(null)	PROCEDURE	17/10/31	17/10/31
4	IFELSEPROC	(null)	21555	(null)	PROCEDURE	17/11/01	17/11/01
5	CASEPROC	(null)	21556	(null)	PROCEDURE	17/11/01	17/11/01
6	WHILEPROC	(null)	21557	(null)	PROCEDURE	17/11/01	17/11/01
7	RETURNPROC	(null)	21559	(null)	PROCEDURE	17/11/01	17/11/01
8	ERRORPROC	(null)	21560	(null)	PROCEDURE	17/11/02	17/11/02

[그림 10-2] 스토어드 프로시저 이름 확인

3-2 스토어드 프로시저의 내용을 보려면 USER_SOURCE 시스템 뷰를 조회하면 된다. 이름(NAME)에 스토어드 프로시저 이름을 입력하면 된다.

```
SELECT * FROM USER_SOURCE WHERE NAME='USERPROC1';
```

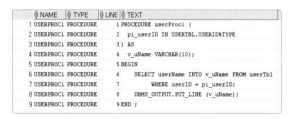

	NAME	TYPE	LINE	TEXT
1	USERPROC1	PROCEDURE	1	PROCEDURE userProc1 (
2	USERPROC1	PROCEDURE	2	pi_userID IN USERTBL.USERID%TYPE
3	USERPROC1	PROCEDURE	3	) AS
4	USERPROC1	PROCEDURE	4	v_uName VARCHAR(10);
5	USERPROC1	PROCEDURE	5	BEGIN
6	USERPROC1	PROCEDURE	6	SELECT userName INTO v_uName FROM userTbl
7	USERPROC1	PROCEDURE	7	WHERE userID = pi_userID;
8	USERPROC1	PROCEDURE	8	DBMS_OUTPUT.PUT_LINE (v_uName);
9	USERPROC1	PROCEDURE	9	END ;

[그림 10-3] 스토어드 프로시저 내용 조회

3-3 다른 방법으로 SQL Developer의 [접속] 창에서 [프로시저] 부분을 확장해서 각 스토어드 프로시저를 클릭해도 코드를 확인할 수 있다.

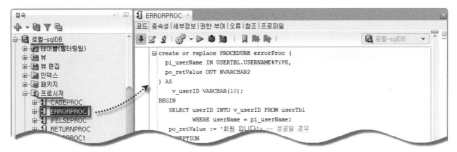

[그림 10-4] SQL Developer에서 스토어드 프로시저 내용 조회

step 4

다른 사용자가 소스 코드를 알아볼 수 없도록 스토어드 프로시저 생성 시에 암호화를 하자.

4-1 다음과 같은 스토어드 프로시저를 생각해 보자. 회원 아이디를 입력받아서 회원의 이름과 출생년도를 출력하는데, 이름은 보안상 성만 나타나도록 한다.

```
1  CREATE OR REPLACE PROCEDURE encryptProc (
2      pi_userID IN USERTBL.USERID%TYPE)
3  AS
4      v_userName USERTBL.USERNAME%TYPE;
5      v_birthYear USERTBL.BIRTHYEAR%TYPE;
6  BEGIN
7      SELECT SUBSTR(userName,1,1) || '00', birthYear
8             INTO v_userName, v_birthYear
9        FROM  userTbl WHERE userID = pi_userID;
10       DBMS_OUTPUT.put_line(pi_userID || '-->' || v_userName || '(' || v_birthYear ||
           ')');
11  END;

EXECUTE encryptProc('JYP');

메시지:
JYP-->조00(1950)
```

4-2 위 스토어드 프로시저의 코드는 USER_SOURCE 뷰를 조회하면 그대로 보일 것이다. 이 스토어드 프로시저를 사용자가 알아보기 힘들도록 만들 수 있다.

```
1  DROP PROCEDURE encryptProc;
2  DECLARE
3    v_source  VARCHAR2(32767);
4  BEGIN
5    v_source :=
6      'CREATE OR REPLACE PROCEDURE encryptProc (' ||
7      '   pi_userID IN USERTBL.USERID%TYPE) ' ||
8      'AS' ||
9      '   v_userName USERTBL.USERNAME%TYPE;' ||
10     '   v_birthYear USERTBL.BIRTHYEAR%TYPE;' ||
11     'BEGIN  ' ||
12     '   SELECT SUBSTR(userName,1,1) || ''00'', birthYear ' ||
13     '          INTO v_userName, v_birthYear' ||
14     '     FROM  userTbl WHERE userID = pi_userID;' ||
15     '   DBMS_OUTPUT.put_line(pi_userID || ''—>'' || v_userName || ''('' || v_
              birthYear || '')'');' ||
16     'END;'  ;
17   EXECUTE IMMEDIATE DBMS_DDL.WRAP(DDL => v_source);
18 END;
```

메시지:
PL/SQL 프로시저가 성공적으로 완료되었습니다.

먼저 1행에서 스토어드 프로시저를 삭제했다. 2~18행은 익명 프로시저를 준비했다. 3행에서 스토어드 프로시저의 소스를 저장할 v_source 변수를 준비했다. 5~16행은 **4-1**의 코드를 문자열로 만든 것뿐이다. 단, 12행처럼 작은 따옴표가 있던 것은 2개를 연속해서 사용해야 한다. 17행에서 DBMS_DDL.WRAP( ) 함수로 소스를 암호화한 후 실행했다. 결국 6행의 encryptProc 스토어드 프로시저가 생성된 것이다.

다시 조회해 보자. 암호화하기 이전과 마찬가지로 잘 조회가 될 것이다.

```
EXECUTE encryptProc('BBK');
```

메시지:
BBK-->바00(1973)

4-3 소스코드를 확인해 보자. [F5]를 눌러서 실행해 본다. 알아보기 어렵도록 암호화가 되어 있을 것이다.

```sql
SELECT * FROM USER_SOURCE WHERE NAME='ENCRYPTPROC';
```

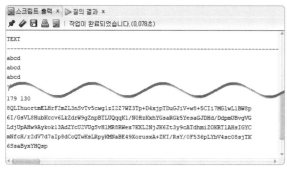

[그림 10-5] 암호화된 소스 코드

주의할 점은, 한 번 암호화를 하면 다시 소스 코드를 알아낼 수 있는 방법이 없다는 것이다. 그러므로, 암호화된 스토어드 프로시저 생성 시에는 원래의 소스 코드를 별도로 잘 보관해 둬야 할 것이다.

step 5

테이블 이름을 파라미터로 전달하는 방법을 알아보자.

5-1 테이블 이름을 파라미터로 넘겨서, 테이블의 행 개수를 출력하는 스토어드 프로시저를 만들어 본다.

```sql
1   CREATE OR REPLACE PROCEDURE tableProc (
2     pi_tableName IN VARCHAR2 )
3   AS
4     v_count NUMBER;
5   BEGIN
6     SELECT COUNT(*) INTO v_count FROM pi_tableName;
7     DBMS_OUTPUT.PUT_LINE (v_count);
8   END ;
```

테이블 이름을 알 수 없다는 오류가 발생할 것이다. 6행에서 pi_tableName을 변수로 인식한 것이 아니라 테이블 이름으로 인식하기 때문이다. Oracle에서는 직접 테이블 이름을 파라미터로 사용할 수 없다. 이를 해결하기 위해서 '동적 SQL' 방식을 활용할 수 있다.

5-2 7장의 마지막 부분에서 배운 '동적 SQL'을 활용해 보자.

```
1   CREATE OR REPLACE PROCEDURE tableProc (
2     pi_tableName IN VARCHAR2 )
3   AS
4     v_count NUMBER;
5     v_sql VARCHAR2(200);
6   BEGIN
7       v_sql := 'SELECT COUNT(*) FROM ' || pi_tableName;
8       EXECUTE IMMEDIATE v_sql INTO v_count;
9       DBMS_OUTPUT.PUT_LINE (pi_tableName || ' 행 개수--> ' || v_count);
10  END ;
```

7행에서 v_sql 변수에 문자열로 SELECT문을 생성해 놓는다. 8행에서 SELECT문을 실행하면서 결과를 v_count 변수에 저장하고 9행에서 출력했다.

```
EXEC tableProc('BUYTBL');
```

```
메시지:
BUYTBL 행 개수--> 12
```

---

step 6

앞에서 다루지 않았던 PL/SQL 변수의 다양한 종류를 확인해 보자.

6-1 상수와 %ROWTYPE의 사용법을 확인하자.

```
1   CREATE OR REPLACE PROCEDURE rowtypeProc (
2     pi_userid IN USERTBL.USERID%TYPE
3   ) AS
4     v_constant CONSTANT NCHAR(3) := '-->';
5     v_userData usertbl%ROWTYPE;
6   BEGIN
7       SELECT userName, addr,  height
8           INTO  v_userData.userName, v_userData.addr, v_userData.height
9       FROM userTBL WHERE userID = pi_userid;
10      DBMS_OUTPUT.PUT_LINE (pi_userid || v_constant ||  v_userData.userName
11          || ' ' || v_userData.addr || ' ' || v_userData.height);
12  END ;
```

```
EXECUTE rowtypeProc('SSK');
```

```
메시지:
SSK-->성시경  서울  186
```

4행은 v_constant를 상수로 선언했다. 5행의 v_userData는 회원 테이블(userTBL)의 데이터 형식의 변수가 구조체 형태로 선언된다. 8행에서는 생성된 변수에 조회된 열의 값을 대입했다.

지금까지 계속 사용해온 userTBL의 구조는 왼쪽과 같고, 오른쪽은 같은 형식의 변수가 선언된 것이다.

회원 테이블(userTBL) 구조	v_userData 구조
USERID CHAR(8)	v_userData.USERID CHAR(8)
USERNAME NVARCHAR2(10)	v_userData.USERNAME NVARCHAR2(10)
BIRTHYEAR NUMBER(4)	v_userData.BIRTHYEAR NUMBER(4)
ADDR NCHAR(2)	v_userData.ADDR NCHAR(2)
MOBILE1 CHAR(3)	v_userData.MOBILE1 CHAR(3)
MOBILE2 CHAR(8)	v_userData.MOBILE2 CHAR(8)
HEIGHT NUMBER(3)	v_userData.HEIGHT NUMBER(3)
MDATE DATE	v_userData.MDATE DATE

6-2 레코드Record의 사용법을 확인해 보자.

```
1  CREATE OR REPLACE PROCEDURE recordProc (
2    pi_userid IN USERTBL.USERID%TYPE
3  ) AS
4    v_constant CONSTANT NCHAR(3) := '-->';
5    TYPE myRecordType IS RECORD (r_userName NVARCHAR2(20), r_addr NCHAR(2), r_
         height NUMBER(3));
6    v_record myRecordType;
7  BEGIN
8     SELECT userName, addr,  height
9        INTO  v_record.r_userName, v_record.r_addr, v_record.r_height
10    FROM userTBL WHERE userID = pi_userid;
11    DBMS_OUTPUT.PUT_LINE (pi_userid || v_constant ||  v_record.r_userName
12       || ' ' || v_record.r_addr || ' ' || v_record.r_height);
13 END ;

EXECUTE recordProc('LSG');

메시지:
LSG-->이승기   서울   182
```

5행에서 myRecordType 이름의 레코드 타입을 정의했다. 테이블의 정의 형식과 비슷하며, 열은 필요한 만큼 정의하면 된다. 그리고 6행에서 생성한 레코드 타입으로 v_record 레코드 변수를 선언했다. **6-1**과 마찬가지로 구조체 형식으로 변수를 사용하면 된다.

6-3 컬렉션Collection 타입의 변수의 사용법을 확인하자.

```
1  CREATE OR REPLACE PROCEDURE collectionProc AS
2     TYPE myVarrayType IS VARRAY(3) OF NUMBER(10);
3     TYPE myNestType IS TABLE OF NVARCHAR2(10);
4     TYPE myAssocType IS TABLE OF NUMBER(5) INDEX BY STRING(10);
5     v_varray myVarrayType;
6     v_nest myNestType;
7     v_assoc myAssocType;
8     v_idx VARCHAR2(10);
9  BEGIN
10       v_varray := myVarrayType(10, 20, 30);
11       v_nest := myNestType('이것이', '오라클', '학습 중');
12       v_assoc('짜장') := 4500;
13       v_assoc('피자') := 12000;
14       v_assoc('치킨') := 19000;
15       FOR i IN 1 .. 3 LOOP
16           DBMS_OUTPUT.PUT_LINE (v_varray(i) || ' ' || v_nest(i));
17       END LOOP;
18       v_idx := v_assoc.FIRST;
19       WHILE v_idx IS NOT NULL LOOP
20           DBMS_OUTPUT.PUT_LINE (v_idx || '-->' || v_assoc(v_idx));
21           v_idx := v_assoc.NEXT(v_idx);
22       END LOOP;
23  END ;

EXECUTE collectionProc();

메시지:
10   이것이
20   오라클
30   학습 중
짜장-->4500
치킨-->19000
피자-->12000
```

2행에서는 VARRAY 타입을, 3행에서는 중첩 테이블 타입을, 4행에서는 연관 배열 타입을 정의했다. 5행~8행은 각 타입의 변수를 선언했다. 10행에서 VARRAY 타입의 값 3개를 v_varray 변수에 대입했다. 15~17행은 3번을 반복하는데 16행에서 v_varray(첨자) 형식으로 출력한다. 첨자는 1~3까지 반복되었다. 11행의 중첩 테이블 변수 v_nest에도 3개의 값을 대입했는데, 여기서는 3개의 데이터만 대입했지만 필요하다면 더 많은 데이터를 대입해도 된다. 마찬가지로 16행에서 v_next(첨자) 형식으로 출력했다. 12~14행은 연관 배열 변수 v_assoc에 3개의 값을 대입했는데, 4행에서 **INDEX BY STRING(10)**문으로 첨자를 숫자가 아닌 문자로 사용했다. 그리고 **TABLE OF NUMBER(5)**문으로 대입될 값은 숫자로 지정했다. 연관 배열의 출력을 위해서 18행에서 연관 배열의 첫 번째 인덱스 값인 '짜장'을 v_idx에 대입했다. 19~21행은 v_idx에 값이 없을 때까지 반복한다. 처음에는 '짜장'이 들어 있으므로 20행에서 연관 배열의 인덱스와 값을 출력한다. 21행에서 '짜장' 다음의 인덱스인 '피자'를 v_idx에 대입한다. 이런 방식으로 연관 배열의 모든 데이터를 출력했다.

⚠ 연관 배열의 인덱스 형식이 문자일 때는 STRING(크기)으로, 숫자일 때는 PLS_INTEGER 형식으로 지정하는 것을 권장한다. 일반 문자 형식인 VARCHAR2(크기)도 가능하지만 NVARCHAR2(크기)는 허용되지 않는다.

step 7

스토어드 프로시저의 삭제는 다른 개체의 삭제와 마찬가지로 **DROP PROCEDURE 스토어드 프로시저이름** 구문으로 삭제하면 된다.

☀ ╭─ **비타민 퀴즈 10-1** ─────────────────────────────────╮
│   Windows의 SQL Developer에서 Linux 가상머신에 접속한 후, 앞 〈실습 1〉을 진행해 보자. │
╰──╯

10.1.2 스토어드 프로시저의 특징

• Oracle의 성능을 향상시킬 수 있다

스토어드 프로시저는 처음 실행하면 최적화, 컴파일 등의 과정을 거쳐서 그 결과가 서버에 저장된다. 그 후에 같은 스토어드 프로시저를 실행하면 서버에 저장되어 있는 컴파일된 결과를 사용하므로, 다시 최적화 및 컴파일을 수행하지 않으므로 실행속도가 빨라진다. 그러므로, 동일한 스토어드 프로시저가 자주 사용될 경우에는 일반 쿼리를 반복해서 실행하는 것보다 Oracle의 성능이 향상될 수 있다.

• 유지관리가 간편하다

C++이나 Java 등의 클라이언트 응용프로그램에서 직접 SQL문을 작성하지 않고 스토어드 프로시저 이름만 호출하도록 설정함으로써, 데이터베이스에서 관련된 스토어드 프로시저의 내용을

일관되게 수정/유지보수 등의 작업을 할 수 있다.

• 예외 처리 및 모듈식 프로그래밍이 가능하다

한 번 스토어드 프로시저를 생성해 놓으면, 언제든지 실행이 가능하다. 또한, 스토어드 프로시저로 저장해 놓은 쿼리의 수정, 삭제 등의 관리가 수월해진다. 더불어 앞 실습에서 확인했듯이 예외처리가 가능하고, 조건문/반복문/변수 사용 등을 통해서 다른 일반 프로그래밍 언어처럼 모듈식로직을 구현할 수 있다.

• 네트워크 전송량의 감소

긴 코드로 구현된 쿼리를 실행하면, 클라이언트에서 서버로 쿼리의 모든 텍스트가 전송되어야 한다. 하지만, 이 긴 코드의 쿼리를 서버에 스토어드 프로시저로 생성해 놓았다면, 단지 스토어드 프로시저 이름 및 파라미터 등 몇 글자의 텍스트만 전송하면 되므로 네트워크의 부하를 크게 줄일 수 있다.

10.2 함수

이미 7장에서 Oracle이 제공해 주는 다양한 시스템 함수를 사용해 보았다. Oracle은 문자열 함수, 수학 함수, 집계 함수 등 많은 편리한 함수를 제공해 주지만, 그 외에 사용자가 직접 함수를 정의해서 사용할 수 있다.

함수Function는 앞 절에서 살펴본 스토어드 프로시저와 조금 비슷해 보이지만, 일반적인 프로그래밍 언어에서 사용되는 함수와 같이 복잡한 프로그래밍이 가능하도록 지원해 준다. 또, 함수는 RETURN문에 의해서 특정 값을 돌려주는 기능을 한다. 함수와 스토어드 프로시저의 또 다른 차이라면 스토어드 프로시저는 EXECUTE 또는 EXEC에 의해서 실행되지만, 함수는 주로 SELECT문에 포함되어 실행(호출)된다.

10.2.1 함수의 생성

Oracle 매뉴얼에 나온 함수를 정의하는 방법은 다음과 같다(일부만 표시함).

```
형식 :
CREATE [ OR REPLACE ] FUNCTION [ schema. ] function_name
  [ ( parameter_declaration [, parameter_declaration] )
  ]
  RETURN datatype
  [ { invoker_rights_clause
    ¦ DETERMINISTIC
    ¦ parallel_enable_clause
    ¦ result_cache_clause
    }...
  ]
  { { AGGREGATE ¦ PIPELINED }
    USING [ schema. ] implementation_type
  ¦ [ PIPELINED ] { IS ¦ AS } { [ declare_section ] body ¦ call_spec }
  } ;
```

다른 것도 마찬가지이지만 형식만 보면 어렵게 보인다. 좀 더 간단하게는 다음과 같이 표현할 수 있다.

```
형식 :
CREATE OR REPLACE FUNCTION 함수_이름 ( 파라미터 )
    RETURN 데이터형식
AS
    변수 선언 부분
BEGIN
    이 부분에 PL/SQL 프로그래밍 코딩..
    RETURN 변수;
END [함수_이름] ;
```

함수의 정의를 보면 스토어드 프로시저와 상당히 유사하다. 차이점을 몇 가지 보면 다음과 같다.

- 스토어드 프로시저의 파라미터와 달리 IN, OUT, IN OUT 등을 사용할 수 없다. 함수의 파라미터는 모두 입력 파라미터로 사용된다.

- 함수는 RETURN문으로 반환할 값의 데이터 형식을 지정하고, 본문 안에서는 RETURN문으로 하나의 값을 반환해야 한다. 스토어드 프로시저는 별도의 반환하는 구문이 없으며, 꼭 필요하다면 여러 개의 OUT 파라미터를 사용해서 값을 반환할 수 있었다.

- 스토어드 프로시저는 EXECUTE로 호출하지만, 함수는 EXECUTE뿐 아니라, SELECT 문장 안에서도 호출된다.

간단히 2개의 숫자의 합계를 계산하는 함수를 보자.

```
1    CREATE OR REPLACE FUNCTION userFunc(value1 INT, value2 INT)
2        RETURN NUMBER
3    AS
4    BEGIN
5        RETURN value1 + value2;
6    END;
```

1행에서 2개의 정수형 파라미터를 전달받았다. 2행에서는 이 함수가 반환하는 데이터 형식을 지정했다. 본문인 5행에서는 RETURN문으로 정수형을 반환했다. 이 함수는 다음 주로 SELECT 방식으로 호출이 가능하다. 2개의 파라미터를 전달해서 호출했다.

```
SELECT userFunc(100, 200) FROM DUAL;
```

```
메시지:
300
```

만약 EXECUTE문으로 실행하려면 반환받을 변수를 준비하고 별도로 출력해야 한다.

```
VAR retValue NUMBER;
EXECUTE :retValue := userFunc(100, 200);
PRINT retValue;
```

함수의 삭제는 DROP FUNCTION문을 사용하면 된다.

10.2.2 함수 실습

함수의 실질적인 사용법을 간단히 실습해 보자. 앞에서 배운 스토어드 프로시저와 큰 차이가 없어서 그리 어렵지는 않을 것이다.

표준적인 함수를 생성하고 사용해 보자.

7장 〈실습 1〉의 `step 0` 을 참조해서 sqlDB를 초기화한다. 독자가 스스로 한다.

0-1 [로컬-sqlDB]의 접속에서 워크시트를 하나 연다.

출생년도를 입력하면 나이가 출력되는 함수를 생성해 보자.

1-1 함수를 생성하자.

```
1   CREATE OR REPLACE FUNCTION getAgeFunc(bYear NUMBER)
2       RETURN NUMBER
3   AS
4       v_age NUMBER;
5   BEGIN
6       v_age := EXTRACT(YEAR FROM SYSDATE) - bYear;
7       RETURN  v_age;
8   END getAgeFunc;
```

별로 어렵지 않게 이해가 될 것이다. 그냥 단순히 현재의 연도(EXTRACT(YEAR FROM SYSDATE))에서 입력된 출생년도를 뺀 값(즉, 만 나이)을 돌려주는 함수이다.

1-2 함수를 호출해 보자.

```
SELECT getAgeFunc(1979) FROM DUAL;
```

1979년생의 현재 나이가 출력되었을 것이다.

1-3 EXECUTE문을 사용해서 스토어드 프로시저를 실행하듯이 사용할 수도 있다. 하지만, 좀 불편하다.

```
VAR retValue NUMBER;
EXECUTE :retValue := getAgeFunc(1979);
PRINT retValue;
```

역시 현재 나이가 출력되었을 것이다.

1-4 함수는 주로 테이블을 조회할 때 활용할 수 있다.

```
SELECT userID, userName, getAgeFunc(birthYear) AS "만 나이" FROM userTbl;
```

	USERID	USERNAME	만 나이
1	LSG	이승기	30
2	KBS	김범수	38
3	KKH	김경호	46
4	JYP	조용필	67
5	SSK	성시경	38
6	LJB	임재범	54
7	YJS	윤종신	48
8	EJW	은지원	45
9	JKW	조관우	52
10	BBK	바비킴	44

[그림 10-6] 쿼리 결과

step 2

다른 예로 개인 정보 보호를 위해서, 이벤트가 당첨된 사용자 이름과 전화번호를 일부 가려서 출력하는 경우를 생각해 보자. 예로 이름은 '김OO', 전화번호는 '010-1111-xxxx'로 처리해 보자.

2-1 함수를 작성하자.

```
1  CREATE OR REPLACE FUNCTION blindFunc(uString NCHAR)
2      RETURN NCHAR
3  AS
4      v_string NCHAR(20) := '';
5  BEGIN
6      IF uString = '-' THEN -- '-'는 전화번호가 없는 사용자.
7          RETURN  v_string;
8      END IF;
9
10     IF SUBSTR(uString, 1, 1) = '0' THEN  -- 제일 앞이 0이면 전화번호
11         v_string := CONCAT( SUBSTR(uString, 1, 8), '-xxxx');
12     ELSE
13         v_string := CONCAT( SUBSTR(uString, 1, 1), '00');
14     END IF;
15     RETURN  v_string;
16 END blindFunc;
```

6~8행은 전화번호가 없는 사용자는 '-'만 전달받도록 할 것이므로 처리하지 않는다. 10~15행은 전화번호와 이름을 모두 처리한다. 전화번호는 제일 앞 글자가 '0'이므로 11행을 실행하고 그렇지 않으면 이름으로 취급해서 13행을 실행한다.

2-2 SELECT에 함수를 사용해 보자.

```
SELECT blindFunc(userName) AS "회원",
    blindFunc(mobile1 || '-' || mobile2) AS "연락처" FROM userTBL;
```

회원	연락처
1 이○○	011-1111-xxxx
2 김○○	011-2222-xxxx
3 김○○	019-3333-xxxx
4 조○○	011-4444-xxxx
5 성○○	
6 임○○	016-6666-xxxx
7 윤○○	
8 은○○	011-8888-xxxx
9 조○○	018-9999-xxxx
10 바○○	010-0000-xxxx

[그림 10-7] 쿼리 결과

step 3

삭제할 때는 다른 데이터베이스 개체와 마찬가지로 DROP문을 사용한다.

비타민 퀴즈 10-2

Windows의 SQL Developer에서 Linux 가상머신에 접속한 후, 앞 〈실습 2〉를 진행해 보자.

10.2.3 테이블 반환 함수

함수는 일반적으로 하나의 값을 반환하지만, 반환하는 값(=RETURN 값)이 하나의 값이 아닌 '테이블' 형태인 함수도 필요한 경우가 있다. Oracle은 테이블 형태를 반환하는 함수를 'PIPELINED TABLE FUNCITON'이라고 부른다. 주로 다음의 단계를 거쳐서 처리된다.

```
형식:
❶ TYPE 정의 : 테이블에 사용될 열의 형태를 정의함
CREATE OR REPLACE TYPE Object_타입_이름 AS OBJECT
(   열 이름1    데이터 형식1,
    열 이름2    데이터 형식2,
    …
);

❷ TYPE 정의 : 테이블 형태의 컬렉션을 정의함
CREATE OR REPLACE TYPE 테이블_타입_이름   AS TABLE OF Object_타입_이름;

❸ 함수 정의
CREATE OR REPLACE FUNCTION 함수이름(파라미터)
```

```
        RETURN 테이블_타입_이름
        PIPELINED
    AS
    BEGIN
        주로 반복문 안에서 PIPE ROW() 함수 사용
        RETURN;
    END;

    ❹ 실행
    SELECT * FROM TABLE(함수 이름(파라미터));
```

❶에서는 사용된 테이블의 열을 미리 정의한다. 만약 열이 1개뿐이라면 ❶을 생략하고 ❷의 Object_타입_이름 부분에서 직접 단순 데이터 형식을 써줘도 된다. 예로 VARCHAR(20) 같은 단순 데이터 형식을 써주면 된다.

❷에서 테이블 타입을 지정한다. 타입을 지정할 때 ❶에서 생성한 Object_타입_이름을 사용하면 된다.

❸에서 함수를 정의할 때 반환형을 ❷에서 정의한 테이블_타입_이름을 사용한다. 그리고 예약어인 PIPELINED를 써준다. 본문에서는 PIPE ROW() 함수로 반환할 내부 테이블에 데이터를 계속 입력시키면 된다. 그러면 마지막 RETURN문에 의해서 내부적으로 설정된 테이블이 반환된다.

❹에서 실행은 TABLE() 함수 내부에 함수 이름을 호출하면 된다.

사용이 좀 복잡하지만, 표준적인 형태의 예제로 익혀 놓으면 향후에 활용은 어렵지 않을 것이다.

실습3

테이블 형태를 반환하는 함수를 생성하고 사용해 보자.

step 0

[로컬-sqlDB]의 접속에서 워크시트를 하나 연다.

step 1

테이블 형태의 열을 정의하는 타입을 생성한다. 이번 예제에서는 이름과 출생년도를 반환하는 형태를 만들어 보겠다.

```
CREATE OR REPLACE TYPE tableRowType AS OBJECT
( uName NCHAR(5), bYear NUMBER);
```

2개의 열을 가진 tableRowType 타입을 생성했다.

step 2

테이블 타입을 정의한다. step 1 에서 만든 tableRowType을 사용한다.

```
CREATE OR REPLACE TYPE tableType AS TABLE OF tableRowType;
```

tableType 타입을 생성했다. 이 형태가 함수에서 반환될 형태다.

step 3

함수를 작성한다. 함수는 2개의 문자열을 입력받아서 테이블 형태로 반환하는 기능을 한다. 예로 '토마스, 제임스, 고든, 에밀리'와 '1990, 1995, 1993, 1999' 두 문자열을 다음의 테이블 형태로 반환한다.

이름	출생년도
토마스	1990
제임스	1995
고든	1993
에밀리	1999

```
 1  CREATE OR REPLACE FUNCTION tableReturnFunc(nameString NVARCHAR2, birthString
    NVARCHAR2)
 2      RETURN tableType
 3      PIPELINED
 4  AS
 5      v_nameString NVARCHAR2(500) := nameString;
 6      v_birthString NVARCHAR2(500) := birthString;
 7      v_rowType tableRowType; -- 1개 행(이름, 생년)
 8      v_nameIdx NUMBER;  -- 이름 문자열에서 추출할 콤마(,)의 현재 위치
 9      v_birthIndex NUMBER; -- 생년 문자열에서 추출할 콤마(,)의 현재 위치
10      v_name NCHAR(5); -- 추출한 1개의 이름 문자열
11      v_birth NUMBER;  -- 추출한 1개의 생년 숫자
12  BEGIN
13      LOOP
14          v_nameIdx := INSTR(v_nameString, ',');
15          v_birthIndex := INSTR(v_birthString, ',');
16          IF v_nameIdx > 0 AND v_birthIndex > 0 THEN
```

```
17            v_name := SUBSTR(v_nameString, 1, v_nameIdx-1);
18            v_birth := TO_NUMBER(SUBSTR(v_birthString, 1, v_birthIndex-1));
19            v_rowType := tableRowType(v_name, v_birth);
20            PIPE ROW(v_rowType);
21            v_nameString := SUBSTR(v_nameString, v_nameIdx+1);
22            v_birthString := SUBSTR(v_birthString, v_birthIndex+1);
23          ELSE
24            v_rowType := tableRowType(v_nameString, v_birthString); -- 나머지 값
                대입
25            PIPE ROW(v_rowType);
26            EXIT;
27          END IF;
28        END LOOP;
29        RETURN;
30  END tableReturnFunc;
```

SELECT * FROM TABLE(tableReturnFunc('토마스,제임스,고든,에밀리', '1990, 1995, 1993,1999'));

3행에서 PIPELINED 예약어를 사용해서 이 함수가 PIPELINED TABLE 함수라는 것을 명시해야 한다. 1행에서 2개의 파라미터를 받는데 이름과 출생년도가 들어 있는 문자열을 받을 것이다. 문자열의 형태는 '이름1, 이름2 …' 형태와 '출생년도1, 출생년도2…' 형태로 각각 받을 것이다. 2행에서 반환형을 2번에서 생성한 tableType을 지정했다. 그러면 함수 내부적으로 tableType 형태(이름과 출생년도가 있는 테이블 형태)의 테이블이 자동으로 생성된다. 5, 6행은 입력 파라미터의 값을 21, 22행에서 변경시켜야 하는데, 입력 파라미터는 값을 변경할 수 없으므로 입력 파라미터의 값을 변수에 대입시켰다. 7행에서 이름과 출생년도 1개 행을 저장할 v_rowType 변수를 준비했다. 8, 9행은 인덱스를 준비했는데, 문자열에서 각 콤마(,)의 위치로 사용할 것이다. 예로 '토마스,제임스,고든,에밀리'인 경우에 인덱스는 4, 8, 11로 변경될 것이다. 10, 11행은 1개의 데이터를 추출한다. 예로 '토마스' 1개를 추출해서 저장한다. 출생년도는 1990처럼 숫자로 추출한다.

13~28행은 무한반복을 한다. 14, 15행에서 각 문자열의 구분자인 콤마(,)의 위치를 찾는다. 16행에서 콤마를 찾았다면(= 콤마의 위치가 0 이상이라면) 17~22행을 수행한다. 17행은 콤마까지의 문자를 추출한다. 예로 '토마스' 문자열을 추출한다. 18행은 추출한 출생년도 문자를 숫자로 변경한다. 19행에서 추출한 두 데이터로 행 값을 만들고 20행에서 내부의 테이블에 입력한다. 21, 22행은 문자열을 제일 앞 데이터를 제외한 문자열로 변경한다. 예로 '토마스,제임스,고든,에밀리'가 '제임스,고든,에밀리'로 변경된다.

23~26행은 콤마가 더 이상 없을 경우에 수행된다. 24행에서 문자열에 남아있는 마지막 값을 내부의 테이블에 입력하고 26행에서 무한반복을 빠져 나온다. 29행에는 함수를 종료한다. 이때 반환되는 값은 내부의 테이블 값이 반환된다.

	UNAME	BYEAR
1	토마스	1990
2	제임스	1995
3	고든	1993
4	에밀리	1999

[그림 10-8] 쿼리 결과

만약 결과를 별도의 테이블로 저장하려면 **CREATE TABLE newTable AS SELECT~** 문을 사용하면 된다.

비타민 퀴즈 10-3

Windows의 SQL Developer에서 Linux 가상머신에 접속한 후, 앞 〈실습 3〉을 진행해 보자.

10.3 커서

Oracle은 스토어드 프로시저 내부에 커서Cursor를 사용할 수 있다. 커서는 일반 프로그래밍 언어의 파일 처리와 방법이 비슷하기 때문에, 행의 집합을 다루기에 많은 편리한 기능을 제공해 준다.

10.3.1 커서의 개요

커서는 테이블에서 여러 개의 행을 쿼리한 후에, 쿼리의 결과인 행 집합을 한 행씩 처리하기 위한 방식이다. 혹, '파일 처리' 프로그래밍을 해본 독자라면 파일을 읽고 쓰기 위해서 파일을 오픈Open한 후에, 한 행씩 읽거나 썼던 것을 기억할 것이다. 한 행씩 읽을 때마다 '파일 포인터'는 자동으로 다음 줄을 가리킨다. 커서도 이와 비슷한 동작을 한다.

파일의 시작(BOF)			
LSG	이승기	1987	서울
KBS	김범수	1979	경남
KKH	김경호	1971	전남
JYP	조용필	1950	경기
SSK	성시경	1979	서울
LJB	임재범	1963	서울
YJS	윤종신	1969	경남
EJW	은지원	1978	경북
JKW	조관우	1965	경기
BBK	바비킴	1973	서울
파일의 끝(EOF)			

파일 포인터 →

[그림 10-9] 파일 처리의 작동 개념

예를 들어 [그림 10-9]와 같은 텍스트 파일이 저장되어 있다고 생각해 보자. 이 파일을 처리하기 위해서는 다음과 같은 순서를 거치게 될 것이다.

① 파일을 연다(Open). 그러면, 파일 포인터는 파일의 제일 시작(BOF: Begin Of File)을 가리키게 된다.
② 처음 데이터를 읽는다. 그러면 '이승기'의 데이터가 읽어지고, 파일 포인터는 '김범수'로 이동한다.
③ 파일의 끝(EOF: End Of File)까지 반복한다.
  • 읽은 데이터를 처리한다.
  • 현재의 파일 포인터가 가리키는 데이터를 읽는다. 파일 포인터는 자동으로 다음으로 이동한다.
④ 파일을 닫는다(Close).

[그림 10-9]의 텍스트 파일을 이제는 테이블의 행 집합으로 생각해 보자. 커서를 활용하면 거의 비슷한 방식으로 처리가 가능하다. 먼저 커서의 처리 순서를 확인하고 실습을 진행하자.

10.3.2 커서의 처리 순서

커서는 일반적으로 다음의 순서를 통해서 처리된다.

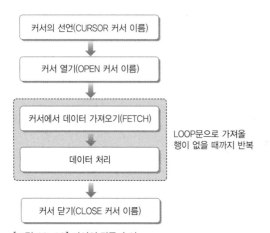

[그림 10-10] 커서의 작동 순서

커서를 하나씩 이해하기보다는 우선 간단한 예제로 커서를 사용해 보자. 아직은 세부 문법을 배우지 않았으므로 모든 구문이 이해되지 않아도 좋다. 단지, [그림 10-10]과 같이 커서를 사용하는 전반적인 흐름에 초점을 맞춰서 실습을 진행하자.

커서를 활용해 보자.

[로컬-sqlDB]의 접속에서 워크시트를 하나 연다.

커서를 활용해서 회원의 평균 키를 구하는 스토어드 프로시저를 작성하자.

⚠ 이 예제는 커서를 연습하기 위해서 Oracle 내장 함수인 AVG()와 동일한 기능을 구현한 것이다. 실제라면 지금 만드는 스토어드 프로시저를 사용하는 것보다 AVG() 함수를 사용하는 것이 훨씬 효율적이다. 하지만, '홀수의 평균값' 이나 '5의 배수에 해당하는 값의 평균' 등과 같은 특별한 평균은 AVG() 함수에서 사용할 수가 없으며, 커서를 활용해야 한다.

1-1 커서가 포함된 스토어드 프로시저를 작성한다.

```
1  CREATE OR REPLACE PROCEDURE cursorProc AS
2    v_height NUMBER; -- 회원의 키
3    v_cnt   NUMBER := 0 ; -- 회원의 인원수(=읽은 행의 수)
4    v_total NUMBER := 0 ; -- 회원 키의 합계
5    -- (1) 커서 선언
6    CURSOR userCursor IS
7        SELECT height FROM userTbl;
8  BEGIN
9    -- (2) 커서 열기
10   OPEN userCursor;
11   -- (3) 커서에서 데이터 가져오기 및 (4) 데이터 처리
12   LOOP
13      FETCH  userCursor INTO v_height;
14      EXIT WHEN userCursor%NOTFOUND; -- 데이터가 없으면 LOOP 종료
15      v_total := v_total + v_height;
16      v_cnt := v_cnt + 1;
17   END LOOP;
18   -- (5) 커서 닫기
19   CLOSE userCursor;
20   DBMS_OUTPUT.PUT_LINE(' 회원 키의 평균 ==>' || (v_total/v_cnt));
21 END ;
```

2~3행에서 회원의 평균키를 계산하기 위한 변수를 선언했다. 6·7행에서 커서 변수를 준비하고 SELECT 문을 정의했다. 10행에서는 준비한 커서를 열었다. 12~17행은 행의 끝까지 반복하면서 회원의 키를 하나씩 totalHeight에 누적시킨다. 더불어서 16행에서 회원의 수를 센다. 14행에서는 LOOP를 종료할 조건을

설정했다. 데이터가 더 이상 없으면 LOOP를 빠져 나온다. 19행에서 커서를 닫고 20행에서 평균키(키의 합계/회원수)를 출력한다.

1 0 스토어드 프로시저를 호출하자.

```
SET SERVEROUTPUT ON;
EXECUTE cursorProc();
```

```
결과 값:
회원 키의 평균 ==>175.8
```

---

step 2

회원 테이블(userTbl)에 회원 등급grade 열을 하나 추가한 후에, 각 구매 테이블(buyTbl)에서 회원이 구매한 총액에 따라서 회원 등급grade 열에 최우수회원/우수회원/일반회원/유령회원 등의 값을 입력하는 스토어드 프로시저를 작성해 보자. 역시 커서를 활용해서 작성하자.

⚠ 이번 예제는 7장의 〈실습 8〉에서 수행한 것과 동일한 결과다. 7장에서는 SUM() 집계 함수를 활용했고, 이번에는 커서를 활용해서 작성하는 것이 다르다.

2-1 먼저 userTBL에 회원 등급을 입력할 열을 추가한다.

```
ALTER TABLE userTbl ADD grade NVARCHAR2(5);  -- 회원 등급 열 추가
```

2-2 스토어드 프로시저를 작성하자.

```
1  CREATE OR REPLACE PROCEDURE gradeProc AS
2    v_id CHAR(8); -- 회원 아이디
3    v_total NUMBER(5) := 0 ; -- 총 구매액
4    v_grade NVARCHAR2(5); -- 회원 등급
5    -- (1) 커서 선언
6    CURSOR userCursor IS
7      SELECT U.userid, SUM(price*amount)
8        FROM buyTbl B
9          RIGHT OUTER JOIN userTbl U
10          ON B.userid = U.userid
11        GROUP BY U.userid, U.userName ;
12  BEGIN
13     -- (2) 커서 열기
14     OPEN userCursor;
15     -- (3) 커서에서 데이터 가져오기 및 (4) 데이터 처리
16     LOOP
17        FETCH  userCursor INTO v_id, v_total;
```

```
18          EXIT WHEN userCursor%NOTFOUND; -- 데이터가 없으면 LOOP 종료
19          CASE
20              WHEN (v_total >= 1500) THEN  v_grade := '최우수회원';
21              WHEN (v_total >= 1000) THEN v_grade :='우수회원';
22              WHEN (v_total >= 1) THEN  v_grade :='일반회원';
23              ELSE  v_grade := ' 유령회원 ';
24            END CASE;
25            UPDATE userTbl SET grade = v_grade WHERE userID = v_id;
26       END LOOP;
27       -- (5) 커서 닫기
28       CLOSE userCursor;
29  END ;
```

2~4행은 사용할 변수를 정의한다. 6~11행은 커서를 정의하는데, 결과는 사용자 아이디와 사용자별 총 구매액이 나온다. 16~26행은 Loop를 반복하면서 한 행씩 처리한다. 19~24행은 총 구매액(v_total)에 따라 회원의 등급을 분류한 후에, 25행에서 회원 등급(grade)을 업데이트한다.

2-3 스토어드 프로시저를 호출하고, 회원 등급이 완성되었는지 확인한다.

```
EXEC gradeProc();
SELECT userId, userName, grade FROM userTBL;
```

	USERID	USERNAME	GRADE
1	LSG	이승기	유령회원
2	KBS	김범수	우수회원
3	KKH	김경호	유령회원
4	JYP	조용필	일반회원
5	SSK	성시경	일반회원
6	LJB	임재범	유령회원
7	YJS	윤종신	유령회원
8	EJW	은지원	일반회원
9	JKW	조관우	유령회원
10	BBK	바비킴	최우수회원

[그림 10-11] 쿼리 결과

비타민 퀴즈 10-4

Windows의 SQL Developer에서 Linux 가상머신에 접속한 후, 앞 〈실습 4〉를 진행해 보자.

10.4 패키지

패키지란 스토어드 프로시저나 함수들을 묶어 놓은 집합이다.

10.4.1 패키지의 개요

Oracle은 내부적으로 수백 여 개의 패키지를 제공하고, 각 패키지에는 다양한 스토어드 프로시저와 함수들이 포함되어 있다. 지금까지 우리도 몇몇 DBMS_OUTPUT 등의 몇 개 패키지를 사용해왔다. Oracle에서 제공하는 ALL_OBJECTS 시스템 뷰를 통해서 확인할 수 있다.

```
SELECT * FROM ALL_OBJECTS  WHERE  OBJECT_TYPE ='PACKAGE;
```

	OWNER	OBJECT_NAME	SUBOBJECT_NAME	OBJECT_ID	DATA_OBJECT_ID	OBJECT_
1	SYS	STANDARD	(null)	1253	(null)	PACKAGE
2	SYS	DBMS_STANDARD	(null)	1255	(null)	PACKAGE
3	SYS	DBMS_REGISTRY	(null)	1273	(null)	PACKAGE
4	SYS	DBMS_REGISTRY_SERVER	(null)	1275	(null)	PACKAGE
5	SYS	XML_SCHEMA_NAME_PRESENT	(null)	1278	(null)	PACKAGE
6	SYS	UTL_RAW	(null)	1280	(null)	PACKAGE
7	SYS	UTL_IDENT	(null)	4848	(null)	PACKAGE
8	SYS	PLITBLM	(null)	4850	(null)	PACKAGE
9	SYS	SYS_STUB_FOR_PURITY_ANALYSIS	(null)	4852	(null)	PACKAGE
		PIDL	(null)	4853		PACKAGE

[그림 10-12] Oracle 제공 패키지

각 패키지 안의 스토어드 프로시저의 이름은 ALL_PROCEDURES 시스템 뷰를 통하면 된다. 다음은 DBMS_OUTPUT 패키지에 포함된 스토어드 프로시저의 목록이다.

```
SELECT * FROM ALL_PROCEDURES WHERE OBJECT_NAME = 'DBMS_OUTPUT';
```

	OWNER	OBJECT_NAME	PROCEDURE_NAME	OBJECT_ID	SUBPROGRAM_ID	OVERLOAD	OBJECT_TYI
1	SYS	DBMS_OUTPUT	PUT_LINE	4972	4	(null)	PACKAGE
2	SYS	DBMS_OUTPUT	PUT	4972	3	(null)	PACKAGE
3	SYS	DBMS_OUTPUT	NEW_LINE	4972	5	(null)	PACKAGE
4	SYS	DBMS_OUTPUT	GET_LINES	4972	8	2	PACKAGE
5	SYS	DBMS_OUTPUT	GET_LINES	4972	7	1	PACKAGE
6	SYS	DBMS_OUTPUT	GET_LINE	4972	6	(null)	PACKAGE
7	SYS	DBMS_OUTPUT	ENABLE	4972	1	(null)	PACKAGE
8	SYS	DBMS_OUTPUT	DISABLE	4972	2	(null)	PACKAGE
9	SYS	DBMS_OUTPUT	(null)	4972	0	(null)	PACKAGE

[그림 10-13] DBMS_OUTPUT 패키지 내의 프로세스

패키지의 소스도 ALL_SOURCE 시스템 뷰를 통해서 조회가 가능하지만, 이번 장의 〈실습 1〉의 step 4 에서 실습했던 것처럼 본체는 암호화가 되어 있을 것이다.

```
SELECT TEXT FROM ALL_SOURCE WHERE NAME = 'DBMS_OUTPUT';
```

Oracle에서 제공하는 패키지와 관련된 내용만으로도 수천 페이지 분량이 넘는다. 관련된 패키지의 상세한 매뉴얼은 https://docs.oracle.com/cd/E11882_01/appdev.112/e40758/toc.htm (Oracle 11g R2) 또는 https://docs.oracle.com/database/122/ARPLS/toc.htm (Oracle 11g R2)을 참조하자.

10.4.2 패키지 생성

사용자가 직접 패키지를 생성할 수 있다. 특히 큰 규모의 데이터베이스 프로젝트를 진행할 때는, 관련된 스토어드 프로시저나 함수를 별도의 패키지로 묶어주는 것이 관리하는데 효율적일 것이다.

패키지는 패키지 선언부(PACKAGE)와 패키지 본문(PACKAGE BODY)으로 나눠서 생성해야 한다. 먼저 패키지 선언부의 형식은 다음과 같다.

```
형식 :
CREATE OR REPLACE PACKAGE 패키지이름 AS
    변수 선언 부분
    커서 선언 부분
    예외 선언 부분
    스토어드 프로시저 선언 부분
    함수 선언 부분
END 패키지 이름;
```

모두 선언해야 하는 것은 아니고 필요한 것들만 선언해 놓는다. 선언 부분에서는 변수, 커서, 예외, 스토어드 프로시저, 함수 등의 원형(Prototype)만 선언해 놓으면 된다.

패키지의 실제 내용은 패키지 본문에서 구현한다.

```
형식 :
CREATE OR REPLACE PACKAGE BODY 패키지이름 AS
    변수 구현 부분
    커서 구현 부분
    예외 구현 부분
    스토어드 프로시저 구현 부분
    함수 구현 부분
END 패키지 이름;
```

패키지의 스토어드 프로시저의 실행은 다음과 같이 사용한다.

```
형식 :
EXECUTE 패키지이름.저장프로시저이름()
```

패키지 본문에서는 지금까지 배운 방식으로 패키지, 함수 등을 생성하면 된다. 패키지는 형식만 이해하면 되기 때문에 간단하게 실습을 진행하자.

실습5

간단한 패키지를 생성하자.

step 0

[로컬-sqlDB]의 접속에서 워크시트를 하나 연다.

step 1

스토어드 프로시저 1개와 함수 1개를 포함하는 패키지를 생성하자. 먼저 패키지 선언부를 만들자.

```
1  CREATE OR REPLACE PACKAGE totalPackage AS
2      v_age NUMBER;
3      v_bYear NUMBER;
4      PROCEDURE sampleProc(pi_userName IN NCHAR);
5      FUNCTION sampleFunc(bYear NCHAR) RETURN NUMBER;
6  END totalPackage;
```

2, 3행에서는 패키지 본문에서 사용할 변수를 미리 선언해 놓았다. 4행은 스토어드 프로시저 원형을, 5행은 함수의 원형을 선언했다. 함수는 반환 데이터 형식까지 함께 선언해 놓아야 한다.

step 2

패키지 본문을 만들자.

```
1  CREATE OR REPLACE PACKAGE BODY totalPackage AS
2      PROCEDURE sampleProc(pi_userName IN NCHAR) AS
3      BEGIN
4        SELECT birthYear INTO v_bYear FROM userTbl
5            WHERE userName = pi_userName;
6        DBMS_OUTPUT.PUT_LINE ('나이 --> ' || sampleFunc(v_bYear));
7      END sampleProc;
```

```
 8
 9      FUNCTION sampleFunc(bYear NCHAR)
10          RETURN NUMBER      AS
11      BEGIN
12          v_age := EXTRACT(YEAR FROM SYSDATE) - bYear;
13          RETURN  v_age;
14      END sampleFunc;
15  END totalPackage;
```

2~7행은 스토어드 프로시저를 정의했다. 이름을 입력받아서 나이를 출력하는데, 6행에서 나이는 9행의 함수를 호출하도록 설정되어 있다. 9~14행은 출생년도에 의해서 현재 나이를 반환하는 함수다.

step 3

패키지 선언부와 패키지 본문을 실행해 보자.

```
EXECUTE totalPackage.sampleProc('이승기');
SELECT totalPackage.sampleFunc(birthYear) FROM userTBL
    WHERE userName = '이승기';

메시지 :
나이 --> 30
30
```

첫 번째는 패키지 내부의 스토어드 프로시저를 호출했고, 두 번째는 패키지 내부의 함수를 SELECT문에서 사용했다.

☼ **비타민 퀴즈 10-5**

Windows의 SQL Developer에서 Linux 가상머신에 접속한 후, 앞의 〈실습 5〉를 진행해 보자.

이상으로 스토어드 프로시저, 함수, 커서, 패키지에 대한 설명을 마치겠다. 지금 소개된 내용만 잘 이해해도 Oracle에서 관련된 내용을 충분히 응용하여 진행할 수 있을 것이다.

트리거

트리거는 스토어드 프로시저와 달리 특별히 실행시키지 않아도 자동으로 실행되므로, 더 편리하게 사용될 수 있으나, 시스템의 성능을 저하시키는 요인이 되기도 하므로 꼭 필요한 곳에만 사용해야 한다. 트리거란 테이블에 삽입, 수정, 삭제 등의 작업(이벤트) 발생 시에 자동으로 작동되는 개체로, 11장에서 배웠던 스토어드 프로시저와 비슷한 모양을 갖는다. 트리거는 기본적인 개념만 잘 파악하고 있다면 사용이 그다지 어렵지 않지만, 몇 가지 주의해야 할 점이 있다.

트리거에 많이 활용되는 사례 중 하나를 생각해 보자. 만약 누군가 A라는 테이블에 행을 고의 또는 실수로 삭제한다면, 삭제된 행의 내용을 복구하는 것도 어렵고, 누가 지웠는지 추적하는 것도 쉬운 일이 아니다. 이러한 경우에 A테이블에서 행이 삭제되는 순간에 B테이블에 A테이블에서 삭제된 행의 내용, 시간, 삭제한 사용자를 기록해 놓는다면 이러한 문제점을 해결할 수 있을 것이다. 이번 장에서 배울 트리거가 바로 이러한 기능을 수행할 수 있다.

이 장의 핵심 개념

11장은 테이블의 DML문이 작동하면 자동으로 실행되는 트리거를 학습한다. 트리거의 기본적인 문법과 함께 트리거가 활용되는 사례를 위주로 살펴본다. 또한 트리거에서 사용되는 임시 테이블의 작동 방식도 확인한다.

이 장의 학습 흐름

트리거 개요와 작성법

트리거의 종류와 형식

트리거에서 사용하는 임시 테이블

다중 트리거, 중첩 트리거, 재귀 트리거

순차번호를 자동 입력하는 트리거

11.1 트리거의 개념

11.1.1 트리거의 개요

8장에서 데이터의 무결성을 위한 제약 조건(Primary Key, Foreign Key 등)을 공부했었다. 트리거Trigger는 제약 조건과 더불어 데이터 무결성을 위해서 Oracle에서 사용할 수 있는 또 다른 기능이다.

트리거는 테이블 또는 뷰와 관련되어 DML문(Insert, Update, Delete 등)의 이벤트가 발생될 때 작동하는 데이터베이스 개체 중 하나다.

트리거는 테이블 또는 뷰에 부착Attach되는 프로그램 코드라고 생각하면 된다. 스토어드 프로시저와 거의 비슷한 문법으로 그 내용을 작성할 수 있다. 그리고, 트리거가 부착된 테이블에 이벤트(입력, 수정, 삭제)가 발생하면 자동으로 부착된 트리거가 실행된다.

트리거는 스토어드 프로시저와 작동이 비슷하지만, 직접 실행시킬 수는 없고 오직 해당 테이블이나 뷰에 이벤트가 발생할 경우에만 실행된다. 그리고, 트리거에는 스토어드 프로시저와 달리 매개변수를 지정하거나 반환값(=Return 값)을 사용할 수도 없다.

우선 간단한 트리거를 보고 그 작동에 대한 이해를 해보자. 아직은 문법이 이해되지 않더라도, 그냥 작동되는 결과만 확인해 보자.

실습1

간단한 트리거를 생성하고 결과를 확인해 보자.

step 0

[로컬-sqlDB]에서 간단한 테이블을 생성하자.

```
SET SERVEROUTPUT ON;
CREATE TABLE testTBL (id NUMBER, txt NVARCHAR2(5));
INSERT INTO testTBL VALUES(1, '원더걸스');
INSERT INTO testTBL VALUES(2, '블랙핑크');
INSERT INTO testTBL VALUES(3, '구구단');
```

step 1

testTBL에 트리거를 부착하자.

```
CREATE OR REPLACE TRIGGER testTrg  -- 트리거 이름
    AFTER DELETE  OR UPDATE -- 삭제 및 수정 후에 작동하게 지정
    ON  testTBL -- 트리거를 부착할 테이블
    FOR EACH ROW -- 각 행마다 적용됨
BEGIN
    DBMS_OUTPUT.PUT_LINE('트리거가 작동했습니다') ; -- 트리거 실행 시 작동되는 코드들
END;
```

step 2

데이터를 삽입, 수정, 삭제해 보자. 다음을 한꺼번에 실행해 보자.

⚠ 트리거에서 설정한 DBMS_OUTPUT.PUT_LINE()이 즉시 출력되도록 하려면 INSERT, UPDATE, DELETE를 BEGIN ~ END 블록으로 묶어서 실행해야 한다.

```
BEGIN
    INSERT INTO testTBL VALUES(4, '나인뮤지스');
    UPDATE testTBL SET txt = '에이핑크' WHERE id = 3;
    DELETE testTBL WHERE id = 4;
END;

메시지 :
트리거가 작동했습니다
트리거가 작동했습니다
```

트리거가 부착된 테이블에 INSERT가 수행되면 아무 메시지도 나오지 않지만, UPDATE와 DELETE가 수행되자 자동으로 트리거에서 지정한 DBMS_OUTPUT.PUT_LINE()문이 출력되었다. 그래서 2회가 출력되었다.

이렇듯 트리거는 테이블에 장착해서 사용할 수 있다. 이 예제에서 간단히 정의된 DBMS_OUTPUT.PUT_LINE()문만 정의했지만, 그 부분을 실제로 필요로 하는 복잡한 SQL문들로 대치하면 유용한 트리거로 작동할 것이다.

비타민 퀴즈 11-1

Windows의 SQL Developer에서 Linux 가상머신에 접속한 후, 앞의 〈실습 1〉을 진행해 보자.

11.1.2 트리거의 종류

트리거(정확히는 DML 트리거)는 다음과 같이 구분할 수 있다.

AFTER 트리거

테이블에 INSERT, UPDATE, DELETE 등의 작업이 일어났을 때 작동하는 트리거를 말하며, 이름이 뜻하는 것처럼 해당 작업 후에(After) 작동한다. AFTER 트리거는 테이블에만 작동하며 뷰에는 작동하지 않는다.

BEFORE 트리거

테이블에 INSERT, UPDATE, DELETE 등의 작업이 일어났을 때 작동하는 트리거를 말하며, 이름이 뜻하는 것처럼 해당 작업 전에(Before) 작동한다. BEFORE 트리거는 테이블에만 작동하며 뷰에는 작동하지 않는다.

INSTEAD OF 트리거

INSTEAD OF 트리거도 이벤트가 발생하기 전에 작동하는 트리거이다. INSTEAD OF 트리거는 테이블에는 장착할 수 없으며 뷰View에만 장착된다. 용도는 주로 뷰에 업데이트가 가능하도록 할 때 사용된다. INSERT, UPDATE, DELETE 세 가지 이벤트로 작동한다.

11.2 트리거의 사용법

11.2.1 트리거의 형식

트리거를 정의하는 형식은 다음과 같다. 원래는 좀 더 복잡하지만 꼭 필요한 것만 추려서 단순화시켰다.

```
형식 :
CREATE [ OR REPLACE ] TRIGGER [ schema. ]trigger
    [ BEFORE | AFTER | INSTEAD OF ]
    { dml_event_clause
    | { ddl_event [ OR ddl_event ]...
      | database_event [ OR database_event ]...
      }
      ON { [ schema. ]SCHEMA
         | DATABASE
         }
    }
    [ WHEN (condition) ]
    { pl/sql_block | call_procedure_statement } ;
```

• BEFORE | AFTER | INSTEAD OF

BEFORE 및 AFTER를 지정하면 해당 테이블에 SQL(INSERT, UPDATE, DELETE)이 수행되고, 작업 전 또는 후에 트리거의 내용이 실행된다. BEFORE와 AFTER는 테이블에 대해서만 지정할 수 있으며, 뷰에 대해서는 지정할 수 없다.

INSTEAD OF의 용도는 뷰에 사용된다. INSTEAD OF를 지정하면 해당 뷰에 지정한 SQL(INSERT, UPDATE, DELETE)이 작동하며, 시도된 SQL은 무시되고 트리거에 지정된 SQL문이 대신 작동된다.

• dml_event_clause

INSERT, UPDATE, DELETE 중 하나의 트리거가 실행되는 이벤트를 지정한다. OR문으로 하나 이상으로 조합해서 작동시킬 수 있다.

삭제는 DROP TRIGGER를 사용하면 된다. 설명이 조금 복잡해 보이지만, 직접 실습으로 작동방식을 확인해 보면 쉽게 이해할 수 있다.

11.2.2 AFTER 트리거

다음의 경우를 생각해 보자. sqlDB의 회원 테이블(userTBL)에 입력된 회원의 정보가 종종 변경되지만 누가 언제 그것을 변경했고, 또 변경 전에 데이터는 어떤 것이었는지 알 필요가 있다면 다음 실습과 같이 트리거를 활용할 수 있다.

회원 테이블에 update나 delete를 시도하면, 수정 또는 삭제된 데이터를 별도의 테이블에 보관하고 변경된 일자와 변경한 사람을 기록해 놓자.

7장 〈실습 1〉의 step 0 을 참조해서 sqlDB를 초기화한다. 독자가 스스로 한다.

0-1 [로컬−sqlDB]의 접속에서 워크시트를 하나 연다.

0-2 delete나 update 작업이 일어나는 경우에, 변경되기 전의 데이터를 저장할 테이블을 하나 생성하자.

```
DROP TABLE buyTBL; -- 구매 테이블은 실습에 필요없으므로 삭제
CREATE TABLE backup_userTBL
( userID    CHAR(8) NOT NULL PRIMARY KEY,
  userName  NVARCHAR2(10) NOT NULL,
  birthYear NUMBER(4) NOT NULL,
  addr      NCHAR(2) NOT NULL,
  mobile1   CHAR(3),
  mobile2   CHAR(8),
  height    NUMBER(3),
  mDate     DATE,
  modType   NCHAR(2), -- 변경된 타입. '수정' 또는 '삭제'
  modDate   DATE, -- 변경된 날짜
  modUser   NVARCHAR2(256) -- 변경한 사용자
);
```

변경 또는 삭제가 발생했을 때 작동하는 트리거를 userTBL에 부착하자. 다음 문장은 〈스크립트 실행〉 아이콘이나 F5를 눌러서 실행하자.

⚠ SQL Developer에서 〈명령문 실행〉 아이콘 또는 Ctrl + Enter를 눌러서 실행하면 :NEW 테이블을 바인드 변수로 인식한다. 그래서 F5로 실행해야 한다.

```
1  CREATE OR REPLACE TRIGGER trg_BackupUserTBL  -- 트리거 이름
2     AFTER  UPDATE OR DELETE  -- 삭제, 수정 후에 작동하도록 지정
3     ON userTBL -- 트리거를 부착할 테이블
4     FOR EACH ROW -- 각 행마다 적용됨
5  DECLARE
6     v_modType NCHAR(2); -- 변경 타입
7  BEGIN
8     IF UPDATING THEN  -- 업데이트되었다면
9        v_modType := '수정';
```

```
10      ELSIF DELETING  THEN -- 삭제되었다면,
11        v_modType := '삭제';
12      END IF;
13    -- :OLD 테이블의 내용(변경 전의 내용)을 백업 테이블에 삽입
14      INSERT INTO backup_userTBL VALUES( :OLD.userID, :OLD.userName, :OLD.
        birthYear,
15          :OLD.addr, :OLD.mobile1, :OLD.mobile2, :OLD.height, :OLD.mDate,
16          v_modType, SYSDATE(), USER() );
17  END trg_BackupUserTBL;
```

여기서 14~16행에 ':OLD 테이블'이 나왔다. 잠시 후에 이 테이블에 대해서 상세히 알아보겠다. ':OLD 테이블'이란 update 또는 delete가 수행되기 전의 데이터가 잠깐 저장되어 있는 임시 테이블이라고 생각하면 된다. 16행의 USER는 현재 사용자를 의미하는 함수다.

step 2

데이터를 변경해 보고, 결과를 확인해 보자.

2-1 데이터를 업데이트도 하고 삭제도 하자.

```
UPDATE userTBL SET addr = '몽고' WHERE userID = 'JKW';
DELETE userTBL WHERE height >= 177;
```

2-2 당연히 userTBL에는 수정이나 삭제가 적용되었을 것이다. 방금 수정 또는 삭제된 내용이 잘 보관되어 있는지, 결과를 확인해 보자.

```
SELECT * FROM backup_userTBL;
```

	USERID	USERNAME	BIRTHYEAR	ADDR	MOBILE1	MOBILE2	HEIGHT	MDATE	MODTYPE	MODDATE	MODUSER
1	JKW	조관우	1965	경기	018	99999999	172	10/10/10	수정	17/11/03	SQLDB
2	LSG	이승기	1987	서울	011	11111111	182	08/08/08	삭제	17/11/03	SQLDB
3	KKH	김경호	1971	전남	019	33333333	177	07/07/07	삭제	17/11/03	SQLDB
4	SSK	성시경	1979	서울	(null)	(null)	186	13/12/12	삭제	17/11/03	SQLDB
5	LJB	임재범	1963	서울	016	66666666	182	09/09/09	삭제	17/11/03	SQLDB

[그림 11-1] 백업 테이블에 저장된 내용

수정 또는 삭제된 내용이 잘 저장되어 있다.

step 3

이번에는 테이블의 행 데이터를 삭제해 보자.

3-1 이번에는 DELETE 대신 TRUNCATE TABLE문을 사용해 보자. **TRUNCATE TABLE 테이블이름**문은 **DELETE FROM 테이블이름**문과 동일한 효과를 낸다. 즉, 모든 행 데이터를 삭제한다.

```
TRUNCATE TABLE userTBL;
```

☼ 테이블 삭제 시 속도

DROP TABLE문은 테이블의 내용 및 테이블과 관련된 모든 것(테이블의 구조, 제약 조건, 인덱스 등)이 삭제되지만, TRUNCATE TABLE은 테이블의 행 데이터만 삭제된다. 그러므로, **TRUNCATE TABLE 테이블이름**문과 DELETE 테이블이름문은 결과적으로 동일하게 모든 행 데이터를 삭제한다.

하지만, TRUNCATE TABLE문은 트랜잭션 로그 공간을 덜 사용하고, 잠금도 적게 사용하므로 시스템의 성능 면에서는 DELETE문보다 효율적이다. 특히, 대량의 행 데이터가 있는 테이블의 데이터를 모두 삭제할 경우에는 TRUNCATE TABLE문이 훨씬 빠른 성능을 보여주며 시스템에 부하를 덜준다.

단, TRUNCATE TABLE문은 삭제된 각 행의 내용을 ':OLD' 테이블에 기록하지 않기 때문에 트리거가 작동하지 않는다. 그러므로 결과적으로 실행 속도는 더 빠른 것이다.

3-2 백업 테이블을 확인해 보자.

```
SELECT * FROM backup_userTBL;
```

	USERID	USERNAME	BIRTHYEAR	ADDR	MOBILE1	MOBILE2	HEIGHT	MDATE	MODTYPE	MODDATE	MODUSER
1	JKW	조관우	1965	경기	018	99999999	172	10/10/10	수정	17/11/03	SQLDB
2	LSG	이승기	1987	서울	011	11111111	182	08/08/08	삭제	17/11/03	SQLDB
3	KKH	김경호	1971	전남	019	33333333	177	07/07/07	삭제	17/11/03	SQLDB
4	SSK	성시경	1979	서울	(null)	(null)	186	13/12/12	삭제	17/11/03	SQLDB
5	LJB	임재범	1963	서울	016	66666666	182	09/09/09	삭제	17/11/03	SQLDB

[그림 11-2] 백업 테이블에 변경 없음

그런데, 백업 테이블에 삭제된 내용이 들어가지 않았다. 이유는 TRUNCATE TABLE로 삭제 시에는 트리거가 작동하지 않기 때문이므로, 주의할 필요가 있다.

⚠ 생성한 트리거는 DML문인 UPDATE와 DELETE로만 작동하도록 생성해 놓았다. TRUNCATE는 DDL문이기 때문에 지금 생성한 DML 트리거가 당연히 작동하지 않는다. 참고로 Oracle에서는 CREATE, ALTER, DROP 등에 작동하는 DDL 트리거와 데이터베이스 운영과 관련된 SERVERERROR, LOGON, LOGOFF, STARTUP, SHUTDOWN 등에 작동하는 트리거도 지원한다. 이에 대한 내용은 이 책의 범주를 벗어나므로 관심있는 독자는 https://docs.oracle.com/cd/B28359_01/appdev.111/b28370/triggers.htm을 참조하자.

`step 4`

이번에는 좀 다른 경우를 생각해 보자. userTBL에는 절대 새로운 데이터가 입력되지 못하도록 설정하고 만약 누군가 수정이나 삭제를 시도했다면, 시도한 사람에게는 경고 메시지를 보이게 해서 약간 겁(?)을 주자.

4-0 DROP TRIGGER trg_BackupUserTBL문으로 앞에서 만든 트리거를 삭제한다.

4-1 INSERT 트리거를 생성한다.

```
1   SET SERVEROUTPUT ON;
2   CREATE OR REPLACE TRIGGER trg_insertUserTBL
3     AFTER INSERT  -- 삽입 후에 작동하도록 지정
4     ON userTBL
5     FOR EACH ROW
6   BEGIN
7     DBMS_OUTPUT.PUT_LINE('데이터의 입력을 시도했습니다.');
8     DBMS_OUTPUT.PUT_LINE('귀하의 정보가 서버에 기록되었습니다.');
9     DBMS_OUTPUT.PUT_LINE('그리고, 입력한 데이터는 적용되지 않았습니다.');
10    RAISE_APPLICATION_ERROR(-20999,'입력 시도 발견 !!!');
11  END;
```

10행의 RAISE_APPLICATION_ERROR(새로운_오류번호, '메시지')는 오류를 강제로 발생시키는 함수로 7장의 후반부에서 설명했었다. 이 함수에 의해서 방금 데이터 입력을 시도한 사용자에게 경고 메시지를 보낸다. 그리고 시도한 INSERT는 롤백이 되어 테이블에 적용되지 않는다.

이렇게 AFTER 트리거에서도 사용자의 작업을 취소시킬 수 있는 이유는, 트리거가 완전히 종료되어야 사용자의 트랜잭션도 정상적으로 커밋되기 때문이다.

4-2 데이터를 입력해 보자.

```
BEGIN
    INSERT INTO userTBL VALUES('ABC', '에비씨', 1977, '서울', '011', '1111111', 181,
    '2019-12-25');
END;
```

```
메시지:
데이터의 입력을 시도했습니다.
귀하의 정보가 서버에 기록되었습니다.
그리고, 입력한 데이터는 적용되지 않았습니다.
오류 보고 -
ORA-20999: 입력 시도 발견 !!!
ORA-06512: at "SQLDB.TRG_INSERTUSERTBL", line 5
ORA-04088: error during execution of trigger 'SQLDB.TRG_INSERTUSERTBL'
ORA-06512: at line 2
```

예상대로 메시지가 출력되고, 오류 보고도 발생했다. 경고 메시지가 출력된 후에, INSERT 작업은 롤백이 되고 userTBL에는 데이터가 삽입되지 않았다.

트리거를 삭제하자.

```
DROP TRIGGER trg_insertUserTBL;
```

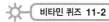
비타민 퀴즈 11-2

Windows의 SQL Developer에서 Linux 가상머신에 접속한 후, 앞 〈실습 2〉를 진행해 보자.

11.2.3 트리거가 생성하는 임시 테이블

트리거에서 INSERT, UPDATE, DELETE 작업이 수행되면 임시로 사용되는 시스템 테이블이 두 개 있는데, 이름은 ':NEW'와 ':OLD' 이다. 두 테이블은 [그림 11-3]과 같이 작동한다.

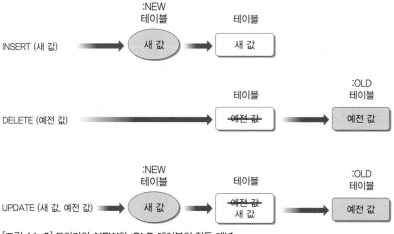

[그림 11-3] 트리거의 :NEW와 :OLD 테이블의 작동 개념

우선 :NEW 테이블은 INSERT와 UPDATE 작업 시에 변경할 새로운 데이터를 잠깐 저장해 놓는다. 즉, 테이블에 INSERT 트리거나 UPDATE 트리거를 부착시켜 놓았다면, 해당 테이블에 INSERT나 UPDATE 명령이 수행되면 입력/변경될 새 값이 :NEW 테이블에 저장된 후에 :NEW 테이블의 값이 테이블에 입력/변경된다. 그러므로 :NEW 테이블을 조작하면 입력되는 새로운 값을 다른 값으로 대치시킬 수 있다.

그리고 :OLD 테이블은 DELETE와 UPDATE 작업이 수행되면, 삭제 또는 변경되기 전의 예전 값이 저장된다.

그래서, 결론적으로 트리거의 작동 시에 새로 입력/변경되는 새로운 데이터를 참조하기 위해서는 :NEW 테이블을 확인하면 되고, 변경되기 전인 예전 데이터를 참조하기 위해서는 :OLD 테이블을 참조하면 된다.

여기서 잠깐

☼ **:NEW와 :OLD 테이블 성능**

성능 면에서는 INSERT는 :NEW 테이블 1개에, DELETE는 :OLD 테이블 1개에 저장하지만, UPDATE는 :NEW와 :OLD 테이블 2개 모두에 저장하므로 가장 성능이 나쁘다. 또한 :NEW 테이블과 :OLD 테이블은 메모리에 임시적으로 생성되는 테이블이다. 즉, 트리거가 작동되면 생성되고 트리거가 종료되면 자동 소멸한다.

11.2.4 BEFORE 트리거

BEFORE 트리거는 테이블에 변경이 가해지기 전에 작동된다. BEFORE 트리거의 좋은 활용 예는 BEFORE INSERT 트리거를 부착해 놓으면 입력될 데이터 값을 미리 확인해서 문제가 있을 경우에 다른 값으로 변경시킬 수 있다.

간단히 BEFORE 트리거를 실습하자.

실습3

BEFORE 트리거를 실습하자.

step 0

[로컬-sqlDB]에서 작업한다.

step 1

이번에는 데이터가 입력될 때, 입력된 데이터의 값을 변경해서 입력되는 트리거를 생성해 보자. 예로 이름을 입력할 때 '홍길동'이 '홍○○'로 성만 남도록 변경해서 입력되도록 처리해 보자. 또, 입력한 출생년도를 단기년으로 변환하자.

⚠ 단기(檀紀) 연도는 단군의 고조선 건국 연대를 기준으로 계산하는 연도로, 서기 연도에 2333년을 더하면 된다.

입력 이전에 데이터를 변경해야 하므로 BEFORE 트리거를 사용해야 한다. 다음 문장은 〈스크립트 실행〉 아이콘이나 F5를 눌러서 실행하자.

```
1  CREATE OR REPLACE TRIGGER trg_changeUserTBL
2     BEFORE INSERT  -- 삽입 전에 작동하도록 지정
3     ON userTBL
4     FOR EACH ROW
5  BEGIN
6        :NEW.userName := SUBSTR(:NEW.userName, 1, 1) || '00';
7        :NEW.birthYear := :NEW.birthYear + 2333;
8  END;
```

BEFORE 트리거는 DML이 작동하기 전에 처리된다. 이 경우에는 insert 작업이 일어나면, insert가 실제로 작동하기 전에 트리거가 작동한다. insert 작업은 :NEW 테이블에 새로 입력될 값을 임시로 넣어 놓는다. 그래서 :NEW 테이블을 변경하면 입력될 데이터가 변경된다. :NEW 테이블에 대해서는 앞에서 이미 설명했다.

실행해서 변경된 데이터를 확인해 보자.

```
INSERT INTO userTBL VALUES('ABC', '에비씨', 1977, '서울', '011', '1111111', 181, '2019-
    12-25');
SELECT * FROM  USERTBL;
```

	USERID	USERNAME	BIRTHYEAR	ADDR	MOBILE1	MOBILE2	HEIGHT	MDATE
1	ABC	에00	6643	서울	011	1111111	181	19/12/25

[그림 11-4] 변경되어 입력된 데이터 확인

특정 열이 변경되면 작동하는 트리거를 생성할 수도 있다.

4-1 이름(userName) 열에 UPDATE 작업이 일어나면 작동하는 트리거를 만들어 보자.

```
1  CREATE OR REPLACE TRIGGER trg_columnChange
2     AFTER UPDATE OF userName -- 이름 열에 업데이트가 작동되면
3     ON userTBL
4     FOR EACH ROW
5  BEGIN
6        RAISE_APPLICATION_ERROR(-20888,'이름은 변경이 안됩니다. !!!');
7  END;
```

2행에서 이름에 업데이트 작업이 일어나면 트리거가 작동하도록 했다. 6행에서는 이름이 변경되지 않도록 사용자 오류를 발생시켰다.

4 2 7 ㅗ(addr)는 변경이 될 될 것이고, 이름(userName)는 변경이 안될 것이다.

```
UPDATE userTBL SET addr='우주' WHERE userID = 'ABC';
UPDATE userTBL SET userName='무명씨' WHERE userID = 'ABC';
```

```
메시지:
1 행 이(가) 업데이트되었습니다.
오류 보고 -
ORA-20888: 이름은 변경이 안됩니다. !!!
```

> ☀ ─ 비타민 퀴즈 11-3 ─
>
> Windows의 SQL Developer에서 Linux 가상머신에 접속한 후, 앞 〈실습 3〉의 trg_changeUserTBL 트리거를 생성해 보자. 추가 기능으로 출생년도가 1900년 이전이라면 0으로 변경해서 입력하는 기능도 추가해 보자. 예로 1877 연도를 입력했다면 오타로 처리해서 0으로 입력되도록 한다.

11.2.5 INSTEAD OF 트리거

INSTEAD OF 트리거는 복합 뷰에 행이 삽입되거나 변경, 삭제될 때 사용된다.

주의할 점은 INSTEAD OF 트리거가 작동하면 시도된 INSERT, UPDATE, DELETE문은 무시된다는 것이다. 즉, 해당 INSERT, UPDATE, DELETE 대신에 INSTEAD OF 트리거가 작동한다.

⚠ instead of의 사전적 의미가 '~ 대신에'이므로, 작동되는 쿼리 대신에 INSTEAD OF 트리거가 작동하는 것으로 생각하면 되겠다.

sqlDB의 내용을 가지고 하나의 시나리오를 가정해 보자.

⚠ 이번 예는 sqlDB의 내용과 INSTEAD OF 트리거의 예를 짜맞추기 위해서 필자가 조금 억지스럽게 가정한 내용이다. 시나리오가 조금 어색해도 그냥 넘어가자.

택배 회사를 가정해 보자. 회원 테이블(userTBL)과 구매 테이블(buyTBL)의 정보를 조합해서 배송 정보 뷰(uv_deliver)를 생성한다면, 이 배송 정보 뷰는 배송 담당자가 태블릿PC를 이용해서 배송 시에 조회하게 될 것이다. 그런데, 가끔은 배달 중에 배송담당자에게 비 회원이 직접 새로운 주문을 요청하는 경우가 발생하고 있다. 배송담당자는 현장에서 즉시 회원 가입을 시켜주고 물건을 받아서 접수해야 한다. 즉, 현장에서 직접 태블릿PC를 이용해서 배송정보 뷰에 새로운 회원 정보 및 구매 정보를 입력해야 한다.

⚠ 배송담당자는 회원 테이블과 구매 테이블에 직접 데이터를 입력할 권한은 없다고 가정한다.

〈실습4〉───────────────────────────────────────

INSTEAD OF 트리거를 실습하자.

⚠ 8장의 〈실습 5〉 **step 8** 에서 복합 뷰를 생성하면 데이터가 입력되지 않는 것을 확인했었다. INSTEAD OF 트리거는 그러한 문제를 해결할 수 있다.

step 0 ───

/상 〈실습 1〉의 **step 0** 을 참조해서 sqlDB를 초기화한다. 독자가 스스로도 한다.

0-1 [로컬-sqlDB]의 접속에서 워크시트를 하나 연다.

0-2 배송정보 뷰를 생성하자.

```
CREATE VIEW v_deliver -- 배송정보를 위한 뷰
AS
    SELECT b.userid, u.userName, b.prodName, b.price, b.amount, u.addr
    FROM buyTBL b
            INNER JOIN userTBL u
            ON b.userid = u.userid;
```

step 1 ───

배송담당자는 배송 시에 계속 배송정보 뷰를 확인하면서 배송한다.

1-1 배송담당자가 사용할 배송정보 뷰를 확인해 보자.

```
SELECT * FROM v_deliver;
```

	USERID	USERNAME	PRODNAME	PRICE	AMOUNT	ADDR
1	KBS	김범수	운동화	30	2	경남
2	KBS	김범수	노트북	1000	1	경남
3	JYP	조용필	모니터	200	1	경기
4	BBK	바비킴	모니터	200	5	서울
5	▊▊▊	▊▊▊	▊▊▊	▊▊	▊	▊▊
6	BBK	바비킴	메모리	80	10	서울
7	SSK	성시경	책	15	5	서울
8	EJW	은지원	책	15	2	경북
9	EJW	은지원	청바지	50	1	경북
10	BBK	바비킴	운동화	30	2	서울
11	EJW	은지원	책	15	1	경북
12	BBK	바비킴	운동화	30	2	서울

[그림 11-5] 배송정보 뷰

1-2 그런데, 새로운 회원 '신동엽'에게 주문 요청을 받았다. 배송정보 뷰에 주문사항을 입력해 보자.

```
INSERT INTO v_deliver VALUES ('SDY', '신동엽', '구두', 50, 1, '인천');
```

오류 메시지:

SQL 오류: ORA-01776: cannot modify more than one base table through a join view

배송정보 뷰는 복합 뷰(= 조인 뷰)이기에 데이터를 입력할 수 없다. 이럴 때 배송정보 뷰에 INSTEAD OF 트리거를 부착해서 해결할 수 있다.

step 2 ───

배송정보 뷰에 INSTEAD OF 트리거를 생성하자.

2-1 배송정보 뷰에 입력되는 정보 중에서 회원 테이블과 구매 테이블에 입력될 것을 분리해서 입력하도록 지정한다. 다음 문장은 〈스크립트 실행〉 아이콘이나 F5를 눌러서 실행하자.

```
1  CREATE OR REPLACE TRIGGER trg_viewInsert
2    INSTEAD OF INSERT  -- 삽입 작업 대신에 작동하도록 지정
3    ON v_deliver  -- 뷰에 장착
4    FOR EACH ROW
5  BEGIN
6    INSERT INTO userTBL(userID, userName,birthYear, addr, mDate)
7      VALUES (:NEW.userid, :NEW.userName, 0, :NEW.addr, SYSDATE);
8    INSERT INTO buyTBL(idNum, userID, prodName, price, amount)
9      VALUES (idSEQ.NEXTVAL, :NEW.userID, :NEW.prodName, :NEW.price, :NEW.amount);
10 END;
```

v_deliver 뷰에 INSERT가 시도되면 우선 INSERT되는 내용이 :NEW 테이블에 입력된다. 그러므로, :NEW 테이블의 내용에서 각각 필요한 내용을 회원 테이블과 구매 테이블에 분리해서 입력하면 된다. 그리고, 원래 v_deliver 뷰에 수행된 INSERT문은 무시된다.

2-2 다시 '신동엽'에게 받은 주문을 입력하자.

```
INSERT INTO v_deliver VALUES ('SDY', '신동엽', '구두', 50, 1, '인천');
```

이번에는 정상적으로 수행되었을 것이다.

2-3 각 테이블에 데이터가 잘 입력되었는지 확인해 보자.

```
SELECT * FROM userTBL WHERE userid = 'SDY';
SELECT * FROM buyTBL WHERE userid = 'SDY';
```

	USERID	USERNAME	BIRTHYEAR	ADDR	MOBILE1	MOBILE2	HEIGHT	MDATE
1	SDY	신동엽	0	인천	(null)	(null)	(null)	17/11/04

	IDNUM	USERID	PRODNAME	GROUPNAME	PRICE	AMOUNT
1	13	SDY	구두	(null)	50	1

[그림 11-6] 쿼리 결과

정상적으로 트리거가 작동해서 데이터가 입력된 것이 확인된다. 그러므로, INSTEAD OF 트리거를 활용하면 데이터 삽입 및 수정이 불가능한 복합 뷰를 '업데이트가 가능한 뷰'로 변경할 수 있다.

---

step 3

생성되어 있는 트리거의 정보를 확인해 보자.

3-1 트리거 정보는 USER_TRIGGERS 시스템 뷰를 조회하면 된다.

```
SELECT * FROM USER_TRIGGERS;
```

	TRIGGER_NAME	TRIGGER_TYPE	TRIGGERING_EVENT	TABLE_OWNER	BASE_OBJECT_TYPE	TABLE_NAME
1	TRG_VIEWINSERT	INSTEAD OF	INSERT	SQLDB	VIEW	V_DELIVER

[그림 11-7] 트리거 정보

TRIGGER_NAME, TRIGGER_TYPE, TRIGGERING_EVENT, BASE_OBJECT_TYPE, TABLE_NAME 등의 열을 확인하면 된다. 이 trg_viewInsert 트리거는 INSERT 트리거이면서, INSTEAD OF 트리거임을 확인할 수 있다.

3-2 해당 트리거의 내용을 보려면 USER_TRIGGERS의 DESCRIPTION 및 TRIGGER_BODY 열을 확인해도 되지만 스토어드 프로시저, 함수, 패키지 등의 PL/SQL 프로그램이 모두 저장되어 있는 USER_SOURCE 시스템 뷰를 확인해도 된다.

```
SELECT * FROM USER_SOURCE WHERE NAME = UPPER('trg_viewInsert');
```

[그림 11-8] 트리거 내용 확인

3-3 SQL Developer에서 트리거의 정보를 확인하려면 [접속] 창의 [트리거]에서 확인할 수 있다.

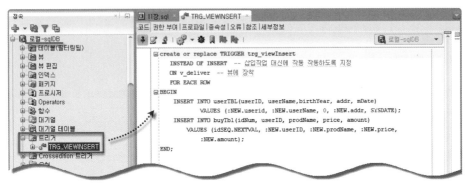

[그림 11-9] SQL Developer에서 트리거 확인

step 4

트리거를 삭제하자. 트리거를 삭제하려면 DROP TRIGGER를 사용하면 되지만, 뷰를 삭제해도 뷰에 종속된 트리거도 함께 삭제된다.

```sql
DROP VIEW v_deliver;
```

이 외에도 INSTEAD OF UPDATE 및 INSTEAD OF DELETE 트리거도 마찬가지로 사용할 수 있다.

 비타민 퀴즈 11-4

Windows의 SQL Developer에서 Linux 가상머신에 접속한 후, 앞 〈실습 4〉를 진행해 보자.

11.3 기타 트리거에 관한 사항

11.3.1 다중 트리거

다중 트리거Multiple Triggers란 하나의 테이블에 동일한 트리거가 여러 개 부착되어 있는 것을 말한다. 예로, AFTER INSERT 트리거가 한 테이블에 2개 이상 부착되어 있을 수도 있다.

11.3.2 중첩 트리거

중첩 트리거Cascading Trigger 또는 Nested Triggers란 트리거가 또 다른 트리거를 작동하는 것을 말한다. [그림 11-10]의 예를 보면서 이해하자.

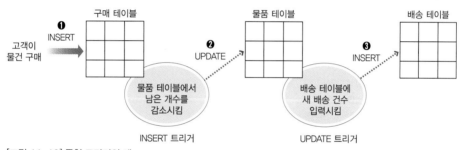

[그림 11-10] 중첩 트리거의 예

① 회원이 물건을 구매하게 되면, 물건을 구매한 기록이 '구매 테이블'에 ❶INSERT된다.

② '구매 테이블'에 부착된 INSERT 트리거가 작동한다. 내용은 '물품 테이블'의 남은 개수를 구매한 개수만큼 빼는 ❷UPDATE를 한다. (인터넷 쇼핑몰에서 물건을 구매하면, 즉시 남은 수량이 하나 줄어드는 것을 보았을 것이다.)

③ '물품 테이블'에 장착된 UPDATE 트리거가 작동한다. 내용은 '배송 테이블'에 배송할 내용을 ❸INSERT하는 것이다.

중첩 트리거는 때때로 시스템의 성능에 좋지 않은 영향을 미칠 수 있다. 위의 경우에 회원이 물건을 구매하는 INSERT 작업이 일어나면 트랜잭션이 시작할 것이다. 이 트랜잭션은 마지막 배송 테이블에 정상적으로 입력이 수행되면 트랜잭션이 종료(커밋)된다. 즉, 만약 마지막 배송 테이블에 INSERT 작업이 실패한다면 그 앞의 모든 작업은 자동으로 ROLLBACK된다. 이것은 시스템에 부담이 되므로 성능에 나쁜 영향을 끼칠 소지가 있다.

중첩 트리거의 작동을 실습해 보자. [그림 11-10]과 동일한 실습을 진행하자.

[로컬-sqlDB]에서 실습을 진행한다.

먼저 [그림 11-10]의 구매, 물품, 배송 등 3개 테이블을 만들자.

1-1 실제로 물건을 구매하고 배송하기 위해서는 더 많은 열이 필요하지만, 지금은 중첩 트리거의 실습을 위해서 최소화시킨 테이블을 생성하자.

```
CREATE SEQUENCE orderSEQ; -- 구매 일련번호용
CREATE SEQUENCE deliverSEQ; -- 배송 일련번호용
CREATE TABLE orderTBL -- 구매 테이블
    (orderNo NUMBER, -- 구매 일련번호
     userID NVARCHAR2(5), -- 구매한 회원아이디
     prodName NVARCHAR2(5), -- 구매한 물건
     orderAmount NUMBER );  -- 구매한 개수
CREATE TABLE prodTBL -- 물품 테이블
    ( prodName NVARCHAR2(5), -- 물건 이름
      account NUMBER ); -- 남은 물건수량
CREATE TABLE deliverTBL -- 배송 테이블
    ( deliverNo NUMBER, -- 배송 일련번호
      prodName NVARCHAR2(5), -- 배송할 물건
      amount NUMBER ); -- 배송할 물건개수
```

1-2 물품 테이블에는 몇 건의 물건을 넣어 놓자.

```
INSERT INTO prodTBL VALUES('사과', 100);
INSERT INTO prodTBL VALUES('배', 100);
INSERT INTO prodTBL VALUES('귤', 100);
```

중첩 트리거를 실습해 보자.

2-1 [그림 11-10]의 트리거를 구매 테이블(orderTBL)에 부착하자. 또 물품 테이블(prodTBL)에도 트리거를 부착하자.

```
1  -- 물품 테이블에서 개수를 감소시키는 트리거
```

```
 2  CREATE OR REPLACE TRIGGER trg_order
 3      AFTER INSERT
 4      ON orderTbl
 5      FOR EACH ROW
 6  DECLARE
 7      v_orderAmount NUMBER;
 8      v_prodName NVARCHAR2(5);
 9  BEGIN
10      DBMS_OUTPUT.PUT_LINE('1. trg_order를 실행합니다.');
11      SELECT :NEW.orderAmount INTO v_orderAmount FROM DUAL;
12      SELECT :NEW.prodName INTO v_prodName FROM DUAL;
13      UPDATE prodTbl SET account = account - v_orderAmount
14          WHERE prodName = v_prodName ;
15  END;
```

```
 1  -- 배송 테이블에 새 배송 건을 입력하는 트리거
 2  CREATE OR REPLACE TRIGGER trg_prod
 3      AFTER UPDATE
 4      ON prodTbl
 5      FOR EACH ROW
 6  DECLARE
 7      v_amount NUMBER;
 8      v_prodName NVARCHAR2(5);
 9  BEGIN
10      DBMS_OUTPUT.PUT_LINE('2. trg_prod를 실행합니다.');
11      SELECT :NEW.prodName INTO v_prodName FROM DUAL;
12      -- (변경 전의 개수 - 변경 후의 개수) = 주문 개수
13      SELECT :OLD.account - :NEW.account INTO v_amount FROM DUAL;
14
15      INSERT INTO deliverTbl(deliverNo, prodName, amount)
16          VALUES(deliverSEQ.NEXTVAL, v_prodName, v_amount);
17  END;
```

trg_order 트리거는 구매 테이블(orderTBL) INSERT가 발생되면 13~14행에서 물품 테이블(prodTBL)의 개수를 주문한 개수에서 빼고 UPDATE한다. 그런데, 물품 테이블에는 UPDATE 트리거가 부착되어 있으므로, trg_prod의 13~16행에서 주문 개수를 구해서 배송 테이블(deliverTBL)에 배송할 물건과 개수를 입력한다. 즉, [그림 11-10]의 차례대로 트리거가 작동될 것이다.

2-2 고객이 물건을 구매한 [그림 11-10]의 ❶INSERT 작업을 수행하자.

```
SET SERVEROUTPUT ON;
BEGIN
```

```
    INSERT INTO orderTbl VALUES (orderSEQ.NEXTVAL, 'JOHN', '배',5);
END;
```

메시지.

1. trg_order를 실행합니다.
2. trg_prod를 실행합니다.

PL/SQL 프로시저가 성공적으로 완료되었습니다.

실행이 잘 되었을 것이다.

2-3 중첩 트리거가 잘 작동했는지 세 개의 테이블을 모두 확인해 보자.

```
SELECT * FROM orderTbl;
SELECT * FROM prodTbl;
SELECT * FROM deliverTbl;
```

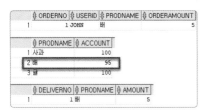

[그림 11-11] 결과 확인 1

[그림 11-10]의 중첩 트리거가 작동해서 ❶INSERT, ❷UPDATE, ❸INSERT가 모두 성공하였다.

2-4 이번에는 배송 테이블(deliverTBL)의 열 이름을 변경해서 [그림 11-10]의 ❸INSERT가 실패하도록 해보자.

```
ALTER TABLE deliverTBL
    RENAME COLUMN prodName TO productName;
```

2-5 다시 데이터를 입력해 보자.

```
BEGIN
    INSERT INTO orderTbl VALUES (orderSEQ.NEXTVAL, 'DANG', '사과', 9);
END;
```

오류 메시지:
1. trg_order를 실행합니다.
ORA-04098: trigger 'SQLDB.TRG_PROD' is invalid and failed re-validation
ORA-06512: at "SQLDB.TRG_ORDER", line 8
ORA-04088: error during execution of trigger 'SQLDB.TRG_ORDER'

[그림 11-10]의 INSERT 트리거(trg_order)는 작동했으나, 마지막에 열 이름이 변경되었기 때문에 ❸INSERT가 실패해서 UPDATE 트리거(trg_prod)는 실패했다.

2-6 테이블을 확인해 보자.

```
SELECT * FROM orderTBL;
SELECT * FROM prodTBL;
SELECT * FROM deliverTBL;
```

⊕ ORDERNO	⊕ USERID	⊕ PRODNAME	⊕ ORDERAMOUNT
1	1 JOHN	배	5

⊕ PRODNAME	⊕ ACCOUNT
1 사과	100
2 배	95
3 귤	100

⊕ DELIVERNO	⊕ PRODNAME	⊕ AMOUNT
1	1 배	5

[그림 11-12] 결과 확인 2

데이터가 변경되지 않았다. 중첩 트리거에서 [그림 11-10]의 ❸INSERT가 실패하면 그 앞의 ❶INSERT, ❷UPDATE도 모두 롤백되는 것을 확인할 수 있었다.

2-7 다시 원래대로 열 이름을 돌려놓자. 그리고, 다시 주문을 해보자.

```
ALTER TABLE deliverTBL
    RENAME COLUMN productName TO prodName;
BEGIN
    INSERT INTO orderTbl VALUES (orderSEQ.NEXTVAL,'DANG', '사과', 9);
END;
```

2-8 구매, 물품, 배송 테이블을 확인하면 모두 잘 처리되었을 것이다.

⊕ ORDERNO	⊕ USERID	⊕ PRODNAME	⊕ ORDERAMOUNT
1	1 JOHN	배	5
2	3 DANG	사과	9

⊕ PRODNAME	⊕ ACCOUNT
1 사과	91
2 배	95
3 귤	100

⊕ DELIVERNO	⊕ PRODNAME	⊕ AMOUNT
1	1 배	5
2	2 사과	9

[그림 11-13] 결과 확인 3

비타민 퀴즈 11-5

Windows의 SQL Developer에서 Linux 가상머신에 접속한 후, 앞 〈실습 5〉를 진행해 보자.

11.3.3 재귀 트리거

재귀 트리거Recursive Trigger는 트리거가 작동해서 다시 자신의 트리거를 작동시키는 것을 말한다. 간접 재귀와 직접 재귀 두 가지 종류가 있다.

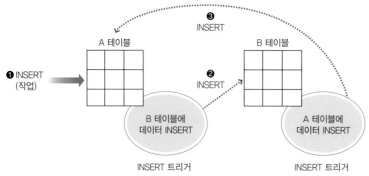

[그림 11-14] 간접 재귀 트리거의 예

간접 재귀 트리거는 두 테이블이 서로 트리거로 물려 있는 경우를 말한다. 위의 예에서 최초로 ❶INSERT 작업이 일어나면 A 테이블의 트리거가 작동해서 B 테이블에 ❷INSERT 작업을 하게 되고, B 테이블에서도 트리거가 작동해서 ❸INSERT 작업을 수행하게 된다. 그리고 다시 A 테이블의 트리거가 작동해서 ❷INSERT가 작동하게 되는 순환 구조를 갖는다.

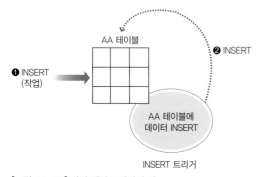

[그림 11-15] 직접 재귀 트리거의 예

직접 재귀 트리거는 [그림 11-15]와 같이 자신의 테이블에 자신이 순환적으로 트리거를 발생시키는 구조를 갖는다.

재귀 트리거는 메모리 오버플로우Overflow가 발생될 때까지 반복되며, 반복 중에 문제가 발생될 때에는 모든 것이 ROLLBACK된다. 트리거를 위한 메모리는 32KB가 할당되어 있는데 일반적으로 50

단계까지 허용된다. 재귀 트리거도 다른 프로그래밍 언어와 마찬가지로 재귀를 빠져나올 수 있는 루틴을 마련해 놓아야 한다. 그렇지 않으면 무한루프를 시도하다가 오류가 발생된다.

⚠ 트리거는 50단계로 제한하므로, 50단계가 진행될 때까지 진행하고 오류가 발생되어 모두 롤백이 된다. 즉, 아무런 작업도 하지 않고 한동안 트랜잭션만 발생시키고 롤백되는 쓸데없는 일을 하는 결과가 된다.

실습6

재귀 트리거의 작동을 실습해 보자. [그림 11-14]와 동일한 실습을 진행하자.

step 0

[로컬-sqlDB]에서 실습을 진행한다.

step 1

재귀 트리거용 테이블을 만들자.

1-1 [그림 11-14]와 [그림 11-15]의 재귀 트리거 실습용 테이블을 생성하자. 또한 트리거의 단계 숫자가 저장될 테이블도 하나 만들자.

```
CREATE SEQUENCE aSEQ; -- 간접 재귀용 시퀀스
CREATE SEQUENCE bSEQ; -- 간접 재귀용 시퀀스
CREATE TABLE recuA  (id NUMBER, txt NVARCHAR2(10)); -- 간접 재귀 트리거용 테이블A
CREATE TABLE recuB  (id NUMBER, txt NVARCHAR2(10)); -- 간접 재귀 트리거용 테이블B

CREATE TABLE countTBL (cnt NUMBER); -- 트리거의 단계 숫자가 저장될 테이블
INSERT INTO countTBL VALUES (0); -- 0부터 이 값을 트리거에서 UPDATE시킴.
```

1-2 [그림 11-14]처럼 두 테이블이 서로 물려 있는 간접 재귀 트리거를 테이블A(recuA)와 테이블B(recuB)에 부착하자.

⚠ 재귀 트리거를 원활하게 사용하기 위해서는 행 단위인 FOR EACH ROW 문장을 사용하지 않아야 한다.

```
1  CREATE OR REPLACE TRIGGER trg_recuA
2    AFTER  INSERT
3    ON recuA
4  DECLARE
5    v_count NUMBER;    반복 횟수용
6  BEGIN
7    SELECT cnt INTO v_count FROM countTBL;
```

```
  8
  9      v_count := v_count + 1;
 10      DBMS_OUTPUT.PUT_LINE( v_count || ' --> trg_recuA 를 실행합니다.');
 11      UPDATE countTBL SET cnt = v_count;
 12      INSERT INTO recuB VALUES (bSEQ.NEXTVAL, '간접 재귀 트리거');
 13  END;
```

7~10행은 countTBL의 숫자에 1을 증가시킨 후에 출력한다. 그리고 다시 증가된 숫자를 업데이트했다. 즉, 트리거가 실행될 때마다 1, 2, 3…으로 증가한다. 11행에서 [그림 11-14]의 B 테이블에 INSERT를 한다.

```
 1  CREATE OR REPLACE TRIGGER trg_recuB
 2     AFTER  INSERT
 3     ON recuB
 4  DECLARE
 5     v_count NUMBER; -- 반복 횟수용
 6  BEGIN
 7      SELECT cnt INTO v_count FROM countTBL;
 8
 9      v_count := v_count + 1;
 10     DBMS_OUTPUT.PUT_LINE( v_count || ' --> trg_recuB를 실행합니다.');
 11     UPDATE countTBL SET cnt = v_count;
 12     INSERT INTO recuA VALUES (aSEQ.NEXTVAL, '간접 재귀 트리거');
 13  END;
```

11행에서 [그림 11-14]의 A 테이블에 다시 INSERT를 한다. 즉 두 테이블이 서로 물려 있는 상태다.

1-3 [그림 11-14]의 ❶INSERT 작업을 수행해서, ❷❸INSERT가 수행되는지 확인해 보자.

```
 BEGIN
     INSERT INTO recuA VALUES (aSEQ.NEXTVAL, '처음입력값');
 END;
```

```
 결과 메시지:
 1 --> trg_recuA 를 실행합니다.
 2 --> trg_recuB를 실행합니다.
 3 --> trg_recuA 를 실행합니다.
 4 --> trg_recuB를 실행합니다.
    …(중간 생략) …
 49 --> trg_recuA 를 실행합니다.
 50 --> trg_recuB를 실행합니다.
 …(중간 생략) …
 오류 보고 -
 ORA-00036: maximum number of recursive SQL levels () exceeded
```

```
ORA-00036: maximum number of recursive SQL levels (50) exceeded
…(중간 생략) …
```

계속 서로 트리거가 수행되다가 50단계가 넘어서자 중지되었다. 만약, 50단계의 제한이 없었다면 '무한 루프'를 돌았을 것이다.

1-4 테이블에 무엇이 들어갔는지 확인해 보자.

```
SELECT * FROM recuA;
SELECT * FROM recuB;
```

아무것도 들어가지 않았을 것이다. 마지막에 발생한 오류가 모든 트리거의 트랜잭션을 취소시켰기 때문이다.

1-5 그러므로 재귀 트리거는 재귀를 빠져나올 수 있는 루틴을 추가해 줘야 의미가 있다. 앞 **1-2**의 trg_recuA와 trg_recuB의 8행에 다음과 같은 루틴을 추가하자. 49단계가 넘으면 'RETRUN'문으로 재귀를 빠져나가게 된다. 다시 트리거를 생성한다.

```
IF v_count >= 49 THEN
        RETURN;
END IF;
```

1-6 기존 값들을 초기화하고, 다시 데이터를 입력해 보자.

```
-- 시퀀스 초기화
DROP SEQUENCE aSEQ;
CREATE SEQUENCE aSEQ;
DROP SEQUENCE bSEQ;
CREATE SEQUENCE bSEQ;
UPDATE countTBL SET cnt = 0;   -- 카운트 테이블 초기화
BEGIN
    INSERT INTO recuA VALUES (aSEQ.NEXTVAL, '처음입력값');
END;
```

```
결과 메시지:
1 --> trg_recuA 를 실행합니다.
2 --> trg_recuB를 실행합니다.
3 --> trg_recuA 를 실행합니다.
4 --> trg_recuB를 실행합니다.
    …(중간 생략) …
48 --> trg_recuB를 실행합니다.
49 --> trg_recuA 를 실행합니다.

PL/SQL 프로시저가 성공적으로 완료되었습니다.
```

이번에는 오류가 발생하지 않았을 것이다.

1-7 테이블을 확인해 보자.

```
SELECT * FROM recuA;
SELECT * FROM recuB;
```

[그림 11-16] 쿼리 결과

25개씩 행이 입력되어 있는 것을 확인할 수 있다.

☀ 비타민 퀴즈 11-6

앞 〈실습 6〉을 참조해서 [그림 11-15]의 직접 재귀 트리거를 구현해 보자.

11.3.4 순차번호의 자동 입력 트리거

Oracle에서 순차번호를 자동으로 입력하려면 SEQUENCE를 생성한 후에, INSERT문에서 직접 '시퀀스이름.NEXTVAL'을 써줘야 했다. 하지만 좀 더 편리하게 '시퀀스이름.NEXTVAL'을 생략해도 알아서 자동으로 순차번호가 입력되도록 하려면 트리거를 활용하면 된다.

⚠ 순차번호를 자동으로 입력하기 위해서 CREATE TABLE에서 열을 정의할 때, MySQL은 AUTO_INCREMENT를, SQL Server는 IDENTITY문이 제공된다. 그리고, INSERT문에서는 해당 열의 위치를 비워두면 자동으로 입력된다. Oracle에서는 이러한 방식을 구현하기 위해서 시퀀스와 트리거를 함께 활용해야 한다.

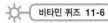

순차번호가 10000부터 테이블에 자동 입력되도록 트리거를 생성하자.

step 1

간단한 테이블을 생성한다.

```
CREATE TABLE autoTable (
    seqNum NUMBER NOT NULL PRIMARY KEY,
    TXT NVARCHAR2(20));
```

seqNum은 순차번호로 10000번부터 자동으로 입력되도록 할 계획이다.

step 2

시퀀스를 만든다.

```
CREATE SEQUENCE autoSEQ
    START WITH 10000    -- 시작값
    INCREMENT BY 1 ;  -- 증가값
```

step 3

INSERT 트리거를 만든다.

```
1  CREATE OR REPLACE TRIGGER trg_autoSEQ
2    BEFORE INSERT
3    ON autoTable
4    FOR EACH ROW
5  BEGIN
6    IF INSERTING AND :NEW.seqNum IS NULL THEN
7      SELECT autoSEQ.NEXTVAL INTO :NEW.seqNum FROM DUAL;
8    END IF;
9  END;
```

6행에서 INSERTING은 입력 작업일 때를 확인한다. 그리고 입력한 seqNum의 값이 NULL이면 7행을 수행한다. 7행은 시퀀스의 다음 값을 새로운 seqNum에 대입한다. 결국 순차번호가 입력되는 것이다.

step 4

값을 입력하고 확인해 보자. seqNum 위치에는 NULL 값을 입력하면 된다.

```
INSERT INTO autoTable VALUES(NULL, '이것이');
INSERT INTO autoTable VALUES(NULL, '오라클');
INSERT INTO autoTable VALUES(NULL, '이다');
SELECT * FROM autoTable;
```

	SEQNUM	TXT
1	10000	이것이
2	10001	오라클
3	10002	이다

[그림 11-17] 자동 입력된 순차번호

자동으로 순차번호가 입력되는 간편한 방식이므로 잘 활용하면 된다.

이상으로 트리거에 대한 내용을 마무리하겠다. 트리거는 고급 데이터베이스 개발자가 많이 활용해
야 하는 데이터베이스 개체이므로 잘 기억해 두자.

Oracle과 PHP 프로그래밍의 연동

Oracle의 활용 분야 중, 웹 프로그래밍 언어인 PHP 프로그래밍에 대해서 기본적인 내용을 파악한다. 그리고,
Oracle과 PHP 연동 프로그래밍 기법을 학습한 후, 응용프로그램과 Oracle이 어떻게 연동되는지 실습해 본다.

PHP 기본 프로그래밍

초창기 웹은 HTML 코드만으로도 가능했지만, 점점 더 웹에 많은 기능을 구현하기 위해서는 프로그래밍 언어와 데이터의 입출력을 위한 데이터베이스도 필요해졌다.

이때 Windows, Linux, Unix 등 대부분의 운영체제 환경에서 쉽고 빠르게 웹 사이트를 구축할 수 있는 Apache, PHP가 많은 인기를 얻게 되었다. 추가로 데이터베이스가 필요한데 Oracle, MySQL, MariaDB, SQL Server 등이 주로 사용된다. 우리가 구성하는 환경에서 Apache는 웹 서버 기능을, Oracle은 데이터베이스 기능을, PHP는 웹 프로그래밍 기능을 제공함으로써 웹 사이트가 이 세 가지를 조합한 환경으로 웹 서비스를 제공하고자 한다.

Apache는 웹 서버 기능이므로 설치 후에 몇 가지 설정만 해주면 되지만, Oracle과 PHP는 어느 정도 학습을 해야만 활용이 가능하다. 이미 Oracle은 충분히 학습해 왔으므로 PHP만 익히면 기업의 웹 사이트 같은 것을 구축할 수 있다. 문제는 PHP도 하나의 프로그래밍 언어이기 때문에 학습에 많은 시간이 걸리며, 이 책 분량 이상으로 PHP를 다룬 책들도 많다.

이번 장에서는 Oracle을 활용하기 위한 PHP의 필수적인 내용만 다루고자 한다. 그리고, 다음 장에서 그에 대한 활용으로 PHP와 Oracle을 연동하는 간단한 프로그램을 만들어 보겠다.

이 장의 핵심 개념

12장에서는 PHP 프로그래밍의 기본 문법을 익힌다. 또한 PHP와 관련된 필수 HTML문도 함께 학습한다. 12장의 핵심 개념은 다음과 같다.

1. Apache와 PHP를 설치해서 운영한다.

2. 스크립트는 서버에서 해석되는 서버 스크립트와 클라이언트에서 해석되는 클라이언트 스크립트로 구분된다.

3. HTML은 HyperText Markup Language의 약자로 웹 페이지를 만들기 위한 대표적인 마크업 언어다.

4. PHP 코드는 확장명은 *.php로 사용하고 내용은 〈?php ~~ ?〉로 구성한다.

5. PHP는 일반 프로그래밍과 마찬가지로 조건문, 반복문, 배열 등이 지원된다.

6. PHP는 다양한 내장 함수를 제공한다.

7. HTML과 PHP의 데이터 전송을 위해서 〈FORM〉 태그를 사용한다.

이 장의 학습 흐름

웹 환경 소개 및 설치

⬇

서버 스크립트, 클라이언트 스크립트의 개요

⬇

HTML 태그

⬇

PHP 기본 문법

⬇

HTML과 PHP 관계

12.1 웹 사이트 개발 환경 구축

12.1.1 Oracle과 PHP 연동을 위한 소프트웨어 버전

웹 사이트를 구축하기 위해 필요한 소프트웨어인 웹 서버, 데이터베이스, 프로그래밍 언어 등 3가지가 필수로 필요하다. 웹 서버의 종류는 여러 가지가 있지만, 오랫동안 다양한 운영체제에서 작동을 지원하는 아파치Apache 웹 서버가 가장 많이 다양한 분야의 웹 사이트에서 사용하고 있다. 웹 프로그래밍 언어는 PHP가 Apache와 함께 인기를 얻게 되었다. 데이터베이스는 중소규모에서는 MySQL이 많이 사용된다. 우리는 좀 더 대규모로 가정하고 우리가 배운 Oracle을 사용할 것이다.

Apache, Oracle, PHP 세 개의 소프트웨어는 프로그램을 제작한 회사(또는 기관)가 각각 달라서 별도로 설치하는 것이 원칙이지만, 그럴 경우에 각 소프트웨어의 버전에 따른 충돌이나 설정을 사용자가 직접 해야 하는 번거로움이 있으며 종종 호환성 문제를 일으키기도 한다. 그래서 이 책에서는 다음과 같이 버전을 정확히 명시하고 사용하겠다.

⚠ 필자가 사용한 버전 외에 더 상위 버전도 잘 작동할 수 있지만, 문제점이 발생될 경우 독자 스스로 해결하기에 시간이 걸릴 수 있다. 그러므로 독자는 필자와 동일한 버전으로 실습을 진행하는 것을 권장한다.

이 책에서 사용하는 버전은 다음과 같다.

Oracle 버전	Apache	PHP	Oracle Instant Client	FastCGI component
Oracle XE 11g R2(64bit) 또는 Oracle 12c R2(64bit)	2.2.25 (32bit)	5.4.45 (32bit)	11.2.0.4.0(32bit)	2.3.6(32bit)

[표 12-1] 이 책의 실습 소프트웨어 버전

[표 12-1]을 보면 Oracle만 64bit용이고 나머지는 32bit용으로 사용한다.

12.1.2 관련 소프트웨어 설치 및 설정

웹 프로그래밍 환경을 구축하기 위해 필요한 소프트웨어인 Apache와 PHP 등을 설치하자. 실습 중인 Oracle 버전이 Oracle XE 11g R2, Oracle Enterprise 12c R2와 상관없이 다음 실습은 필자와 동일한 파일을 사용하자.

웹 연동을 위한 환경을 설치하자.

기존에 설치된 웹 서버를 삭제하자.

0-1 웹 서버는 하나만 설치되어야 한다. 3장에서 설치한 Visual Studio Community는 웹 서버인 'IIS 10.0 Express'가 포함되어 있다. 이것을 삭제해야 한다. [프로그램 및 기능] 또는 [앱 및 기능] 창에서 제거하자.

⚠ IIS는 Windows 운영체제 또는 Visual Studio에서 제공하는 웹 서버 소프트웨어다.

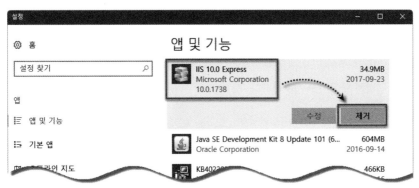

[그림 12-1] IIS Express 제거

0-2 컴퓨터를 재부팅한다.

⚠ 다운로드 경로가 바뀌어서 동일한 파일을 찾기 어렵다면 자료실(http://cafe.naver.com/thisisOracle/)에서 책과 동일한 파일을 다운로드하자.

Apache를 설치한다.

1-1 https://archive.apache.org/dist/httpd/binaries/win32/에 접속해서 Apache 2.2.25 버전 (httpd-2.2.25-win32-x86-no_ssl.msi, 5.5MB)을 다운로드하자.

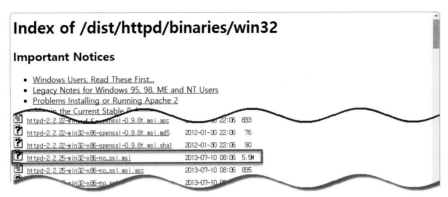

[그림 12-2] Apache 2.2.25 다운로드

1-2 httpd-2.2.25-win32-x86-no_ssl.msi 파일을 설치한다. 초기 화면에서 〈Next〉를 클릭한다.

[그림 12-3] Apache 2.2.25 설치 1

1-3 [License Agreement]에서는 〈I accept the terms ~~〉를 선택하고 〈Next〉를 클릭한다.

1-4 [Read This First]에서 〈Next〉를 클릭한다.

1-5 [Server Information]에서 적당히 입력하자. (아무거나 입력해도 된다.) 'for All Users ~~'가 선택된 상태에서 〈Next〉를 클릭한다.

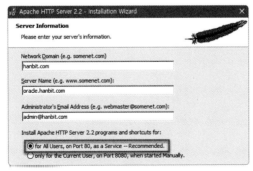

[그림 12-4] Apache 2.2.25 설치 2

1-6 [Server Type]에서 'Typical'이 선택된 상태에서 〈Next〉를 클릭한다.

1-7 [Destination Folder]에서 〈Change〉를 클릭해서 C:\Apache2.2\로 설정하고 〈Next〉를 클릭한다.

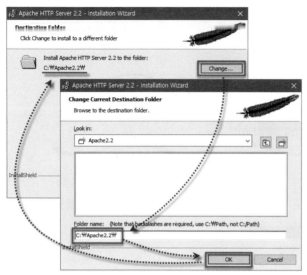

[그림 12-5] Apache 2.2.25 설치 3

1-8 [Ready to Install the Program]에서 〈Install〉을 클릭해서 설치를 진행한다. 잠시 설치가 진행된다.

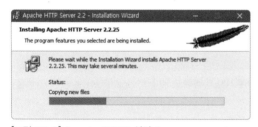

[그림 12-6] Apache 2.2.25 설치 4

1-9 설치가 완료되면 〈Finish〉를 클릭해 창을 닫는다.

FastCGI 컴포넌트를 다운로드하고 복사하자.

2-1 https://archive.apache.org/dist/httpd/binaries/win32/에 접속해서 mod_fcgid-2.3.6-win32-x86.zip(116KB)을 다운로드하자.

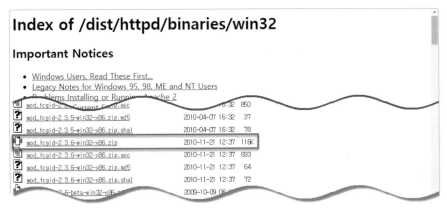

[그림 12-7] FastCGI 2.3.6 다운로드

2-2 압축을 풀면 [modules] 폴더 아래에 mod_fcgid.pdb와 mod_fcgid.so 2개 파일이 보이는데, 이 파일을 C:\Apache2.2\modules\ 폴더에 복사해 놓는다.

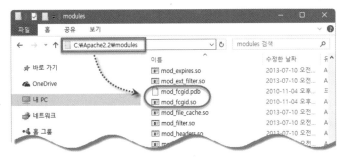

[그림 12-8] FastCGI 2.3.6의 파일을 복사한 결과

PHP 5.4.45를 설치하자.

3-1 http://windows.php.net/downloads/releases/archives/에 접속해서 PHP 5.4.45(php-5.4.45-nts-Win32-VC9-x86.zip, 16.3MB)를 다운로드한다.

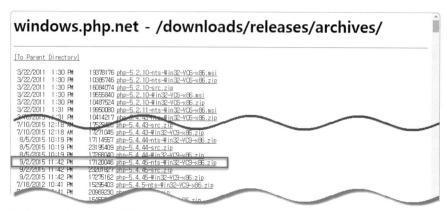

[그림 12-9] PHP 5.4.45 다운로드

3-2 압축을 풀고 압축이 풀린 폴더를 C:\로 이동하고 폴더의 이름도 간단하게 C:\php-5.4로 변경하자.

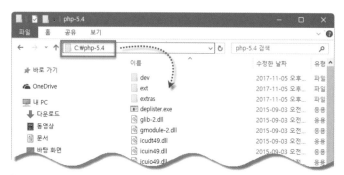

[그림 12-10] PHP 5.4.45 압축 풀기 및 폴더 이동과 폴더이름 변경

3-3 C:\php-5.4\php.ini–development 파일의 이름을 'php.ini'로 변경한 후, 더블클릭해서 메모장에서 열자. 그리고 제일 위쪽의 [PHP] 아래에 다음 2줄을 추가한다.

```
date.timezone = Asia/Seoul
extension_dir = C:\php-5.4\ext
```

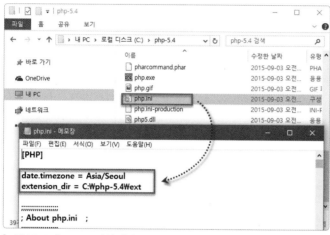

[그림 12-11] php.ini 파일 편집 1

3-4 파일의 중간쯤(약 880행 쯤)에 다음 부분 제일 앞의 세미콜론(;)을 지워서 주석을 제거한다.

extension=php_oci8_11g.dll ; Use with Oracle 11gR2 Instant Client

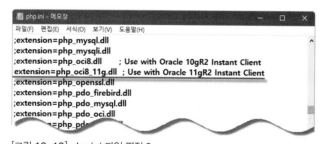

[그림 12-12] php.ini 파일 편집 2

3-5 파일을 저장하고 닫는다.

Apache 환경 설정 파일(httpd.conf)을 편집하자.

4-1 C:\Apache2.2\conf\httpd.conf 파일을 더블클릭해서 메모장으로 열자. 그리고 제일 위에 다음 4개 행을 추가한다.

```
LoadModule     fcgid_module    modules/mod_fcgid.so
FcgidInitialEnv   PHPRC    "c:/php-5.4"
AddHandler     fcgid-script    .php
FcgidWrapper    "c:/php-5.4/php-cgi.exe"    .php
```

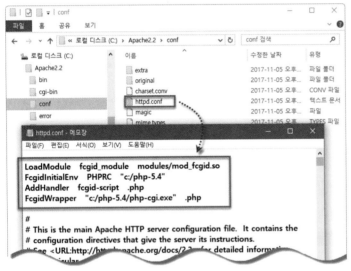

[그림 12-13] httpd.conf 파일 편집 1

4-2 파일의 중간쯤(약 230행 쯤)에 〈Directory "C:/Apache2.2/htdocs"〉 내부의 'Options Indexes FollowSymLinks' 행 제일 뒤에 ExecCGI를 추가한다.

```
<Directory "C:/Apache2.2/htdocs">
     Options Indexes FollowSymLinks    ExecCGI
</Directory>
```

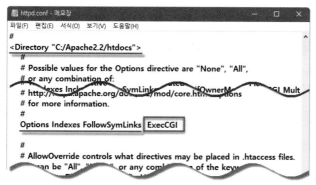

[그림 12-14] httpd.conf 파일 편집 2

4-3 저장하고 닫는다.

step 5

Oracle Instant Client를 다운로드하고 설치하자.

5-1 Oracle Instant Client win32를 다운로드한다. http://www.oracle.com/technetwork/topics/winsoft-085727.html에서 11.2.0.4.0 버전 파일인 instantclient-basic-nt-11.2.0.4.0.zip (49.0MB)을 다운로드한다.

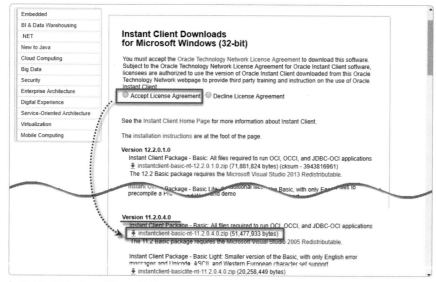

[그림 12-15] Instant Client 다운로드

5-2 다운로드한 파일의 압축을 풀고 C:\ 아래로 이동하고 폴더 이름도 C:\InstantClient\ 폴더로 변경한다.

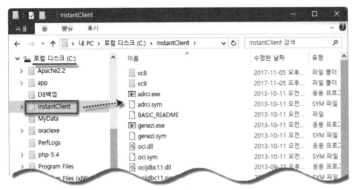

[그림 12-16] 폴더 이름 변경 및 이동

5-3 C:\InstantClient 폴더를 PATH 환경 변수에 추가해야 한다. [시작]에서 마우스 오른쪽 버튼을 클릭한 후 [Windows PowerShell(관리자)] 또는 [명령 프롬프트(관리자)]를 선택한다. 다음을 입력해서 PATH 경로를 추가한다.

```
SETX PATH "%PATH%;C:\InstantClient"
```

[그림 12-17] PATH 경로에 추가

5-4 파워셸 또는 명령 프롬프트를 닫는다.

5-5 변경한 내용을 적용하기 위해서 컴퓨터를 재부팅한다.

step 6

정상적으로 사이트가 작동하는지 확인하자.

6-1 메모장을 실행해서 다음을 코딩한다.

```php
<?php
    $con=oci_connect('sqldb', '1234', 'xe');
    phpinfo();
    oci_close($con);
?>
```

6-2 메모장 메뉴의 [파일] 〉〉 [저장]을 선택해서 C:\Apache2.2\htdocs\ 폴더에 파일 이름을 oracle.php 로 저장한다. 중요한 점은 [파일 형식]은 '모든 파일'을 선택한 후 저장해야 한다.

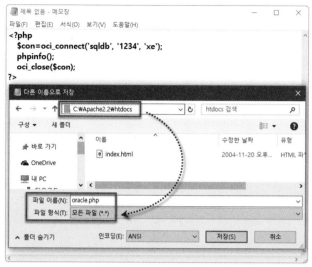

[그림 12-18] 테스트용 PHP 파일 작성

6-3 웹 브라우저에서 http://localhost/oracle.php 페이지에 접속하자. 다음과 같이 나오면 Apache, PHP, Oracle이 정상적으로 잘 작동하는 것이다.

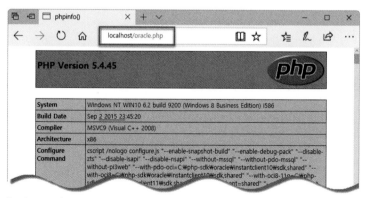

[그림 12-19] Apache, PHP, Oracle의 정상 작동 화면

☼ 외부에서 접속하기

외부 컴퓨터에서 구축한 웹 서버로 접속하려면 다음의 순서를 따른다.

① 명령 프롬프트에서 ipconfig 명령을 입력한 후, '이더넷 어댑터 Ethernet0:' 또는 '무선 LAN 어댑터 Wi-Fi:' 아래의 'IPV4 주소' 부분의 IP 주소를 확인한다(예 : 192.168.111.137).

② [제어판] ≫ [시스템 및 설정] ≫ [Windows 방화벽]을 실행해서 왼쪽 [고급 설정]을 클릭한다.

③ [고급 보안이 포함된 Windows 방화벽] 화면에서 왼쪽 '인바운드 규칙'을 선택하고 오른쪽 〈새 규칙〉을 클릭한다.

④ [규칙 종류]에서 '포트'를 선택하고 〈다음〉을 클릭한다.

⑤ [프로토콜 및 포트]에서 'TCP'를 선택하고 '특정 로컬 포트'에 웹 포트인 "80"을 입력하고 〈다음〉을 클릭한다.

⑥ [작업]에서 '연결 허용'이 선택된 상태에서 〈다음〉을 클릭한다.

⑦ [프로필]에서 도메인, 개인, 공용이 모두 선택된 상태에서 〈다음〉을 클릭한다.

⑧ [이름]에서 이름을 "웹 포트" 정도로 입력하고 〈마침〉을 클릭한다.

⑨ 열린 모든 창을 닫는다.

⑩ 이제부터는 외부에서도 http://서버IP/oracle.php 주소로 접속하면 된다.

참고로 일부 웹 브라우저에서는 외부에서 PHP로 접속이 안되는 경우도 있다. 그럴 경우에는 웹 브라우저를 다른 것으로 사용해 보도록 하자.

12.2 스크립트 언어 개요와 HTML 문법

12.2.1 서버 스크립트와 클라이언트 스크립트

일반적으로 HTML만을 사용해도 간단한 홈페이지를 만들 수 있다. HTML을 사용해서 작성된 사이트를 '정적인 웹 사이트Static Web Site'라고도 부른다. '정적'의 의미가 고정되고 변화가 없다는 의미를 갖듯이 한번 HTML로 코딩해 놓으면 별도의 변경없이 작성해 놓은 HTML만 제공된다. 간단한 회사소개 웹 사이트 등은 이렇게 HTML만 사용해서 구성해 놓아도 별 문제가 없다.

HTML과 함께 JavaScript 언어를 사용해서 '클라이언트 스크립트'를 작성할 수 있는데, '클라이언트 스크립트'란 클라이언트의 웹 브라우저에서 해석되는 것을 말한다. 즉, 웹 서버는 클라이언트가

요청하는 소스 코드를 변경없이 고스란히 클라이언트에게 전송하는 역할만 한다. 그러므로, HTML
이나 JavaScript만으로 구성된 코드는 웹 서버가 없어도 클라이언트의 디스크에 저장한 것을 바로
실행할 수도 있다.

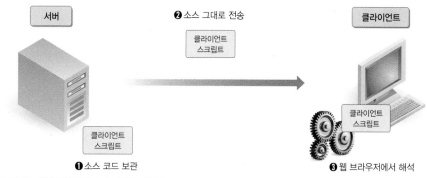

[그림 12-20] 클라이언트 스크립트 개념도

⚠ 클라이언트 스크립트의 대표적인 언어인 JavaScript도 별도의 책으로 구성되어 있는 만큼 학습할 양이 많다. 이 책에서는
　 HTML 태그와 서버 스크립트인 PHP만 다루며, JavaScript에 대해서는 지면상 다루지 않는다.

[그림 12-20]은 클라이언트 스크립트로 작성된 웹 페이지가 전달되고 해석되는 과정을 간단히 표
현한 것으로, 클라이언트에서 서버에 웹 페이지를 요청한 후부터 작동하는 개념이다.

클라이언트 스크립트와 달리 서버에서 처리하고 HTML 코드로 변환해서 전달하는 언어를 '서버 스
크립트'라고 부른다. 서버 스크립트는 고정된 내용이 아니라 클라이언트가 요청될 때마다 새로 해석
해서 클라이언트에게 전송하기 때문에 그 내용이 실시간으로 변경되도록 프로그래밍할 수 있다. 예
를 들면 날씨 정보, 쇼핑몰 물품의 현재 남은 수량 등 실시간으로 확인 필요한 것들은 서버 스크립트
로 처리해야 한다. 이렇게 실시간으로 변경되는 웹 사이트를 '동적인 웹 사이트Dynamic Web Site'라고도
부른다.

요즘의 웬만한 대형 사이트(쇼핑몰, 포털 사이트 등)는 거의 전부 동적인 웹 사이트라고 생각해도
무리가 없다. 동적인 웹 사이트를 구성하기 위해서는 '서버 스크립트'를 사용해서 웹 프로그래밍을
해야 한다. [그림 12-21]은 서버에서 스크립트를 해석한 후에 HTML 코드로 변환하여 전송하는 개
념도다.

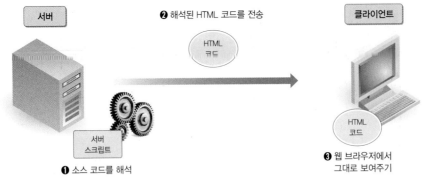

[그림 12-21] 서버 스크립트 개념도

서버 스크립트 언어로는 PHP, JSP, ASP.net 등이 있는데, 이 책에서는 그 중 실무 웹 사이트에서 많이 활용되는 PHP를 다룬다. 대부분의 서버 스크립트는 데이터베이스와 연동되어야 한다. 이 책은 Oracle 책이므로 Oracle과 PHP와의 연동에 초점을 맞춰서 학습을 진행한다.

⚠ 클라이언트의 웹 브라우저 입장에서는 정적인 웹 사이트든, 동적인 웹 사이트든 관계없이 접속되며, 특별히 두 개를 구분하지도 않는다. 어차피 클라이언트에게 전달되는 코드는 HTML 또는 JavaScript 코드만 전달되기 때문이다.

12.2.2 HTML 태그

웹 사이트를 구축하기 위해서는 프로그래밍 언어가 필요하다. 그 중 대표적인 것이 HTML이다. HTML은 HyperText Markup Language의 약자로 웹 페이지를 만들기 위한 대표적인 마크업 언어다. HTML을 알아야 하는 이유는 잠시 후에 배울 PHP와 함께 조합되어 사용되어야 하므로 미리 그 문법을 확인해 보자.

⚠ HTML도 버전이 계속 업데이트되었다. 현재 일반적인 HTML이라 함은 주로 HTML 4.0 표준을 의미하며, 이 책에서 취급하는 HTML도 HTML 4.0을 기준으로 한다. 최근에는 HTML 5도 사용되는데 HTML 5는 비디오, 오디오 등의 다양한 추가 기능과 멀티미디어를 별도의 액티브X 없이도 웹 브라우저에서 바로 실행하기 위한 용도로 많이 사용된다.

먼저 HTML 태그에 대한 공통적인 특징을 몇 가지 기억하자.

- HTML 파일의 확장자는 *.htm 또는 *.html이다.
- HTML 파일은 텍스트 파일이므로 메모장 등에서 작성하면 된다. 단, 웹 브라우저에서 한글이 깨져 보일 수 있으므로 인코딩 방식은 UTF-8로 저장한다.
- HTML의 태그는 대부분 〈 〉 안에 쓴다.

- HTML은 대문자와 소문자를 구분하지 않는다.
- HTML 파일은 〈HTML〉 태그로 시작해서 〈/HTML〉 태그로 종료한다.

HTML 파일의 기본 구조

HTML 파일은 다음과 같은 형식으로 구성된다.

```
형식 :
〈HTML〉
〈HEAD〉
    화면에 표시되지 않는 정보(타이틀, 인코딩 정보 등)
〈/HEAD〉

〈BODY〉
    화면에 보이는 본체(주로 태그들을 표현)
〈/BODY〉
〈/HTML〉
```

전체 코드는 〈HTML〉~〈/HTML〉 태그로 감싸져 있어야 한다. 그리고, 화면에 표시되지 않는 정보를 〈HEAD〉~〈/HEAD〉 안에 표현하고, 화면에 표시되는 정보는 〈BODY〉~〈/BODY〉 안에 표시한다.

먼저 〈HEAD〉에는 〈TITLE〉 제목 〈/TITLE〉이 가장 많이 사용되는데, 웹 브라우저의 타이틀 바에 표시되는 웹 페이지의 제목을 표시한다.

필요하다면 태그에는 속성을 표시할 수 있다. 예로 〈BODY bgcolor='green'〉은 전체 페이지의 배경색을 초록색으로 변경한다. 만약, 배경에 그림을 넣고자 한다면 〈BODY background='그림 파일명'〉을 사용하면 된다.

앞으로 HTML이나 PHP 코딩은 메모장에서 작업을 하면 된다. 하지만, 메모장에서 코딩하면 문법 체크/들여쓰기 등을 하지 못하므로 별도의 에디터를 사용하는 것이 훨씬 효율적이다.

PHP와 HTML 코딩을 위한 에디터는 상당히 다양하다. 몇 가지를 소개하겠으니, 독자가 스스로 골라서 사용하는 것을 권장한다.

- 노트패드++(notepad-plus-plus.org) : 무료. 가볍게 사용할 수 있음(권장함).
- Sublime Text 3(www.sublimetext.com/) : 유료. 평가판 사용 가능
- 이클립스(www.eclipse.org) : 무료. 전문 개발자가 주로 사용
- Aptana Studio(www.aptana.com) : 무료. 이클립스 기반의 개발 환경
- 에디트플러스(www.editplus.com/kr) : 유료. 가볍고 상당히 인기가 높은 툴로 평가됨.

HTML 태그 기본

이 책에서 사용되는 HTML 태그에 대해서 몇 가지 살펴보자. 태그 중에 단독으로 나오는 태그가 있고, 끝을 표시해줘야 하는 태그도 있으니 구분도 필요하다.

• ⟨META⟩

웹 페이지의 정보를 설정하는데, 검색엔진에게 문서의 내용을 요약해 주기도 하며, 언어의 설정에도 사용된다. ⟨META⟩ 태그는 ⟨HEAD⟩ 영역에 표현된다.

```
<META http-equiv="content-type" content="text/html; charset=utf-8">
```

위의 코드는 웹 페이지의 문자 코딩을 UTF-8로 인식되게 한다.

• ⟨BR⟩

글자의 줄을 바꿔준다.

```
안녕하세요? <BR> Oracle 학습 중입니다.
```

결과는 2줄로 출력된다.

- **⟨U⟩~⟨/U⟩, ⟨B⟩~⟨/B⟩, ⟨I⟩~⟨/I⟩**

글자에 밑줄, 굵은 글씨, 이탤릭체의 모양을 지정한다.

```
⟨U⟩이건 밑줄⟨/U⟩ ⟨BR⟩ ⟨B⟩이건 굵게⟨/B⟩ ⟨BR⟩ ⟨I⟩이건 이탤릭⟨/I⟩
```

- **⟨FONT⟩~⟨/FONT⟩**

글자의 크기나 색상을 지정한다.

```
⟨FONT color='red' size='10' face='궁서'⟩ 폰트 변경했어요. ⟨/FONT⟩
```

결과는 궁서체로 10의 크기로 빨간색 글자가 출력된다.

- **⟨HR⟩**

수평선을 그어준다. ⟨HR size='픽셀수'⟩는 픽셀수의 폭으로 선을 그어준다.

```
⟨HR size='10'⟩
```

- **⟨A⟩~⟨/A⟩**

클릭하면 다른 페이지가 연결되는 링크를 설정한다. 주로 href 속성으로 연결된 홈페이지를 지정한다. target 속성을 지정하지 않으면 현재 페이지에서 열린다.

```
⟨A href='http://www.hanbit.co.kr' target='_blank'⟩한빛 홈페이지 연결⟨/A⟩
```

클릭하면 새로운 페이지에서 한빛의 홈페이지가 열린다.

- **⟨IMG⟩**

이미지 파일을 화면에 표시한다.

```
⟨IMG src='mouse.png' width=100 height=100⟩
```

mouse.png 파일이 화면에 100×100 픽셀 크기로 출력된다. width와 height를 생략하면 그림의 원래 크기로 출력된다.

• ⟨TABLE⟩~⟨/TABLE⟩, ⟨TR⟩~⟨/TR⟩, ⟨TH⟩~⟨/TH⟩, ⟨TD⟩~⟨/TD⟩

표를 만드는 태그들이다. 기본적으로 ⟨TABLE⟩~⟨/TABLE⟩ 태그 안에 행은 ⟨TR⟩~⟨/TR⟩로 구성되고, 행 안에 열이 ⟨TH⟩~⟨/TH⟩ 또는 ⟨TD⟩~⟨/TD⟩로 구성한다. ⟨TH⟩는 제목 열을 표현해서 두꺼운 글씨체로 보여지며 ⟨TD⟩는 일반 열로 표현된다.

```
⟨TABLE border=1⟩
⟨TR⟩
    ⟨TH⟩아이디⟨/TH⟩
    ⟨TH⟩이름⟨/TH⟩
⟨/TR⟩
⟨TR⟩
    ⟨TD⟩BBK⟨/TD⟩
    ⟨TD⟩바비킴⟨/TD⟩
⟨/TR⟩
⟨TR⟩
    ⟨TD⟩LSG⟨/TD⟩
    ⟨TD⟩이승기⟨/TD⟩
⟨/TR⟩
⟨/TABLE⟩
```

제목에 아이디와 이름이 있는 2행 2열짜리 테이블이 화면에 출력된다.

12.3 PHP 기본 문법

12.3.1 변수와 데이터 형식

PHP의 기본 구조와 주석

앞에서 간단히 다뤄봤지만, PHP 코드는 확장명은 *.php로 사용하고 내용은 다음과 같은 구성을 한다.

⚠ 이후부터 PHP 소스 코드는 C:\Apache2.2]\htdocs\ 폴더에 저장한다. 예로 12-01.php 등으로 저장하면 된다. 그리고, 접속은 웹 브라우저에서 http://localhost/소스코드.php 주소로 결과를 확인하면 된다.

```
1  <?php
2
3  ?>
```

2행 부분에 필요한 PHP 코딩을 하면 된다. 또한, PHP의 주석은 한 줄용으로 // 와 여러 줄용으로 /* */를 사용한다.

[소스 12-2] php 주석

```
1  <?php
2  // 한 줄 주석용
3  /*
4     여러 줄
5     주석용
6  */
7  ?>
```

변수

변수는 무엇을 담는 그릇으로 생각하면 된다. 예로 다음과 같이 사용하면 왼쪽의 변수(그릇)에 오른쪽의 값이 들어간다. 또, PHP도 행의 끝에는 세미콜론(;)을 붙여야 한다.

```
$a = 100;
```

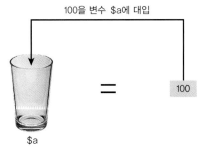

100을 변수 $a에 대입

$a

[그림 12-22] 변수에 값을 대입할 때 처리되는 방식

이미 7장에서 Oracle의 변수를 다뤄봤다. PHP는 변수 이름 앞에 $를 붙여서 사용한다. 변수를 출력하려면 print나 echo문을 사용한다.

⚠ 웹 브라우저에 따라서 한글이 깨져 보일 수 있다. 그럴 경우에 PHP 소스 코드의 "⟨?php" 윗줄에 다음을 추가하자. 웹 페이지에서 한글을 사용하지 않는다면 추가하지 않아도 된다.

```
<head><meta content="text/html; charset=utf-8"></head>
```

[소스 12-3] 변수와 출력

```
1  <head><meta content="text/html; charset=utf-8"></head>
2  <?php
3    $a = 100;
4    print $a;
5
6    $b = "안녕하세요? Oracle";
7    echo $b;
8  ?>
```

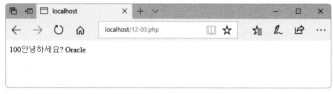

[그림 12-23] 실행 결과

PHP의 변수 이름은 몇 가지 규칙을 따라야 하는데, 요약하면 다음과 같다.

- 제일 앞에 $가 붙어야 한다.
- 문자와 숫자, 언더바(_)를 사용할 수 있지만, 숫자로 시작할 수 없다. 변수 이름의 예는 다음과 같다.
  $abc (O), $abc123 (O), $_abc (O), $_abc123 (O), $123 (X), $123abc (X)
- 대소문자를 구별한다. $abc와 $ABC는 다른 변수다.

데이터 형식

PHP 데이터 형식은 정수^{int}, 실수^{double}, 문자열^{string}, 불형^{boolean}, 객체^{object}, 배열^{array} 등이 있다.

[소스 12-4] 변수의 데이터 형식

```
1  <?php
2  $a = 123;       echo gettype($a), "<br>";
3  $a = 123.123;    echo gettype($a), "<br>";
4  $a = "Oracle";   echo gettype($a), "<br>";
5  $a = true;       echo gettype($a), "<br>";
6  $a = array( 1, 2, 3); echo gettype($a), "<br>";
7  ?>
```

[그림 12-24] 실행 결과

gettype() 함수는 변수의 데이터 형식을 보여준다. PHP는 별도의 변수 선언이 없으며, 값을 대입하는 순간에 변수의 데이터 형식이 결정된다.

그리고, 다른 값을 넣으면 변수의 데이터 형식은 새로운 값에 의해서 변경된다. 그래서 [소스 12-4]에서는 $a를 계속 재사용했다.

문자열

문자열은 큰 따옴표(") 또는 작은 따옴표(')로 묶어야 한다. 일반적으로는 아무거나 사용해도 되지만, 우리가 사용할 예정인 SQL문을 문자열로 지정하기 위해서는 큰 따옴표로 묶고, 그 내부에 필요할 경우에 작은 따옴표로 묶어주는 방식이 바람직하다.

[소스 12-5] 문자열

```
1   <head><meta content="text/html; charset=utf-8"></head>
2   <?php
3       $str1 = "이것이 Oracle이다<br>";   echo $str1;
4       $str2 = 'PHP 프로그래밍<br>';   echo $str2;
5       $str3 = "SELECT * FROM userTBL WHERE userID='JYP' ";   echo $str3;
6   ?>
```

이것이 **Oracle**이다
PHP 프로그래밍
SELECT * FROM userTBL WHERE userID='JYP'

[그림 12-25] 실행 결과

5행에서 'JYP'라는 것을 사용하기 위해서 바깥은 큰 따옴표(" ")로 묶어줬다.

12.3.2 조건문과 반복문

if( ) 함수

조건에 따라서 분기하는 if( ) 함수는 다음의 형식을 갖는다. 다음의 형식에서 else{ } 부분은 생략이 가능하다.

```
형식 :
if(조건식) {
    // 참일 때 실행
} else {
    // 거짓일 때 실행
}
```

조건식의 결과는 TRUE 또는 FALSE가 오는데 주로 비교 연산자인 ==, 〈 〉, 〈, 〉, 〈=, 〉= 등이 사용된다.

```
1  <head><meta content="text/html; charset=utf-8"></head>
2  <?php
3      $a=100;
4      $b=200;
5
6      if($a > $b) {
7          echo "a가 b보다 큽니다.";
8      } else {
9          echo "a가 b보다 작습니다.";
10     }
11 ?>
```

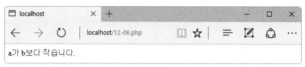

[그림 12-26] 실행 결과

여러 개의 조건이 필요하다면 if ~ elseif를 사용할 수 있다.

```
1  <head><meta content="text/html; charset=utf-8"></head>
2  <?php
3      $jumsu=83;
4
5      if($jumsu >= 90) {
6          echo "A학점";
7      } elseif($jumsu >= 80) {
8          echo "B학점";
9      } elseif($jumsu >= 70) {
10         echo "C학점";
11     } elseif($jumsu >= 60) {
12         echo "D학점";
13     } else {
14         echo "F학점";
15     }
16 ?>
```

[그림 12-27] 실행 결과

elseif문을 이용해서 여러 개의 조건을 처리했다.

switch( ) 함수

if~elseif와 비슷하게 switch~case로 여러 개의 조건을 처리할 수 있다. default 부분은 생략이
가능하다.

```
형식 :
switch(변수) {
    case 값1 :
        // 값1이면 이 부분을 처리
        break;
    case 값2 :
        // 값2면 이 부분을 처리
        break;
    …
    default:
        // 아무것도 해당 안되면 이 부분을 처리
}
```

[소스 12-7]을 switch~case로 처리해 보자.

[소스 12-8] switch~case

```
1  <head><meta content="text/html; charset=utf-8"></head>
2  <?php
3     $jumsu=83;
4
5     switch(intval($jumsu / 10)) {
6         case 10:
7         case 9:
8             echo "A학점"; break;
9         case 8:
10            echo "B학점"; break;
11        case 7:
12            echo "C학점"; break;
13        case 6:
14            echo "D학점"; break;
15        default:
16            echo "F학점";
17    }
18 ?>
```

결과는 [소스 12-7]과 동일하게 나왔을 것이다.

5행에서 $jumsu를 10으로 나눈 후에, intval() 함수로 정수로 변환했다. 이 예에서는 8.3에서 8로 변경되었다.

6행은 100점인 경우도 A학점으로 처리하기 위해서 추가했다. 즉, 6, 7행에 해당되면 8행의 echo 가 처리되고 break로 switch{}를 빠져 나간다. 나머지도 동일한 방식으로 처리된다.

for( ) 함수

for문은 지정된 수만큼 반복하기 위해서 사용되는 함수다. for의 형식은 다음과 같다.

```
형식 :
for(초깃값 ; 조건식 ; 증감식) {
    // 이 부분을 반복함
}
```

간단한 예를 확인해 보자. 1부터 10까지 출력하도록 for를 활용해 보자.

```php
1  <?php
2    for( $i=1; $i<=10 ; $i=$i+1 ) {
3        echo $i, " ";
4    }
5  ?>
```
[소스 12-9] for 1

[그림 12-28] 실행 결과

2행에서 $i가 1부터 10까지 1씩 증가한다. 즉, $i는 1, 2, 3…10까지 증가하고 3행에서 반복해서
출력된 것이다. for문을 그림으로 보면 다음과 같다.

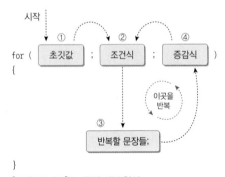

[그림 12-29] for문의 기본 형식

[그림 12-29]에서 for문의 형식을 보면 괄호 안에 초깃값, 조건식, 증감식이 세미콜론(;)으로 구분
되어 있다. 그리고, 중괄호({ }) 안에 반복할 문장들이 나온다. 반복할 문장이 하나뿐이라면 중괄호
를 생략해도 된다.

여기서 반복되는 순서를 기억하자. ①②를 수행하고 ③④②가 계속 반복할 문장들을 수행한다.

for문의 활용으로 123부터 456까지의 홀수만 합계를 구해보자. 즉 123+125+127+…._+455까
지 2씩 증가하면서 합계를 구하면 된다.

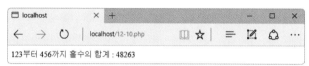

```
[소스 12-10] for 2

1  <head><meta content="text/html; charset=utf-8"></head>
2  <?php
3    $hap=0;
4
5    for( $i=123; $i<=456 ; $i=$i+2 ) {
6      $hap = $hap + $i;
7    }
8
9    echo "123부터 456까지 홀수의 합계 : ", $hap;
10  ?>
```

```
localhost                    ×  +              −  □  ×
←  →  ↻  │  localhost/12-10.php        ▢ ☆  │  ≡ ▨ ⌂ ⋯
123부터 456까지 홀수의 합계 : 48263
```

[그림 12-30] 실행 결과

먼저 3행에서 0으로 초기화를 해야 한다. 5행에서는 123부터 456까지 2씩 증가를 시켰다. 6행에서 증가시킨 값을 $hap에 누적시켰다. 그리고 9행에서 합계를 출력했다.

while( ) 함수

while() 함수는 for() 함수와 용도가 크게 다르지 않다. while에서는 for와 다르게 초깃값과 증감식이 없으며 조건식만 있다. 먼저 형식을 살펴보자.

```
형식 :
while(조건식) {
    // 이 부분을 반복함
}
```

while을 그림으로 표현하면 [그림 12-31]과 같다.

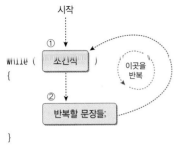

[그림 12-31] while문의 실행 순서

그렇다면 초깃값과 증감식은 어디에 있어야 할까? 다음 형식은 while문의 필수는 아니지만, 초깃값과 증감식의 위치를 어디에 두어야 할지를 확인할 수 있다.

```
형식 :
초깃값;
while(조건식) {
    // 이 부분을 반복함
  증감식;
}
```

for로 작성한 [소스 12-10]과 동일한 결과를 내도록 while로 작성해 보자.

[소스 12-11] while

```
1   <head><meta content="text/html; charset=utf-8"></head>
2   <?php
3       $hap=0;
4
5       $i=123;
6       while( $i<=456 ) {
7         $hap = $hap + $i;
8           $i=$i+2;
9       }
10
11      echo "123부터 456까지 홀수의 합계 : ", $hap;
12  ?>
```

결과는 [소스 12-10]과 동일하게 나왔을 것이다. 5행에는 [소스 12-10]의 for에서 사용했던 초깃 값을 미리 설정했다. 그리고 8행에서는 증감식을 위치시켰다. 6행의 while에서는 조건식만 존재한다.

12.3.3 배열

앞에서 변수의 개념을 '그릇'으로 비유해왔다. 하지만 배열을 설명하기 위해서는 그릇보다는 '(종이) 박스'가 좀 더 이해하기 쉬울 것 같다. 배열은 [그림 12-32]와 같이 하나씩 사용하던 종이박스(변수)를 한 줄로 붙여놓은 것이다.

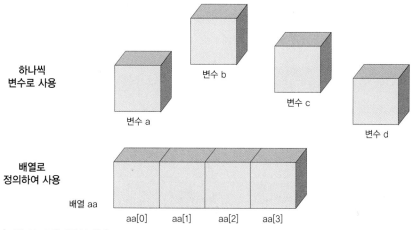

[그림 12-32] 배열의 개념

지금까지는 박스(변수)의 이름을 각각 $a, $b, $c, $d 이런 식으로 지정해서 사용해왔지만, 배열은 박스(변수)를 한 줄로 붙인 후에 박스 전체의 이름($aa)을 지정하여 사용한다. 그리고 각각은 $aa[0], $aa[1], $aa[2], $aa[3]과 같이 번호(첨자라고 한다)를 붙여서 사용하게 될 것이다. 주의할 점은 3개짜리 배열을 만들었다면 첨자는 0, 1, 2 세 개를 사용하며 3은 첨자로 사용되지 않는다.

먼저 배열을 만드는 형식을 살펴보자. PHP에서 배열을 만드는 방법은 3가지가 있다.

```
형식1 :
$배열명 = array(값1, 값2, 값3 …);

형식2 :
$배열명 = range(시작값, 끝값, 증가값);

형식3 :
$배열명[0] = 값1;
$배열명[1] = 값2;
$배열명[3] = 값3;
…
```

형식2에서 증가값을 생략할 수 있으며, 형식3에서는 $배열명이 정의되어 있지 않아도 바로 배열이
생성된다. 배열을 생성하는 간단한 예제를 살펴보자.

[소스 12-12] 배열1

```php
1   <?php
2      $myArray = array(100, 'Oracle', 123.123);
3      echo $myArray[0], " ", $myArray[1], " ", $myArray[2], "<br>";
4
5      $myArray = range(1,3);
6      echo $myArray[0], " ", $myArray[1], " ", $myArray[2], "<br>";
7
8      $myArray = range(1,10,2);
9      echo $myArray[0], " ", $myArray[4], "<br>";
10
11     $newArray[0] = 'This';
12     $newArray[1] = 'is';
13     $newArray[2] = 'Oracle';
14     echo $newArray[0], " ", $newArray[1], " ", $newArray[2], "<br>";
15  ?>
```

[그림 12-33] 실행 결과

2행에서는 3개짜리 배열이 생성되었다. 2행에서 알 수 있듯이 배열은 꼭 같은 데이터 형식으로 만들지 않고 서로 다른 데이터 형식으로 생성이 가능하다. 5행에서는 1부터 3까지 3개의 값으로 배열을 생성했다. 단, 배열의 첨자는 [0], [1], [2] 세 개로 생성되었다. 8행은 1, 3, 5, 7, 9 등 5개의 값으로 배열을 생성했다. 11~13행은 처음부터 배열 첨자를 사용하면 바로 배열이 생성되면서 값이 입력된다.

배열은 그대로 사용하기보다는 for나 while과 함께 사용된다. 1부터 10까지 배열에 값을 입력한 후에, 그 배열의 합계를 구하는 프로그램을 작성해 보자.

[소스 12-13] 배열2

```
1  <head><meta content="text/html; charset=utf-8"></head>
2  <?php
3     $hap = 0;
4     $myArray = range(1,10);
5
6     for($i=0; $i<10; $i++) {
7        $hap = $hap + $myArray[$i];
8     }
9      echo "배열의 합계 : " , $hap;
10 ?>
```

결과는 55로 잘 나왔을 것이다. 이 예처럼 배열의 첨자를 $i와 같이 증가하는 값으로 처리하는 것이 가장 많이 사용되는 배열의 처리 방식이다. 그리고, 6행에서 배열의 길이를 10(첨자는 0~9)으로 고정했으나, 10 대신에 배열의 크기를 구하는 함수를 사용해서 count($myArray)로 써주는 것이 더 바람직하다.

배열을 활용하기 위한 PHP에서는 다양한 함수가 제공되는데, 몇 가지를 예제를 통해서 살펴보자.

```
1  <head><meta content="text/html; charset=utf-8"></head>
2  <?php
3    $myArray = range(1,10);
4
5    echo "임의로 섞은 값 ==> ";
6    shuffle($myArray);
7    foreach($myArray as $data)
8     echo $data, " ";
9
10   echo "<br>오름차순 정렬 ==> ";
11   sort($myArray);
12   foreach($myArray as $data)
13    echo $data, " ";
14
15   echo "<br>내림차순 정렬 ==> ";
16   rsort($myArray);
17   foreach($myArray as $data)
18    echo $data, " ";
19
20   echo "<br>순서를 반대로 ==> ";
21   $revArray = array_reverse($myArray);
22   foreach($revArray as $data)
23    echo $data, " ";
24 ?>
```

[그림 12-34] 실행 결과

3행에서 1부터 10까지 들어 있는 $myArray를 생성했다. 6행의 shuffle()은 배열의 내용을 임의
로 섞어 준다.

7행의 foreach(배열명 as 변수)는 배열의 값을 차례대로 하나씩 변수에 넣어서 반복한다. 8행에
서 echo로 값을 하나씩 출력했다. 11행의 sort()는 배열의 값을 오름차순으로 정렬하고, 16행의

rsort()는 내림차순으로 정렬한다.

21행은 좀 주의할 필요가 있는데, array_reverse()는 배열의 순서를 역순으로 바꾼다. 하지만, 다른 함수처럼 배열 자체를 바꾸지는 않고, 새로운 배열을 반환한다.

12.3.4 PHP 내장 함수

지금까지도 종종 PHP에서 제공하는 다양한 함수를 사용해왔지만, PHP는 1,000개가 훨씬 넘는 많은 내장 함수를 제공하고 있다. 너무 많은 함수를 제공해서 일일이 소개하는 것은 의미도 없고 지면상으로도 어렵기 때문에, 이 책에서 사용하거나 실제 프로그래밍에서 자주 사용되는 함수를 몇 개 소개하겠다.

함수명	사용법	설명
date()	date("포맷")	지정한 포맷으로 날짜를 반환한다. Y는 연도, m은 월, j는 일, h는 시를 의미한다.
max(), min()	max(배열 또는 숫자), min(배열 또는 숫자)	최대, 최소값을 반환한다
pi()	pi()	파이 값을 반환한다. M_PI 상수와 동일하다.
round(), ceil()	round(숫자), ceil(숫자)	소수점 아래를 반올림, 올림한다.
trim()	trim(문자열)	양쪽 공백을 제거한다.
strlen()	strlen(문자열)	문자열의 길이를 구한다.
str_repeat()	str_repeat(문자열, 횟수)	문자열을 횟수만큼 반복한다.
str_replace()	str_replace(old, new, target)	target 문자열에서 old를 new로 바꾼다.
str_split()	str_split(문자열, 길이)	문자열을 길이만큼 잘라서 배열로 분리한다. 길이를 생략하면 1로 간주한다.
explode()	explode(구분자, 문자열)	문자열을 구분자로 분리해서 배열로 저장한다.
implode()	implode(배열, 구분자)	배열을 중간에 구분자를 넣어서, 하나의 문자열로 이어준다.
htmlspecialchars()	htmlspecialchars(HTML 코드)	HTML 코드를 해석하지 않고 그대로 웹 브라우저에 표시한다.

[표 12-2] PHP 주요 내장 함수

예제를 통해서 살펴보자.

```php
1  <head><meta content="text/html; charset=utf-8"></head>
2  <?php
3      $today = "현재는 ".date("Y-m-j")." 입니다.";
4      echo $today, "<br>";
5
6      $ary = array(100, 50, 200, 7);
7      echo "최대:", max($ary) ," 최소:", min(-123, 50, 999), "<br>";
8
9      echo pi(), " ", round(M_PI), " ",ceil(M_PI), "<br>";
10
11     $str = "   This is Oracle   "; // 앞뒤에 공백 3개씩
12     $str = trim($str);
13     echo "#", $str, "#", "<br>";
14
15     echo "문자열 길이:", strlen($str), "<br>";
16
17     echo str_repeat("-", 30), "<br>";
18
19     echo str_replace( "Oracle", "오라클", "This is Oracle"), "<br>";
20
21     $ary = str_split("This is Oracle", 3);
22     print_r($ary); echo "<br>"; // 배열을 출력한다.
23     echo "<br>";
24
25     $ary = explode(" ", "This is Oracle");
26     print_r($ary); echo "<br>";// 배열을 출력한다.
27
28     echo implode($ary, " "), "<br>";
29
30     $myHTML = "<A href='www.hanbit.co.kr'> 한빛미디어 </A> <br>";
31     echo $myHTML;
32     echo htmlspecialchars($myHTML);
33  ?>
```

[그림 12-35] 실행 결과

⚠ 문자열을 이어주기 위해서는 단순히 '.'을 붙여서 이어주면 된다. 예로 다음은 var1에 문자열을 이어서 대입한다.

```
$var1 = "문자열1"."문자열2"."문자열3";
```

[표 12-2]에서 설명한 함수와 실행결과를 보면 잘 이해가 될 것이다. 이 외에 내장 함수에 대한 세부적인 목록은 http://php.net/manual/kr/funcref.php를 참조하는 것으로 하자.

PHP에서는 Oracle과 관련된 내장 함수를 제공한다. 이 책에서 주요하게 사용될 관련 함수를 몇 개 미리 살펴보자.

함수명	설명
oci_connect( )	Oracle 서버에 연결한다.
oci_close( )	Oracle 서버에 연결된 것을 종료한다.
oci_parse( )	SQL 문장을 번역한다.
oci_execute( )	oci_parse( )로 번역된 SQL 문장을 실행한다.
oci_free_statement( )	oci_parse( )로 변역된 SQL 문장의 메모리를 해제한다.
oci_fetch_array( )	SELECT문의 실행 결과에서 결과 행을 추출한다.

[표 12-3] PHP 주요 Oracle 관련 함수

이 함수들의 활용은 13장에서 본격적으로 살펴보겠다. 이 외에도 Oracle 관련 함수는 http://php.net/manual/kr/ref.oci8.php를 참조하면 된다.

12.4 HTML과 PHP 관계

12.4.1 HTML과 PHP 데이터 전송

HTML과 PHP 데이터 전송 개념

11장까지는 데이터의 입력/수정/삭제를 위해서 직접 SQL문의 INSERT/UPDATE/DELETE를 사용해 왔다. 하지만, 일반 사용자가 데이터의 조회나 수정을 위해서 이러한 SQL문을 배울 수는 없다.

예로 쇼핑몰에 회원 가입을 하기 위해서는 원칙적으로 회원 테이블에 INSERT문을 실행해야 하지만, 현실적으로 쇼핑몰에 가입하기 위해서 이러한 SQL문을 알 수 없기 때문에, HTML 페이지로 사용자가 사용하기 쉬운 형태의 화면을 제공해야 한다. [그림 12-36]을 보자.

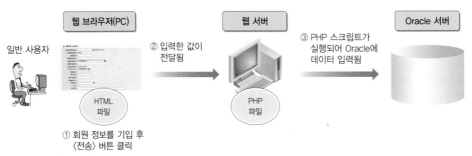

[그림 12-36] 웹 브라우저에서 Oracle에 데이터 입력 개념도

PC의 웹 브라우저에서는 HTML 파일에서 회원의 이름/주소 등의 정보를 입력한 후 〈전송〉 버튼을 클릭한다. 그러면 서버의 PHP 파일이 작동되어서 HTML에서 전송받은 데이터를 Oracle 서버에 입력한다.

이러한 작동을 위해서 HTML 파일에 〈FORM〉 태그를 사용해야 한다. 그러면 입력한 정보가 서버의 PHP 파일에 전달될 수 있다. 또, 〈FORM〉 태그 안에 데이터를 채우기 위해서 〈INPUT〉 태그도 사용해야 한다.

먼저 간단히 HTML에서 사용자의 아이디와 이름을 입력한 후, PHP 파일에 전달하는 코드를 살펴보자.

```
[소스 12-16] send.html 파일

1   <HTML>
2   <HEAD>
3   <META http-equiv="content-type" content="text/html; charset=utf-8">
4   </HEAD>
5   <BODY>
6
7   <FORM METHOD="post"  ACTION="receive.php">
8      아이디 : <INPUT TYPE ="text" NAME= "userID">
9      이름 : <INPUT TYPE ="text" NAME="userName">
10     <BR><BR>
11     <INPUT TYPE="submit"  VALUE="전송">
12  </FORM>
13
14  </BODY>
15  </HTML>
```

[그림 12-37] 실행 결과

send.html 파일에서는 사용자의 아이디와 이름을 〈INPUT〉 태그로 입력 받는다.

7~12행에서 〈FORM〉 태그로 묶어줬다. 7행의 〈FORM〉의 METHOD 속성을 post로 지정했는데, get으로 지정하는 방법도 있다. 잠시 후에 살펴보겠다. ACTION은 receive.php 파일을 지정했는데, 11행의 〈전송〉버튼을 클릭하면 receive.php 파일로 데이터를 전송하라는 의미다. 전송할 데이터는 8행과 9행의 〈INPUT〉 태그의 내용이 전송된다. [그림 12-37]에서 〈전송〉 버튼을 클릭하는 것이 [그림 12-36]의 ①번 작동을 한 것으로 보면 된다.

send.html 파일의 내용을 받는 receive.php 코드는 [소스 12-17]과 같다.

[소스 12-17] receive.php 파일

```
1  <?php
2      $userID = $_POST["userID"];
3      $userName = $_POST["userName"];
4
5      echo "전달 받은 아이디 : ", $userID, "<br>";
6      echo "전달 받은 이름 : ",$userName, "<br>";
7  ?>
```

전달 받은 아이디 : HKD
전달 받은 이름 : 홍길동

[그림 12-38] 실행 결과

2행에서 send.html의 〈FORM〉 안에 있는 〈INPUT〉 태그 중에서 NAME 속성이 userID인 값을 받아서 $userID 변수에 대입시켰다. ($_POST["이름"]은 POST 방식으로 전달받은 '이름'을 추출한다.) 그리고 5행에서 출력했다. 즉, send.html에서 입력한 아이디를 receive.php에서 받아서 출력한 것이다. 3행, 6행도 동일한 방식이다.

POST와 GET 전달 방식

[소스 12-16]과 [소스 12-17]에서 사용한 방식은 POST 전달 방식이다. [소스 12-16]의 7행에서 〈FORM〉의 METHOD 속성을 post로 지정했으며, [소스 12-17]에서는 $_POST["이름"] 방식으로 값을 전달 받았다.

또 다른 방식으로는 GET 방식이 있는데 [소스 12-16]의 7행에서 post를 get으로 변경하고, [소스 12-17]의 $_POST를 $_GET으로 변경해서 수행해 보자. 동일한 결과가 나올 것이다.

전달 받은 아이디 : HKD
전달 받은 이름 : 홍길동

[그림 12-39] 실행 결과

결과는 동일하다. 차이점이라면, POST 방식의 결과인 [그림 12-38]에서는 주소창에 'localhost/receive.php' 만 써 있었지만, GET 방식은 주소 뒤에 '?변수=값&변수=값' 방식으로 값이 전달되는 것을 확인할 수 있다. 한글로 전달한 userName 변수는 다른 코드로 변환했기 때문에 이상해 보이는 것일 뿐 결과는 '홍길동'으로 잘 나와 있다.

지금 확인했듯이 GET 방식은 전달되는 데이터가 노출되기 때문에 주의할 필요가 있다. 전달되는 데이터가 노출되어도 문제없는 경우에는 사용해도 되지만, 비밀번호 등과 같이 중요한 정보를 전달하는 경우에는 GET을 사용하지 말고 POST를 사용하는 것이 바람직하겠다.

12.4.2 HTML과 PHP 혼용

HTML 문법으로만 구성된 파일의 확장명을 *.php로 저장해서 사용해도 상관 없다.

```
[소스 12-18] 코드는 HTML뿐이지만 확장명이 *.php인 파일

 1  <HTML>
 2  <HEAD>
 3  <META http-equiv="content-type" content="text/html; charset=utf-8">
 4  </HEAD>
 5  <BODY>
 6
 7  <h1> 이 파일은 *.PHP 입니다. </h1>
 8
 9  </BODY>
10  </HTML>
```

결과는 7행이 잘 출력되었을 것이다.

필요하다면 PHP와 HTML 코드를 섞어서 사용할 수도 있다. [소스 12-19]를 보자.

```
 1  <?php
 2      $num1 = 100;
 3      $num2 = 200;
 4      $sum = $num1 + $num2;
 5  ?>
 6
 7  <HTML>
 8  <HEAD>
 9  <META http-equiv="content-type" content="text/html; charset=utf-8">
10  </HEAD>
11  <BODY>
12
13  <h1> 계산 결과는 <?php echo $sum ?> 입니다. </h1>
14
15  </BODY>
16  </HTML>
```

결과는 300 숫자가 잘 나왔을 것이다. 1~5행은 순수한 PHP 코드로 작성되어 있다. 그리고 7~16행은 HTML 코드다. 주목할 것은 13행의 중간에 〈?php ~~ ?〉로 PHP 코드가 들어있다는 점이다. 이렇게 HTML 중간중간에도 PHP 코드를 함께 사용할 수 있다.

이제는 [그림 12-36]의 ③번 Oracle과 연동되는 PHP를 코딩하면 되는데, 이에 대한 내용은 13장의 Oracle과 PHP 연동에서 살펴보겠다.

PHP와 Oracle의 연동

12장에서 기본적인 HTML 코드, PHP 문법에 대해서 학습했다. 이번 장에서는 12장에서 배운 HTML과 PHP를 이용해서 지금까지 사용해온 Oracle과 연동하는 방식을 알아보겠다. 특히 이 책 전체에서 사용해온 sqlDB 스키마를 생성하는 것부터 테이블 생성 및 데이터 입력/수정/삭제/조회하는 방법을 PHP에서 프로그래밍해 보겠다.

마지막으로 간단하게 '회원 테이블 관리 시스템'을 만들어서 전체 PHP가 서로 연계되어 작동되는 프로그램을 작성하겠다.

이렇게 간단하게나마 PHP에서 sqlDB에 접속해서 연동하는 방법을 익힌다면, 향후 어떤 DB에도 비슷한 방식으로 PHP로 프로그래밍할 수 있을 것이다.

이 장의 핵심 개념

13장에서는 PHP와 Oracle을 연동하여 테이블을 생성하고 데이터 입력, 수정, 삭제하는 프로그램을 작성한다. 최종적으로 회원 관리 시스템을 웹 환경에서 구현한다. 13장의 핵심 개념은 다음과 같다.

1. oci_connect( )는 Oracle과 접속하는 PHP 제공 함수다.

2. PHP에서 Oracle의 쿼리를 사용하기 위해서 oci_parse( )와 oci_execute( ) 함수를 제공한다.

3. 데이터 조회를 위해서 while문과 함께 oci_fetch_array( ) 함수를 사용한다.

4. 작성할 회원 관리 시스템은 회원의 조회/입력/수정/삭제를 웹 상에서 처리하는 응용프로그램이다.

이 장의 학습 흐름

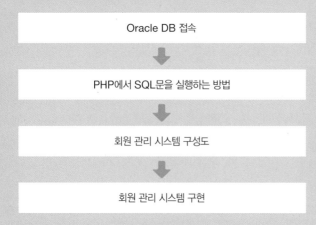

Oracle DB 접속

⬇

PHP에서 SQL문을 실행하는 방법

⬇

회원 관리 시스템 구성도

⬇

회원 관리 시스템 구현

13.1 PHP와 Oracle의 기본 연동

13.1.1 DB 접속

가장 기본적인 DB 접속을 확인해 보자. 12장 〈실습 1〉 step 6 에서 Apache와 PHP를 설치한 후, PHP와 Oracle이 잘 작동하는지 테스트할 때 oci_connect() 함수를 사용해 봤다. 이 함수에 대해서 자세히 살펴보자.

[소스 13-1] 기본적인 데이터베이스 접속

```
1   <head><meta content="text/html; charset=utf-8"></head>
2   <?php
3       $db_user="sqldb";
4       $db_password="1234";
5       $db_sid="xe";
6       $db_charset = "AL32UTF8";
7       $con= oci_connect($db_user, $db_password, $db_sid, $db_charset);
8       if ( !$con ) {
9           echo "Oracle 접속 실패 !!", "<br>";
10          exit();
11      }
12      echo "Oracle 접속 완전히 성공!!";
13      oci_close($con);
14  ?>
```

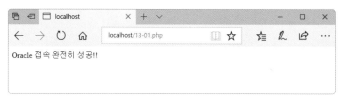

[그림 13-1] 실행 결과

3~6행에 DB사용자(=스키마), 비밀번호, Oracle SID, 연결 문자 세트 등을 변수에 지정해 놓았다.

⚠ [소스 13-1] 5행의 Oracle SID는 2장에서 Oracle을 설치할 때 자동으로 지정된 이름으로 SQL Developer나 SQL*Plus에서 접속할 때 사용되었다. 2장의 [그림 2-18], 5장 [그림 5-9], 부록의 [그림 부록1-8]에서 확인할 수 있다. SID 이름은 Oracle XE 11g R2의 경우 C:\oraclexe\app\oracle\product\11.2.0\server\network\ADMIN (Oracle 12c R2는 C:\Oracle\product\12.2.0\dbhome_1\network\admin) 폴더의 tnsnames.ora 파일

제일 위에 쓰여 있다. 참고로 5행은 "xe" 대신에 "localhost/xe" 또는 "자신의IP/xe"로 써줘도 동일하다.

그리고 6행은 Oracle 서버에 설정된 문자 세트와 동일하게 맞춰야 PHP와 Oracle의 한글 입출력에 문제가 없다. Oracle에 설정된 문자 세트는 **SELECT * FROM SYS.PROPS$ WHERE NAME = 'NLS_CHARACTERSET';** 문으로 확인할 수 있다.

그리고 7행에서 각 변수에 들어 있는 내용으로 oci_connect( ) 함수로 접속을 시도했다. 접속된 결과를 $con에 저장해 놓았다.

oci_connect( ) 함수는 파라미터로 DB 사용자, 비밀번호, Oracle SID(또는 DB 이름), 문자세트 등을 사용한다. DB 사용자(=스키마)는 지금까지 사용해온 sqldb를 사용했다. 비밀번호는 1234로 지정했었다. 8~11행은 Oracle 서버의 접속에 실패했을 경우에 실행된다. 접속에 실패하면 oci_connect(접속결과변수)가 FALSE를 반환하기 때문에 8행은 그 반대인 TRUE가 되어 접속 실패 메시지를 출력하고 종료한다.

접속에 실패하지 않았다면 12행이 실행되어 성공 메시지가 출력되고, 13행에서 oci_close(접속결과변수)를 사용해서 Oracle 서버와 접속을 종료했다.

이번 장에서 사용할 대부분의 코드가 3~11행이 필요하기 때문에 코드량을 줄이기 위해서, 앞으로는 다음과 같이 한 행으로 줄여서 코딩할 것이다. 그리고 오류 메시지 출력은 생략하겠다.

```
if ( !$con = oci_connect("사용자", "비밀번호", "xe", "AL32UTF8")) exit();
```

접속에 성공하면 이 부분이 오류 없이 넘어가고, 접속에 실패하면 오류 메시지가 자동 출력되고 PHP가 종료된다.

13.1.2 SQL문을 실행하는 방법

SQL Developer에서 6장 [그림 6-11]의 sqlDB 스키마를 생성/운영하기 위해서, Oracle에 접속한 후에는 다음과 같은 순서로 사용해 왔다.

- 사용자(=스키마) 생성 : CREATE USER~~
- 테이블 생성 : CREATE TABLE ~~
- 데이터 입력/수정/삭제 : INSERT INTO ~~, UPDATE ~~, DELETE ~~
- 데이터 조회 : SELECT ~~

PHP에서도 동일한 작동을 하기 위해서 oci_parse( )와 oci_execute( ) 함수를 사용할 수 있다. 다음과 같은 형식을 갖는다.

```
$stat = ori_parse($con, SQL문)
$ret = oci_execute($stat);
```

또는 한 줄에 줄여서 사용할 수도 있다.

```
$ret = oci_execute( ori_parse($con, SQL문) );
```

$con은 [소스 13-1]에 연결했던 접속 연결자 변수 이름이고, $stat 및 $ret는 필자가 임의로 지정한 변수 이름이므로 필요하다면 다른 이름으로 바꿔서 사용해도 된다. 앞으로 위와 같은 형식은 거의 고정되어 사용할 형식이므로, SQL문만 잘 생성해 놓으면 PHP에서도 SQL Developer에서 입력했던 SQL문과 동일한 효과를 낼 수 있다.

사용자(=스키마) 생성

sqlDB 사용자(=스키마)를 생성하는 PHP 코드를 작성해 보자. [소스 13-2]를 웹 브라우저에서 실행하기 전에 SQL Developer나 SQL*Plus 등으로 접속되어 있는 창을 모두 종료해야 한다.

⚠ 지금부터 사용되는 SQL문은 6장의 〈실습 2〉에서 사용한 것과 거의 동일한 구문들을 사용하겠다.

[소스 13-2] 사용자(=스키마) 생성

```
1  <head><meta content="text/html; charset=utf-8"></head>
2  <?php
3      if ( !$con = oci_connect("SYSTEM", "1234", "xe", "AL32UTF8")) exit();
4
5      $sql="
6          BEGIN
7              EXECUTE IMMEDIATE 'DROP USER sqlDB CASCADE';
8              EXECUTE IMMEDIATE 'CREATE USER sqlDB IDENTIFIED BY 1234
9                      DEFAULT TABLESPACE USERS
10                     TEMPORARY TABLESPACE TEMP';
```

```
11        EXECUTE IMMEDIATE 'GRANT connect, resource, dba TO sqlDB';
12      END;
13    ";
14    $ret = oci_execute( oci_parse($con, $sql) );

15

16    if($ret)
17        echo "sqlDB가 성공적으로 생성됨.";
18    else
19        echo "sqlDB 생성 실패!!!"."<br>";

20

21    oci_close($con);
22 ?>
```

[그림 13-2] 실행 결과

3행에서 사용자를 생성할 권한은 SYSTEM에게 있으므로 SYSTEM 관리자로 접속했다. 5~13행은 SQL문을 생성했다. 여러 개의 쿼리문을 한 번에 실행할 때는 6~12행의 BEGIN~END 블록으로 묶어줘야 한다. 그리고 DROP, CREATE, GRANT 등을 블록 안에서 실행하려면 EXECUTE IMMEDIATE로 실행하면 된다. 결국 6~13행은 sqlDB를 제거한 후에 다시 생성하고 적절한 권한을 준 것이다. 14행에서 SQL문을 실행했다. oci_execute()는 성공하면 TRUE를, 실패하면 FALSE를 반환하는데, 반환값에 의해서 16~19행에서 메시지를 출력했다.

테이블 생성

테이블을 생성해야 한다. 그런데 테이블은 스키마 안에 생성해야 하므로, 이제부터는 oci_connect() 함수에서 sqlDB 사용자로 접속해야 한다. 테이블을 생성하는 SQL문도 6장의 〈실습 2〉에서 사용하던 SQL문과 다르지 않다.

[소스 13-3] 테이블 생성

```
1  <head><meta content="text/html; charset=utf-8"></head>
2  <?php
3     if ( !$con = oci_connect("sqldb", "1234", "xe", "AL32UTF8")) exit();
4
5     $sql ="
6        CREATE TABLE userTBL
7        ( userID      CHAR(8) NOT NULL PRIMARY KEY,
8          userName    NVARCHAR2(10) NOT NULL,
9          birthYear   NUMBER(4) NOT NULL,
10         addr        NCHAR(2) NOT NULL,
11         mobile1     CHAR(3),
12         mobile2     CHAR(8),
13         height      NUMBER(3),
14         mDate       DATE
15       )
16     ";
17     $ret = oci_execute( oci_parse($con, $sql) );
18
19     if($ret)
20        echo "userTBL이 성공적으로 생성됨..";
21     else
22        echo "userTBL 생성 실패!!!"."<br>";
23
24     oci_close($con);
25  ?>
```

[그림 13-3] 실행 결과

5~16행에서 6장의 〈실습 2〉에서 사용하던 CREATE TABLE문을 동일하게 사용해서 테이블을 생성하는 SQL문을 준비했다. 실행할 SQL문이 CREATE 문장 1개뿐이므로 블록으로 묶지 않아도 된다. 17행부터는 [소스 13-2]와 메시지를 제외하고는 동일한 소스다.

데이터 입력

데이터 입력을 위해서는 INSERT문을 사용해야 한다. 역시 여러 문장이므로 블록으로 묶어야 한다. 그리고 날짜를 입력할 때는 TO_DATE() 함수를 사용해야 오류가 발생하지 않는다.

[소스 13-4] 데이터 입력

```
1   <head><meta content="text/html; charset=utf-8"></head>
2   <?php
3     if ( !$con = oci_connect("sqldb", "1234", "xe")) exit();
4
5     $sql ="
6       BEGIN
7         INSERT INTO userTBL VALUES('LSG', '이승기', 1987, '서울', '011',
                '11111111', 182, TO_DATE('2008-8-8','yyyy-mm-dd'));
8         INSERT INTO userTBL VALUES('KBS', '김범수', 1979, '경남', '011',
                '22222222', 173, TO_DATE('2012-4-4','yyyy-mm-dd'));
9         INSERT INTO userTBL VALUES('KKH', '김경호', 1971, '전남', '019',
                '33333333', 177, TO_DATE('2007-7-7','yyyy-mm-dd'));
10        INSERT INTO userTBL VALUES('JYP', '조용필', 1950, '경기', '011',
                '44444444', 166, TO_DATE('2009-4-4','yyyy-mm-dd'));
11        INSERT INTO userTBL VALUES('SSK', '성시경', 1979, '서울', NULL ,
                NULL, 186, TO_DATE('2013-12-12','yyyy-mm-dd'));
12        INSERT INTO userTBL VALUES('LJB', '임재범', 1963, '서울', '016',
                '66666666', 182, TO_DATE('2009-9-9','yyyy-mm-dd'));
13        INSERT INTO userTBL VALUES('YJS', '윤종신', 1969, '경남', NULL ,
                NULL, 170, TO_DATE('2005-5-5','yyyy-mm-dd'));
14        INSERT INTO userTBL VALUES('EJW', '은지원', 1972, '경북', '011',
                '88888888', 174, TO_DATE('2014-3-3','yyyy-mm-dd'));
15        INSERT INTO userTBL VALUES('JKW', '조관우', 1965, '경기', '018',
                '99999999', 172, TO_DATE('2010-10-10','yyyy-mm-dd'));
16        INSERT INTO userTBL VALUES('BBK', '바비킴', 1973, '서울', '010',
                '00000000', 176, TO_DATE('2013-5-5','yyyy-mm-dd'));
17      END;
18    ";
19    $ret = oci_execute( oci_parse($con, $sql) );
20
21    if($ret)
22      echo "userTBL이 데이터가 성공적으로 입력됨.";
23    else
```

```
24        echo   "userTBL 데이터 입력 실패!!!"."<br>";
25
26   oci_close($con);
27 ?>
```

[그림 13-4] 실행 결과

6~17행에 데이터를 10건 동시에 입력하는 SQL문을 준비했다. 만약 이 PHP를 2회 이상 실행하면 기본 키가 중복되었다는 오류가 발행할 것이다.

데이터 조회

앞에서 데이터베이스 생성, 테이블 생성, 데이터 입력은 Oracle에 해당 쿼리를 적용한 후에 성공 여부만 확인하면 되었다. 하지만, 데이터 조회를 위한 SELECT는 조회된 결과 행을 모두 화면에 보여야 한다. 지금의 예에서는 10건의 데이터를 하나씩 화면에 출력해야 한다. [소스 13-5]의 20행에서 사용한 oci_fetch_array() 함수는 SELECT의 결과 집합을 하나의 행씩 접근한다. 그리고, 더 이상 접근할 행이 없으면 false를 반환한다. 주의할 점은 지금까지 코드와 달리 8, 9행을 분리한 점이다. 8행의 oci_parse()의 결과를 20행에서 사용해야 하기 때문이다.

⚠ oci_fetch_array() 함수는 10장에서 배운 커서Cursor와 방식이 비슷하다.

[소스 13-5] 데이터 조회

```
1   <head><meta content="text/html; charset=utf-8"></head>
2   <?php
3       if ( !$con = oci_connect("sqldb", "1234", "xe", "AL32UTF8")) exit();
4
5       $sql ="
6          SELECT * FROM userTBL
7       ";
```

```
 8      $stat = oci_parse($con, $sql);
 9      $ret = oci_execute($stat);
10      $rowCount = 0;
11
12      if($ret) {
13          echo "userTBL 데이터 조회됨"."<br><br>";
14      }
15      else {
16          echo "userTBL 데이터 조회 실패!!!"."<br>";
17          exit();
18      }
19
20      while(($row = oci_fetch_array($stat)) != false) {
21          echo $row['USERID'], " ", $row['USERNAME'], " ", $row['BIRTHYEAR'], "<br>";
22          $rowCount++;
23      }
24      echo "<br>", $rowCount, "건이 조회되었습니다.";
25
26      oci_free_statement($stat);
27      oci_close($con);
28 ?>
```

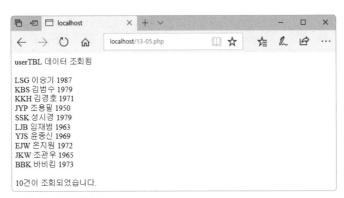

[그림 13-5] 실행 결과

5~7행에서는 userTBL을 모두 조회하는 SQL문을 생성해 놓았다. 10행에서는 조회된 건수를 세기 위한 변수를 준비했다.

20~23행에서는 조회된 개수만큼 반복한다. oci_fetch_array(문장)는 조회된 행의 집합을 반환하며, 반환된 결과를 $row 변수에 넣었다. 만약, 더 이상 조회될 것이 없다면 false를 반환해서 반복

문을 종료한다. 21행에서 $row['열 이름']으로 접근하면 현재 행의 해당 열에 저장된 데이터가 조회된다. 결국 전체 데이터인 10건의 내용이 화면에 출력된다. 26행은 할당된 변수를 해제한다.

⚠ 6행은 SQL이 PHP에서 Oracle로 전달될 때 모두 대문자로 변환되기 때문에 열 이름, 테이블 이름 등을 대소문자 구분없이 사용해도 되지만, 21행에서는 열 이름을 모두 대문자로 사용해야 한다. Oracle 내부적으로 열 이름이 모두 대문자로 되어 있기 때문이다.

13.2 회원 관리 시스템

13.2.1 회원 관리 시스템의 구성도

앞에서 PHP에서 데이터베이스의 생성 및 테이블 생성, 데이터 입력, 데이터 조회에 대해서 모두 알아보았다. 이제는 이렇게 단편적으로 학습한 내용을 종합해서 간단한 회원 관리 시스템을 만들어 보자.

회원 관리 시스템은 회원의 조회/입력/수정/삭제를 웹 상에서 처리하는 응용프로그램이다.

⚠ 이미 언급했지만, 이 책은 화면의 디자인적인 측면은 고려하지 않았다. 화면이 너무 단순해서 마음에 들지 않는 독자라면 시간을 내서 이미지 등을 활용해서 화면을 예쁘게 스스로 구성하도록 하자.

회원 관리 시스템은 다음과 같은 구성으로 되어 있다.

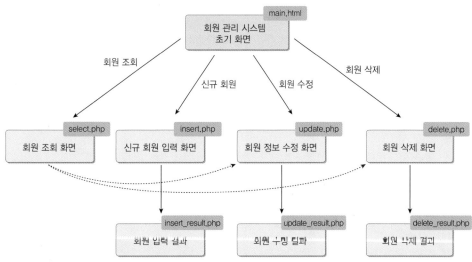

[그림 13-6] 회원 관리 시스템 구성도

위 구성도의 각 화면들은 다음과 같이 작동하도록 PHP 프로그래밍할 것이다.

① HTML로 회원 관리 시스템의 초기 화면을 만들고 [회원 조회], [신규 회원], [회원 수정], [회원 삭제] 등 4가지를 선택할 수 있도록 한다.

② [회원 조회]를 선택하면 전체 회원의 목록이 출력되도록 한다. 회원 목록의 오른쪽에 각 회원 별로 〈수정〉, 〈삭제〉 버튼을 만들어서 각 회원의 정보를 수정하거나 삭제할 수 있도록 처리한다.

③ [신규 회원]을 선택하면 신규 회원의 정보를 입력하는 화면이 나오도록 하고, 신규 회원의 정보를 모두 입력한 후 〈회원 입력〉 버튼을 클릭하면 회원이 입력되고 입력된 결과를 화면에 출력한다.

④ [회원 수정]은 수정할 회원의 아이디를 입력한 후 선택하도록 한다. 그러면 입력한 아이디의 회원 정보 화면이 나온 후, 필요한 정보를 수정하고 〈정보 수정〉 버튼을 클릭하면 회원의 정보가 수정되고 수정된 결과를 화면에 출력한다.

⑤ [회원 삭제]는 삭제할 회원의 아이디를 입력한 후 선택하도록 한다. 그러면 해당 회원의 삭제 확인을 위한 화면이 나온 후, 〈회원 삭제〉 버튼을 클릭하면 해당 회원이 삭제되고 삭제된 결과를 화면에 출력한다.

⑥ 모든 최종 화면에는 다시 초기 화면으로 돌아갈 수 있는 링크를 만든다.

13.2.2 초기 화면

초기 화면을 HTML로 다음과 같이 작성한다.

[소스 13-6] 초기 화면(main.html)

```
1  <HTML>
2  <HEAD>
3  <META http-equiv="content-type" content="text/html; charset=utf-8">
4  </HEAD>
5  <BODY>
6
7  <h1> 회원 관리 시스템 </h1>
8
9  <a href='select.php'> (1) 회원 조회 (조회 후 수정/삭제 가능) </a> <br><br>
10 <a href='insert.php'> (2) 신규 회원 등록 </a> <br><br>
11 <FORM METHOD="get"  ACTION="update.php">
12    (3) 회원 수정 - 회원 아이디 : <INPUT TYPE ="text" NAME="userID">
13    <INPUT TYPE="submit"  VALUE="수정">
14 </FORM>
15 <FORM METHOD="get"  ACTION="delete.php">
```

```
16      (4) 회원 삭제 - 회원 아이디 : <INPUT TYPE ="text" NAME="userID">
17      <INPUT TYPE="submit"  VALUE="삭제">
18 </FORM>
19
20 </BODY>
21 </HTML>
```

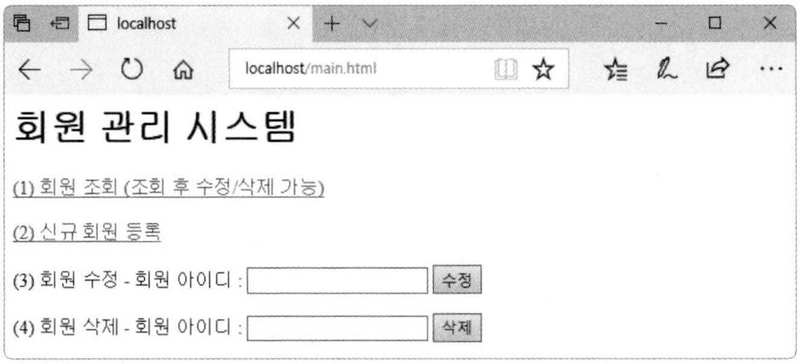

회원 관리 시스템

(1) 회원 조회 (조회 후 수정/삭제 가능)

(2) 신규 회원 등록

(3) 회원 수정 - 회원 아이디 : [   ] 수정

(4) 회원 삭제 - 회원 아이디 : [   ] 삭제

[그림 13-7] 실행 결과

9행은 [회원 조회]를 클릭하면 select.php가 연결되게 했고, 10행은 [신규 회원 등록]을 클릭하면 insert.php가 연결되게 했다. 11~14행은 회원 아이디를 입력하고 〈수정〉을 클릭하면 update. php를 연결하도록 했으며, 연결할 때 입력한 아이디를 get 방식으로 넘겨준다. 15~18행도 같은 방식으로 delete.php가 연결된다.

13.2.3 회원 조회 화면

초기 화면에서 '(1) 회원 조회'를 클릭하면 나오는 코드를 작성한다. 회원 조회는 전체 회원이 조회되도록 다음과 같이 작성한다.

```php
1  <head><meta content="text/html; charset=utf 8"></head>
2  <?php
3    if ( !$con = oci_connect("sqldb", "1234", "xe", "AL32UTF8")) exit();
4
5    $sql ="SELECT * FROM userTBL";
6    $stat = oci_parse($con, $sql);
7    $ret = oci_execute($stat);
8    if(!$ret) {   // 오류라면 메시지 출력하고 종료
9       echo "SQL문 오류!!!"."<br>";
10      exit();
11   }
12
13   echo "<h1> 회원 조회 결과 </h1>";
14   echo "<TABLE border=1>";
15   echo "<TR>";
16   echo "<TH>아이디</TH><TH>이름</TH><TH>출생년도</TH><TH>지역</TH><TH>국번</TH>";
17   echo "<TH>전화번호</TH><TH>키</TH><TH>가입일</TH><TH>수정</TH><TH>삭제</TH>";
18   echo "</TR>";
19
20   while(($row = oci_fetch_array($stat)) != false) {
21     echo "<TR>";
22     echo "<TD>", $row["USERID"], "</TD>";
23     echo "<TD>", $row["USERNAME"], "</TD>";
24     echo "<TD>", $row["BIRTHYEAR"], "</TD>";
25     echo "<TD>", $row["ADDR"], "</TD>";
26     echo "<TD>", $row["MOBILE1"], "</TD>";
27     echo "<TD>", $row["MOBILE2"], "</TD>";
28     echo "<TD>", $row["HEIGHT"], "</TD>";
29     echo "<TD>", $row["MDATE"], "</TD>";
30     echo "<TD>", "<a href='update.php?userID=", $row["USERID"], "'>수정</a></TD>";
31     echo "<TD>", "<a href='delete.php?userID=", $row["USERID"], "'>삭제</a></TD>";
32     echo "</TR>";
33   }
34   echo "</TABLE>";
35   echo "<br> <a href='main.html'> <--초기 화면</a> ";
36   oci_free_statement($stat);
37   oci_close($con);
38 ?>
```

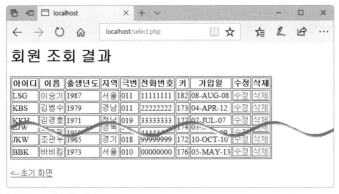

[그림 13-8] 실행 결과

5행에서 전체 회원을 조회하도록 SQL문을 작성했다. 13~33행까지 표 형태로 결과가 보이도록 했다. 13~18행은 표의 제목을 출력한다. 20~33행은 조회한 결과 집합의 끝까지 한 행씩 처리한다. 각 행마다 회원의 모든 열을 22~29행까지 출력하고 30, 31행은 회원의 아이디로 수정이나 삭제 화면과 바로 연결되도록 했다. 즉, 각 회원마다 수정이나 삭제가 되도록 했다. 35행에서는 초기 화면으로 돌아가도록 연결했다.

13.2.4 신규 회원 등록

초기 화면에서 '(2) 신규 회원 등록'을 클릭하면 나오는 코드를 작성해보자. 먼저 신규 입력 회원의 정보를 입력받는 코드를 작성한다.

[소스 13-8] 신규 회원 입력 화면(insert.php)

```
1   <HTML>
2   <HEAD>
3   <META http-equiv="content-type" content="text/html; charset=utf-8">
4   </HEAD>
5   <BODY>
6
7   <h1> 신규 회원 입력 </h1>
8   <FORM METHOD="post"  ACTION="insert_result.php">
9     아이디 : <INPUT TYPE ="text" NAME="userID"> <br>
10    이름 : <INPUT TYPE ="text" NAME="userName"> <br>
```

```
11    출생년도 : <INPUT TYPE ="text" NAME="birthYear"> <br>
12    지역 : <INPUT TYPE ="text" NAME="addr"> <br>
13    휴내폰 국번 : <INPUT TYPE ="text" NAME="mobile1"> <br>
14    휴대폰 전화번호 : <INPUT TYPE ="text" NAME="mobile2"> <br>
15    신장 : <INPUT TYPE ="text" NAME="height"><br>
16    <BR><BR>
17    <INPUT TYPE="submit"  VALUE="회원 입력">
18  </FORM>
19
20  </BODY>
21  </HTML>
```

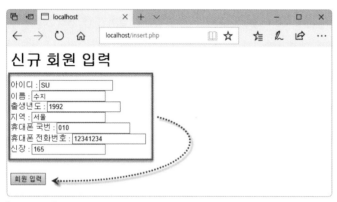

[그림 13-9] 실행 결과

8~18행에서 회원의 정보를 입력 받은 후에 〈회원 입력〉을 클릭하면 insert_result.php에 post 방식으로 데이터가 전달된다. 전달받은 데이터를 Oracle에 입력하는 코드는 [소스 13-9]와 같다.

[소스 13-9] 신규 회원 입력 결과(insert_result.php)

```
1   <head><meta content="text/html; charset=utf-8"></head>
2   <?php
3       if ( !$con = oci_connect("sqldb", "1234", "xe", "AL32UTF8")) exit();
4
5       $userID = $_POST["userID"];
6       $userName = $_POST["userName"];
7       $birthYear = $_POST["birthYear"];
```

```
8       $addr = $_POST["addr"];
9       $mobile1 = $_POST["mobile1"];
10      $mobile2 = $_POST["mobile2"];
11      $height = $_POST["height"];
12      $mDate = date("Y-m-j");
13
14      $sql =" INSERT INTO userTbl VALUES('".$userID."','".$userName."',";
15      $sql = $sql.$birthYear.",'".$addr."','".$mobile1."','".$mobile2."',";
16      $sql = $sql.$height.",TO_DATE('".$mDate."','yyyy-mm-dd'))";
17
18      $ret = oci_execute( oci_parse($con, $sql) );
19
20      echo "<h1> 신규 회원 입력 결과 </h1>";
21      if($ret)
22          echo "데이터가 성공적으로 입력됨.";
23      else
24          echo "데이터 입력 실패!!!"."<br>";
25      echo "<br> <a href='main.html'> <--초기 화면</a> ";
26
27      oci_close($con);
28 ?>
```

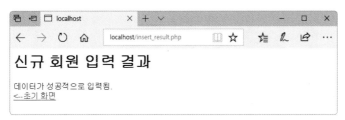

[그림 13-10] 실행 결과

5~12행은 insert.php에서 넘겨 받은 값을 다시 각 변수에 대입했다. 12행의 회원 가입일은 현재 날짜를 대입했다. 14~16행에서 INSERT문을 만들었다. 주의할 점은 문자나 날짜를 입력할 때는 작은 따옴표(')를 사용해야 한다는 것이다. 데이터가 정상적으로 입력되면 22행이 실행되어 화면에 성공 메시지가 출력된다.

13.2.5 회원 정보 수정

초기 화면에서 '(3) 회원 수정' 부분의 회원 아이디를 입력한 후 〈수정〉을 클릭하거나 회원을 조회
한 select.php에서 각 회원의 오른쪽의 〈수정〉을 클릭하면 다음의 코드가 호출된다. 화면은 앞에서
생성한 SU 사용자의 아이디를 사용해서 나온 결과다.

[소스 13-10] 회원 정보 수정 화면(update.php)

```
1   <head><meta content="text/html; charset=utf-8"></head>
2   <?php
3       if ( !$con = oci_connect("sqldb", "1234", "xe", "AL32UTF8")) exit();
4
5       $sql ="SELECT * FROM userTBL WHERE userID='".$_GET['userID']."'";
6       $stat = oci_parse($con, $sql);
7       $ret = oci_execute($stat);
8       if(!$ret) {   // 오류라면 메시지 출력하고 종료
9           echo "SQL문 오류!!!"."<br>";
10          echo "<br> <a href='main.html'> <--초기 화면</a> ";
11          exit();
12      }
13      $row = oci_fetch_array($stat);
14      $userID = $row["USERID"];
15      if ($userID == '') { // 아이디가 없다면 출력하고 종료
16          echo $_GET['userID']." 아이디의 회원이 없음!!!"."<br>";
17          echo "<br> <a href='main.html'> <--초기 화면</a> ";
18          exit();
19      }
20      $userName = $row["USERNAME"];
21      $birthYear = $row["BIRTHYEAR"];
22      $addr = $row["ADDR"];
23      $mobile1 = $row["MOBILE1"];
24      $mobile2 = $row["MOBILE2"];
25      $height = $row["HEIGHT"];
26      $mDate = $row["MDATE"];
27      oci_free_statement($stat);
28      oci_close($con);
29  ?>
30
31  <h1> 회원 정보 수정 </h1>
32  <FORM METHOD="post"  ACTION="update_result.php">
```

```
33    아이디 : <INPUT TYPE ="text" NAME="userID" VALUE=<?php echo $userID ?>
      READONLY> <br>
34    이름 : <INPUT TYPE ="text" NAME="userName" VALUE=<?php echo $userName ?>>
      <br>
35    출생년도 : <INPUT TYPE ="text" NAME="birthYear" VALUE=<?php echo
      $birthYear ?>> <br>
36    지역 : <INPUT TYPE ="text" NAME="addr" VALUE=<?php echo $addr ?>> <br>
37    휴대폰 국번 : <INPUT TYPE ="text" NAME="mobile1" VALUE=<?php echo
      $mobile1 ?>> <br>
38    휴대폰 전화번호 : <INPUT TYPE ="text" NAME="mobile2" VALUE=<?php echo
      $mobile2 ?>> <br>
39    신장 : <INPUT TYPE ="text" NAME="height" VALUE=<?php echo $height ?>> <br>
40    회원 가입일 : <INPUT TYPE ="text" NAME="mDate" VALUE=<?php echo $mDate ?>
      READONLY><br>
41    <BR><BR>
42    <INPUT TYPE="submit"  VALUE="정보 수정">
43  </FORM>
44
45  </BODY>
46  </HTML>
```

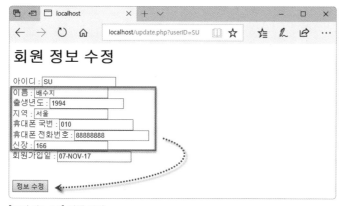

[그림 13-11] 실행 결과

5행에서 main.html 또는 select.php에서 넘겨 받은 아이디의 회원 정보를 조회한다. 만약 회원의
아이디가 없는 아이디라면 15행이 true가 되고 16~18행이 실행되어 메시지를 출력하고 종료한다.

20~28행은 조회한 결과를 각 변수에 대입했다. 대입한 변수는 33~40행의 INPUT 상자에 보여진
다. 단, 아이디와 회원 가입일은 READONLY 속성을 줘서 수정하지 못하도록 했다.

필요한 회원 정보를 수정 한 후에 〈정보 수정〉을 클릭하면 update_result.php에 post 방식으로
데이터가 전달된다.

[소스 13-11] 회원 정보 수정 결과(update_result.php)

```
1  <head><meta content="text/html; charset=utf-8"></head>
2  <?php
3     if ( !$con = oci_connect("sqldb", "1234", "xe", "AL32UTF8")) exit();
4
5     $userID = $_POST["userID"];
6     $userName = $_POST["userName"];
7     $birthYear = $_POST["birthYear"];
8     $addr = $_POST["addr"];
9     $mobile1 = $_POST["mobile1"];
10    $mobile2 = $_POST["mobile2"];
11    $height = $_POST["height"];
12
13    $sql ="UPDATE userTbl SET userName='".$userName."', birthYear=".$birthYear;
14    $sql = $sql.", addr='".$addr."', mobile1='".$mobile1."',mobile2='".$mobile2;
15    $sql = $sql."', height=".$height." WHERE userID='".$userID."'";
16
17    $ret = oci_execute( oci_parse($con, $sql) );
18
19    echo "<h1> 회원 정보 수정 결과 </h1>";
20    if($ret)
21       echo "데이터가 성공적으로 수정됨.";
22    else
23       echo "데이터 수정 실패!!!"."<br>";
24    echo "<br> <a href='main.html'> <--초기 화면</a> ";
25
26    oci_close($con);
27 ?>
```

[그림 13-12] 실행 결과

5~11행은 update.php에서 넘겨 받은 값을 변수에 대입했다. 13~15행은 변수의 값을 이용해서 UPDATE문을 생성했다.

13.2.6 회원 정보 삭제

초기 화면에서 '(4) 회원 삭제' 부분의 회원 아이디를 입력한 후 〈삭제〉를 클릭하거나, 회원을 조회한 select.php에서 각 회원의 오른쪽의 〈삭제〉를 클릭하면 [소스 13-12]가 호출된다. 화면은 앞에서 생성한 SU 사용자의 아이디를 사용해서 나온 결과다. 삭제의 경우에는 전체 정보는 필요없으며 아이디와 이름만 보여주면 충분하다.

[소스 13-12] 회원 정보 삭제 화면(delete.php)

```
1   <head><meta content="text/html; charset=utf-8"></head>
2   <?php
3       if ( !$con = oci_connect("sqldb", "1234", "xe", "AL32UTF8")) exit();
4
5       $sql ="SELECT * FROM userTBL WHERE userID='".$_GET['userID']."'";
6       $stat = oci_parse($con, $sql);
7       $ret = oci_execute($stat);
8       if(!$ret) {   // 오류라면 메시지 출력하고 종료
9           echo "SQL문 오류!!!"."<br>";
10          echo "<br> <a href='main.html'> <--초기 화면</a> ";
11          exit();
12      }
13      $row = oci_fetch_array($stat);
14      $userID = $row["USERID"];
15      if ($userID == '') { // 아이디가 없다면 출력하고 종료
16          echo $_GET['userID']." 아이디의 회원이 없음!!!"."<br>";
17          echo "<br> <a href='main.html'> <--초기 화면</a> ";
18          exit();
19      }
20      $userID = $row["USERID"];
21      $userName = $row["USERNAME"];
22  ?>
23
24  <HTML>
25  <HEAD>
```

```
26  <META http-equiv="content-type" content="text/html; charset=utf-8">
27  </HEAD>
28  <BODY>
29
30  <h1> 회원 삭제 </h1>
31  <FORM METHOD="post"  ACTION="delete_result.php">
32     아이디 : <INPUT TYPE ="text" NAME="userID" VALUE=<?php echo $userID ?>
          READONLY> <br>
33     이름 : <INPUT TYPE ="text" NAME="name" VALUE=<?php echo $userName ?>
          READONLY> <br>
34     <BR><BR>
35     위 회원을 삭제하겠습니까?
36     <INPUT TYPE="submit"  VALUE="회원 삭제">
37  </FORM>
38
39  </BODY>
40  </HTML>
```

[그림 13-13] 실행 결과

코드의 내용이 update.php와 거의 유사하다. 단, 삭제할 회원이 확실한지 확인만 할 것이므로 아이디와 이름만 사용했다. 또, 32, 33행에서 수정할 수 없도록 READONLY 속성을 설정했다.

삭제할 것이 확실할 경우에 〈회원 삭제〉를 클릭하면 delete_result.php에 post 방식으로 데이터가 전달된다.

```
1   <head><meta content="text/html; charset=utf-8"></head>
2   <?php
3       if (!$con = oci_connect("sqldb", "1234", "xe", "AL32UTF8")) exit();
4
5       $userID = $_POST["userID"];
6
7       $sql ="DELETE FROM userTbl WHERE userID='".$userID."'";
8
9       $ret = oci_execute( oci_parse($con, $sql) );
10
11      echo "<h1> 회원 삭제 결과 </h1>";
12      if($ret)
13          echo "데이터가 성공적으로 삭제됨.";
14      else
15          echo "데이터 삭제 실패!!!"."<br>";
16      echo "<br> <a href='main.html'> <--초기 화면</a> ";
17
18      oci_close($con);
19  ?>
```

[그림 13-14] 실행 결과

5행은 delete.php에서 넘겨 받은 아이디를 변수에 대입했다. 7행에서 변수의 값을 이용해서 DELETE문을 생성했다.

지금까지 [이것이 Oracle이다]를 필자와 함께 공부하느라고 수고가 많으셨습니다. Oracle은 상당히 방대한 내용이어서 다양한 별도의 주제로도 많은 책들이 출간되어 있습니다. 이렇게 많은 Oracle의 모든 내용을 낱낱이 이 책에 담을 수는 없었지만, 이 책은 처음 데이터베이스에 처음 입문하는 독자를 위해서 필수적이고 비교적 접근하기 쉬운 내용으로 구성하였습니다.

이 책이 완벽한 책이 아니며 많이 부족한 책이라는 점을 익히 알고 있지만, 이 책을 끝까지 공부하고 잘 이해했다면 기본적인 데이터베이스의 개념과 Oracle에 대한 기본기는 충분히 익힌 것이며, 향후 실무에서 Oracle을 사용하기 위한 기본 능력을 갖추게 된 것입니다. 또한, Oracle과 웹 프로그래밍 언어인 PHP의 연동도 충분히 할 수 있게 되었습니다.

만약, 시간이 허락한다면 다시 한번 책을 공부하기 바랍니다. 그때는 훨씬 짧은 시간에 책을 볼 수 있을 것이며, 처음 볼 때와 달리 더 깊은 이해가 될 것입니다.

부족한 책을 끝까지 함께 해 주신 독자의 노고에 진심으로 감사드립니다.

부록

Oracle 12c R2 설치
및 Linux에서
Oracle 설치

상용인 Oracle Enterprise 12c Release 2를 설치한다. 또한 리눅스 환경에서 Oracle을 설치하고 운영하는 방법을 익힌다. 리눅스의 설치가 어려운 독자를 위해서 책의 사이트(http://cafe.naver.com/thisisOracle)에 서 설치가 완료된 리눅스 가상머신을 제공한다.

Oracle Database 12c 설치

Oracle Database Enterprise Edition 12c Release 2는 기업용 툴이어서 Oracle XE와 비교해서 상당히 무거운 것을 제외하면, 이 책에서 다루는 대부분이 동일하게 실행된다. 즉, 이 책은 Oracle 12c/Oracle 11g의 Enterprise, Standard, Express 에디션 대부분에서 작동하는 공통적인 내용을 다뤘다.

1.1 소프트웨어 요구사항

지금 설치할 Oracle Database Enterprise Edition 12c Release 2(앞으로는 줄여서 Oracle 12c R2라 부르겠다)를 설치하기 위한 하드웨어는 64bit Windows가 설치되면 특별히 제한이 없다. Windows 운영체제는 Windows 7 이후나 Windows Server 2008 R2 이후 버전에만 설치된다.

⚠ Oracle 11g XE는 32bit용도 제공되지만, Oracle 12c Enterprise는 64bit용만 제공된다.

1.2 Oracle 12c 설치

이제 본격적으로 설치를 진행하자. 필자는 64bit Windows 10에 설치하겠지만, 64bit용 Windows 7 이후라면 어떤 Windows든 상관 없다.

실습1

Oracle 12c R2를 설치하자. 1장에서 얘기했듯이 Oracle 12c Enterprise Edition의 기본적인 사용법과 기능은 Oracle XE 11g R2와 거의 동일하다.

step 1

Oracle 12c R2를 다운로드하자.

1-1 http://www.oracle.com/technetwork/database/enterprise-edition/downloads/index. html 주소에 접속해서 〈Accept License Agreement〉를 선택하고 [Microsoft Windows x64 (64-bit)]의 'File1'을 클릭해서 다운로드하자. 다운로드 받은 파일은 winx64_12201_database.zip(2.79GB)이다. 다운로드를 위해서는 오라클 사이트에 회원으로 가입되어 있어야 한다. (가입은 무료다.)

[그림 부록 1-1] Oracle 12c R2 다운로드

1-2 다운로드 받은 파일의 압축을 풀자. 압축을 푼 폴더를 확인하면 database 폴더 안에 Setup.exe 파일이 확인될 것이다.

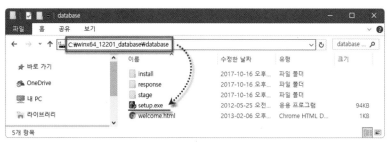

[그림 부록 1-2] 설치 파일 확인

step 2

압축을 푼 Oracle을 설치하자.

2-1 Setup.exe를 더블클릭해서 설치를 진행한다. 검정색 명령 프롬프트가 잠시 나온다. 잠시 기다리면 설치가 가능할 경우에 시작 화면이 나온다.

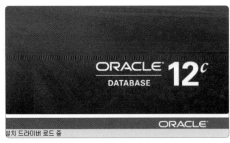

설치 드라이버 로드 중

[그림 부록 1-3] Oracle 12c R2 설치 1

2-2 [보안 갱신 구성]에서 전자 메일을 비워 놓고 〈My Oracle Support~~〉의 체크를 끄고 〈다음〉을 클릭한다. 경고 창이 나오면 〈예〉를 클릭해서 진행한다. (전자 메일 계정을 입력해도 관계 없다.)

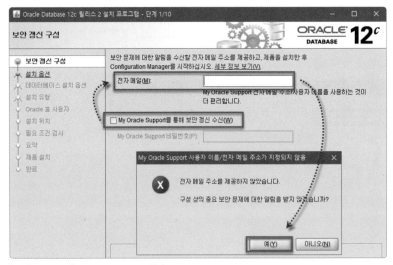

[그림 부록 1-4] Oracle 12c R2 설치 2

2-3 [설치 옵션 선택]에서 〈데이터베이스 생성 및 구성〉을 선택하고 〈다음〉을 클릭한다.

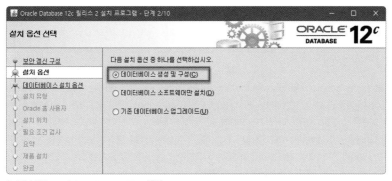

[그림 부록 1-5] Oracle 12c R2 설치 3

2-4 [시스템 클래스]에서 〈데스크톱 클래스〉를 선택하고 〈다음〉을 클릭한다.

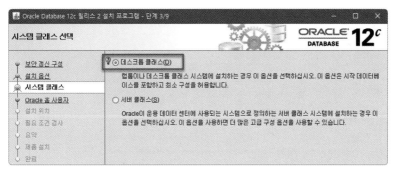

[그림 부록 1-6] Oracle 12c R2 설치 4

2-5 [Oracle 홈 사용자 지정]에서 〈가상 계정 사용〉을 선택하고 〈다음〉을 클릭한다.

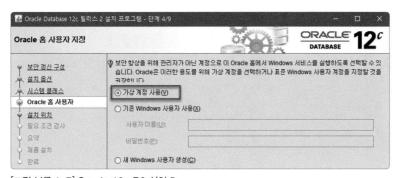

[그림 부록 1-7] Oracle 12c R2 설치 5

2-6 [일반 설치 구성]에서 Oracle Base를 'C:\Oracle'로 변경하자. 그리고 전역 데이터베이스 이름을 "XE"로 입력하고 비밀번호는 "1234"로 한다. 〈컨테이너 데이터베이스로 생성〉의 체크는 끄고 〈다음〉을 클릭한다. (책에 있고 이보도 꾸게하고 진행한다.)

⚠️ 일반적으로 Oracle Enterprise Edition의 전역 데이터베이스 이름은 도메인명을 함께 붙여서 사용한다. 예로 orcl. hanbit.co.kr 등을 많이 사용한다. 그리고, 도메인명을 뗀 이름을 'SID(System Identifier)'라고 부른다. (이 예에서는 orcl이 된다.) 이 책의 본문은 Oracle XE를 사용하기에 SID가 'XE'로 이름이 되어 있다. 필자는 책과 동일하게 실습을 진행하기 위해서 일부러 이름을 전역 데이터베이스 이름 및 SID를 'XE'로 지정한 것이다. 향후 실무에서 운영하게 된다면 Oracle Enterprise Edition의 전역 데이터베이스 이름을 'XE'로 지정하면, Oracle XE로 오해할 소지가 있으므로 회사나 조직에서 결정한 전역 데이터베이스 이름을 사용하는 것이 바람직하다.

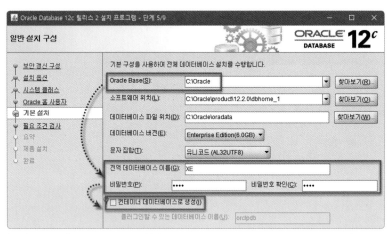

[그림 부록 1-8] Oracle 12c R2 설치 6

2-7 [필요 조건 검사 수행]이 잠시 수행된다.

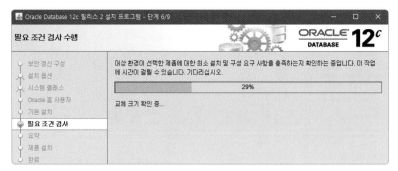

[그림 부록 1-9] Oracle 12c R2 설치 7

2-8 [필요 조건 검사 수행]의 확인 결과가 나오면 〈모두 무시〉를 체크하고 〈다음〉을 클릭한다.

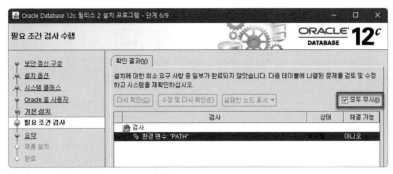

[그림 부록 1-10] Oracle 12c R2 설치 8

2-9 [요약]에서 설정한 내용을 확인하고 〈설치〉를 클릭한다.

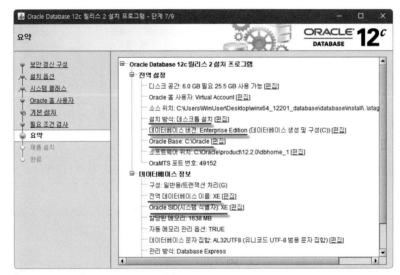

[그림 부록 1-11] Oracle 12c R2 설치 9

2-10 [제품 설치]에서 한동안 설치가 진행된다. 컴퓨터의 성능에 따라서 시간이 오래 걸릴 수 있다.

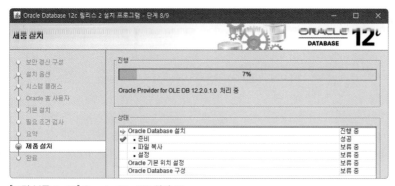

[그림 부록 1-12] Oracle 12c R2 설치 10

2-11 [완료]에서 설치가 성공한 것을 확인하고 〈닫기〉를 클릭한다.

[그림 부록 1-13] Oracle 12c R2 설치 11

2-12 컴퓨터를 재부팅한다.

2-13 Windows에서 [시작] 메뉴의 [모든 앱]을 살펴보면 [Oracle]이 등록되어 있는 것을 확인할 수 있다.

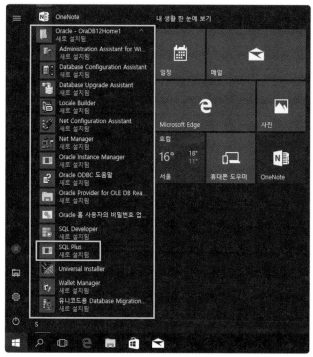

[그림 부록 1-14] Oracle 메뉴

step 3

설치가 완료되었으니, 우선 Oracle에 접속해 보자.

⚠ Oracle Enterprise Edition은 상당히 무거워서 컴퓨터를 부팅한 후에 서비스가 작동하는데 시간이 몇 분 이상 소요될 수
있다.

3-1 Windows의 [시작] 〉〉 [Oracle-OraDB12Home1] 〉〉 [SQL Plus]를 선택하자. 사용자명은 "SYSTEM",
비밀번호는 "1234"를 입력한다. [SQL Plus]가 실행되고 프롬프트가 'SQL〉'로 나올 것이다.

⚠ Oracle XE에서는 메뉴 이름이 [Run SQL Command Line]이었지만, Oracle 12c는 [SQL Plus]를 사용하면 된다.

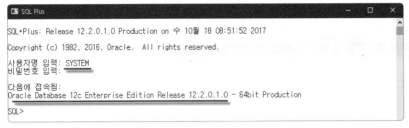

[그림 부록 1-15] SQL*Plus 접속

3-2 이렇게 명령 창으로 접속해서 사용하는 방식도 있지만, 좀 더 편리한 툴을 사용할 수도 있다. 우선 **EXIT** 명령을 입력해서 접속을 종료하자.

step 4

이후로는 2장 〈실습 1〉의 step 4 부터 동일하게 진행하면 된다.

⚠ Oracle 12c에는 SQL Developer 4.1 버전이 자동으로 설치된다. 하지만, 이 책에서는 상위 버전인 17.2 버전을 사용하므로, 되도록 책과 동일하게 2장 〈실습 1〉의 step 4 를 진행해서 상위 버전의 SQL Developer를 사용하는 것을 권장한다.

Linux 환경에서 Oracle XE 설치

실무에서는 Oracle을 Unix/Linux 환경에서 많이 사용한다. 이 책은 Oracle 입문자를 위한 것이기에 기본적으로 Windows 환경에서 운영하지만, 향후 실무에서 Oracle을 사용하기 위해서는 Linux 환경에서 Oracle을 사용하는 방법도 필수적으로 알아야 할 것이다.

문제는 Linux 자체를 이해하고 배우는 것만으로도 많은 시간이 필요하다. 그래서 Linux의 설치나 운영은 배제하고 Linux 환경에서 Oracle XE 11g R2를 설치하고 기본적으로 사용하는 것을 부록에서 다루고자 한다.

부록의 실습을 잘 따라한다면 향후 실무에서 접하는 Unix/Linux 환경의 Oracle도 그다지 어렵지 않게 사용할 수 있을 것이다. 그리고 책의 대부분의 내용들 역시 Linux 환경에서 실습이 가능할 것이다.

대부분의 독자는 현재 실습하는 컴퓨터 외에 Linux를 설치할 별도의 컴퓨터가 준비되어 있지 않을 것이다. 독자의 편의를 위해서 VMware라는 가상머신 환경에서 Linux를 사용할 것이다. VMware 가상머신 환경을 처음 접하는 독자도 별로 어려울 것이 없으므로 실습을 잘 따라할 수 있을 것이다.

2.1 가상머신과 가상머신 소프트웨어의 개념

가상머신Virtual Machine이란 이름 그대로 진짜 컴퓨터가 아닌 '가상Virtual'으로 존재하는 '컴퓨터Computer= Machine'를 말한다. 그리고, 가상머신을 생성하는 소프트웨어가 가상머신 소프트웨어다. 가상머신 소프트웨어를 간단히 정의하면 다음과 같다.

> **컴퓨터에 설치된 운영체제(호스트 OS) 안에 가상의 컴퓨터를 만들고, 그 가상의 컴퓨터 안에 또 다른 운영체제 (게스트OS)를 설치/운영할 수 있도록 제작된 소프트웨어**

이 책의 실습 환경을 예로 들어 보자. 필자는 Windows 운영체제의 PC를 한 대 가지고 있다. 이제 필자는 PC에 별도의 디스크 파티션을 나누지 않고, Linux 컴퓨터를 사용하고자 한다.

여기서, 기존의 PC에 설치되어 있는 Windows를 호스트 운영체제(Host Operating System, 줄여서 호스트 OS)라 부르며, 그 외에 가상머신에 설치한 Linux 운영체제를 게스트 운영체제(Guest Operating System, 줄여서 게스트OS)라고 부른다.

⚠ 이 책에서는 앞으로 진짜 컴퓨터(=PC)를 '호스트 컴퓨터'라고 부를 것이며, PC에 설치된 운영체제를 '호스트 OS'라고 부를 것이다. 또, 가상의 컴퓨터를 '가상머신' 또는 '게스트 컴퓨터'라고 부르고, 가상머신에 설치된 운영체제를 '게스트 OS'라고 부를 것이다. 계속 사용될 용어이므로 잘 기억해 두자.

2.2 가상머신 소프트웨어의 종류와 VMware Player 설치

가상머신 소프트웨어를 제작하는 회사는 여러 곳이 있지만, 가장 유명한 제품으로는 VMware사 (http://www.vmware.com)에서 제작된 VMware 제품이 있는데, 관련 소프트웨어도 여러 가지가 있다. 이 책에서는 무료로 사용할 수 있는 VMware Player를 사용하겠다.

VMware Player를 설치하자.

이 책에서 사용하는 버전은 6.0.7(파일명: VMware-player-6.0.7-2844087.exe, 약 96MB)이지만, 6.0.7 이후의 버전이라면 어떤 버전이든지 학습에 관계없을 것이다.

⚠ 32bit Windows를 사용하고 있다면 VMware Player 6.0.7이 설치가 가능한 최상위 VMware Player 버전이다. 만약 64bit Windows를 사용하고 있다면 https://www.vmware.com/products/player/playerpro-evaluation.html 사이트에서 VMware Workstation Player 최신 버전을 사용해도 된다. 참고로 현재 VMware Workstation Player를 예전에는 그냥 VMware Player라고 불렀다.

0-1 우선, VMware Player를 독자가 직접 다운로드하자. 이 책에서 사용할 VMware Player 6.0.7 버전은 https://my.vmware.com/web/vmware/free#desktop_end_user_computing/vmware_player/6_0에서 다운로드하거나, 책의 사이트인 http://cafe.naver.com/thisisOracle/의 자료실에서 다운로드하면 된다.

[그림 부록 2-1] VMware Player 다운로드

다운로드한 VMware Player 설치 파일(VMware-player-6.0.7-2844087.exe)을 실행해서 설치를 진행하자.

1-1 잠시 로고 화면이 나타나고 설치 화면이 진행된다.

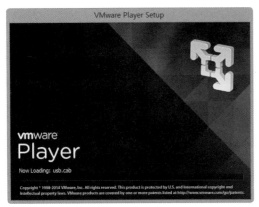

[그림 부록 2-2] VMware Player 설치 1

1-2 환영 메시지에서 〈Next〉를 클릭한다.

[그림 부록 2-3] VMware Player 설치 2

1-3 라이선스 동의 창에서 〈I accept the terms ~~〉를 선택하고 〈Next〉를 클릭한다.

[그림 부록 2-4] VMware Player 설치 3

1-4 VMware Player의 설치 폴더를 지정한다. 일부러 바꿀 필요는 없으므로 그냥 기본 설정으로 두고 〈Next〉를 클릭한다.

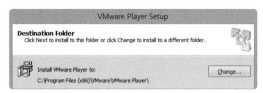

[그림 부록 2-5] VMware Player 설치 4

1-5 [Software Updates]에서 〈Check for product ~〉 체크를 끄고, 〈Next〉를 클릭한다. VMware Player 가 업그레이드되면 자동으로 알려주는 기능이다. (켜 놓아도 귀찮은 화면이 종종 나올 뿐 별 문제는 없다.)

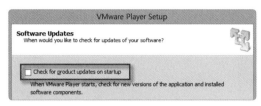

[그림 부록 2-6] VMware Player 설치 5

1-6 [User Experience Improvement Program]에서 〈Help improve ~〉의 체크를 끄고 〈Next〉를 클릭한다. VMware Player 사용 시 문제가 발생한다면 그 내용을 VMware사에 자동으로 보내주는 기능이다. (켜 놓아도 관계는 없다.)

[그림 부록 2-7] VMware Player 설치 6

1-7 [Shortcuts]에서는 디폴트로 두고 〈Next〉를 클릭한다.

[그림 부록 2-8] VMware Player 설치 7

1-8 [Ready to Perform the Requested Operations]에서 〈Continue〉를 클릭한다.

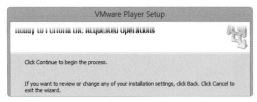

[그림 부록 2-9] VMware Player 설치 8

1-9 잠시 동안 설치가 진행된다.

[그림 부록 2-10] VMware Player 설치 9

1-10 설치가 완료된 후, [Setup Wizard Complete]에서 〈Finish〉를 클릭해서 설치를 종료한다.

⚠ 만약, 재부팅이 필요하다는 메시지가 나오면 컴퓨터를 재부팅해야 정상적으로 작동한다.

[그림 부록 2-11] VMware Player 설치 10

---

step 2 ───

VMware Player의 설치가 완료되었다. 실행시켜 보자.

2-1 바탕화면의 〈VMware Player〉 아이콘을 더블클릭해서 VMware Player를 실행한다. (또는 Windows [시작]의 [VMware Player]를 선택해도 된다.)

[그림 부록 2-12] VMware Player 아이콘

2-2 처음으로 실행하는 VMware Player 실행 화면이 나온다. (만약, Serial Number를 등록하라는 창이 나오면 그냥 아무 이메일 계정이나 입력하면 된다.)

[그림 부록 2-13] VMware Player 처음 실행 화면

2-3 우측 상단의 〈X〉를 클릭하거나, VMware Player 메뉴의 [Player] 〉 [Exit]를 선택해서 일단 VMware Player를 종료한다.

2.3 Linux가 설치된 가상머신 파일 다운로드

이제는 가상머신을 만들고 그곳에 Linux를 설치하면 된다. 하지만, Linux를 설치하려면 많은 학습이 별도로 필요하며, 그 내용을 모두 기술하기에는 책의 지면도 문제지만 책의 성격과도 맞지 않는다.

Linux 학습이 목적이 아니라 Oracle XE를 사용하는 것이 목적이므로 Linux는 이미 설치된 것을 사용하겠다.

Linux 가상머신을 다운로드하고 부팅하자.

먼저 Linux 가상머신을 준비하자.

1-1 http://cafe.naver.com/thisisOracle/의 자료실에서 'CentOS 7 가상머신' 파일(CentOS7.exe, 265MB)을 다운로드하자.

[그림 부록 2-14] 다운로드한 Linux 가상머신 압축 파일

1-2 CentOS7.exe를 실행해서 압축을 풀자. 압축이 풀리는 기본 폴더는 C:\CentOS7\인데, 필요하면 다른 폴더를 지정해도 된다.

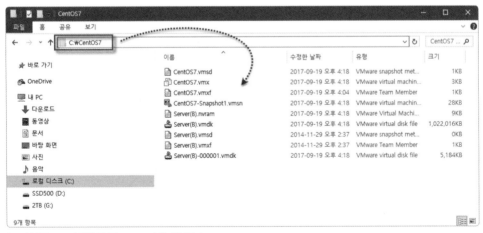

[그림 부록 2-15] 압축을 푼 Linux 가상머신 폴더

Linux를 부팅하자.

2-1 VMware Player를 실행하자.

2-2 VMware Player 화면의 [Open a Virtual Machine]을 클릭한 후, 앞에서 압축을 푼 C:\CentOS7\ CentOS7.vmx 파일을 선택한다. 〈열기〉를 클릭한다. (필자는 VMware Player 12를 사용하고 있다.)

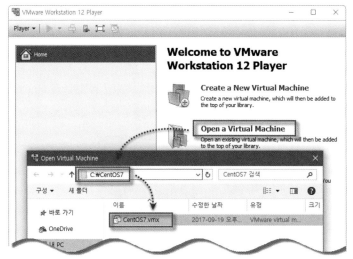

[그림 부록 2-16] 가상머신 부팅 1

2-3 Linux 가상머신이 준비되었다. 〈Play virtual machine〉을 클릭해서 부팅하자.

⚠️ 필자가 배포한 Linux는 실무에서 많이 사용되는 리눅스 중 하나인 CentOS의 버전 7(64bit)이다. 64bit가 지원되는 CPU라면 구형 컴퓨터에서도 잘 작동될 것이다.

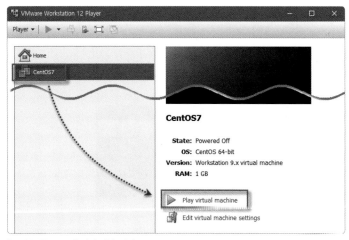

[그림 부록 2-17] 가상머신 부팅 2

2-4 만약 메시지 창이 나오면 제일 왼쪽의 〈I Moved It〉을 클릭한다.

[그림 부록 2-18] 가상머신 부팅 3

2-5 Linux 가상머신이 부팅되면 login 프롬프트가 깜박거릴 것이다. 이 상태가 일단 정상적으로 Linux가 부팅된 상태다. 즉, 한 대의 Linux 컴퓨터가 준비된 것이다.

[그림 부록 2-19] 가상머신 부팅 4

step 3 ───

VMware의 기본적인 사용법을 익히자.

3-1 마우스를 가상머신의 검은색 부분에 클릭하자. 그러면 마우스 커서가 없어지고 마우스를 움직여도 반응하지 않을 것이다. 이는 Linux 컴퓨터로 마우스 포커스가 게스트 OS로 넘어갔기 때문인데, 필자가 제공하는 Linux는 GUI 환경이 아니어서 마우스가 작동하지 않는 것이다.

3-2 키보드의 왼쪽 Ctrl + Alt 를 동시에 눌렀다 떼자. 그러면 마우스 커서가 다시 호스트 OS로 넘어온다. 자주 사용해야 할 단축키이므로 잘 기억해 놓자.

[그림 부록 2-20] 마우스 커서가 호스트 OS로 넘어온 상태

3-3 다시 게스트 OS를 클릭해서 마우스 커서를 게스트 OS로 옮기고, 키보드로 "root"를 입력하고 Enter 를 누르자. 그리고 비밀번호인 "password"를 누르고 Enter 를 누른다. (비밀번호를 입력하는 화면은 보이지 않으니 그냥 입력하고 Enter 를 누르면 된다.) 성공적으로 로그인되면 프롬프트가 #으로 바뀔 것이다.

[그림 부록 2-21] root 사용자로 로그인

3-4 이제부터는 Linux 명령어를 모두 사용할 수 있다. 일단 **shutdown -h now** 명령을 입력해서 Linux를 종료하자. VMware Player도 함께 종료될 것이다.

[그림 부록 2-22] Linux 종료

2.4 Linux에 Oracle XE 설치

준비된 Linux 컴퓨터에 이제는 Oracle XE를 설치할 차례다.

⚠️ Linux를 처음 접한 독자는 〈실습 3〉이 상당히 어려울 수 있으며, 진행이 잘 안되는 경우도 있을 것이다. 그런 경우에는 Oracle XE까지 설치가 완료된 가상머신을 책의 사이트(http://cafe.naver.com/thisisOracle) 자료실에 'CentOS7 가상머신(Oracle XE 설치완료)' 파일(CentOS7_Oracle.exe, 1.29GB)로 올려놓았으니 다운로드해서 사용해도 된다. 즉, VMware를 완전히 종료한 후 C:\CentOS7\ 폴더를 삭제하고, 다시 CentOS7_Oracle.exe를 실행해서 압축을 풀면 된다. 그리고 〈실습 3〉은 step 4 부터 확인하면 된다.

Linux 가상머신에 Oracle XE를 설치하자.

Linux 가상머신을 다시 부팅하고, root로 로그인한다. (기억이 나지 않으면 〈실습 2〉의 step 2 , step 3 을 참조한다.)

Oracle XE를 설치한다.

2-1 먼저 [Oracle Database Express Edition 11g Release 2 for Linux x64] 파일(oracle-xe-11.2.0- 1.0.x86_64.rpm.zip, 301MB)을 다운로드해야 하는데, 텍스트 모드에서는 웹 브라우저가 없기 때문에 다음 명령으로 다운로드하자. 다음 명령은 한빛미디어에서 제공하는 자료실에서 다운로드하는 데 사용한다.

```
wget http://dw.hanbit.co.kr/Oracle/11gXE/oracle-xe-11.2.0-1.0.x86_64.rpm.zip
ls -l (영문 소문자 엘)
```

[그림 부록 2-23] Oracle XE 다운로드

2-2 다음 명령으로 다운로드 받은 파일의 압축을 풀고, 압축이 풀린 폴더로 이동해서 *.rpm 파일을 확인 한다.

```
unzip oracle-xe-11.2.0-1.0.x86_64.rpm.zip
cd Disk1
ls -l
```

```
[root@localhost ~]#
[root@localhost ~]# unzip oracle-xe-11.2.0-1.0.x86_64.rpm.zip
Archive: oracle-xe-11.2.0-1.0.x86_64.rpm.zip
  creating: Disk1/
  creating: Disk1/upgrade/
 inflating: Disk1/upgrade/gen_inst.sql
  creating: Disk1/response/
 inflating: Disk1/response/xe.rsp
 inflating: Disk1/oracle-xe-11.2.0-1.0.x86_64.rpm
[root@localhost ~]#
[root@localhost ~]# cd Disk1
[root@localhost Disk1]#
[root@localhost Disk1]# ls -l
total 309884
-rw-rw-r-- 1 root root 317320273 Aug 29  2011 oracle-xe-11.2.0-1.0.x86_64.rpm
drwxr-xr-x 2 root root        19 Aug 29  2011 response
drwxrwxr-x 2 root root        25 Aug 29  2011 upgrade
[root@localhost Disk1]#
```

[그림 부록 2-24] Oracle XE 압축 풀기

2-3 다음 명령으로 관련 프로그램을 먼저 설치하자. 제일 마지막에 Complete! 메시지가 나와야 한다.

```
yum -y install libaio net-tools
```

```
[root@localhost Disk1]#
[root@localhost Disk1]# yum -y install libaio net-tools
Loaded plugins: fastestmirror
Loading mirror speeds from cached hostfile
Resolving Dependencies
  Verifying transaction .........-12.el
Installed:
  libaio.x86_64 0:0.3.109-12.el7        net-tools.x86_64 0:2.0-0.17.20131004git.el7
Complete!
[root@localhost Disk1]# _
```

[그림 부록 2-25] 관련 프로그램 설치

2-4 이제 본격적으로 Oracle XE를 다음 명령으로 설치하자.

```
rpm -ivh oracle-xe-11.2.0-1.0.x86_64.rpm
```
(그냥 rpm -ivh *.rpm으로 써도 된다)

```
[root@localhost Disk1]#
[root@localhost Disk1]# rpm -ivh oracle-xe-11.2.0-1.0.x86_64.rpm
Preparing...                          ################################# [100%]
Updating / installing...
  1:oracle-xe-11.2.0-1.0             ################################# [100%]
Executing post-install steps...
You must run '/etc/init.d/oracle-xe configure' as the root user to configure the database.

[root@localhost Disk1]# _
```

[그림 부록 2-26] Oracle XE 설치

2-5 설치가 완료되면 관련 설정을 해줘야 한다. 앞의 결과 메시지에 나온 대로 프로그램을 실행하자. 한동안 설정이 진행된다. 마지막 메시지를 보고 성공했다는 것을 확인한다.

```
/etc/init.d/oracle-xe configure
Specify the HTTP port ~~~ [8080] : Enter를 누른다.
Specify a port that will ~~~ [1521] : Enter를 누른다.
Specify a password ~~~ initial configuration: 1234를 누르고 Enter를 누른다. (입력이 보이
지 않는다)
Confirm the password : 다시 1234를 누르고 Enter를 누른다. (입력이 보이지 않는다)
Do you want Oracle ~~~ boot (y/n) [y] : Enter를 누른다.
```

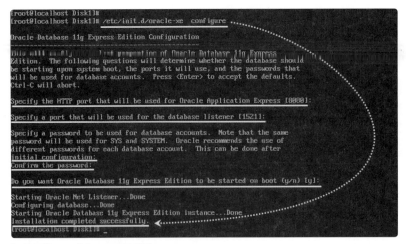

[그림 부록 2-27] Oracle XE 설정

2-6 다음 명령으로 방화벽을 *끄자*. 그리고 컴퓨터를 재부팅하자.

```
systemctl disable firewalld
reboot
```

[그림 부록 2-28] 방화벽 끄기 및 재부팅

2-7 재부팅되면 다시 root/password로 로그인한다.

step 3

Linux용 Oracle XE에 몇 가지 환경 설정을 추가해야 한다.

⚠ 이번 실습 step 3 은 Linux를 처음 써보는 독자라면 상당히 어려울 것이다. 그럴 때는 다음 명령을 수행하고 step 3 을 생략하고 step 4 로 넘어가자.

```
cd /etc
rm -f profile
wget http://dw.hanbit.co.kr/Oracle/11gXE/profile
chmod 644 profile
```

3-1 vi /etc/profile 명령으로 설정 파일을 열자. 주의할 점은 다른 키는 아직 누르지 말자.

```
[root@localhost ~]#
[root@localhost ~]# vi /etc/profile
```

[그림 부록 2-29] 설정 파일 편집 1

3-2 Page Down 을 여러 번 눌러서 제일 아래로 내려간 후, → 를 눌러서 제일 하단 오른쪽으로 커서를 이동시킨 후에, 키보드의 A 를 누른다. 그러면 왼쪽 아래 **-- INSERT --** 가 표시된다.

[그림 부록 2-30] 설정 파일 편집 2

3-3 이제 입력할 수 있다. 한두 줄을 떼고 다음 9개 행을 입력한다. 글자가 틀리지 않게 주의한다. (대소문자를 잘 구별하자.) 특히 5행은 Linux에서 한글이 깨지지 않도록 설정하는 내용이다.

```
export ORACLE_SID=XE
export ORACLE_BASE=/u01/app/oracle
export ORACLE_HOME=$ORACLE_BASE/product/11.2.0/xe
export ORACLE_TERM=xterm
export NLS_LANG=KOREAN_KOREA.AL32UTF8
export TNS_ADMIN=$ORACLE_HOME/network/admin
export ORA_NLS33=$ORACLE_HOME/ocommon/nls/admin/data
export LD_LIBRARY_PATH=$ORACLE_HOME/lib
export PATH=$ORACLE_HOME/bin:$PATH
```

[그림 부록 2-31] 설정 파일 편집 3

3-4 변경된 내용을 저장하자. Esc를 누른 후에, Shift와 동시에 :(콜론) → wq → Enter를 입력하면 저장된다. **:wq**의 입력되는 상황이 왼쪽 아래에 보인다.

```
export   ORACL
export   NLS_LANG=KOREAN_KOREA.AL32UTF8
export   TNS_ADMIN=$ORACLE_HOME/network/admin
export   ORA_NLS33=$ORACLE_HOME/ocommon/nls/admin/data
export   LD_LIBRARY_PATH=$ORACLE_HOME/lib
export   PATH=$ORACLE_HOME/bin:$PATH



:wq
```

[그림 부록 2-32] 설정 파일 편집 4

3-5 성공적으로 저장된 메시지를 확인하자. 숫자는 좀 틀려도 된다.

```
export   TNS_          HOME/network
export   ORA_NLS33=$ORACLE_HOME/ocommon/nls/admin/data
export   LD_LIBRARY_PATH=$ORACLE_HOME/lib
export   PATH=$ORACLE_HOME/bin:$PATH


"/etc/profile" 86L, 2101C written
[root@localhost  ]#  _
```

[그림 부록 2-33] 설정 파일 편집 5

step 4

SQL*Plus에서 몇 가지 설정을 진행하자.

4-0 reboot 명령으로 재부팅하고 다시 root/password로 로그인한다.

4-1 sqlplus 명령을 입력하고, SYSTEM/1234로 접속한다.

```
[root@localhost ~]#
[root@localhost ~]# sqlplus

SQL*Plus: Release 11.2.0.2.0 Production on 월 9월  19 20:14:03 2017

Copyright (c) 1982, 2011, Oracle.  All rights reserved.

Enter user-name: SYSTEM
Enter password:

Connected to:
Oracle Database 11g Express Edition Release 11.2.0.2.0 - 64bit Production

SQL>
```

[그림 부록 2-34] SQL*Plus 실행

4-2 다음 명령으로 외부에서 웹 환경으로 접속을 허용하자.

```
EXEC DBMS_XDB.SETLISTENERLOCALACCESS(FALSE);
```

```
SQL> EXEC  DBMS_XDB.SETLISTENERLOCALACCESS(FALSE);

PL/SQL procedure successfully completed.

SQL>
```

[그림 부록 2-35] 외부에서 웹 환경 접속 허용

4-3 다음 명령어로 샘플 사용자인 HR의 잠금을 해제하자. 그리고, HR로 접속해서 테이블을 확인해 보자.

```
ALTER USER HR ACCOUNT UNLOCK IDENTIFIED BY 1234;
CONNECT HR/1234;
SELECT * FROM TAB;
```

```
SQL> ALTER USER HR ACCOUNT UNLOCK IDENTIFIED BY 1234;

User altered.

SQL> CONNECT HR/1234;
Connected.
SQL> SELECT * FROM TAB;

TNAME                          TABTYPE  CLUSTERID
------------------------------ -------- ----------
COUNTRIES                      TABLE
DEPARTMENTS                    TABLE
EMPLOYEES                      TABLE
EMP_DETAILS_VIEW               VIEW
JOBS                           TABLE
JOB_HISTORY                    TABLE
LOCATIONS                      TABLE
REGIONS                        TABLE

8 rows selected.

SQL>
```

[그림 부록 2-36] HR 사용자 잠금 해제

4-4 EXIT 명령을 입력해서 SQL*Plus를 종료한다.

---

step 5

향후에 Linux 컴퓨터로 접속하려면 IP 주소를 알아야 한다. **ip addr** 명령으로 두 번째의 IP 주소를 확인해 놓자. 필자는 현재 192.168.111.135 주소인데 독자는 필자와 다를 것이다.

⚠ Linux 가상머신은 부팅할 때마다 자동으로 IP 주소를 받도록 설정되어 있다. 그러므로 부팅할 때마다 IP 주소가 달라질 수 있다. 추후에 Linux로 접속하는 실습을 할 때마다 지금의 방식으로 IP 주소를 계속 확인해야 한다.

```
[root@localhost ~]#
[root@localhost ~]# ip addr
1: lo: <LOOPBACK,UP,LOWER_UP> mtu 65536 qdisc noqueue state UNKNOWN
    link/loopback 00:00:00:00:00:00 brd 00:00:00:00:00:00
    inet 127.0.0.1/8 scope host lo
       valid_lft forever preferred_lft forever
    inet6 ::1/128 scope host
       valid_lft forever preferred_lft forever
2: ens32: <BROADCAST,MULTICAST,UP,LOWER_UP> mtu 1500 qdisc pfifo_fast state UP qlen 1000
    link/ether 00:0c:29:30:cd:ed brd ff:ff:ff:ff:ff:ff
    inet 192.168.111.135/24 brd 192.168.111.255 scope global dynamic ens32
       valid_lft 1249sec preferred_lft 1249sec
    inet6 fe80::20c:29ff:fe30:cded/64 scope link
       valid_lft forever preferred_lft forever
[root@localhost ~]# _
```

[그림 부록 2-37] ip 주소 확인

---

step 6

shutdown -h now 명령으로 Linux를 종료한다.

이제부터는 외부의 어떤 컴퓨터에서도 Linux에 설치한 Oracle XE에 SYSTEM/1234로 접속할 수 있다.

VMware와 Linux를 처음 사용하는 독자라면 좀 어려웠을 것이다. 하지만, 다음 몇 가지 만큼은 꼭 기억해 놓자.

- VMware Player를 실행해서 [Open a Virtual Machine]을 선택해서 C:\CentOS7\ 폴더의 파일을 열고 부팅하면 Linux가 부팅된다.
- Linux 관리자의 아이디는 root고 비밀번호는 password다.
- Oracle XE에 접속하려면 sqlplus 명령을 사용한다.
- Oracle XE 관리자의 아이디는 SYSTEM이고 비밀번호는 1234다.
- 가상머신에서 다시 호스트 OS로 마우스 포커스를 이동하려면 왼쪽 Ctrl + Alt 를 눌렀다 뗀다.
- IP 주소를 확인하려면 **ip addr** 명령을 사용한다.
- Linux를 종료하려면 **shutdown -h now** 명령을 사용한다.

찾아보기

찾아보기